Der große
ADAC-Ratgeber

Garten

Wassergarten

Der große ADAC-Ratgeber

Garten

Wassergarten

EIN
ADAC
BUCH

AUTOREN:
Karin Greiner, Karin Heimberger, Dr. Angelika Weber,
unter Mitarbeit von Monika Bartels-Eder und Eva Ott

ZEICHNUNGEN:
Reinhild Hofmann

Dieses Buch entstand in Zusammenarbeit zwischen dem ADAC Verlag, München, und dem Verlagshaus Stuttgart

Projektleitung: Michael Dultz, Rudolf Radler
Redaktionsleitung: Siegrid Kroeber, Mariele Radmacher-Martens
Textredaktion:
Annette Baldszuhn, Dr. Helga Hofmann, Ulrike Pichler
Bildbeschaffung: Ingrid Both, Silvestris Fotoservice, Kastl
Korrektorat: René Rilz
Herstellung: Dieter Lidl, Hans-Joachim Preußer
Produktionskoordination: John C. Bergener, Hans-Joachim Preußer
Graphische Gestaltung: Günter Stahl
Layout: Dieter Lidl, Günter Stahl
Titelgestaltung: Graupner & Partner, München
Satz und Litho: Libro, Johannes Witt GmbH & Co KG, Kriftel
Druck und Bindearbeiten: Mohndruck Graphische Betriebe GmbH, Gütersloh

Gedruckt auf »BRO-MM plus«
der Papierfabrik Scheufelen, Lenningen
Hergestellt aus 100% chlorfrei gebleichtem Zellstoff (TCF)

Printed in Germany

Bildnachweis siehe Seite 240

Die Daten und Fakten dieses Ratgebers wurden mit äußerster Sorgfalt recherchiert und geprüft. Da viele Informationen aber Veränderungen unterworfen sind, kann leider keine absolute Gewähr für die dauerhafte Richtigkeit übernommen werden.

Einige der beschriebenen Pflanzen sind mehr oder weniger stark giftig. Beim Umgang mit ihnen ist daher Vorsicht geboten, und es ist vor allem darauf zu achten, daß Kinder oder Haustiere keinesfalls Teile dieser Pflanzen essen.

Verletzungen bei der Gartenarbeit, insbesondere offene Wunden, bedürfen der fachkundigen Behandlung durch einen Arzt.

Bei der Verwendung von Düngern und Pflanzenschutzmitteln sind die Gebrauchsanweisungen streng zu befolgen.

ISBN 3-87003-671-0

Inhalt

Wasser als Lebenspender

Naturerlebnis Gewässer 8
Ein besonderes Element 10
Gewässer im Garten 16
Gewässer in freier Natur 21

Vielfältig vernetztes Leben

Ökologie der Gewässer 26
Botanik der Wasserpflanzen 28
Die Natur als Vorbild 33
Pflanzenauswahl für das Gartengewässer 39
Tierleben in und an Gewässern 43

Hübsch, aber gefräßig – Fische im Gartenteich 48

Faszinierende Wasserspiegel

Teiche planen und anlegen 56
Planung und Vorarbeiten 58
Anlage von Folienteichen 68
Anlage von Fertigteichen 73
Alternative Abdichtungen 75
Weitere Stillwasserbereiche 77

Ungetrübte Badefreuden – Schwimmteiche im Garten 80

Bewegtes Wasser

Bäche, Quellen, Wasserspiele 86
Verschiedene Bachmodelle 88
Einen Bach anlegen 91
Pumpen für alle Zwecke 100
Plätschernde Wasserspiele 102

Ein Paradies aus Menschenhand

Bepflanzung und Gestaltung 108

Vielfältiger Schmuck des Wassergartens 110

Gestaltung mit baulichen Elementen 123

Wasser auf kleinstem Raum – der Miniteich 128

Klares Wasser, gesundes Wachstum

Gewässer- und Pflanzenpflege 130

Wasser – das A und O 132

Algen im Gartengewässer 141

Teich- und Bachpflege rund ums Jahr 145

Von schlicht bis pompös

Wasser- und Sumpfpflanzen von A-Z 154

Register 232

Wasser als Lebenspender

Naturerlebnis Gewässer

Faszinierender noch als das sich spiegelnde Wollgras wirken die filigranen Libellenflügel über seinem seidigen Fruchtstand.

Ob als glitzernder See, munter sprudelndes Bächlein, ruhig dahinziehender Strom oder tosendes Meer: Wasser übte schon immer eine ganz besondere Anziehungskraft auf die Menschen aus. Glasklar und doch unergründlich, Quell des Lebens, reinigend und beruhigend, aber auch gewaltig, zerstörerisch und voller Geheimnisse – vielleicht fasziniert es die Menschen deshalb so sehr, weil es so ungemein vielseitig ist. Die Nähe des Wassers zu suchen, sich mit Wasser zu umgeben entspricht einem uralten Bedürfnis des Menschen. Früher wie heute spielt Wasser daher in der Gartenkultur eine große Rolle.

Ein besonderes Element

„Blut ist ein ganz besondrer Saft", so spricht Mephisto in Johann Wolfgang von Goethes „Faust". Und was für Blut als Lebenselixier von Mensch und Tier gilt, läßt sich in noch weitaus stärkerem Maß von Wasser behaupten, ist es doch Grundlage und Beginn allen Lebens auf der Erde. Ohne das kostbare Naß gedeihen weder Menschen und Tiere noch Pflanzen.

Tip

Im Lauf der Evolution haben sich Pflanzen und Tiere an ihre Umgebung und damit an die zur Verfügung stehenden Wasserressourcen angepaßt. Feuchtigkeitsliebende Gewächse gedeihen demzufolge an einem trockenen, heißen Standort gar nicht oder nur schlecht. Im Garten ist für solche Pflanzen das Ufer eines Teichs oder Bachs der richtige Platz.

Ohne Wasser kein Leben

Vor etwa vier Milliarden Jahren gab es auf dem noch jungen Planeten Erde nur unbelebte Materie, so nehmen die Wissenschaftler an. Ein riesiges Meer bedeckte den Erdball. Unter gewaltigen elektrischen Entladungen, vergleichbar mit immensen Gewittern, gingen die Gase der Uratmosphäre mit dem Wasser des Urozeans und den darin gelösten Salzen organische Verbindungen ein. Laborversuche fundieren die Hypothese, daß dabei wohl auch einfache Aminosäuren, Bausteine aller Lebewesen, entstanden. Im Lauf von Jahrmillionen entwickelten sich daraus erste, noch einzellige Organismen. Weitere Millionen von Jahren gingen ins Land, bis daraus primitive Pflanzen und Tiere wurden, die schließlich das Wasser, den Quell ihres Lebens, verließen, um sich an Land weiterzuentwickeln.

In Kaskaden stürzt das Wasser zu Tal und reiht sich ein in den ständigen Kreislauf der Natur.

Die Wucht der Welle ist ein Abbild der Kraft des Wassers, des Ursprungs allen Lebens.

Doch nicht nur in der Entstehungsgeschichte des Lebens spielt Wasser eine entscheidende Rolle. Nach wie vor ist es der Motor aller Lebensvorgänge. Am Aufbau der tierischen wie pflanzlichen Organismen hat die farblose Flüssigkeit erheblichen Anteil, dient sie doch als wichtigstes Transport- und Lösungsmittel im Körper. Ohne sie gibt es keinen Stoffwechsel, kein Wachstum, keine Vermehrung. Hält man sich vor Augen, daß der Mensch zu 60–70 % aus Wasser besteht, einige Früchte und Gemüse, etwa Gurken, Tomaten oder Kopfsalat, sogar zu über 90 %, dann läßt sich die enorme Bedeutung des Wassers leicht ermessen. So wirkt sich ein Wasserverlust auch fast immer wesentlich dramatischer aus als ein Nahrungsentzug, was für die Pflanzen ebenso gilt wie für Mensch und Tier.

Wasser, die chemische Verbindung mit der Formel H_2O, bedeckt in flüssiger wie als Eis in fester Form über zwei Drittel der Erdoberfläche, wobei das Salzwasser der Meere den weitaus größten Teil ausmacht, nämlich etwa 97 %. Es ist einem ständigen Kreislauf unterworfen, der auch den Wasserdampf der Luft einschließt. Hauptsächlich aus den Ozeanen, aber ebenso aus Seen und Flüssen sowie über die Vegetation verdunstet das Wasser und gelangt somit in die Atmosphäre. Von dort fällt es aus den sich bildenden Wolken als Regen oder Schnee wieder herab. Der Teil, der sich über dem Land niederschlägt, verdunstet entweder sogleich wieder, oder aber er versikkert im Boden, um daraus einerseits von den Pflanzen aufgenommen zu werden und andererseits Grundwasser und Quellen zu speisen. Vereinigt zu Bächen, Flüssen und schließlich Strömen nimmt das Wasser dann seinen Weg zurück ins Meer – der Zyklus beginnt von vorn. Teilkreisläufe dieses weltumspannenden Ganzen unterscheiden sich je nach Region

Gewässer und ihre Uferzonen sind empfindliche Ökosysteme, die Störungen schwer verkraften.

sehr stark und unterliegen großen natürlichen Schwankungen.

Aber nicht nur örtliche Gegebenheiten wie Lage und Klima sind für Abweichungen im Gleichmaß der Wasserbewegungen verantwortlich. Auch der Mensch greift vielerorts erheblich in den Wasserkreislauf ein und stört diesen nachhaltig. So hat etwa jede Absenkung des Grundwasserspiegels, das Abpumpen großer Wassermengen zur Bewässerung landwirtschaftlicher Flächen oder für Kraftwerke und dergleichen mehr, ihre Auswirkungen auf den Wasserhaushalt. Vor allem auch die Abholzung großflächiger Waldgebiete beeinflußt den Kreislauf deutlich.

Ein kurzer Steckbrief

Wie läßt sich Wasser am besten beschreiben? Wissenschaftler würden es so ausdrücken: Das Wassermolekül besteht aus zwei Atomen Wasserstoff (H) und einem Atom Sauerstoff (O), was die chemische Formel H_2O ergibt. Reines Wasser ist durchsichtig, geruch- und geschmacklos, in dickerer Schicht bläulich, sonst farblos. Ab 0 °C geht die Flüssigkeit in ihre feste Form, in Eis, über, ab 100 °C wird sie gasförmig, d. h., sie verdampft. Jedenfalls gelten diese Temperaturkonstanten für den Luftdruck, der auf Meereshöhe bei 0 °C und trockener Luft herrscht, nämlich 1013 Hektopascal (hPa). Bei geringerem Luftdruck, etwa im Hochgebirge, siedet das Wasser schon unter 100 °C.

Kann man Wasser eigentlich auch herstellen, mag sich mancher fragen? Im Altertum hielt man es für ein vorgegebenes Element wie Feuer, Luft und Erde. Erst im Jahre 1781 entdeckte der britische Naturforscher Henry Cavendish, daß die Verbindung durch Verbrennung von Wasserstoff mit Sauerstoff entsteht. Zwei Jahre später konnte dann Antoine Laurent de Lavoisier die genaue Zusammensetzung des Wassermoleküls aufklären. Zum einen wird Wasser bei zahlreichen chemischen Reaktionen freigesetzt, zum andern dient es

Tip

Wasser spielt im Wärmehaushalt der Erde eine wichtige Rolle, denn es vermag starke Temperaturunterschiede auszugleichen. Einerseits wirkt es als guter Wärmespeicher, andererseits wird die Luft gekühlt, wenn es verdunstet. Im Garten schafft eine Wasserfläche vor allem im Sommer ein angenehmes Kleinklima, erhöht sie doch die Luftfeuchtigkeit und mildert dadurch die Hitze.

Tip

Die vor allem in dichtbesiedelten Gebieten rasch fortschreitende Versiegelung der Landschaft mit Beton und Asphalt beeinträchtigt den Wasserhaushalt und damit auch das ökologische Gleichgewicht teilweise erheblich. Mit einem Teich oder einem Bächlein im Garten läßt sich wenigstens ein kleiner Ausgleich dazu schaffen.

Tip

Um im eigenen Garten die Belastung durch Schadstoffe so gering wie möglich zu halten, sollte gerade im Wassergarten möglichst wenig gedüngt und auf den Einsatz chemischer Pflanzenschutzmittel völlig verzichtet werden.

Tip

Fische können im Gartenteich nur überwintern, wenn das Wasser nicht vollständig durchfriert. Das Gewässer sollte deshalb so tief sein, daß unten immer noch eine 4 °C warme Schicht bleibt. Andernfalls muß es künstlich offengehalten werden (siehe Seite 151 f.).

Tip

Bewegtes Wasser friert nur selten zu, da hier eine ständige Durchmischung der Temperaturschichten stattfindet. Bei einem Gartenteich sorgt schon ein kleiner Wasserfall, der hineinplätschert, dafür, daß sich die Eisdecke nicht schließt.

Nur langsam friert ein Gewässer zu und erstarrt zunächst an der Oberfläche zu Eis.

als Lösungsmittel, ohne das viele chemische und biochemische Vorgänge nicht ablaufen könnten.

Doch Wasser ist nicht einfach nur Wasser. In der freien Natur gibt es kein „reines" Wasser, stets enthält es in gelöster Form Stoffe, die für Pflanzen wie Tiere und Menschen ebenfalls lebensnotwendig sind. Diese anorganischen, also mineralischen Verbindungen werden hauptsächlich im Zuge der Verwitterung aus den Gesteinen ausgewaschen und gelangen so in den Wasserkreislauf. Aber nicht nur nutzbringende Elemente befinden sich darunter. Durch übermäßige Düngung, Pflanzenschutzmittel, Autoabgase, Emissionen von Industriebetrieben und viele andere Folgen der Zivilisation reichern sich auch schädliche Substanzen im Wasser an, werden in den ständigen Zyklus eingeschleust und finden sich über kurz oder lang in den Lebewesen wieder.

Das kostbare Naß wartet zudem mit einigen physikalischen Besonderheiten auf. Während z. B. das Volumen der meisten Flüssigkeiten beim Erstarren abnimmt, ist es beim Wasser genau umgekehrt: Es dehnt sich aus. Diese sog. Anomalie des Wassers ist auch der Grund, warum Eis auf der Oberfläche von Gewässern schwimmt. Sein größeres Volumen bringt es nämlich mit sich, daß Eis ein geringeres spezifisches Gewicht hat als flüssiges Wasser, denn das spezifische Gewicht ist definiert durch das Verhältnis von Gewicht zu Volumen.

Seine größte Dichte besitzt Wasser bei 4 °C, d. h., es ist bei dieser Temperatur am schwersten. So kommt es, daß stehende Gewässer im Winter nur langsam zufrieren. Zunächst kühlt das Wasser der obersten Schicht auf 4 °C ab und sinkt nach unten, da es ja jetzt schwerer geworden ist. Das noch wärmere tiefere Wasser steigt dafür auf und erkaltet seinerseits. Dieser Vorgang – Abkühlung, Absinken und Austausch gegen wärmeres Tiefenwasser – wiederholt sich so lange, bis schließlich der gesamte Wasserkörper eine Temperatur von 4 °C angenommen hat. Erst dann setzt an der Oberfläche allmählich eine Eisbildung ein, entsprechend niedrige Außentemperaturen vorausgesetzt. Im tiefen Bereich des Gewässers bleibt das Naß jedoch noch lange flüssig.

Wasser im Spiegel der Kulturen

Wasser war von jeher der Mittelpunkt im Leben der Menschen, und dies schon lange bevor sie das Feuer für sich nutzen konnten. Unser kostbarstes Gut, wie es zu Recht genannt wird, bestimmt wie kein anderes „Element" seit undenklichen Zeiten Gedeih und Verderb sämtlicher Lebewesen. Entsprechend tief ist es auch in Glauben und Mythologie

Der Glaube an die reinigende und läuternde Kraft des Wassers ist in den großen Weltreligionen fest verwurzelt, wie etwa die Ikone „Taufe Christi" aus dem 17. Jh. zeigt.

verwurzelt, in nahezu allen Religionen wird Wasser als heiliges Symbol verehrt. Überall bedienten sich etwa Hellseher und Wahrsager einer spiegelnden Wasserfläche, um in die Vergangenheit oder die Zukunft zu sehen. Und im Alten Testament ist nachzulesen, daß Gott es so lange regnen ließ, bis alles Böse in der Sintflut ertränkt war.

Wird Wasser geweiht, so vermag es nach dem Glauben vieler Kulturen nicht nur äußerlich den Körper zu säubern, sondern wäscht den Menschen auch von Verfehlungen und Sünden rein. Gerade in der christlichen Lehre spielt Weihwasser eine große Rolle, z. B. bei der Taufe oder beim Betreten einer Kirche, wenn sich die Gläubigen damit bekreuzigen, um sich zu läutern. Aber auch in anderen Religionen zählen rituelle Waschungen mit geheiligtem Wasser zu den Übungen, die zur Erlangung des Seelenheils absolviert werden. Man denke etwa an den heiligen Strom der Hindus, den Ganges in Vorderindien, in dessen Fluten die Gläubigen baden, um sich ihrer Sünden zu entledigen.

Aus der Sagenwelt des klassischen Altertums ist das Wasser ebenfalls nicht wegzudenken. Sowohl in der griechischen wie auch in der römischen Mythologie wird ein mächtiger Meeresgott verehrt. Poseidon – oder Neptun, wie er im Lateinischen heißt – ist Herrscher über Ozeane und andere Gewässer, sein Statussymbol der Dreizack, mit dem er die Wogen aufwühlen, aber auch glätten kann. Von seiner ungeheuren Macht berichtet beispielsweise die Sage um Odysseus, der viele Jahre über die Meere irrte und sämtliche Schiffe und Gefährten verlor, weil er Poseidons Zorn auf sich gezogen hatte. Im Gefolge des Gottes befindet sich eine große Schar Meernixen sowie Nymphen, die in Quellen und Landgewässern leben. Auch in den Mythen über die Unterwelt, den Hades, spielt Wasser eine dominierende Rolle. So trinken die Seelen der Verstorbenen aus dem Fluß Lethe, um das Diesseits zu vergessen. Styx oder Acheron, der Fluß, auf den die Götter ihre heiligsten Eide schwören, bildet die Grenze zum Hades. Wen

Wie das 1. Buch Mose berichtet, strafte Gott einst die sündigen Menschen durch die Sintflut. Diese Katastrophe wurde von Michelangelo in der Sixtinischen Kapelle eindrucksvoll dargestellt.

Das schöne römische Mosaik in Tunesien zeigt den Meeresgott Neptun mit dem Symbol seiner Macht: dem Dreizack.

Vor allem im Mittelalter wurde das Wasser von der Gerichtsbarkeit benutzt, um Beschuldigte grausam zu bestrafen. Der Holzschnitt aus dem 16. Jh. zeigt die Hinrichtung eines Verurteilten, der gefesselt von einer Brücke in den Fluß gestoßen wird.

der Fährmann Charon einmal übergesetzt hat, der kann niemals wieder zurückkehren. Bekannt ist auch die Geschichte des Tantalus. Dieser Sohn des Zeus und Liebling der Götter gab in seinem Übermut die Götterspeisen Nektar und Ambrosia den Sterblichen zu essen und mußte zur Strafe bis zum Hals im Wasser stehen, sein Haupt umgeben von saftigem Obst. Wollte er trinken, wich das Wasser zurück, wollte er essen, entschwanden die Früchte, und so litt er Hunger und Durst, obwohl Nahrung und Getränk im Übermaß vorhanden waren. Diese „Tantalusqualen" sind noch immer fest im heutigen Sprachgebrauch verankert.

In den germanischen Göttersagen ist Wasser ebenfalls ein zentrales Thema. So befinden sich etwa unter der Weltesche Yggdrasil drei Quellen. Eine steht für das Böse, für Vergänglichkeit und Katastrophen, denn hier im „Tobenden Kessel des Nebelhaines" nagt der Drache Nidhöggr an den Wurzeln des Baumes. Die zweite Quelle verkörpert Weisheit und Wissen, während sich an der dritten, der Urdquelle, die drei Nornen aufhalten. Diese Schicksalsgöttinnen sind Sinnbilder der Lebenskraft, der Erneuerung und Reinigung.

Im Mittelalter bediente sich die Gerichtsbarkeit häufig des Wassers, um ein Gottesurteil herbeizuführen. Bei der sog. Wasserprobe wurde der Angeklagte gefesselt in einen Fluß oder See geworfen. Ging er unter, so sah man ihn als unschuldig an, denn das reine Wasser hatte ihn aufgenommen. Schwamm er dagegen oben, war dies ein Beweis für seine Schuld, und er mußte seiner Strafe, gewöhnlich der Todesstrafe, zugeführt werden. Für den Beschuldigten bedeutete diese Urteilsfindung in jedem Fall, daß er sterben mußte.

Den deutschen Märchen und Sagen mangelt es gleichfalls nicht an Geschichten um Gewässer, die von Nixen, Wassermännern, Kobolden und anderen zauberischen Wasserwesen bewohnt sind. Als Beispiel sei nur Lud-

Tip

Regen wird oft als Geschenk des Himmels bezeichnet. Tatsächlich gibt es kaum etwas Besseres zum Gießen als Regenwasser, das zudem auch noch kostenlos ist. Eine Tonne zum Sammeln des Niederschlags sollte deshalb in keinem Garten fehlen.

Der Sage nach soll Graf Raimund seine Gemahlin Melusine ganz heimlich beim Bade beobachtet haben; nur so konnte er ihre Nixengestalt entdecken. Das Gemälde „Die schöne Melusine" von Julius Hübner (1844) setzt diese Legende in Szene.

wig Bechsteins Märchen „Das Lindigsfrauchen“ erwähnt. Ein Burgfräulein, das Kontakt zu Nixen hat, verlobt darin ihren Sohn mit einer Wasserfee – eine Verbindung, die für den jungen Mann tödlich endet, als die Fee ihn in ihr Unterwasserreich holt.

Das Bild des Meisters des Wiener Schottenstifts aus dem 15. Jh. veranschaulicht sehr gut, wie Pilatus seine Hände „in Unschuld“ wusch. Mit diesen zur Redensart gewordenen Worten schob er jegliche Verantwortung für Jesu Tod von sich, obgleich er ihn zuvor verurteilt hatte.

Viele Sprichwörter und geflügelte Worte benutzen das Wasser als Sinnbild, um Lebensweisheiten auszudrücken oder sowohl positive wie negative Situationen indirekt, aber unmißverständlich zu umschreiben. „Mit allen Wassern gewaschen“, „kein Wässerchen trüben können“ oder „jemandem den Hahn zudrehen“ sind Beispiele für geläufige Redewendungen. Auch Sprichwörter wie „Steter Tropfen höhlt den Stein“ oder „Stille Wasser sind tief“ verdeutlichen die Verwendung des Worts im übertragenen Sinn.

Über Wasser zu verfügen bedeutet aber auch Macht. Früher führten die Menschen Kriege um das kostbare Naß, entschied es doch vielfach über Erfolg oder Mißerfolg von Ackerbau und Viehzucht. Wer im wahrsten Sinn des Worts „an der Quelle“ saß, war immer im Vorteil. Wasserstraßen als Handelswege waren Dreh- und Angelpunkte der Wirtschaft, und Schiffe als Fortbewegungsmittel gab es schon zu Zeiten, als noch niemand an Autos, Züge oder Flugzeuge dachte, ja sogar bereits vor der Erfindung des Rads. Entsprechend alt sind daher die Bestrebungen der Menschen, sich das Wasser zunutze zu machen. Man staute Flüsse auf und legte Bewässerungskanäle an. Weltberühmtheit erlangten etwa die Aquädukte des Römischen Reiches, die um die Zeitenwende entstanden. Diese oberirdischen Abschnitte von Wasserleitungssystemen überspannten oft in mehrgeschossigen Bogenbauten Täler, Senken und Flüsse. Noch wesentlich älter als die römischen Aquädukte sind die Kanalsysteme, die in Mesopotamien die Flüsse Euphrat und Tigris miteinander verbanden – und es teilweise heute noch tun. Ihre Anfänge sollen bis etwa 3500 v. Chr. zurückreichen. Auch die Hochkulturen Chinas und Ägyptens basierten auf Wasser, denn die Menschen nutzten die regelmäßig über die Ufer tretenden Flüsse Hwangho bzw. Nil für ihre Landwirtschaft. Rinnen zur Bewässerung ihrer Felder machten sie weitgehend unabhängig vom Regen.

Bewässerungssysteme und Stauwerke, im Lauf der Jahrhunderte immer ausgeklügelter geworden und heute mit moderner Computertechnik gesteuert, sind wirtschaftlich wichtig wie eh und je. Kraftwerke nutzen die Gewalt des Wassers zur Stromerzeugung; Begradigungen und Schleusen zwingen die Flüsse in geordnete, dem Menschen dienliche Bahnen. Derart gezähmte Gewässer mögen zwar ökonomisch sehr wertvoll sein, haben aber viel von ihrem natürlichen Charme und dem ökologischen Nutzen eingebüßt. Und trotz, nicht selten sogar gerade wegen aller Technologie weist die Natur den Menschen immer wieder in seine Schranken. Bleibt der Regen lange aus, herrschen Hungersnöte; andererseits vernichten sintflutartige Regenfälle und Sturmfluten Land und Bewohner.

Wasserleitungssysteme wurden in vielen Kulturen schon sehr frühzeitig konstruiert. Besonders eindrucksvoll sind die von den Römern errichteten Aquädukte, meist mehrstöckige Bauwerke, die große Entfernungen überwanden. Einer der bekanntesten ist sicherlich der zur Zeit des Kaisers Augustus errichtete, dreigeschossige Pont du Gard in Nîmes, der das Gard-Tal überspannt.

Gewässer im Garten

Wer träumt nicht gern an einem stillen Teich, genießt die Ruhe der spiegelnden Wasserfläche oder erfreut sich am Gemurmel und Geplätscher eines Bächleins? An diesen ureigensten Wünschen und Bedürfnissen hat sich nichts geändert, seit der Mensch das kostbare Naß in seinen häuslichen Bereich holte. Die Wasserstelle in Haus und Hof diente anfangs zwar hauptsächlich dazu, Wasser zum Trinken, Kochen und Waschen sowie zum Gießen des Hausgartens in bequemer Nähe zu haben. Schon bald jedoch war dies nicht mehr ihr einziger Zweck. Lag doch nichts näher, als Brunnen und Becken auch nach optischen Gesichtspunkten ansprechend zu gestalten und so der Wohnumgebung als schmückendes Element einzugliedern. Wie die Geschichte der Gärten allgemein, so war auch das Gestaltungselement Wasser stets dem jeweiligen Zeitgeist unterworfen und wandelte im Lauf der Jahrhunderte immer wieder sein Gesicht.

Wasser in den Garten zu holen ist eine gestalterische Idee mit jahrtausendealter Tradition, wie dieses ägyptische Wandgemälde aus einem Grab in Theben (14. Jh. v. Chr.) anmutig beweist. Es zeigt ein von Bäumen umgebenes rechteckiges Becken mit Lotosblumen, in dem Fische, Enten und Gänse schwimmen. Pflanzen schmücken auch die Randbereiche.

Die Anfänge

Die ersten Anfänge der Wassergärten sind nicht etwa in Gegenden mit reichlichen Niederschlägen zu suchen, wie man vielleicht vermuten könnte, sondern – ganz im Gegenteil – in der Wüste. In jenen unwirtlichen Landstrichen waren die Menschen gezwungen, Bewässerungskanäle zu entwickeln, mit deren Hilfe sie ihre Felder bestellen und sich selbst das Überleben sichern konnten. Diese Anlagen dehnte man auf die häuslichen Bereiche aus, schmückte sie mit Pflanzen und sonstigem Zierat – und so wurden aus einfachen Gräben bald dekorative Wasserbecken oder Kanäle, die man nach dem Vorbild der damaligen Bewässerungstechnik ebenso in geometrischen Formen anlegte. Bereits auf ägyptischen Wandzeichnungen aus der Zeit um 1400 v. Chr. finden sich rechteckige Teiche mit sumpfigen Randbereichen, bewachsen mit Lotosblumen, Lilien und Papyrus. Dieser „klassische“ Lotosblumenteich entwickelte sich alsbald zum festen Bestandteil ägyptischer Gärten. Aus der Zeit um 1100 v. Chr. stammen die prächtigen Gartenanlagen in Babylonien und Assyrien. Als eines der Sieben Weltwunder der Antike gelten die legendären Terrassengärten von Babylon, die als Hängende Gärten der Königin Semiramis in die Geschichte eingingen und mit Hilfe eines ausgeklügelten Kanalsystems bewässert wurden.

Während die Gartenkultur bei den Griechen nur eine untergeordnete Rolle spielte, führten die Römer sie, inspiriert durch die Anlagen im Orient, zu hoher Blüte. Wasserbecken, Kanäle und Schalenbrunnen, oftmals hergestellt aus kostbarem Marmor, wurden zum Zentrum des Atriumgartens. Kübelpflanzen bildeten den grünen Rahmen und schufen zugleich schattige Ruhezonen.

Einen wesentlichen Beitrag zur Geschichte abendländischer Wassergärten lieferte auch der Islam. In Persien und Arabien, wo die Sonne fast immer gnadenlos vom Himmel brennt, waren die Gärten ein Ruhepol, ein abgeschiedenes Refugium, das bewußt die Alltagssorgen aussperrte. Wasser bildete dabei den Mittelpunkt, sorgte es doch für Kühlung und beruhigte mit seinem Geplätscher Geist und Sinne. Immer war der Garten streng geometrisch angeordnet, gemäß den Vorstellungen des Korans vom Paradies, und ein kreuzförmiger Kanal teilte ihn in vier Bereiche. Wie die Gärten in vielen anderen alten Kulturen verkörperte der orientalische Garten sozusagen den Himmel auf Erden, wo man niemals

In der überfeinerten Raffinesse der spätrömischen Wohnkultur spielten Badeanlagen, Wasserbecken und Brunnen eine große Rolle. Diese um 1890 entstandene Farblithographie stellt die Rekonstruktion des Hauses von Cornelius Rufus in Pompeji mit einem in den Marmorboden eingelassenen „Pool“ dar.

mehr Durst, die schlimmste denkbare Qual, leiden muß. Das Wort Paradies leitet sich übrigens aus dem Persischen ab, denn *pairi-deaza* bedeutet Garten. Mit dem Islam wurde dessen Kunstfertigkeit auch nach Spanien gebracht, wo sie zu ungeahnten Höhen gelangte. Die Alhambra in Granada gilt mit ihrem technisch perfekten Wassersystem und den prachtvollen Springbrunnen immer noch als das schönste Dokument mohammedanischer Gartengestaltung weit und breit.

Aber auch am anderen Ende der Welt gedieh eine großartige Gartenkultur, deren Wurzeln ebenfalls religiösen Ursprungs sind. In China lehrte Laotse im 6. Jh. v. Chr. den Taoismus, nach dem sich der Mensch stets in Einigkeit mit dem höchsten Wesen, dem Tao, befinden soll, von dem alles ausgeht und zu dem alles zurückkehrt. Nur durch die Versenkung in Meditation rückte das Ziel näher, und so strebten die Chinesen danach, entsprechende Plätze der Ruhe zu schaffen, an denen sie sich der Besinnung hingeben konnten. Da dies in Einklang mit der Natur besonders gut gelingt, begannen die Gläubigen, die umgebende Landschaft in ihrem persönlichen Umfeld, im Garten, möglichst originalgetreu nachzuahmen. Landschaftselemente, die im Garten vorkommen sollten, waren neben Bergen, Schluchten und Wiesen vor allem Seen,

Unvergleichliche Meister in der Nutzung des Wassers als gärtnerisches Gestaltungselement waren die Araber, die ihre Kunst nach Andalusien mitbrachten, das sie 700 Jahre beherrschten. Zu ihren eindrucksvollsten Hinterlassenschaften gehört die im 14. Jh. errichtete Alhambra in Granada mit ihren begrünten, von Kanälen durchzogenen und mit Brunnen geschmückten Höfen – hier der „Hof des Wassergrabens“.

Japanische Gärten sind ohne Wasser als gestaltendes Element nicht denkbar. Sei es als Bach oder See, immer fügt es sich gut in eine künstlich geschaffene, strenge Ordnung ein, wie dieser Holzschnitt aus dem 19. Jh. zeigt.

Tip

Ein typisches Element des japanischen Gartens sind Steinlaternen, wie sie mittlerweile auch im hiesigen Gartenhandel vielerorts angeboten werden. Zusammen mit Pflanzen wie Bambus oder asiatischen Ahornarten und -sorten mit geschlitztem Laub zaubern sie ein fernöstliches Ambiente. Aber auch ein Steintrog, über eine Rinne aus Bambus mit Wasser versorgt, vermag japanisches Flair auszustrahlen.

Steinlaternen gehören zur typischen Ausstattung japanischer Gartenanlagen. Sie bringen auch in mitteleuropäische Gärten einen Hauch fernöstlichen Flairs.

Flüsse und Bäche. Die Prinzipien dieser Art von Gartengestaltung wurden sozusagen festgeschrieben und gelten auch heute noch in ihrer ursprünglichen Form.

Von China ausgehend, gelangte die Idee des Landschaftsgartens mit dem Buddhismus nach Japan, wo sie weiterentwickelt und abgewandelt wurde, der japanischen Mentalität und Philosophie entsprechend, die sich völlig von der chinesischen unterscheidet. Nichts blieb im japanischen Garten mehr dem Zufall überlassen, jeder Stein, jeder Zweig hat seinen Platz in einer festgefügten Ordnung, die sich Andersgläubigen oft nur schwer erschließt.

Entwicklung in Europa

Während im Römischen Reich die Gartenkultur einen sehr hohen Stellenwert besaß, machte sich mit seinem Verfall europaweit eine ziemliche Öde breit, und viele Kenntnisse gingen verloren. Pflanzen wurden hauptsächlich zur Gewinnung von Nahrung und als Viehfutter angebaut, für Dekoratives blieb wenig Raum. Im Mittelalter entwickelten sich allmählich die Klöster zu Horten der Gartenkultur, versuchten sie doch, an die Errungenschaften der Antike wieder anzuknüpfen. Allerdings war es bis dahin noch ein weiter Weg, denn die Klostergärten beherbergten vorwiegend Nutz- und Heilpflanzen, und Wasser diente fast ausschließlich zum Gießen. So fanden sich in den Gärten und um die Burghöfe kaum ausgedehnte Wasseranlagen,

Dieser prachtvolle mehrstöckige Brunnen aus dem 14. Jh., ein sog. Maulbronn, steht im Zisterzienserkloster Maulbronn.

typisch waren vielmehr Wasserbecken, oftmals erhöht aufgestellt und dadurch in den Blickpunkt gerückt, sowie Mehrschalen- oder Stockbrunnen, sog. Maulbronne, bei denen das Wasser jeweils vom darüberliegenden Becken in das nächsttiefere lief. Wasserspeier in Form von Tierköpfen gehörten als zentrales Element dazu.

Mit der Renaissance kam im 15. und 16. Jh. kulturell ein frischer Wind auf, der sämtliche Lebensbereiche erfaßte und mit neuen Ideen erfüllte. Ausgehend von Italien, schwappte die Welle auch auf die andere Alpenseite über und beeinflußte nachhaltig die Architektur und in der Folge ebenfalls die Gartenanlagen. Im Gegensatz etwa zu islamischen Gärten, die sich durch strenge Abgeschlossenheit auszeichneten, öffneten sich italienische Renaissancegärten nach außen und ermöglichten den Blick in die Landschaft. Charakteristisch waren einfache geometrische Formen, wobei Wasser in vielfältigen Variationen, etwa als Brunnen, Becken oder Kanäle, häufig die Hauptrolle spielte. Weit verzweigte Wasseranlagen mit raffinierten mechanischen Systemen bildeten das Herzstück, erste Kaskaden, Wasserspiele und Fontänen entstanden und erfreuten sich rasch wachsender Beliebtheit, auch in anderen Ländern wie Frankreich. Dort entwickelte sich die Gartenkunst weiter, die Zeit des Barocks brach an, das in prächtigen Schloßanlagen seine höchste Vollendung fand. In deren Gärten wurden die Pflanzen ebenso wie das Wasser extrem in künstliche Bahnen gedrängt, die strenge Geometrie der Gartenarchitektur stand im Vordergrund, der Natürlichkeit wurde kein Platz eingeräumt. Grandiose Beispiele barocker Parkanlagen sind in Versailles bei Paris, Nymphenburg und Schleißheim in bzw. bei München, in Sanssouci in Potsdam und Herrenhausen in Hannover zu finden. Auch die Brunnen dieser Epoche wurden vielfältig ausgestaltet, die Blütezeit der Figurenbrunnen begann. Vielfach kamen Gestalten der antiken Mythologie wieder zu Ehren, das führen etwa der Herkulesbrunnen und der Augustusbrunnen in Augsburg oder ebenso der Trevibrunnen in Rom vor Augen.

Mit der Zeit verloren die prunkvollen Parks mit ihren künstlichen Wasserspielen jedoch an Bedeutung. Ein neuer Zeitgeist, der Mitte des 18. Jh. in England seinen Anfang nahm, ergriff auch die Gärten. Beeinflußt durch die chinesische Gartenkunst, waren die Architekten nunmehr bemüht, die Anlagen möglichst natürlich erscheinen zu lassen und die Landschaftselemente in verkleinertem Maßstab auf

Die fürstliche Pracht barocker Schloß- und Parkanlagen mit Brunnen, Fontänen und schiffbaren Bassins entfaltet sich auf diesem Gemälde „Schloß Nymphenburg“ von Canaletto, entstanden 1761.

Tip

Brunnen sind noch heute ein beliebtes Gestaltungselement im Garten. Gerade auf sehr kleinen Grundstücken, die keinen Platz für Teich oder Bachlauf bieten, läßt sich damit ein ganz besonderer Blickfang schaffen.

Im Lauf der Zeit wandelt sich der Geschmack und damit auch die Gestaltung der Hausgärten. Heute gilt es, die Natur mit einzubinden, statt sie fernzuhalten. Ein kleiner Teich mit Wasserspeier, üppig von Pflanzen eingerahmt, ergibt ein harmonisches Gesamtbild und schafft eine ganz besondere Atmosphäre.

Tip

Der jahrelang als unzeitgemäß verpönte Swimmingpool muß bei einer Neugestaltung des Gartens gar nicht unbedingt verschwinden. Er läßt sich beispielsweise in einen sog. Schwimmteich umfunktionieren, der sowohl das Baden ermöglicht als auch einen naturnah angelegten Bereich einschließt (siehe Seite 80 ff.).

die Gärten zu übertragen. Nicht mehr die Form der Beete oder Wasserbecken gab den Ausschlag, vielmehr spielte die Vegetation die entscheidende Rolle. „Zurück zur Natur" hieß die Devise, die bald auch auf dem europäischen Festland Verbreitung fand. Bedeutende Beispiele für den Typ des englischen Landschaftsgartens sind etwa der Englische Garten in München oder der Schloßpark des Fürsten Pückler-Muskau in Muskau bei Cottbus.

Gartenanlagen der Neuzeit

Waren früher Gärten eher ein Privileg der Reichen, so richteten sich mit der Zeit auch immer mehr „Normalbürger" einen Hausgarten ein. Vor allem im Zuge der Industrialisierung und der rasch anwachsenden Bevölkerungsdichte in den Städten sehnten sich die Menschen zunehmend nach einem Stück Natur zum Ausspannen und Genießen. Auch Gewässer durften dabei nicht fehlen. Sie wurden gern in Form von Seerosenteichen und Fischbecken angelegt. Geometrische Linien hielten wieder Einzug im Garten. Unterbrochen durch die Weltkriege, griffen die Gartengestalter der Nachkriegszeit die formalen Elemente erneut auf, die Zeit der Nierentische brachte auch nierenförmige Betonbecken in den Garten. Die strengen Formen gipfelten in einem wahren Swimmingpool-Boom, mit steigendem Wohlstand der Menschen erfreuten sich die sterilen Wasserbecken einer unglaublichen Beliebtheit.

Fortschreitende Umweltzerstörung ließ in den letzten Jahrzehnten das ökologische Bewußtsein in breiten Bevölkerungsschichten erwachen. Es gab Anlaß für eine neuerliche Veränderung in der Gartenkultur. Viele verspürten den Wunsch, im Garten wenigstens einen kleinen Beitrag zur Rettung verlorener Biotope und zur Erhaltung bedrohter Pflanzen und Tiere zu leisten. Die naturnahen Teiche, die mit dieser Motivation angelegt wurden, galten eine Zeitlang als das A und O des Wassergartens.

Heute ist eigentlich alles erlaubt, was gefällt, es gibt in der Gartenarchitektur kein Modediktat mehr. Wer über ein ausreichend großes Grundstück verfügt, kann sogar verschiedene Stilrichtungen miteinander verbinden. Wichtig ist nur, daß der Wassergarten zu Haus und Bewohnern paßt und auch aus der umgebenden Landschaft nicht als Fremdkörper heraussticht. Dann wird er seine Hauptfunktion erfüllen: seinen Besitzern Freude machen und zu ihrer Erholung beitragen.

Gewässer in freier Natur

Gerade der verstädterte Mensch, der selten Gelegenheit hat, Gewässer in freier Natur zu genießen, ist zunehmend bestrebt, sich das erquickende Naß in unterschiedlichster Form in seine engere Wohnumgebung zu holen. Nicht nur um Anregungen für die Gestaltung eines Wassergartens zu bekommen, lohnt sich ein Blick in die freie Natur. Hier erschließt sich außerdem in aller Deutlichkeit der vielseitige Charakter des Wassers als Lebensraum. Im großen wie im kleinen, oft direkt vor der Haustür, zeigt sich seine lebenspendende Kraft. Wenn nach langer Trockenheit der erste Regen fällt und das Wasser auf verdichteten Bodenschichten, etwa Fahrrinnen, längere Zeit stehenbleibt, regt sich dort alsbald Leben. Insekten umschwirren das Naß und legen ihre Eier darin ab, so manches dort ruhende Samenkorn keimt. Es entsteht für diese Lebewesen ein neuer Lebensraum. Ein besonders eindrucksvolles Beispiel bietet Walt Disneys unvergessener Film „Die Wüste lebt". Wo es oft monate-, ja manchmal jahrelang überhaupt keinen Niederschlag gibt, reicht ein einziger Regenguß, um die trockene Wüste in ein farbenfrohes Blütenmeer zu verwandeln.

Doch nicht nur Regenpfützen enthalten das lebensspendende Naß, Gewässer jeder Größenordnung strukturieren die Kontinente der Erde. Unter den Binnengewässern unterscheidet man prinzipiell zwei Arten: stehende und fließende. In den meisten Fällen enthalten sie Süßwasser. Nur in Klimagebieten, die geringe Niederschläge bei zugleich hoher Verdunstung aufweisen, gibt es auch Salzseen, teilweise mit wesentlich höherem Salzgehalt als die Meere. Der bekannteste Salzsee Mitteleuropas ist der – allerdings nur schwach salzige – Neusiedler See an der österreichisch-ungarischen Grenze.

Stehende Gewässer

Als See bezeichnet man in der Limnologie, der Wissenschaft von den Binnengewässern, ein größeres natürlich oder durch Menschenhand entstandenes Gewässer mit unterschiedlichen Tiefen und ohne direkte Verbindung zum Meer. Jeder See ist in zwei grundlegend andersgeartete Lebensräume gegliedert, die Freiwasserzone, wissenschaftlich Pelagial genannt, und die Bodenzone, das sog. Benthal. Letzteres wird in eine Uferzone, das Litoral, und eine Tiefenzone, das Profundal, unterteilt.

Die Lebewesen der Freiwasserzone halten sich schwebend oder schwimmend darin auf und haben keinen oder allenfalls zeitweiligen Kontakt zum Boden. Zu ihnen zählen z. B. Fische, einige Insekten, verschiedene Algen und Schwimmpflanzen wie das Rauhe Hornblatt *(Ceratophyllum demersum)*, die kleinen Wasserlinsen *(Lemna)* oder der Gewöhnliche Wasserschlauch *(Utricularia vulgaris)*. Dagegen leben die Bewohner der Bodenzone fast ausschließlich seßhaft. In diese Gruppe gehören die im Gewässergrund wurzelnden Unterwasserpflanzen, beispielsweise Laichkraut *(Potamogeton)* oder Tausendblatt *(Myriophyllum)*, ebenso wie Schwimmblattpflanzen, etwa die Seerosen *(Nymphaea)*, und die Gewächse der Sumpfzone, in natürlichen Seen ein sog. Röhrichtgürtel mit Schilf *(Phragmites australis)*, Rohrkolben *(Typha)* und anderen Röhrichtarten (siehe Seite 33 ff.). Natürlich beleben auch Tiere die Bodenzone, so etwa die Larven verschiedener Insekten, außerdem Wasserwanzen, Platt- und Borstenwürmer, Wasserschnecken und viele Kleintiere mehr.

Bleibt ein natürliches Stillgewässer so flach, daß Licht bis zum Grund vordringen kann und deshalb auch überall Pflanzen gedeihen,

Ein Süßwassersee wie dieser beherbergt einen ganzen Kosmos der vielfältigsten Lebewesen.

Tip

Sogar am Fensterbrett läßt sich die Bedeutung von Wasser für das Leben beobachten und Kindern auf einfache Weise verdeutlichen. Legt man z. B. Kressesamen auf ein feuchtes Papiertuch, so keimen sie schon nach wenigen Tagen aus. Sie benötigen zum „Start" also keine Erde, sondern lediglich Wasser.

Tip

Bei der Gestaltung eines Gartenteichs werden die Pflanzen stets ihrem natürlichen Lebensraum entsprechend eingesetzt. Gewächse der Uferzone würden im tiefen Wasser kaum gedeihen, umgekehrt gehen Schwimmpflanzen in einem flachen Sumpf in der Regel zugrunde.

Tip

Beim Gartenteich imitiert man im kleinen die natürliche Struktur eines Sees mit Uferzone und tieferen Bereichen. Diese Zonierung ist sehr wichtig, sei das Gewässer auch noch so klein, denn nur dann kann sich alsbald ein ökologisches Gleichgewicht einstellen.

Selbst kleine Waldtümpel sind ein eigener Lebensraum für zahlreiche Pflanzen und Tiere.

spricht man von einem Weiher. Im Unterschied zum See läßt sich also keine unbewachsene Tiefenzone, kein sog. Profundal, erkennen. Naturgemäß wird ein flacher, selten mehr als 2 m tiefer Weiher auch nur eine eher geringe Flächenausdehnung aufweisen. Ist ein derartiges Gewässer durch menschliches Zutun entstanden, also künstlich angelegt, bezeichnet man es fachgerecht als Teich.

Tümpel schließlich sind Kleingewässer mit sehr geringer Tiefe, die häufig nur aus den Niederschlägen gespeist werden und deshalb im Sommer oft trockenfallen. Der Fachmann spricht hier von periodischen Gewässern. Noch kleinere Wasserstellen werden gemeinhin Pfützen genannt.

Tip

Ein fließendes Gartengewässer kann man entweder als reinen Wiesen- oder als Gebirgsbach anlegen, besser ist jedoch eine Kombination beider Typen. Von der Quelle läßt man das Wasser zuerst munter über Kaskaden und Wasserfälle springen und sich dann gemächlicher durch eine Wiese schlängeln und in einen Teich oder eine Sickergrube münden.

Fließende Gewässer

Auch bewegte Gewässer werden je nach der Größe unterschiedlich bezeichnet, wobei hier die Grenzen noch weniger klar umrissen sind. Gemeinsam ist jedoch allen, daß ihr Wasser nur aufgrund eines Gefälles fließen kann. Der Ursprung, die Quelle, liegt häufig im Gebirge oder Hochland. Tritt sie als sog. Spalten- oder Sturzquelle zutage, sammelt sich das Wasser sofort zu einem Bach. Bei Sicker- oder Schichtquellen gleicht das Quellgebiet dagegen einem kleinen Sumpf. Es bietet sehr speziellen Lebensgemeinschaften Raum, die sich gürtel- oder streifenartig um die feuchten Geländestellen ansiedeln. Diese sog. Quellengesellschaften oder Quellflure sind überaus selten, und viele der dort vorkommenden Arten gedeihen ausschließlich in diesen Gebieten. Typisch dafür sind beispielsweise die Echte Brunnenkresse *(Nasturtium officinale)*, das Sumpfvergißmeinnicht *(Myosotis palustris)* und einige Seggenarten *(Carex)*.

Aus einer Felsspalte tritt eine Quelle zutage, das Wasser sammelt sich und strömt dann zu Tal.

Der sich an die Quelle anschließende Bachlauf kann unterschiedlichen Charakter haben. Ist das Gefälle groß und von Steinen und Felsen geprägt wie in den Bergen, spricht man vom Gebirgsbach, nimmt es dagegen ab und das Gewässer windet sich in vielen Schleifen, sog. Mäandern, ruhiger durch flachere Gegenden, wird es Wiesenbach genannt (siehe auch Seite 88 f.). Das Bett eines Gebirgsbachs mit starker Strömung weist in der Regel einen V-förmigen Querschnitt auf, beim Wiesenbach hingegen gleicht dieser eher einem U. Geht ein Gebirgsbach in die Ebene über, verringert sich nicht nur seine Fließgeschwindigkeit, der Bach gewinnt gewöhnlich auch rasch an Breite und wird schließlich zum Fluß. In freier Natur, wo der Mensch noch nicht begradigend und regulierend eingegriffen hat, zeichnen sich Bäche und Flüsse durch einen gewundenen Lauf und ein reich strukturiertes Ufer aus.

Ein mehr oder minder steiles Gefälle und viele Steine kennzeichnen den Lauf des Bergbachs.

Tiefe Bereiche wechseln sich mit flachen ab, ruhige Buchten mit stark durchströmten Stellen. Naturgemäß wird die Uferzone bei Hochwasser immer wieder überflutet, man bezeichnet diesen Landschaftsgürtel als Aue (siehe auch Seite 36 f.). Am Ende seines Laufs wird der Fluß zum großen Strom, der langsam und behäbig dem Meer entgegenfließt und sich dort oft in ein mehr oder weniger breites Delta verzweigt.

Wie die stehenden Gewässer besitzen auch Bäche und Flüsse eine für sie typische Flora und Fauna, die sich an die besonderen Gegebenheiten dieses Lebensraums angepaßt hat. Frei schwimmende höhere Pflanzen finden sich hier kaum, die Gewächse sind in der

Gemächlich schlängelt sich der Wiesenbach durch die Landschaft mit ihren Auwiesen.

Aus großer Höhe stürzt dieser Gebirgsbach zu Tal. Seine außerordentliche Fließgeschwindigkeit, bedingt durch das starke Gefälle, läßt kaum noch pflanzliches oder tierisches Leben zu. Nur die Felsen sind mit Moosen und Flechten bewachsen.

Tip

Im Gartenbach lassen sich Totwasser, die entgegen ihrem Namen alles andere als unbelebt sind, ganz einfach mit Hilfe von Pflanzinseln oder größeren Steinen herstellen (siehe Seite 92 f.). In deren Strömungsschatten gedeihen auch viele Gewächse, die eigentlich in stehenden Gewässern zu Hause sind.

Die stacheligen Fruchtstände des Igelkolbens machen dem Namen dieser Pflanze alle Ehre. Gemeinsam mit verschiedenen anderen Gewächsen schmücken sie den Flußlauf und gehören zur ganz charakteristischen Bachflora.

Regel fest im Untergrund verankert, damit sie nicht weggeschwemmt werden. Flutender Hahnenfuß *(Ranunculus fluitans)*, Schwaden *(Glyceria)*, verschiedene Laichkrautarten *(Potamogeton)* und Gewöhnlicher Tannenwedel *(Hippuris vulgaris)*, aber auch Igelkolben *(Sparganium)*, Rohrglanzgras *(Phalaris arundinacea)* oder Bachminze *(Mentha aquatica)* sind z. B. charakteristische Pflanzen, wobei die verschiedenen Zonen der Fließgewässer jeweils ganz typische Pflanzengesellschaften beherbergen (siehe Seite 35 f.). Selbstverständlich leben auch Tiere in und an Fließgewässern, doch sind viele Arten wegen der fortgesetzten Zerstörung ihrer Lebensräume sehr selten geworden und stehen auf der Roten Liste der gefährdeten Arten, etwa Fischotter, Biber, Eisvogel, Edelkrebs, Bachforelle und andere.

Einen besonderen Lebensraum bilden die sog. Totwasser, von denen es in jedem Bach oder Fluß zahlreiche gibt. Das sind Bereiche, in denen das Wasser verwirbelt wird, so daß die Strömung nachläßt, z. B. hinter großen Steinen. Solche Zonen, auch Kehrwasser genannt, bieten den Bewohnern der Fließgewässer Schutz vor allzu starker Strömung. Entsprechend mannigfaltig ist gerade hier das Leben.

Stille Altwasserarme sind besonders wertvolle Biotope, in denen unzählige Arten leben.

Feuchtgebiete

Neben den stehenden und fließenden Gewässern sind auch noch andere Lebensräume vorwiegend vom Wasser geprägt. Zu diesen sog. Feuchtgebieten gehören u. a. Auwälder, Altwasser, Bruchwälder und feuchte Wiesen. Sie alle sind eingebunden in den ökologischen Kreislauf und deshalb äußerst wichtig für das Gleichgewicht der Natur.

Die Uferbereiche stehender und fließender Gewässer, die entweder ständig naß oder aber nur gelegentlich überflutet, also wechselfeucht sind, werden als Sumpfzone bezeichnet. Sie beherbergen eine Vielzahl unterschiedlicher Tier- und Pflanzenarten (siehe Seite 36 ff.). So fühlen sich hier z. B. Irisarten *(Iris)*, Schwanenblume *(Butomus umbellatus)*, Rohrkolben *(Typha)* und andere besonders wohl.

Einen einzigartigen Lebensraum bilden Moore und ihre Gewässer. Sie entstehen vorwiegend in Klimagebieten mit umfangreichen Niederschlägen, hoher Luftfeuchtigkeit und dichtem Pflanzenbewuchs, und zwar häufig durch die Verlandung von Seen. Aufgrund ständiger Ablagerung von organischen und anorganischen Substanzen, die auf den Grund sinken, wird das Gewässer immer flacher, so daß die Sumpfzone mit der Zeit seine gesamte Fläche einnimmt. Als erstes siedeln sich dann Seggen *(Carex)* an, die dem Sumpf Wasser entziehen. Infolge der Zersetzung der Pflanzenmasse sinkt der pH-Wert ab (siehe Seite 132 f.). Verlandet der See schließlich und wird zu einer Wiese, spricht man von einem Flachmoor.

In Gebieten mit sehr hohem Niederschlag und damit ständig feuchtem Boden folgen den Gräsern bald sog. Torfmoose (überwiegend *Sphagnum*-Arten) nach, die sich durch ein sehr großes Wasserhaltevermögen auszeichnen und zudem allmählich zu einer weiteren Versauerung des Moors führen. Im Lauf der Zeit bilden die Moospolster dichte Decken, die immer mächtiger werden und sich letztlich zum typischen Hochmoor aufwölben. Nur die unteren Bereiche stehen dabei weiterhin im Wasser, während die oberen Schichten oberhalb des Grundwasserspiegels liegen. Die Moose der Hochmoore sterben in ihren unteren Teilen kontinuierlich ab, werden wegen des geringen Sauerstoffgehalts des Moorbodens jedoch nur unvollständig zersetzt. Die Schichten, die sich auf diese Weise bilden, nennt man Torf.

Hochmoore sind extrem arm an Nährstoffen. Deswegen und aufgrund des sehr niedrigen pH-Werts des Bodens, der meist zwischen 3,5 und 4,5 liegt, bieten sie nur wenigen daran angepaßten Pflanzenarten wie dem Gewöhnlichen Heidekraut *(Calluna vulgaris)*, der Moosbeere *(Vaccinium oxycoccos)*, dem Wollgras *(Eriophorum)* oder dem fleischfressenden Sonnentau *(Drosera)* Lebensraum.

Moore entstehen vorwiegend in Gebieten mit hohem Niederschlag und dichter Pflanzendecke.

Moorlandschaften mit ihrem Wechsel zwischen Wasser und Land besitzen einen eigenen Reiz.

Tip

Weil Torfschichten lediglich sehr langsam anwachsen – nur etwa 1 mm pro Jahr –, dauert es Jahrtausende, bis eine etwas mächtigere Lage entstanden ist. Um den rücksichtslosen Abbau des Torfs und damit die unweigerliche Zerstörung der Moore nicht zu unterstützen, sollte man im Garten so weit wie möglich auf Torf verzichten und besser auf Ersatzstoffe zurückgreifen.

Tip

Moorpflanzen gedeihen in normaler Erde meist nur schlecht. Möchte man sich diese Raritäten in den Garten holen, empfiehlt sich die Anlage eines speziellen Moorbeets (siehe Seite 78 f.).

Vielfältig vernetztes Leben

Ökologie der Gewässer

Im glitzernden Wasser spiegeln sich die gelben Blüten der Sumpfdotterblume und zaubern so hübsche Lichtreflexe an den Teichrand.

Ob Tümpel, Teich, See oder Bach, das prägende Element dieser Lebensräume ist das Wasser. In der Pflanzen- wie der Tierwelt gibt es zahlreiche Spezialisten, die sich an das Leben im und am Wasser angepaßt haben. Sie sorgen im Zusammenspiel mit Mikroorganismen und anderen Faktoren wie Wind, Licht und Niederschlägen dafür, daß sich natürliche Gewässer in einem ökologischen Gleichgewicht befinden. Nach dem Vorbild der Natur lassen sich auch im Garten Wasseranlagen schaffen, die ökologisch ausbalanciert sind. Dann bereiten Naturteiche oder Bäche ebenso wie formale Becken auch lange Zeit Freude.

Botanik der Wasserpflanzen

Alles Lebendige auf dieser Erde hat seinen Ursprung im Meer. Von hier aus begannen vor Jahrmillionen primitive Pflanzen das Land zu erobern, und im Lauf ihrer weiteren Entwicklung schafften es diese Gewächse, sich hervorragend an den neuen Lebensraum anzupassen. Doch kehrten einige wieder ins Wasser zurück, sie sind somit als mehr oder weniger stark veränderte Landpflanzen anzusehen. Um den Aufbau und die Besonderheiten von Wasserpflanzen besser verstehen zu können, liegt es daher nahe, zunächst die Landpflanzen genauer zu betrachten.

Landpflanzen nehmen Wasser und Nährstoffe über ihre Wurzeln aus dem Boden auf und leiten sie in speziellen Gefäßsystemen bis in die Blattspitzen. Wasserpflanzen dagegen können beides direkt über Blätter und Stengel der nassen Umgebung entziehen.

An Land lebende Pflanzen entwickelten tiefe und weitreichende Wurzelsysteme, mit deren Hilfe sie sich am Standort festhalten und aus dem Boden Wasser und darin gelöste Nährstoffe aufnehmen. Für den Transport dieser lebenswichtigen Stoffe zu den übrigen Pflanzenteilen sorgen spezielle Leitgefäße. Aufrechterhalten wird der Wasser- und Nährstoffstrom durch Verdunstung über die Blätter, die sog. Transpiration. Auf den Blattflächen befinden sich nämlich winzige Spaltöffnungen, die von der Pflanze geöffnet und geschlossen werden können. Damit dienen sie nicht nur dem Gasaustausch, sondern sind wichtige Regulatoren im Wasserhaushalt. An Trockenheit angepaßte Landpflanzen weisen zusätzlich Schutzvorkehrungen gegen Wasserverluste auf, etwa dicke Oberflächenhäutchen an Laub und Stengeln, eine dichte Behaarung oder wasserspeichernde Gewebe.

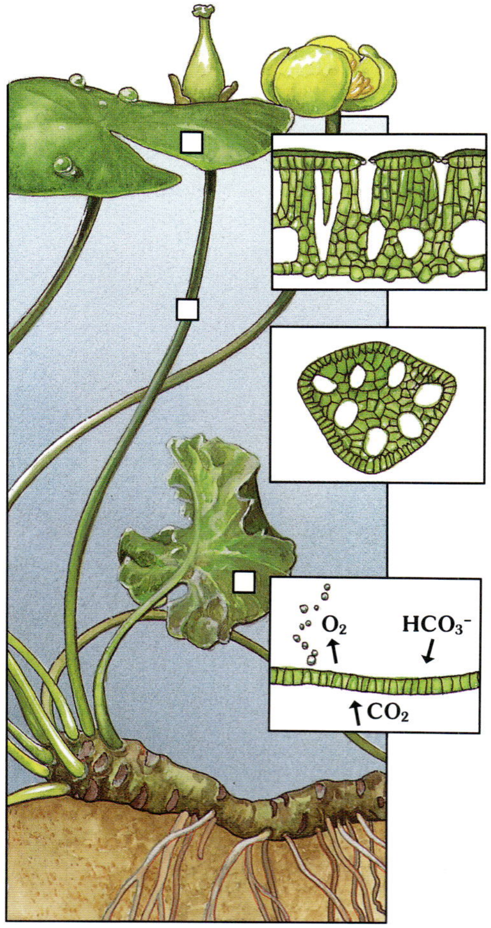

Schwimmblattpflanzen besitzen in ihren wasserabweisenden Blättern und Stengeln ein luftgefülltes Gewebe, durch das sie an die Oberfläche gelangen. Ihre Unterwasserblätter halten im Winter den Stoffwechsel aufrecht, indem sie Kohlendioxid (CO_2) und Hydrogencarbonat (HCO_3^-) aufnehmen und Sauerstoff (O_2) abgeben.

Im Unterschied dazu stellt das Leben im und am Wasser an Pflanzen völlig andere Anforderungen. Während das lebenswichtige Naß im Überfluß vorhanden ist, mangelt es an dem zur Atmung notwendigen Sauerstoff sowie an Kohlendioxid (CO_2), das die Pflanze zur Photosynthese, d. h. zum Substanzaufbau mit Hilfe des Sonnenlichts, braucht. Die Gase liegen zwar im Wasser gelöst vor, sind aber in wesentlich geringeren Konzentrationen verfügbar als in der Luft. Sogar Sumpfpflanzen, die nur mit ihren Wurzeln und untersten Sproßteilen im Wasser stehen, besitzen daher ein Durchlüftungssystem, das sie in die Lage versetzt, ihre Wurzeln ausreichend mit Sauerstoff zu versorgen (siehe unten). Die untergetaucht lebenden Pflanzen benötigen ihre Wurzeln nur noch zur Verankerung im Substrat, Nährstoffe und Wasser können sie über ihre Blätter und Sproßteile direkt dem Wasser entziehen. Folglich ist die Oberfläche untergetauchter Blätter oftmals stark vergrößert, während die Spaltöffnungen zurückgebildet sind.

Zahlreiche Wasserpflanzen vermehren sich auf vegetativem Weg, also durch Pflanzenteile, z. B. Ausläufer, Wurzelschößlinge oder Brutknospen. Vor allem bei untergetaucht lebenden Arten verwundert dies nicht, bedenkt man die besonderen Umgebungsbedingungen, die eine Bestäubung und Samenproduktion häufig erschweren oder gar verhindern. Andererseits erleichtert die feuchte bis nasse Umwelt vegetativen Abkömmlingen das Überleben und Heranwachsen zu eigenständigen Pflanzen ganz erheblich.

Abweichungen von den typischen Merkmalen kommen bei Wasserpflanzen häufig vor, und die Übergänge zwischen Land- und Wasserpflanzen sind fließend. Schließlich ändern sich die Lebensbedingungen vom trockenen Ufer bis zur Tiefwasserzone eines Gewässers kontinuierlich, und die verschiedenen Wasserpflanzen mußten sich folglich auf jeweils ganz unterschiedliche Standortverhältnisse in der Natur spezialisieren.

Sumpfpflanzen

Sumpfpflanzen gedeihen auf feuchten bis ständig nassen Böden und präsentieren sich in der Regel als wahre Anpassungskünstler. Während ihre Wurzeln und unteren Sproßteile oft einige Zentimeter tief im Wasser stehen, sind die oberen Triebabschnitte Sonne, Wind und sonstigen klimatischen Einflüssen ausgesetzt. Dementsprechend verfügen sie über ein kräftiges Stützgewebe, das ihnen die nötige Standfestigkeit verleiht, sowie über Spaltöffnungen in den Blättern, die ihnen eine Regulierung der Wasserabgabe erlauben. Als typische Anpassung an das Wasserleben ist das Durchlüftungssystem in den Stengeln zu werten. Dieses spezialisierte Luftgewebe, das sog. Aerenchym, wird von sternförmigen Zellen gebildet, die große Zwischenräume zwischen sich frei lassen. In diesen Interzellularräumen wird die Luft weitergeleitet, darüber hinaus dienen sie auch als Sauerstoffspeicher.

Die Sproßteile von Sumpfpflanzen sind an die Bedingungen im und über Wasser angepaßt.

Einige Arten können sich durch Wandlung ihrer Gestalt besonders gut an die schwankenden Wasserstände im Uferbereich anpassen und werden daher als amphibische Formen bezeichnet. Deutlich wird dies am Pfeilkraut

Die Blätter der Pfeilkrautarten können je nach Standort völlig unterschiedlich aussehen.

Tip

Auch im Wassergarten sollte man beachten, daß die hohe Spezialisierung der Wasserpflanzen sie gegenüber Veränderungen ihres Lebensraums empfindlich macht. In der Natur gehören viele von ihnen z. B. durch Trockenlegung oder Regulierung eines Gewässers, Senkung des Grundwasserspiegels oder erhöhten Nährstoffeintrag zu den vom Aussterben bedrohten Arten.

Tip

<u>Röhrichtpflanzen</u> wie Schilf, Rohrglanzgras oder Wasserschwaden sollte man <u>den Winter über stehenlassen</u>. Ihre luftgefüllten Stengel versorgen selbst bei dicker Eisdecke das darunterliegende Wasser und die überwinternden Organismen mit lebenswichtigem Sauerstoff.

Tip

<u>Obwohl Sumpfpflanzen sehr anpassungsfähig</u> sind, erweist sich für die meisten Arten eine <u>ganz bestimmte Wassertiefe</u> als <u>optimal</u>. Berücksichtigt man dies bei der Pflanzung, dann ist eine gute Entwicklung und lange Lebensdauer der Gewächse fast schon garantiert.

Tip

Die unterschiedlichen Blattformen und faszinierenden Blütenfarben der <u>Sumpfpflanzen</u> ermöglichen eine <u>abwechslungsreiche und eindrucksvolle Gestaltung von Gewässerrändern</u>.

Tip

Will man <u>Seerosenblätter als Tischschmuck</u> oder ähnliches verwenden, muß dafür gesorgt sein, daß die <u>Unterseite</u> der Blätter <u>vollkommen von Wasser benetzt</u> ist, da sie ansonsten rasch welken. Am besten läßt man sie in einer flachen Schale schwimmen.

(Sagittaria), das allein drei ganz verschiedene Blattformen ausbilden kann. Zunächst entwickeln sich bandartige Unterwasserblätter, die dem Wasser nur wenig Widerstand bieten. Anschließend folgen spatelförmige, auf der Wasseroberfläche treibende Schwimmblätter, zuletzt heben sich dann an langen Stielen die typischen pfeilförmigen Luftblätter in die Höhe. Untersuchungen ergaben, daß die Spaltöffnungen der Luftblätter wie bei einer typischen Landpflanze auf der Blattunterseite sitzen, während sie sich bei den Schwimmblättern auf der Blattoberseite befinden.

Schwimmblattpflanzen

Zu den bekanntesten Schwimmblattpflanzen gehört die Seerose *(Nymphaea)* mit ihren großen, flach der Wasseroberfläche aufliegenden Blättern und den dazwischen erblühenden schalenförmigen Blumen. Die ganz speziellen Anpassungen an diese Lebensweise finden sich jedoch auch bei allen anderen Schwimmblattpflanzen.

So weisen die Blätter ebenso wie die Stengel ein luftgefülltes Gewebe, das sog. Aerenchym, auf, mit dessen Hilfe sie Auftrieb erhalten und schwimmen können. Und auf diese Weise erobern sich Schwimmblattpflanzen einen weitaus stärker vom Licht begünstigten Lebensraum, nämlich die hellere Wasseroberfläche bzw. Bereiche mit geringerer Wassertiefe. Ein dünner, wachsartiger Überzug auf der Oberseite macht ihre Blätter wasserabweisend und ermöglicht einen ungehinderten Gasaustausch über die dort vorhandenen Spaltöffnungen. Erstaunlicherweise haben die Pflanzen die Fähigkeit entwickelt, dank spezieller Bauweise der Blattunterseiten ihren Wasser- und Nährstoffbedarf direkt aus dem sie umgebenden Medium zu decken; sie sind also weitaus unabhängiger von ihren Wurzeln als andere Gewächse.

Auffallend ist zudem die abgerundete Form der Schwimmblätter und deren extrem stabil gebauter Rand, wodurch die Gefahr des Einreißens durch Wind- und Wellenschlag deutlich gemindert wird. Kräftige Rippen oder ähnliche Versteifungen geben zusätzliche Festigkeit. Zum Schutz gegen die im Wasser vorwiegend auftretende Zugbelastung sind die Leitbündel in den Stengeln zentral angeordnet – wie Stahlseile bewahren sie den Stengel vor dem Abreißen.

Viele Schwimmblattpflanzen besitzen zusätzlich zu den auf der Wasseroberfläche schwimmenden Blättern Unterwasserblätter, die sich in ihrer Gestalt deutlich von den Schwimmblättern unterscheiden. Bei der Teichrose *(Nuphar)* fluten z. B. weiche, salatartige Unterwasserblätter sanft im Wasser und sorgen nach dem Absterben der Schwimm-

Die Seerose mit ihren auffälligen Blüten wird meist als Königin der Wasserpflanzen angesehen.

Vom Gewässergrund schieben sich die Blätter und Blüten der Teichrose bis über die Wasseroberfläche.

blätter in der kalten Jahreszeit für fortwährenden Stoffwechsel.

Nicht alle Schwimmblattpflanzen zeigen so auffällige Blütenstände wie die prächtige Seerose. Unscheinbar bleiben etwa die grünlichen Blütenähren des Schwimmenden Laichkrauts *(Potamogeton natans)*. Sie werden vom Wind bestäubt und müssen nicht durch intensive Farben oder Duftstoffe Insekten anlocken.

Schwimmpflanzen

Faszinierende Gewächse sind die frei im Wasser treibenden Schwimmpflanzen. Aus naheliegenden Gründen beschränkt sich deren Vorkommen, so wie das der Schwimmblattpflanzen, auf ruhige Gewässer. Die meisten Arten bilden zwar ein mehr oder weniger stark verzweigtes Wurzelwerk aus, für die Nährstoffaufnahme spielt es jedoch nur noch eine untergeordnete Rolle. Übernommen wird diese Funktion größtenteils von den auf der Wasseroberfläche schwimmenden Blättern der Pflanze. Für den nötigen Auftrieb sorgen wie bei den Schwimmblattpflanzen die luftgefüllten Interzellularräume der Blätter und Stiele. Besonders stark ausgeprägt sind diese in den kugelig angeschwollenen Blattstielen der tropischen Wasserhyazinthe *(Eichhornia crassipes)*. Die Oberfläche der Schwimmblätter hat wasserabweisende Eigenschaften, sei es durch wachsartige Überzüge, sei es durch starke Behaarung.

Während sich einige Arten, etwa die Krebsschere *(Stratiotes aloides)* oder die eben erwähnte Wasserhyazinthe, mit ansehnlichen Blüten schmücken, blühen die Wasserlinsen *(Lemna*-Arten), die kleinsten Blütenpflanzen der Welt, nur im verborgenen oder überhaupt nicht. Generell spielt die vegetative Vermehrung bei den Schwimmpflanzen eine große Rolle, wie die reichliche Ausläuferbildung bei Krebsschere, Gewöhnlichem Froschbiß *(Hydrocharis morsus-ranae)* und Wasserlinse deutlich macht.

Hat sich im Winter eine dicke Eisschicht über das Gewässer gelegt, gibt es für die im Wasser treibenden Schwimmpflanzen kaum

Blasig aufgetriebene Blattstiele und prächtige blaue Blüten kennzeichnen die Wasserhyazinthe.

Überlebenschancen. Sie haben daher, mit Ausnahme der tropischen und subtropischen Arten, besondere Strategien entwickelt, um die kalte Jahreszeit schadlos zu überstehen. Manche Arten, z. B. die Krebsschere, sinken im Herbst als Ganzes auf den Gewässergrund, um hier zu überwintern. Andere Arten, etwa der Gewöhnliche Froschbiß, bilden stärkereiche Winterknospen, sog. Turionen, aus, die sich ebenfalls im eisfreien Bodenschlamm absetzen und erst im darauffolgenden Frühjahr austreiben.

Tip

Schwimmblattpflanzen dürfen in einem Gartenteich nicht zu üppig gepflanzt werden, da sie sonst bei günstigen Wachstumsbedingungen bald die ganze Wasseroberfläche bedecken und damit den Unterwasserpflanzen das lebenswichtige Licht nehmen.

Tip

Die winzigen Wasserlinsen sind eine wichtige Nahrungsgrundlage für Wasservögel und Fische. Weil sie dem Wasser außerdem reichlich Nährstoffe entziehen, können sie in gewissem Maß gewässerreinigend wirken, vorausgesetzt, man fischt sie rechtzeitig vor dem Winter ab, bevor sie absterben und der reinigende Effekt ins Gegenteil umschlägt.

Tip

Um unbeschadet überwintern zu können, brauchen die im Herbst zu Boden sinkenden Pflanzenteile und Winterknospen von Schwimmpflanzen schlammigen Gewässergrund.

Die Krebsschere brilliert mit ihren leuchtend weißen Schalenblüten über der Wasseroberfläche.

Tip

Weisen Unterwasserpflanzen in kalkreichen Gewässern einen weißen Überzug auf, ist dies kein Hinweis auf eine Erkrankung. Vielmehr handelt es sich um eine harmlose Kalkkruste, die im Zuge des Stoffwechsels auf der Blattoberfläche entsteht.

Auf den ersten Blick vermutet kaum jemand die Zugehörigkeit der Wasserfeder zu den Primelgewächsen.

Tip

Unterwasserpflanzen dürfen in keinem Wassergarten fehlen, da sie im ökologischen Kreislauf der Gewässer unersetzlich sind. Sie produzieren unermüdlich Sauerstoff, verbrauchen Nährstoffe und bieten unzähligen Wassertieren Lebensraum.

Unterwasserpflanzen

Vollkommen untergetaucht lebende Pflanzen, auch als submerse Wasserpflanzen bezeichnet, haben in Anpassung an ihr Leben unter Wasser zahlreiche Abwandlungen erfahren.

Weitreichende, kräftige Wurzelsysteme sind für sie entbehrlich, einige Arten wie das Rauhe Hornblatt *(Ceratophyllum demersum)* oder der Gewöhnliche Wasserschlauch *(Utricularia vulgaris)* verzichten sogar völlig auf eine Verankerung. Das Wasser übt durch seine Strömung auf die darin lebenden Pflanzen mehr oder weniger starke Zugkräfte aus. Wie bei den Schwimmblattpflanzen stellt auch bei den Unterwasserpflanzen die zentrale Anordnung der grobmaschig vernetzten Leitbündel eine wirksame Anpassung daran dar, denn sie erhöht die Reißfestigkeit der Stengel beträchtlich. Der wasserleitende Teil der Gefäße, das Xylem, ist meist vollständig zurückgebildet, denn die Pflanze kann das Wasser über ihre ganze Oberfläche aufnehmen. Eine Entwicklung, die sich bei nahezu allen Unterwasserpflanzen bemerkbar macht, beim Tausendblatt *(Myriophyllum)* aber zur Vollendung kommt, ist die Auflösung der Blattfläche in feine und feinste Fiedern. Die enorme Oberflächenvergrößerung, die sich daraus ergibt, erleichtert den Pflanzen die Wasser- und Nährstoffaufnahme zusätzlich. Diese Abwandlung der Blattform tritt in ähnlicher Weise bei submersen Arten der verschiedensten Pflanzenfamilien auf, sogar bei den Primelgewächsen, für die ganzrandige Blätter als kennzeichnend gelten. Die einzige untergetaucht lebende Art dieser Familie, die Wasserfeder *(Hottonia palustris)*, hat kammartig gefiederte Blätter. Spaltöffnungen sind bei submersen Blättern ebenso überflüssig wie dicke Oberflächenhäutchen, die den Eintritt von Nährsalzen nur erschweren würden. In hartem, kalkreichem Wasser liegen hohe Konzentrationen von Hydrogencarbonat (HCO_3^-) vor, das von den Unterwasserpflanzen als zusätzliche Kohlenstoffquelle zur Photosynthese genutzt wird.

Die Chloroplasten, in denen der Prozeß der Photosynthese abläuft, befinden sich bei untergetauchten Arten nicht wie bei Landpflanzen in inneren Zellschichten, sondern sitzen in der äußersten Zellschicht des Blatts, der sog. Epidermis. Hier findet mit Hilfe von Lichtenergie der Aufbau von Zucker bzw. Stärke aus Kohlendioxid statt. Indem dieser Vorgang unmittelbar unter die Oberfläche der Blätter verlagert wurde, kann das schwache Licht unter Wasser optimal ausgenutzt werden.

Eine Besonderheit im Kreis der Unterwasserpflanzen stellt der insektenfangende Wasserschlauch dar. Seine wurzellos im Wasser flutenden Triebe tragen fein zerteilte Blätter und blasenförmige Anhängsel. In den Fangblasen wird ein Unterdruck aufgebaut, der beim plötzlichen Öffnen eines Klappdeckels Wasser einströmen läßt. Durch diesen Sog werden kleine Wassertierchen gefangen und sodann mit Hilfe eiweißauflösender Enzyme verdaut. An seinen natürlichen Standorten, nährstoffarmen Gewässern, hat sich der Wasserschlauch damit eine zusätzliche Energiequelle nutzbar gemacht.

Da Bestäubung und Befruchtung unter Wasser ein schwieriges Unterfangen sind, schiebt eine Vielzahl von Unterwasserpflanzen ihre Blüten an langen Stielen über die Wasseroberfläche hinaus. So verwandeln z. B. die untergetaucht lebenden Hahnenfußarten, der Spreizende und der Wasserhahnenfuß *(Ranunculus circinatus* und *Ranunculus aquatilis)*, zur Blütezeit die Wasserfläche in einen weißen Blumenteppich. Andere wiederum verzichten völlig auf eine Blütenbildung, da ihrer vegetativen Ausbreitung unter Wasser nichts im Weg steht. Ein Paradebeispiel hierfür ist die Kanadische Wasserpest *(Elodea canadensis)*: Da vorwiegend weibliche Exemplare eingeschleppt wurden, ist es ihr allein durch vegetative Vermehrung gelungen, Gewässer in ganz Europa zu erobern.

Wie die Schwimmpflanzen bilden auch viele Unterwasserarten im Herbst Winterknospen aus, welche die kalte Jahreszeit am Gewässergrund überdauern. Andere Arten, etwa Wasserpest, bleiben auch im Winter grün.

Ein Blütenmeer auf dem Wasser – so spektakulär sichert der Wasserhahnenfuß seine Vermehrung.

Die Natur als Vorbild

Obwohl alle Feuchtbiotope, Seen, Bäche und Teiche ebenso wie Sümpfe, Moore oder Feuchtwiesen, durch ein reiches bis überreiches Vorhandensein von Wasser geprägt sind, weichen diese Lebensräume in vielen Merkmalen voneinander ab. Entsprechend unterschiedlich sind auch die Wuchsbedingungen, die sie den Pflanzen bieten. Um einen ökologisch ausgewogenen und damit pflegeleichten Wassergarten vor der eigenen Haustür anzulegen, ist es daher sinnvoll, sich am Vorbild der Natur zu orientieren und sich einmal vor Augen zu führen, welche Pflanzen in den verschiedenen Zonen natürlicher Feuchtbiotope gemeinsam vorkommen.

Muschelblume und Schwimmfarn, die auf dem Wasser treiben, zählen zu den Schwimmpflanzen.

Zonierung stehender Gewässer

In jedem natürlichen stehenden Gewässer stellt sich eine deutlich wahrnehmbare Zonierung des Pflanzenbewuchses ein. Grundlage dafür ist, wie nicht anders zu erwarten, der Einfluß des Wassers. Abhängig davon, wie weit das im Boden vordringende Wasser sich der Erdoberfläche nähert, wie oft das Ufer überflutet wird bzw. wie hoch der Wasserstand ist, siedeln sich unterschiedliche Pflanzentypen an. So wachsen etwa Sumpfpflanzen in Zonen, die stets feucht, ab und zu überflutet sind und nur selten trockenfallen.

Zudem bedingen viele weitere Faktoren, etwa Bodenqualität, Nährstoffangebot und Lichtverhältnisse, welche Arten dieser Pflanzentypen sich jeweils zu Gesellschaften zusammenschließen und einen Lebensraum besiedeln. Man wird also an und in jedem Gewässer entsprechend den dort herrschenden Lebensbedingungen einen etwas anderen Bewuchs finden. Am wenig besonnten Ufer eines Waldweihers mit saurem Wasser stehen

Jedes natürliche stehende Gewässer weist eine typische Zonierung auf: Unterwasserpflanzen besiedeln die tiefsten Stellen ①. Daran schließt sich im etwas flacheren Bereich die Zone der Schwimmblattpflanzen an ②, gefolgt von der Röhrichtzone ③ und dem Seggensumpf ④. Die nur zeitweilig nassen Ufer sind gesäumt vom Weidengebüsch ⑤, weiter landeinwärts wird dieser Bereich dann vom Bruchwald ⑥ abgelöst.

Tip

Schwimmpflanzen, die sich nicht im Boden verankern, können keiner Vegetationszone zugeordnet werden. Man setzt sie jedoch gewöhnlich in der Region der Schwimmblattpflanzen ein.

Tip

Abwechslungsreiche Röhrichtbestände bieten interessante Beobachtungsmöglichkeiten, denn sie sind ein Refugium für bedrohte Vogelarten. Aufgrund der artenreichen Insektenfauna finden sie hier stets einen üppig gedeckten Tisch sowie Unterschlupf und Nistgelegenheiten.

nicht die gleichen Pflanzenarten wie etwa im Sumpfbereich eines ganztägig der Sonne ausgesetzten Teichs mit kalkhaltigem Wasser.

Prinzipiell läßt sich jedoch bei jedem stehenden Gewässer eine mehr oder weniger augenfällige Abstufung in verschiedene Lebensräume erkennen, die man in sieben typische Zonen aufgliedern kann:

- Die tiefsten Bereiche bleiben meistens bewuchsfrei, da hierhin nicht mehr genug Licht gelangt. Diese Tiefenregion, wo nur Organismen leben können, die keine Photosynthese betreiben, reicht unterschiedlich weit hinauf, abhängig von der Trübung des Wassers.
- Je klarer das Naß, je weiter hinab also verwertbares Sonnenlicht dringt, desto tiefer vermögen sich Unterwasserpflanzen in einem See oder Teich anzusiedeln. Bei kalkhaltigem, aber sauberem Wasser findet man hier z. B. Armleuchteralgen-Gesellschaften mit den seltsamen Gewächsen der Gattung *Chara.*
- Weiter aufsteigend beginnt die Zone der Schwimmblattpflanzen. Häufig mischen sich diese bis an die Wasseroberfläche vordringenden Arten aber auch mit komplett untergetaucht lebenden, so etwa bei den Laichkrautgesellschaften, für welche Laichkrautarten *(Potamogeton)* charakteristisch sind. Vielfach gedeihen sie im Verein mit Tausendblattarten *(Myriophyllum)* und den Teichrosen *(Nuphar).*
- Im schon wesentlich flacheren Wasser zum Ufer hin bestimmt die Röhrichtzone das Bild. In dieser auch als Sumpfzone bezeichneten Region fallen grasartige Pflanzenarten wie Schilf *(Phragmites)* und Seesimse *(Scirpus lacustris* ssp. *lacustris)* auf. Farbe ins Stengeldickicht dieser Gewächse bringen zahlreiche weitere Arten, z. B. die Schwanenblume *(Butomus umbellatus),* die Sumpfschwertlilie *(Iris pseudacorus)* und amphibische Formen wie Froschlöffel *(Alisma)* oder Pfeilkraut *(Sagittaria).*
- Weiter landeinwärts geht die Röhrichtzone in einen Gürtel aus Seggen über, die von Arten der Gattung *Carex* beherrscht werden. In diesem Seggensumpf, einer wiesenähnlichen Pflanzengesellschaft, fallen jedoch auch die bunten Blüten von Sumpfhelmkraut *(Scutellaria galericulata),* Straußblütigem Weiderich *(Lysimachia thyrsiflora)* und anderen auf.
- Auf den schon fast trockenen, doch immer noch durch zeitweilige Überflutungen und

Die Scheinzypergrassegge wächst zwischen Sumpfzone und trockeneren Uferbereichen.

Die durch grasartige Pflanzen geprägte Röhrichtzone beherbergt eine Vielzahl von Tierarten.

hohen Grundwasserstand geprägten Bereichen außerhalb der Sumpfzonen siedeln sich schließlich Gehölze an. Die ersten Sträucher sind oft Weidenarten *(Salix)*, die als dichtes Gebüsch das Ufer säumen. Danach fassen im sog. Bruchwald auch Erlen *(Alnus)* und andere Bäume Fuß.

In der Natur wurde im Lauf der Evolution mit der Entwicklung solcher Zonen ein stabiles ökologisches Gleichgewicht aufgebaut – und dieses Vorbild sollte man für das eigene, neu entstandene Gartengewässer unbedingt nutzen.

Ein künstlich angelegter Teich ist ein sehr empfindliches Ökosystem, das allzu rasch aus geordneten Bahnen geworfen werden kann. Stabilität und optimale Lebensbedingungen stellen sich nur dort ein, wo man den Regeln der Natur folgt und versucht, entsprechende Zonen zu schaffen und mit passenden Pflanzen auszustatten. Anleitungen dazu geben die Hinweise in den Pflanzenbeschreibungen (siehe Seite 156–231). Dort ist nachzulesen, wie man die jeweiligen Arten verwenden und welche man miteinander kombinieren kann.

Bedingt durch die Bauweise und ihre meist viel geringere Ausdehnung und Tiefe wird bei Gartengewässern das Schema der Zonierung etwas vereinfacht und nur in vier Gürtel aufgeteilt:

- Die Seerosenzone, die der Unterwasserpflanzen- und Teilen der Schwimmblattpflanzenzone entspricht, umfaßt den tiefsten Bereich. Charakteristische Pflanze ist natürlich die Seerose *(Nymphaea)*.
- Die Flachwasserzone bietet Schwimmblattpflanzen und auch ersten Sumpfpflanzen Lebensraum.
- Die Sumpfzone eignet sich zur Bepflanzung mit Röhricht.
- Die Feuchtzone kann mit Arten des Seggensumpfs ausgestattet werden, ebenso läßt sich hier aber auch eine Feuchtwiese schaffen.

Gartenteiche weisen gewöhnlich vier Zonen auf: ① Seerosenzone, ② Flachwasserzone, ③ Sumpfzone und ④ Feuchtzone.

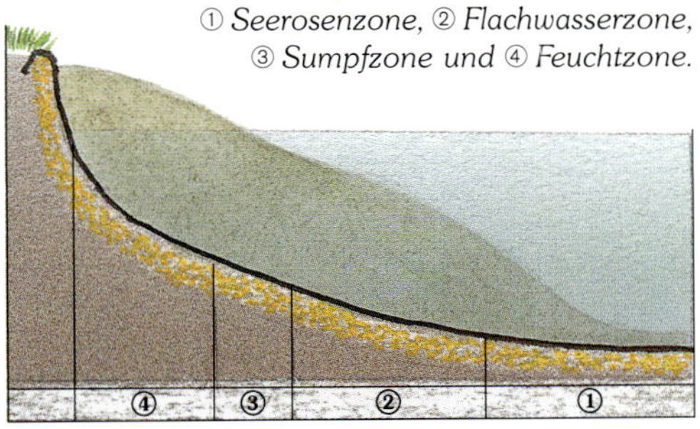

Im feuchten, schattigen Uferbereich von Bächen gedeihen Moose und Farne besonders gut.

Zonierung fließender Gewässer

Natürliche Fließgewässer zeichnen sich durch eine charakteristische Dynamik aus und beeinflussen damit sogar Lebensräume, die weit über das Flußbett hinausgehen. In gewisser Weise stellt jeder Fluß- oder Bachlauf eine Art eigenständiges Individuum dar, das mit einer ganz spezifischen Artenzusammensetzung und Vegetationsabfolge aufwartet. Allerdings lassen sich ebenso wie bei den Stillgewässern, prinzipielle Vegetationszonierungen feststellen.

Die Artenzusammensetzung der eigentlichen Bach- und Flußvegetation beschränkt sich auf wurzelnde Unterwasserpflanzen, die dank spezieller Anpassungen dem strömenden Wasser gewachsen sind.

- Weit verbreitet ist die Gesellschaft des Flutenden Hahnenfußes mit dem namengebenden und dominierenden Flutenden Hahnenfuß *(Ranunculus fluitans)*, einer Reihe von Laichkrautarten *(Potamogeton)*,

Tip

Aus gestalterischen Gründen wird man im Garten die Vegetationszonen nicht rings um den gesamten Teich ziehen. Um freien Blick auf das Gewässer zu haben, bepflanzt man z. B. ein Stück der Feuchtzone nur mit niedrigen Sumpfpflanzen.

Tip

Bei naturnah konzipierten Teichen sollte man sich auch bei der Kombination der Arten weitgehend an das Vorbild der Natur halten. Weit mehr Spielraum hat man dagegen bei Zierteichen. Stets müssen die Pflanzen jedoch den Standortbedingungen entsprechend ausgewählt werden.

Das Ufer langsam fließender Gewässer bietet so hübschen Pflanzen wie der Echten Brunnenkresse einen idealen Lebensraum.

Sumpfwasserstern *(Callitriche palustris)* und Tausendblatt *(Myriophyllum)*. Ein stetiger Partner im schnell dahinfließenden Wasser ist das große, schöne Fieberquellmoos *(Fontinalis antipyretica)*, während in ruhigeren Abschnitten die Kanadische Wasserpest *(Elodea canadensis)* oft massenhaft auftritt.

- Nur noch sehr selten trifft man die Gesellschaft des Gefärbten Laichkrauts *(Potamogeton coloratus)* an, zu der meist auch Dichtes Laichkraut *(Potamogeton densus)*, die Bachminze *(Mentha aquatica)* sowie Armleuchteralgen (z. B. *Chara*-Arten) gehören, lauter Pflanzen, die ausschließlich in kalkreichem, nährstoffarmem Wasser gedeihen.
- Die amphibischen Gräser Flutender Schwaden *(Glyceria fluitans)* sowie Einfacher und Aufrechter Igelkolben *(Sparganium emersum* und *Sparganium erectum)* wachsen vom Ufer aus oftmals weit in das Gewässer hinein. Sie vertragen vollständige Überflutung problemlos und ergänzen damit die Unterwasservegetation.

Bei der eigentlichen Ufervegetation handelt es sich größtenteils um robuste Pflanzen, die eine zeitweilige Überflutung ebenso aushalten wie ein zwischenzeitliches Trockenfallen ihres Standorts. Am Ufer schnell fließender Gewässer findet sich häufig das hohe Rohrglanzgras *(Phalaris arundinacea)* in Reinbeständen. Es setzt sich gegen jede Pflanzenkonkurrenz durch, weil es sich, im Unterschied etwa zum ähnlich aussehenden Schilf *(Phragmites)*, nach einer Überflutung wieder aufzurichten vermag. Artenreicher präsentiert sich hingegen die Ufervegetation von langsam fließenden Strömen. Sumpfvergißmeinnicht *(Myosotis palustris)*, Echte Brunnenkresse *(Nasturtium officinale)*, Bitteres Schaumkraut *(Cardamine amara)*, Bachbunge *(Veronica beccabunga)*, Flügelbraunwurz *(Scrophularia umbrosa)* und Flügeljohanniskraut *(Hypericum tetrapterum)* sind hier häufig anzutreffen und sorgen neben weiteren Arten für bunten Blütenschmuck.

Infolge von Flußregulierungen und Grundwasserabsenkungen sind die weiten Auwaldflächen, die einstmals untrennbar mit Strömen und Flüssen verbunden waren, selten geworden. Eine Aue liegt im Einflußbereich des sauerstoffreichen und oft stark schwankenden Grundwassers und ist durch immer wiederkehrende Überschwemmungen gekennzeichnet. Auf den vom Fluß angeschwemmten, nährstoffreichen Ablagerungen bildet sich mit der Zeit eine vielfältige und dichte Vegetation aus. Als beste Besiedler, sog. Pionierpflanzen, beginnen Strauchweiden wie die Korbweide *(Salix purpurea)*, Aschweide *(Salix cinerea)*, Lorbeerweide *(Salix pentandra)* und Mandelweide *(Salix triandra)* neugebildete Schotterbänke in Ufernähe zu erobern. Die baumförmige Silberweide *(Salix alba)*, ein besonders überflutungstolerantes Gehölz, baut die flußnächste Baumschicht auf. Bis zu einer Linie,

Die Sumpfdotterblume säumt häufig die Ufer von Bächen. Mit ihren strahlend gelben Blüten, die einen lebhaften Kontrast zu den dunkelgrünen Blättern bilden, markiert sie den Lauf des Gewässers in der Landschaft.

Die ökologisch so wertvollen Auwälder sind infolge von Flußbegradigungen selten geworden.

zu der gewöhnlich einmal pro Jahr das Hochwasser vordringt, folgen ihr im allgemeinen Schwarzpappel *(Populus nigra)* und Silberpappel *(Populus alba)*, im Alpenvorland ist dagegen die Grauerle *(Alnus incana)* als typisches Gewächs dieser Zone anzutreffen. Als charakteristische Lianenart dieser sog. Weichholzaue windet sich der Wilde Hopfen *(Humulus lupulus)* an den Baumstämmen in die Höhe. Die nun folgende Zone der Hartholzaue liegt oberhalb der regelmäßig überfluteten Uferzone und wird infolgedessen nur noch bei Spitzenhochwasser überschwemmt. Hier entwickeln sich auf lehmig-tonigem Untergrund Wälder mit bestandsbildenden Gewöhnlichen Eschen *(Fraxinus excelsior)*, Feldulmen *(Ulmus minor)* und Stieleichen *(Quercus robur)*.

Nun ist ein Auwald aber keineswegs ein starres Gefüge, vielmehr können sich darin eingebettet fast alle anderen Formen von Feuchtgebieten finden: vom Fluß abgeschnittene stehende Gewässer oder auch nur langsam fließende Altwasserarme, Röhrichtzonen, Sümpfe, Feuchtwiesen. Und Bruchwälder sowie Feuchtgebiete sind nicht nur eng miteinander, sondern auch mit dem sie umgebenden Wald verzahnt.

Gesellschaften wechselfeuchter Biotope

Im Einflußbereich von Fließ- und Stillgewässern können sich auch arten- und individuenreiche Lebensräume entwickeln, die von häufig wechselnden Wasserständen, von meist reichem Nährstoffangebot und ganz optimaler Lichtversorgung geprägt sind.

Sümpfe

Unter dem Begriff Sümpfe werden die verschiedensten Sauergrasbestände im Verlandungsbereich stehender Gewässer zusammengefaßt; diese Bereiche schließen sich also direkt an die Röhrichtzone an. Auch bei der Rodung von Erlenbruchwäldern und anschließender Mahd kann sich ein Sumpf ausbilden. Nicht zuletzt sind Niedermoore zur Gruppe der Sumpflebensräume zu zählen; sie unterscheiden sich von „normalen" Sümpfen allerdings durch die Bildung von Torf. Bäume und hochwüchsige Sträucher wird man in der Sumpfpflanzengesellschaft vergebens suchen, doch findet man um so mehr prächtige Blütenstauden. Häufig gibt bereits deren Artname einen Hinweis auf ihren angestammten Lebensraum, etwa Sumpfknabenkraut *(Orchis palustris)*, Echte Sumpfwurz *(Epipactis palustris)*, Sumpfwolfsmilch *(Euphorbia palustris)*, Sumpfveilchen *(Viola palustris)*, Sumpfweidenröschen *(Epilobium palustre)*, Sumpfziest *(Stachys palustris)* oder Sumpfläusekraut *(Pedicularis palustris)*, um nur einige zu nennen. Ihr Blütenreichtum lockt zahlreiche Insekten an, die für Bestäubung und Fortbestand der Pflanzen sorgen.

Rare Pflanzenschönheiten wie die Echte Sumpfwurz stehen unter strengem Naturschutz.

Untrennbar mit dem Lebensraum Sumpf verbunden sind Sauergräser, zu denen u. a. die artenreiche Gruppe der Seggen *(Carex)* sowie Binsen *(Juncus)*, Simsen *(Scirpus)* und Schneidried *(Cladium mariscus)* gehören. Sie alle sind sog. Verlandungspioniere, d. h., sie erschließen den Lebensraum am Rand eines Gewässers für andere Blütenpflanzen.

Tip

Selbst wenn im Garten keine Möglichkeit zur Anlage eines Teichs oder Bachs gegeben ist, muß man auf Pflanzen der Feuchtgebiete nicht verzichten. Eine Sumpf- oder Feuchtwiese läßt sich ohne großen Aufwand schaffen und mit standorttypischen Pflanzen besiedeln (siehe Seite 77 ff.).

Tip

Angelockt durch die reiche Insektenfauna in einem Sumpfbeet oder in der Sumpfzone eines Gartenteichs, stellen sich verschiedenste Tierarten ein. Interessante Gäste, die Leben in den Garten bringen, sind Singvögel, Frösche, Kröten und Molche.

Tip

Bei Sumpfpflanzen handelt es sich meistens um schnell wachsende Arten, die sowohl dem Boden als auch dem Wasser reichlich Nährstoffe entziehen. In Verbindung mit einem Gartengewässer kann das Sumpfbeet somit einen wichtigen Beitrag zur Wasserreinhaltung leisten.

Das Pfeifengras, nach dem ein Feuchtwiesentyp benannt wird, bringt mit seinem strahlenden Herbstkleid auch spät im Jahr Farbe in den Garten.

Feuchtwiesen

Vom Sumpfgürtel aus weiter landeinwärts können sich großflächige Feuchtwiesen ausbreiten, aber auch an vielen anderen Orten sind sie anzutreffen, seien es Stellen mit hoch anstehendem Grundwasser, zeitweilig überschwemmte Flächen oder die Nähe von Quellaustritten oder Mooren. Im Unterschied zu den bisher beschriebenen Feuchtgebieten wird die Artenzusammensetzung natürlicher Feuchtwiesen schon seit dem vorigen Jahrhundert durch intensive Bewirtschaftung stark beeinflußt. Abhängig vom Kalk- und Nährstoffgehalt des Bodens, von der Höhenlage sowie von Art und Dauer der Durchnässung bilden sich die unterschiedlichsten Pflanzengemeinschaften aus. Typische Ausprägungen der Feuchtwiesen sind z. B. Pfeifengraswiesen und Sumpfdotterblumenwiesen, die sich in ihrem Artenspektrum deutlich voneinander unterscheiden.

Pfeifengraswiesen entstanden durch Rodung von Bruchwäldern, meist verbunden mit einer Entwässerung des Geländes. Mähgut von einer solchen Wiese wurde früher als Pferdefutter und Streu verwendet. Um die Vegetation so artenreich zu erhalten, wie sie ist, ist auch dann einmal im Jahr eine Pflegemahd erforderlich, wenn die Fläche nicht mehr landwirtschaftlich genutzt wird. Das bestandsbildende Pfeifengras *(Molinia caerulea)* bekommt durch Echtes Mädesüß *(Filipendula ulmaria)*, Sumpfgarbe *(Achillea ptarmica)*, Großen Wiesenknopf *(Sanguisorba officinalis)*, Färberscharte *(Serratula tinctoria)*, Weidenblättrigen Alant *(Inula salicina)* und noch viele andere Arten farbkräftige Unterstützung. Besonders prachtvoll erscheinen diese Wiesen im Herbst, wenn sich das Pfeifengras rotgolden färbt. Wie selten diese Pflanzengesellschaft geworden ist, wird daran deutlich, daß etliche der für sie typischen Arten, etwa Orchideen oder Enziane *(Gentiana-*Arten), vom Aussterben bedroht sind und heutzutage deshalb unter strengem Naturschutz stehen.

Deutlich höhere Nährstoffgehalte als Pfeifengraswiesen weisen Sumpfdotterwiesen auf, die oftmals durch fortgesetzte Düngung aus einer Pfeifengraswiese hervorgegangen sind. Auch sie beherbergen eine überaus artenreiche Vegetation, z. B. Wiesenschaumkraut *(Cardamine pratensis)*, Kuckuckslichtnelke *(Lychnis flos-cuculi)*, Scharfen Hahnenfuß *(Ranunculus acris)*, Sumpfengelwurz *(Angelica palustris)*, Kohldistel *(Cirsium oleraceum)*, Sumpfkratzdistel *(Cirsium palustre)*, Wiesenknöterich *(Polygonum bistorta)* und Waldsimse *(Scirpus sylvaticus)*.

Die üppigen Sumpfdotterblumen findet man in Feuchtwiesen mit relativ hohem Nährstoffgehalt.

Tip

Eine Feuchtwiese kann man im Garten z. B. auf einem nur wenige Quadratmeter umfassenden Stück im Anschluß an den Teich oder Bach anlegen. Dazu muß die Abdichtung natürlich entsprechend erweitert werden. Geeignet ist hierfür aber ebenso ein Bereich mit überwiegend feuchtem Untergrund, etwa in einer Geländesenke.

Tip

Bei einigen Anbietern, die sich auf naturnahe Pflanzensortimente spezialisiert haben, sind Saatmischungen für Feuchtwiesen erhältlich. Solche Fachbetriebe findet man z. B. durch Anzeigen in Gartenzeitschriften.

Pflanzenauswahl für das Gartengewässer

Pflanzt man in einem munter dahinplätschernden Bach eine Seerose, so wird man sich gewiß nicht lange daran erfreuen, weil sie im fließenden Wasser kümmert und bald eingeht. Es ist daher unabdingbar, sich genauestens über die Eigenarten und Standortansprüche der verschiedenen Pflanzen zu informieren, bevor man sie erwirbt.

Für einen Bach oder andere Fließgewässer empfehlen sich robuste Unterwasserpflanzen, deren zugelastische Triebe den Strömungskräften des Wassers standhalten. Schwimmblatt- und wurzellose Schwimmpflanzen bleiben ruhigen Buchten vorbehalten. Für die schwankenden Wasserstände im Uferbereich trifft man mit Rohrglanzgras *(Phalaris arundinacea)* und Blütenstauden wie Echter Brunnenkresse *(Nasturtium officinale)*, Bachbunge *(Veronica beccabunga)* oder Sumpfvergißmeinnicht *(Myosotis palustris)*, die auch zeitweilige Überflutung vertragen, sicher eine gute Wahl.

Aus dem vollen schöpfen kann man, wenn es gilt, geeignete Arten für die Bepflanzung stehender Gewässer auszuwählen. Angrenzend an mehr oder weniger breite Uferzonen lassen sich üppige Schwimmblattpflanzen einsetzen, zwischen denen dekorative Schwimmpflanzen treiben. Häufig vergessen werden in Stillgewässern die unscheinbaren Unterwasserpflanzen, die zwar nur geringen oder gar keinen Zierwert besitzen, jedoch einen wichtigen Beitrag zur Aufrechterhaltung des ökologischen Gleichgewichts leisten.

Pflanzengesellschaften im Wassergarten

Wie in der Natur stets bestimmte Gewächse gemeinsam in einem Bereich eines Gewässers vorkommen, so daß Botaniker sie zu typischen Pflanzengesellschaften zusammenfassen und der betreffenden Zone zuordnen können (siehe Seite 33 ff.), so sollte man auch im Wassergarten die jeweils geeigneten Arten für die vorhandenen Standortbedingungen zusammenstellen. Wenn man sich dabei an den vielfältigen Vorbildern der Natur orientiert, wird man harmonisch wirkende Pflanzungen erzielen. Doch braucht man auch auf kleine Experimente nicht zu verzichten. Beispielsweise ist das aus Amerika stammende Hechtkraut *(Pontederia)* mit seinen strahlend blauen Blüten eine wunderschöne Begleitpflanze für heimische Stauden wie Blutweiderich *(Lythrum salicaria)* und Schwanenblume *(Butomus umbellatus)*. Weil sie ähnliche Standortansprüche stellen, gedeihen sie prächtig miteinander in der Sumpfzone. Bei der Verwendung exotischer Arten ist allerdings einiges Fingerspitzengefühl notwendig. Man sollte sich immer vor Augen halten, um welchen Typ von Wassergarten es sich handelt. In Naturteichen haben Exoten nichts verloren, während sie in japanischen Gärten oder formalen Becken mit streng geometrischen Formen wiederum ganz zauberhafte Stimmungen schaffen können.

Berücksichtigt man bei heimischen Pflanzen deren Standortansprüche, so können durchaus etwa Feuchtwiesenarten mit Röhricht- oder Sumpfarten vermischt werden, denn auch in der Natur sind die Übergänge fließend.

Pflanzen für die weitere Gewässerumgebung

Die Standortbedingungen am Uferrand eines Gewässers bieten vielen Blütenstauden, Gräsern und Farnen gute Lebensmöglichkeiten (siehe Seite 36 ff.)

Bei Wasserpflanzen ist die richtige Auswahl für den jeweiligen Lebensbereich besonders wichtig, damit man sich lange an ihrer Schönheit erfreuen kann.

Tip

Aus praktischen Gründen ist es empfehlenswert, exotische Pflanzen mit jeweils gleichen Pflegeansprüchen zu kombinieren. Dann kann z. B. die kälteempfindliche Wasserhyazinthe zusammen mit der Muschelblume und mit nicht frostharten Seerosen-Hybriden im Herbst in ein gemeinsames Winterquartier geräumt werden.

Abwechslungsreiche Gartenanlagen, in denen sich die Landschaft im Kleinformat widerspiegelt, ergeben sich, wenn man völlig andere Lebensräume, etwa eine Trockenwiese, den Steingarten oder einen Gehölzbestand, mit dem Gewässer, sei es Teich oder Bach, gestalterisch zu verbinden weiß.

Viele Gehölzarten beweisen durch ihr Auftreten in natürlichen Auenlandschaften, daß sie Standorte, die überdurchschnittlich gut mit

Ein Teich im Garten kann zu einem wahren Kleinod, einem Ort der Ruhe und Entspannung werden, wenn man bei der Anlage die Natur zum Vorbild nimmt. Ist die Bepflanzung der Wasserfläche, des Ufers und der nächstliegenden Gartenteile standortgerecht und optimal aufeinander abgestimmt, wird sich bald von selbst ein artenreiches Tierleben entwickeln, das man von der lauschigen Bank aus besonders gut beobachten kann. Libellen fangen mit ihren glitzernden Flügeln das Sonnenlicht ein, verschiedene Vögel zwitschern um die Wette und vereinigen sich mit den Fröschen zu einem Privatkonzert. Bienen, Schmetterlinge und andere Insekten finden in den bunten Blüten einen reich gedeckten Tisch. Leuchtende Farbtupfer bilden neben Seerosen etwa gelbe und blaue Iris, dottergelbe Trollblumen, hellpurpurner Sumpfstorchschnabel und viele andere, die mit dem Grün von Gräsern und schönen Blattschmuckstauden ein harmonisches Bild ergeben. Bäume und Sträucher runden das Arrangement des Wassergartens ab.

Wasser versorgt sind, sehr zu schätzen wissen. Nadelgehölze kommen hier im natürlichen Vegetationsablauf zwar nicht vor, doch gibt es auch unter ihnen einige, die an Uferrändern durchaus gedeihen. Mit verbreiteten Arten wie Nordmannstanne *(Abies nordmanniana)*, Rotfichte *(Picea abies)*, Weymouthskiefer *(Pinus strobus)* oder Abendländischem Lebensbaum *(Thuja occidentalis)* eröffnen sich im Wassergarten interessante Gestaltungsmöglichkeiten.

Vogelkirsche

Aschweide

Feldulme

Gehölze für feuchte Gewässerufer

Gehölzart	Höhe in m	Naturstandort	Bemerkungen
Acer negundo Eschenahorn	15–20, Sorten viel niedriger	Misch- und Auwälder	Blüten in hängenden Trauben, erscheinen im März bis April
Acer saccharinum Silberahorn	15–20, selten bis 30	Misch- und Auwälder	glänzend gelbe Herbstfärbung
Alnus incana Grauerle	8–12, selten bis 20	Auwälder, Flußufer	graue, glatte Rinde, kalkliebend
Amelanchier lamarckii Kupferfelsenbirne	6–8	Waldränder, Gebüsche	weiße Blütentrauben, orangerote Herbstfärbung
Betula nana Zwergbirke	0,2–1	Hochmoore, Torfbrüche	niederliegende, reich verzweigte Äste; geschützte Art
Carpinus betulus Hainbuche	10–25	Laub- und Mischwälder, Gebüsche, Hecken	glatte, silbergraue Rinde, den Winter über belaubt
Corylus avellana Haselnuß	3–5	Waldränder, Gebüsche	hängende, gelblichgrüne Blütenstände
Euonymus europaea Pfaffenhütchen	1,5–3, selten bis 6	Waldränder, Gebüsche, Hecken	G, karminrote Früchte, kupferrote Herbstfärbung
Fraxinus excelsior Gewöhnliche Esche	30–40, Sorten viel niedriger	Au- und Laubmischwälder, feuchte Waldstellen	große Laubblätter mit 7–13 Fiederblättern
Populus alba Silberpappel	20–35	Ufer- und Auwälder	weißlichgrau berindeter Stamm, Blätter unterseits weißfilzig behaart
Populus tremula Zitterpappel, Espe	10–20, selten bis 30	Mischwälder, Gebüsche, Ödland	hängende Blätter, gelbgraue Rinde
Prunus avium Vogelkirsche, Süßkirsche	15–20, Sorten auch niedriger	Mischwälder, Waldränder, Hecken	weiße Blüten, eßbare Kirschfrüchte, gelborangefarbenes Herbstlaub
Prunus padus Traubenkirsche	3–15	Au- und Laubmischwälder	G, weiße, zartduftende Blüten, schwarzrote, ungenießbare Kirschen
Quercus robur Stieleiche	25–40, Sorten viel niedriger	Wälder	gebuchtete Laubblätter, Eichelfrüchte
Rhamnus frangula Faulbaum	1,5–5	Laubmisch-, Au- und Moorwälder	G, meist strauchig wachsend, Steinfrüchte erst gelb, dann rot, später schwarz, unangenehm riechende Rinde
Salix alba Silberweide	20–25, Sorten auch niedriger	Ufer- und Auwälder	silbriges Laub, Kätzchenblüten
Salix caprea Salweide	3–5	Waldränder, Gebüsche	mattgrünes Laub, „Palmkätzchen“
Salix cinerea Aschweide	3–5	Bruchwälder, Moore	grau befilzte Blätter, duftende Kätzchenblüten
Sambucus nigra Schwarzer Holunder	2–7	Waldränder, Hecken, Unterholz	G, weiße, streng duftende Blütendolden, schwarze Früchte gekocht genießbar
Ulmus minor Feldulme	25–30, Sorten viel niedriger	Wälder	ungeteilte, kräftig grüne Laubblätter
Viburnum opulus Gewöhnlicher Schneeball	1–4, selten bis 5	Wälder, Waldränder, Hecken	G, cremeweiße, kugelige Blütenstände, rote Beerenfrüchte, orangefarbenes Herbstlaub

G Giftpflanze

Tierleben in und an Gewässern

Was wäre ein hübsch begrünter Gartenteich ohne Froschgequake, das Schwirren von Libellen oder das geschäftige Treiben der Kleinlebewesen auf und unter der Wasseroberfläche? Tiere werden von der üppigen Vegetation in einem Wassergarten, die ihnen Schutz und reichlich Nahrung bietet, förmlich angezogen und finden sich dementsprechend meist von allein ein. Durch einige tierfreundliche Maßnahmen kann man die Attraktivität seines Wassergartens aber noch steigern und damit die Wahrscheinlichkeit einer spontanen Besiedelung weiter erhöhen.

Steilufer und betonierte, glatte Ränder des Gartenteichs sollten mit einer Steighilfe versehen werden. Tiere, die ins Wasser gefallen sind, wie dieser Igel, können so das rettende Ufer erklimmen. Neben einfachen, rauhen Holzbrettern sind auch Luxusausführungen wie hier mit aufgenagelten Querhölzern denkbar.

Säugetiere

Nicht nur die eigenen Haustiere, etwa Hund oder Katze, werden vom Wasser angezogen, ebenso finden sich kleine wildlebende Säugetiere, z. B. Mäuse, Eichhörnchen und Igel, zum Trinken ein. Jedoch können Gartenteiche allzu leicht zur tödlichen Falle werden, wenn die Tiere hineinstürzen und Steilufer es ihnen unmöglich machen, wieder an Land zu klettern. Um zu verhindern, daß Tiere womöglich qualvoll ertrinken, sollte man an steilwandigen bzw. betonierten Uferrändern ein rauhes Holzbrett montieren, das schräg ins Wasser ragt. Diese einfache Vorrichtung erlaubt den ins Wasser gefallenen Tieren den Ausstieg ans rettende Land.

Ein flaches Ufer ermöglicht Tieren wie etwa dem Eichhörnchen gefahrloses Trinken.

Katzen leben ihren Jagdtrieb gern an Gewässern aus und fangen hier Frösche und andere Amphibien, manche angeln auch mit Vorliebe und großer Geschicklichkeit nach Fischen, während Hunde an heißen Tagen ein kühles Bad schätzen. Beides stört allerdings oft das Teichleben. In größeren Wassergärten kann Abhilfe geschaffen werden, indem man bestimmte Ruhezonen schafft, die für Katzen und Hunde unzugänglich sind. Durch die Anlage dichtbewachsener Sumpf- und Uferzonen läßt sich die Wasserfläche wirkungsvoll vom Ufer abschirmen.

Wie jeder Garten wird auch ein Wassergarten für Igel noch interessanter, wenn man in einer ruhigen, schattigen Ecke einen Reisig- oder Laubhaufen aufschichtet. Er bietet sich für die stacheligen Gesellen tagsüber als Schlafstelle an, für die Weibchen ist er ein sicherer Ort, an dem sie ihre Jungen zur Welt bringen können. Um ihren Nahrungsbedarf an Schnecken, Würmern und Insekten zu decken, gehen Igel des Nachts auf kilometerlange Streifzüge. Schon ein etwa 15 cm hoher Durchschlupf in dem Gartenzaun ermöglicht ihnen den Zugang zu anderen Gärten oder Grünanlagen.

Vögel

Entscheidet man sich dafür, in seinem Gartenteich Enten anzusiedeln, so bedeutet dies einen Verzicht auf ein artenreiches Pflanzen- und Tierleben. Diese Wasservögel fressen nahezu alles an Pflanzengrün, was sie finden können. Voraussetzung für einen Entenbesatz ist eine Mindestgröße des Gewässers von

Tip

Nur so robuste Röhrichtpflanzen wie Rohrkolben, Sumpfschwertlilien oder Schilf bieten der unersättlichen Freßlust von Enten Widerstand. Unter den Schwimmblattpflanzen haben sich Teichrosen im Ententeich bewährt.

Bei der Gestaltung des Bachbetts lassen sich ganz einfach kleine Ausbuchtungen anlegen, die mit großen Steinen abgeschirmt werden und so als Vogeltränke dienen.

Tip

Großzügig bemessene Vogeltränken dienen den Tieren zusätzlich als Badeplatz und können damit fehlende Flachwasserzonen im Garten ersetzen. Sie lassen sich ganz einfach mit einem Folienrest anlegen bzw. am Bach in Form einer Ausbuchtung ausgestalten, die mit großen Steinen abgegrenzt wird.

Tip

Haben sich im Wassergarten Amphibien angesiedelt, sollte man ihnen zuliebe auf Fischbesatz verzichten. Fische fressen nämlich in kürzester Zeit die abgelegten Eier der Amphibien auf und machen auch Kaulquappen den Garaus.

Tip

Sämtliche heimischen Amphibien und Reptilien gehören zu den geschützten Tierarten. Sie dürfen daher weder aus der Natur entnommen noch aus eigener Zucht verkauft werden.

12 m², ein monatlicher Austausch der halben Wassermenge und eine ständige Luftzufuhr im Winter (siehe Seite 151 f.), um das vollständige Zufrieren zu verhindern. Als Schlaf- und Ruheplatz sollte man in der Teichmitte eine Insel von mindestens 1 m Durchmesser schaffen und darauf ein kleines Entenhaus aus Holz aufstellen.

Enten mit Nachwuchs erfreuen jeden, sie brauchen zum dauernden Aufenthalt jedoch viel Platz.

Abhängig von der Art der Gartengestaltung besuchen verschiedene Singvögel das Gewässer. Insektenfressende Vögel, die man leicht an ihrem dünnen Schnabel erkennt, etwa Rotkehlchen, Grasmücken, Zaunkönig oder Blau- und Sumpfmeise, finden in einer artenreichen Sumpf- und Röhrichtzone einen üppig gedeckten Tisch. Bei allen Vogelarten beliebt ist eine flach auslaufende Uferzone, die ihnen genußvolles Baden ermöglicht.

Reptilien

Besonders in verwilderten, naturnahen Wassergärten mit entsprechendem Umfeld kann man gelegentlich eine Ringelnatter oder Blindschleiche beobachten. Blindschleichen halten sich gern in einer schattigen und feuchten Umgebung auf, in der sie sich bevorzugt unter Moospolstern oder Steinen einrichten. Die schlangenähnlichen Verwandten der Eidechsen ernähren sich vor allem von Nacktschnecken, Regenwürmern, Spinnen und Insekten. Die Ringelnatter, eine stattliche, aber für Menschen völlig harmlose Schlange, findet in dichter Ufervegetation gute Unterschlupfmöglichkeiten. Von hier aus gleitet sie elegant ins Wasser, wo sie schwimmend und tauchend nach Fröschen, Kröten und Molchen jagt.

Die Ringelnatter jagt kleine Tiere, etwa Frösche, die sie als Ganzes hinunterschlingt.

Amphibien

Amphibien, Tiere einer stammesgeschichtlich sehr alten Wirbeltierklasse, können sowohl an Land als auch im Wasser leben, brauchen sogar beide Lebensräume zu ihrer Entwicklung. Dazu zählen Frösche, Kröten, Unken, Salamander und Molche.

Frösche finden sich vorzugsweise an recht üppig bewachsenen Teichen ein.

Zu den Froscharten, die am Gewässer auftauchen können, gehören der Kleine Teichfrosch, der Wasserfrosch, Grasfrosch, Moorfrosch und Springfrosch. Sie alle fühlen sich wohl in einer sehr üppigen Vegetation aus Schwimmblattpflanzen, auf deren Blättern sie sich gern sonnen, und in dichten, doch lichtdurchfluteten Röhrichtbeständen, in denen sie sich verstecken können. Auch der Laubfrosch stellt sich gelegentlich ein. Er braucht einen reichen Buschbestand am Ufer, vorzugsweise mit Weiden, in denen er herumklettern und auf die Jagd gehen kann. Frösche legen ihre Eier in zusammenhängenden Laichballen ins Wasser ab. Was schlüpft, sind zunächst beinlose, kiemenatmende Kaulquappen mit langem Ruderschwanz, aus denen sich im Verlauf weniger Wochen fertige Frösche entwickeln.

Froschgequake aus dem Gartenteich – für den einen wunderschöne Naturklänge, für den anderen quälende Ruhestörung – gibt wie kaum ein anderes Thema Anlaß zum Streit unter Nachbarn. Nicht selten erhitzen sich die Gemüter derart, daß es sogar zu Gerichtsverhandlungen kommt. Bei der Frage, ob die Frösche auf Wunsch von Nachbarn aus dem Garten verbannt werden müssen, entscheiden die Richter bisher nach der Herkunft der Störenfriede. Liegt der Garten inmitten eines natürlichen Feuchtgebiets und sind die Frösche aus umliegenden Feuchtbiotopen von selbst zugewandert, dürfen sie auch weiterhin quaken. Ist der Gartenteich jedoch isoliert von anderen Feuchtgebieten und wurden die Amphibien durch den Menschen darin angesiedelt, kann der Gartenbesitzer gezwungen werden, sie zu entfernen.

Doch nicht nur Frösche, auch Kröten sind im Wassergarten anzutreffen. Die geringsten Ansprüche an das Gewässer stellt dabei die Erdkröte, die nahe verwandte Kreuzkröte ist schon wesentlich wählerischer. Sie bevorzugt flache Gewässer mit sandigen Böden und benötigt zusätzlich besonnte und trockene Plätze mit spärlicher Vegetation. Kröten legen ihre Eier in Form langer Laichschnüre ab, die sie wie Girlanden an den Wasserpflanzen der Sumpfzone befestigen.

Tip

Kröten im Garten sind eifrige, wirkungsvolle Helfer bei der Bekämpfung der äußerst unbeliebten, gefräßigen Nacktschnecken.

Tip

Hat man eine Kröte angefaßt, sollte man sich hinterher gründlich die Hände waschen. Das von der Krötenhaut abgesonderte milchige Sekret kann Schleimhautreizungen hervorrufen.

Das viel kleinere Krötenmännchen hockt bei der Befruchtung im Klammergriff auf dem Weibchen.

Bereits mit kleinsten Gewässern gibt sich die zierliche Gelbbauchunke zufrieden. Allerdings muß ihr ein Steinhaufen oder ein alter Baumstamm als Überwinterungsquartier angeboten werden. Fühlt sie sich bedroht, präsentiert sie dem Gegner zur Abschreckung ihren leuchtend gelb gefleckten Bauch.

Zu den eher seltenen Gästen im Wassergarten gehören Molche. Doch hin und wieder sind Kammolch, Teichmolch und Fadenmolch zur Laichzeit in der besonnten Flachwasserzone eines Teichs anzutreffen. Die Weibchen heften ihre Eier einzeln an die Blätter von Unterwasserpflanzen. Im Lauf des Sommers gehen die Molche dann wieder zum Landleben über, wo sie schattige, kühle Bereiche mit eingestreuten Sonnenplätzen bevorzugen.

Tip

Im Unterschied zum Froschgequake werden die recht wohlklingenden, dumpfen Unkenrufe von den meisten Menschen als beruhigend und angenehm empfunden.

Den Winter überdauern sie in frostsicheren Verstecken unter Steinen, Moospolstern oder aufgeschichtetem Holz.

Insekten

Insekten zeigen unter allen Tiergruppen am und im Gewässer ohne Zweifel die größte Artenvielfalt. Die Schönheit der metallisch schimmernden Libellen mit ihren im Morgentau glitzernden Flügeln oder bunte Schmetterlinge, die Blüten umgaukeln, lassen das Herz eines jeden Naturliebhabers höher schlagen. Bei genauer Beobachtung wird man jedoch feststellen, daß sich auch auf der Wasserfläche und sogar unter Wasser zahlreiche Insektenarten tummeln.

Libellen in ihren schillernden Farben gehören zu den prachtvollsten Insekten.

Libellen sind stark an den Lebensraum Wasser gebunden, da sich ihre Larven im Wasser entwickeln und hier als gefürchtete Räuber anderen Insekten und deren Larven nachjagen; selbst Kaulquappen verschmähen sie nicht. Am Ende ihrer Larvenzeit klettern sie an Sumpfpflanzen über die Wasserfläche empor und heften sich an einem Stengel oder Blatt fest. Mit viel Glück und Ausdauer läßt sich dort das Schlüpfen einer fertigen Libelle beobachten. Auch das Paarungsrad der eleganten, schlanken Flieger bietet einen wunderschönen Anblick. In der gut ausgebildeten Flachwasserzone eines Gartenteichs mit standortgerechter Bepflanzung stellen sich bald Arten wie Große Königslibelle, Große Pechlibelle, Frühe Adonislibelle und Blaugrüne Mosaikjungfer und etliche andere ein.

Mit reichlichem Nektarangebot locken die Blüten der Sumpf- und Uferrandpflanzen das bunte Volk der Schmetterlinge an. Für die Versorgung ihrer Nachkommen sollte man wichtigen Nahrungspflanzen der Raupen, z. B. Spitzwegerich *(Plantago lanceolata)*, Klee *(Trifolium*-Arten) oder Brennesseln *(Urtica*-Arten), im Garten Raum zur Entfaltung lassen.

Ruderwanzen schwimmen mit dem Rücken nach oben und leben vorwiegend von Algen und Schwebstoffen.

Hervorragend an das Lebensmedium Wasser haben sich Wasserwanzen angepaßt, und es ist faszinierend anzusehen, wie sich der zu ihnen gehörende schlanke, langbeinige Wasserläufer scheinbar schwerelos auf der Wasseroberfläche fortbewegt. Etwas hektisch wirken hingegen die Bewegungen des nahe verwandten Rückenschwimmers, der mit dem Bauch nach oben umherschwimmt und von Zeit zu Zeit zum Luftholen an die Wasseroberfläche kommt. Sein recht schmerzhafter Stich hat ihm im Volksmund den Namen Wasserbiene eingetragen.

Der bekannte Gelbrandkäfer ernährt sich von verschiedenen Wassertierchen.

Tip

Einem massenhaften Vorkommen von Larven der Stechmücken kann man vorbeugen, wenn man den insektenfressenden Wasserschlauch in den Gartenteich setzt. Er fängt neben anderen Kleinstorganismen vor allem Mückenlarven.

Tip

Eine abwechslungsreich gestaltete Sumpf- und Uferzone lockt zahlreiche insektenfressende Tierarten an, die verhindern, daß die lästigen Stechmücken überhandnehmen.

Auch unter den Käfern gibt es einige Arten, die sich auf ein Leben im Wasser spezialisiert haben. Schwimmkäfer wie der bekannte Gelbrandkäfer oder auch der Gaukler und der Furchenschwimmer sind, ebenso wie ihre Larven, flinke Räuber, die sich von anderen Wassertieren ernähren. Der große, dicke Kolbenwasserkäfer ist dagegen ein weniger gewandter Schwimmer, seine Hauptnahrung besteht aus Pflanzenteilen. Eine höchst auffällige Verhaltensweise legen die glänzend schwarzen Taumelkäfer an den Tag. Bei schönem Wetter schwimmen sie, oft in Scharen, mit schnellen Kreisbewegungen auf der Teichoberfläche. Auch ihre Beute, ins Wasser gefallene kleine Insekten, ergreifen sie auf dem Wasserspiegel.

Zu den weniger beliebten Insekten gehören die blutsaugenden Stechmücken, deren Larven zu ihrer Entwicklung auf ruhige Gewässer angewiesen sind.

Einige Spinnenarten, etwa die Jagdspinne, gehen auch zwischen Wasserpflanzen auf Beutefang.

Spinnen

Spinnen sind von den sechsbeinigen Insekten leicht durch ihre acht Beine zu unterscheiden. Es handelt sich ausnahmslos um Räuber, die ihre Opfer, überwiegend Insekten, mit Hilfe meist kunstvoll gewebter Netze fangen. Sie helfen damit, die Zahl der Insekten an Gewässern unter Kontrolle zu halten. Zugleich bereichern sie ihrerseits den Speiseplan von Vögeln.

Eine faszinierende Art ist die große Wasserspinne, die als einzige Spinne ganz unter Wasser lebt. In ihren feinen Gespinstnetzen, die sie zwischen Wasserpflanzen befestigt, trägt die Spinne große Luftblasen zusammen, indem sie die Luft in kleinen Portionen von der Wasseroberfläche holt. Die festgehaltene Luftblase wölbt das Netz glockenförmig nach oben. In solchen Glocken werden dann nicht nur Wassertiere gefangen, abgewandelte Formen dienen ihr auch als Wohn-, Häutungs-, Eiablage- oder Überwinterungsglocke.

Weichtiere

Weichtiere zählen nicht unbedingt zu den bekanntesten Tierarten im Wassergarten, jedoch in der Natur gehören sie untrennbar zum Lebensraum Wasser.

Wasserschnecken können als wertvolle Glieder in der Nahrungskette eines Gartengewässers gelten, da sie neben abgestorbenen Pflanzenresten auch Blau- und Grünalgen vertilgen, so daß diese kaum lästig werden (siehe Seite 141 ff.). Häufig treten im Gartenteich Spitzhornschnecke sowie Posthornschnecke auf, die beide eine üppige Unterwasservegetation schätzen. Als lungenatmende Arten müssen sie zum Lufthoien regelmäßig an die Wasseroberfläche kommen.

Posthornschnecken weiden Algen ab und helfen so bei der Wasserreinhaltung.

Muscheln leben am Grund von Still- und von Fließgewässern. Sie filtern unermüdlich Schwebstoffe aus dem Wasser, die sie als Nahrung verwerten und in verdauter Form schließlich dem Bodenschlamm zuführen.

Krebstiere

Ein verborgenes Leben führen die winzigen Wasserflöhe und Hüpferlinge, die einen wichtigen Bestandteil des tierischen Planktons ausmachen. Planktonorganismen sind die Nahrungsgrundlage höherer Wassertiere und damit trotz ihrer Unscheinbarkeit äußerst bedeutend für das ökologische Gleichgewicht.

Bereits zu den höheren Krebstieren wird die Wasserassel gezählt, welche der allseits bekannten Kellerassel ähnelt. Wie die Schnekken ernährt sie sich von verrottendem Pflanzenmaterial und leistet damit einen wichtigen Beitrag zur Gewässerreinhaltung.

Tip

Bei Fotoaufnahmen der packenden Tierwelt am Gewässer empfiehlt es sich, einen Polfilter vor die Linse zu schrauben. Auf diese Weise lassen sich Spiegelungen auf der Wasseroberfläche, die vom eigentlichen Motiv ablenken, vermeiden.

Tip

Der Bestand der Spitzhornschnecke sollte regelmäßig kontrolliert werden. Diese Art vermag sich sehr rasch zu vermehren und kann dann jungen Trieben von Wasserpflanzen gefährlich werden. Sind Fraßschäden festzustellen, muß man die Tiere absammeln.

Tip

Die Schönheit der wasserbewohnenden Kleinstlebewesen eröffnet sich erst unter der vielfachen Vergrößerung eines Mikroskops. Schon ein ganz einfaches Schülermikroskop reicht aus, um in die spannende Welt des „Lebens im Wassertropfen" einzudringen, die immer wieder neue Überraschungen bereithält.

Hübsch, aber gefräßig – Fische im Gartenteich

Fische stellen ganz besondere Anforderungen an einen Gartenteich, die schon bei der Anlage berücksichtigt werden sollten.

Insekten wie diese prachtvolle Libelle siedeln sich nur an naturnahen Gartenteichen an.

Für viele ist ein Gewässer im Garten ohne die Quirligkeit bunter, glänzender Fische einfach nicht denkbar. Allerdings gilt es einige Dinge zu beachten, sollen die Tiere nicht schon nach wenigen Tagen eingehen. Man tut daher gut daran, die Probleme der Fischhaltung am besten bereits bei der Planung und Gestaltung des Wassergartens zu bedenken und entsprechend zu berücksichtigen.

Ein ökologisch ausgeglichener, naturnaher Gartenteich, der ohne Fischbesatz bleibt, wird mit der Zeit von selbst durch die verschiedensten Tiere besiedelt. Insekten und Amphibien kommen dort zur Eiablage, Schnecken vertilgen Pflanzenreste und Algen, räuberische Larven und Käfer jagen andere kleine Wassertiere, kurz – das Leben im Wasser befindet sich in einem natürlichen Gleichgewicht.

Eingesetzte Fische dagegen stören meist das Gefüge, denn sie haben im Teich keine natürlichen Feinde und vermehren sich deshalb stark. Zudem verschmutzen sie das Wasser mit ihren Ausscheidungen und fressen die für ein stabiles ökologisches Gleichgewicht ganz unabdingbaren Kleinstlebewesen. Trotzdem muß nicht völlig auf Fische verzichtet werden, denn es gibt eine, wenn auch geringe, Anzahl von Fischarten, die in größeren Naturteichen gehalten werden können und dort kaum Schaden anrichten.

Diese Überlegungen gelten freilich nicht für einen reinen Fischteich, in dem die Fische den Mittelpunkt des Interesses bilden. Solch ein Teich wird nämlich ausschließlich ihren Bedürfnissen gerecht geplant und angelegt.

Während Goldfische im Naturteich eigentlich fehl am Platz sind, wirken sie in einem formalen Wasserbecken als bunte bewegliche Farbtupfer durchaus sehr dekorativ.

Die Ukelei besticht durch eine hübsch glänzende, silbrige Färbung. Als räuberischer Schwarmfisch ernährt sie sich von Insektenlarven und anderem Kleingetier.

Aber nicht nur das eine oder das andere, auch eine Kombination von Naturteich und Fischteich ist möglich. Hierfür wird der Teich zweigeteilt, d. h., man legt zwei unterschiedlich gestaltete Bereiche an, wobei die naturnahe Zone des Gewässers von der mit Fischen besetzten durch einen feinen Zaun abgetrennt wird. Bewährt hat sich hierfür die Verwendung eines engmaschigen Weidengeflechts, das selbst kleinen Fischen keinen Durchschlupf bietet und trotzdem einen Wasseraustausch zwischen beiden Bereichen ermöglicht. Dabei fungiert der Naturteil gleichzeitig als biologisches Klärbecken und sorgt für eine gute Wasserqualität.

Voraussetzungen für die Fischhaltung

Ein ausgewogenes Verhältnis zwischen Teichgröße sowie Fischbesatz zu finden ist nicht immer einfach. Allgemeingültige Regeln lassen sich hier nicht aufstellen, da die maximale Anzahl der Fische von der Art, ihrem Wachstum und ihrem Sozialverhalten abhängig ist. Als grober Anhaltspunkt für die Berechnung einer sinnvollen Fischmenge mag jedoch die Faustregel dienen, nach der ein 10 cm langer Fisch etwa 0,5 m² Wasseroberfläche oder 50 l Wasser als Mindestlebensraum benötigt. Doch darf man nicht außer acht lassen, daß Fische wachsen und, je nach Art, eine beträchtliche Größe erreichen können. Der Laie sollte sich daher auf jeden Fall beim Kauf der Fische im Fachhandel beraten lassen.

Grundsätzlich gilt, je ausgedehnter und tiefer der Teich ist, desto besser ist er zur Fischhaltung geeignet. Zum einen gerät ein größeres Gewässer nicht so leicht aus dem biologischen Gleichgewicht, zum andern benötigen die Fische ausreichend freien Schwimmraum. Auch in einem tiefen, ruhigen Abschnitt eines Gartenbachs können Fische gehalten werden, nicht gerade Lachse, aber doch einige kleinere Arten.

Damit die Tiere den Winter im Teich gut überstehen, ist eine Mindestwassertiefe von 80 cm, wenigstens in einem Teilbereich des Gewässers, notwendig. Manche Arten, etwa Kois, brauchen sogar Wassertiefen von 150 cm und mehr (siehe Tabelle Seite 55).

Steine, Pflanzen und Wurzeln bieten gute Versteckmöglichkeiten für Jungfische und anderes Kleingetier. Der Bewuchs des Teichgrunds muß aber vor dem Einsetzen der

Die zutraulichen Kois sind auf viel Platz und eine Wassertiefe von mindestens 150 cm angewiesen.

Der ziemlich anspruchslose Bitterling kann auch in einem kleinen Teich problemlos gehalten werden.

Fische bereits fest verwurzelt sein. Andernfalls besteht die Gefahr, daß noch nicht angewachsene Pflanzen durch die Tiere herausgerissen werden. Bei der Haltung von stark gründelnden Fischarten, vor allem Goldfischen oder Kois, kann sich das Wasser durch den Schlamm, den sie aufwirbeln, so stark eintrüben, daß man die Zierfische kaum noch zu Gesicht bekommt. Deshalb empfiehlt sich in diesem Fall sogar die Überlegung, ob man nicht einen reinen Fischteich anlegt, in dem man auf das Einbringen von Substrat verzichtet und alle Pflanzen in Container oder Körbe setzt.

Zuchtformen des Goldfischs, beispielsweise der Löwenkopf, benötigen sauerstoffhaltiges, sauberes Wasser, das jedoch durch starkes Gründeln häufig getrübt wird.

Da viele Fischarten keine übermäßige Erwärmung des Wassers vertragen, sollte man die Teichoberfläche vor allem bei kräftig besonnten Teichen mit Hilfe von Schwimmblattpflanzen teilweise beschatten. Besonders gut dafür geeignet sind Seerosen *(Nymphaea)* und der Gewöhnliche Froschbiß *(Hydrocharis morsus-ranae)*. Bei zu starker Sonneneinstrahlung besteht zudem die Gefahr, daß Algen, durch die Exkremente der Fische gedüngt, gefährlich überhandnehmen.

Einige Fische reagieren empfindlich auf trübes, sauerstoffarmes Wasser. Tritt eine Trübung auf, sollte eine Luftpumpe (siehe Seite 142) in den Teich eingebaut werden. Diese besitzt einen Sprudelvorsatz oder einen Sprudelstein und reichert das Wasser ständig mit Sauerstoff an.

Damit das Wasser ausreichend klar bleibt, empfiehlt es sich vor allem bei kleinen Teichen und bei stark gründelnden Fischen, eine Filteranlage (siehe Seite 139f.) einzubauen. Sie entfernt z. B. Exkremente, Pflanzenreste sowie andere Schwebeteilchen aus dem Wasser. Man muß sie allerdings regelmäßig reinigen, damit sie zufriedenstellend funktioniert. Über die verschiedenen Filtertypen oder auch Klärbecken informiert man sich am besten in Fachgeschäften.

Geeignete Fischarten

Im Zoohandel findet man eine ganze Reihe von heimischen Fischen ebenso wie etliche

Die Elritzen fühlen sich nur in sauerstoffreichem Wasser wohl, das zudem beschattet und kühl sein sollte.

Das Rotauge, auch Plötze genannt, ist leicht an seiner rotgoldenen Iris zu erkennen; für kleine Teiche eignet es sich nicht, denn es wird bis zu 30 cm lang und lebt in Schwärmen.

exotische Kaltwasserfische, die für einen Gartenteich in Frage kommen. Aus ökologischer Sicht besteht kaum ein Unterschied zwischen heimischen oder fremdländischen Fischen. Beide zehren vom Teichleben, beide vermehren sich mangels natürlicher Feinde in der Regel stark. Exoten, wie etwa der beliebte Goldfisch, zeichnen sich zwar durch ihre Farbenpracht und Zutraulichkeit aus, dafür legen die meist etwas unscheinbareren heimischen Arten häufig ein besonders interessantes Verhalten an den Tag und sind zudem robuster.

Raubfische, die sich bekanntermaßen an anderen Fischen vergreifen, so etwa Hechte, Barsche oder Welse, sind für den Gartenteich ungeeignet. Auch strömungsliebende Fische wie Barben und Forellen überleben im ruhigen Teich auf Dauer nicht, es sei denn, er verfügt über einen angeschlossenen ganzjährig laufenden und sehr geräumigen Bach. Eine Auswahl der beliebtesten und unempfindlichsten Teichfische für den Gartenbereich wird in der Tabelle auf Seite 54 f. vorgestellt.

Kaufen und Einsetzen

Fische werden am besten im Frühsommer, also in ihrer aktiven Zeit, gekauft und in das Gartengewässer eingesetzt. Bei einem neu angelegten Teich empfiehlt es sich allerdings, damit so lange zu warten, bis die Pflanzen gut eingewachsen sind und sich bereits ausreichend Kleintiere angesiedelt haben. Durch den Kunststoff der verwendeten Folien oder Becken sowie durch das frisch eingefüllte Leitungswasser ist das Wasser zudem anfangs häufig mit Schadstoffen belastet, die in der Regel jedoch innerhalb weniger Wochen wieder verschwinden.

Die für den Wassergarten geeigneten Fische sind in der Kaltwasserabteilung von Zoofachgeschäften, gelegentlich aber auch in Wassergärtnereien erhältlich. Manche der heimischen Arten kann man auch von Fischereien beziehen, doch besteht bei Tieren aus dieser Quelle gelegentlich ein erhöhtes Parasitenrisiko. Die Entnahme aus der freien Natur ist verboten, da sie den Fischereibestimmungen unterliegt und zudem die meisten wildlebenden Arten geschützt sind.

Vor dem Kauf sollte man sich über das Sozialverhalten der ausgewählten Fischart genau informieren. Einige sind Schwarmfische, die sich nur in Gruppen wohl fühlen, andere hingegen Revierfische, die unter einem Konkurrenten leiden, wenn sie mit ihm auf zu

Das räuberische Moderlieschen wird man selten einzeln antreffen. Es liebt die Geselligkeit und sollte stets in Schwärmen ausgesetzt werden.

Fische werden nach dem Kauf in einer wassergefüllten Plastiktüte transportiert, die man zum Schutz vor Verletzungen am besten doppelt nimmt.

engem Raum auskommen müssen. Generell wirkt es harmonischer und auch dekorativer, sich auf wenige Arten zu beschränken, als von vielen unterschiedlichen jeweils nur ein Exemplar einzusetzen. Bei der Klärung der Frage, welche Fischarten sich wirklich miteinander vertragen, ist der Zoohändler sicherlich jederzeit gern behilflich.

Im allgemeinen werden die Tiere in einer wassergefüllten Plastiktüte transportiert. Keinesfalls darf man sie daraus einfach in den Teich schütten. Vielmehr muß vor dem Einsetzen der Fische das Transportwasser zunächst der Wassertemperatur des Teichs angeglichen werden. Dazu hängt man die Tüte mit den Fischen etwa eine Stunde lang in den Teich, und zwar an einer schattigen Stelle. Pralle Sonne erhitzt das Wasser in der Tüte zu stark, und die Fische sterben an Sauerstoffmangel und Überwärmung. Hat das Transportwasser die Temperatur des Gewässers angenommen, entläßt man die Tiere vorsichtig ins Freie.

Fütterung

Bei der Fütterung der Fische werden recht häufig Fehler gemacht, die zu schweren Störungen des ökologischen Gleichgewichts im Teich führen. Ist das Gewässer einigermaßen intakt und die Anzahl der Fische der Teichgröße angepaßt, erübrigt sich eine zusätzliche Nahrungsgabe in der Regel ganz. Schwimmen jedoch zu viele Fische im Teich, ist das Gewässer sozusagen leergefressen, oder möchte man die Tiere anlokken und beobachten, dann wird ein- bis höchstens dreimal pro Woche gefüttert. Dabei streut man jedesmal nur so viel aus, wie innerhalb von zehn Minuten gefressen werden kann. Gibt man zuviel, sinkt überschüssiges Futter auf den Grund und verfault dort. Bei diesem Prozeß wird nun wichtiger Sauerstoff verbraucht und das Wasser zugleich mit Nährstoffen überlastet, was eine vermehrte Algenbildung nach sich zieht. Fällt die Wassertemperatur im Herbst unter 10 °C, unterbleibt jede weitere Fütterung, da sich die Fische nun im Ruhezustand befinden und keinerlei Nahrung mehr aufnehmen.

Als Futter eignet sich fertiges Trockenfutter für Kaltwasserfische, das in körniger Form und als Flocken im Zoogeschäft erhältlich ist. Befinden sich kleine Fische oder Jungtiere im Teich, darf das Futter nicht zu grobkörnig sein. Alle Speisereste aus der Küche sind grundsätzlich ungeeignet, ebenso lebende Tubifex-Würmer, die Krankheiten in den Teich einschleppen können.

Kommen Fische auffallend häufig zum Luftschnappen an

Der Dreistachlige Stichling, hier ein Männchen, ist ein typischer Revierfisch.

Die anspruchslosen Karauschen begnügen sich auch mit einer schlechteren Wasserqualität.

die Wasseroberfläche, ist das ein sicheres Zeichen für Überfütterung und Sauerstoffmangel. In diesem Fall muß das Wasser sofort mit Sauerstoff angereichert werden. Dazu legt man am einfachsten den Gartenschlauch in die Mitte des Teichs und läßt eine Weile frisches Wasser in den Teich sprudeln. Aber auch über eine Luftpumpe läßt sich der Sauerstoffgehalt entsprechend erhöhen (siehe Seite 142).

Überwinterung

In der kalten Jahreszeit sinkt die Temperatur im Teich stark ab, häufig bildet sich eine Eisdecke. In großen, mehr als 80 cm tiefen Teichen können manche Fische sich selbst überlassen werden, sie überwintern in einer Ruhephase mit stark reduziertem Stoffwechsel. Zur Belüftung und zum Gasaustausch ist es jedoch nötig, die Teichoberfläche wenigstens an einer Stelle eisfrei zu halten. Nur bei üppigem Bewuchs mit Schilf, Binsen oder Gräsern reicht die Belüftung durch die trockenen Halme meist aus. Fehlen diese natürlichen Helfer, läßt man einen Strohballen oder ein Styroporstück im Eis einfrieren (siehe auch Seite 151 f.). Auch mit Hilfe eines Luftsprudlers (siehe Seite 142) läßt sich ein völliges Zufrieren des Teichs verhindern.

Ein Strohballen, an einer flachen Stelle ins Wasser gelegt, verhindert das völlige Zufrieren.

Empfindliche Arten sowie Fische in zu flachen Teichen müssen in einem separaten Becken frostfrei, z. B. in einem kühlen Keller, überwintert

Geeignete Fischarten für Gartengewässer

Fischart	Beschreibung	Eignung	Besonderheiten
Heimische Fische			
Dreistachliger Stichling *Gasterosteus aculeatus*	schlanker, kleiner Raubfisch; 4–8 cm lang; silbriggrau, Männchen im Frühjahr und Frühsommer mit prächtiger bunter Laichfärbung; Rückenflosse mit 3 aufrichtbaren Stacheln; ernährt sich von Kleintieren, Laich und fremder Fischbrut	bevorzugt kühles Wasser, ansonsten anspruchslos; für stehende oder langsam fließende, klare Gewässer	verteidigt sein Revier, deshalb nur wenige Pärchen einsetzen; interessantes Fortpflanzungsverhalten: Männchen baut Nest aus Pflanzenfasern für die Eier und betreibt Brutpflege
Bitterling *Rhodeus sericeus amarus*	hochrückiger, seitlich abgeflachter Schwarmfisch; 5–8 cm lang; silbriggrau, Männchen im Frühjahr mit schöner, schillernder Laichfärbung; ernährt sich von Pflanzenresten und Kleintieren	anspruchslos, unempfindlich gegen Temperaturschwankungen; für flache, stehende oder langsam fließende Gewässer mit Pflanzenbewuchs, auch gut für kleine Teiche	in Gruppen von mindestens 4 Tieren einsetzen; interessante Fortpflanzungsweise: benötigt Teichmuscheln, in deren Kiemenraum das Weibchen seine Eier ablegt
Elritze *Phoxinus phoxinus*	zierlicher, silbriger Schwarmfisch; bis 10 cm lang; Männchen im Frühjahr und Frühsommer mit schöner Laichfärbung; ernährt sich von Kleintieren und Insektenlarven	bevorzugt kühles Wasser und sandigen Untergrund; für tiefe und schattige Teiche; empfindlich gegen Sauerstoffmangel	in Gruppen von mindestens 5–10 Tieren einsetzen; geht in warmen Teichen mit schlammigem Grund ein
Moderlieschen *Leucaspius delineatus*	kleiner, schlanker Schwarmfisch; bis 9 cm lang; silbriggrau mit bläulichem Streifen; ernährt sich von Kleintieren, Insektenlarven und Schwebalgen	bevorzugt stehende oder langsam fließende Gewässer mit dichtem Pflanzenwuchs; auch gut in kleinen Teichen zu halten	in Gruppen von mindestens 5–10 Tieren einsetzen; robust; schön zu beobachten, da meist in oberen Wasserschichten schwimmend; Weibchen legt Eier an Pflanzenstengel, wo sie vom Männchen bewacht werden; vermehrt sich gut in Gartenteichen
Orfe, Aland, Nerfling *Leuciscus idus*	länglicher, seitlich abgeflachter Schwarmfisch; bis 50 cm lang; silbrige Färbung; ernährt sich von Insekten und Larven, auch Pflanzen	benötigt kühle, tiefere Gewässerzonen mit sauerstoffreichem Wasser; Temperaturen über 20 °C sagen ihm nicht zu; bevorzugt Beschattung durch Schwimmblattpflanzen; für mittelgroße bis große Teiche und langsam fließende Gewässer	in Gruppen von mindestens 5 Tieren einsetzen; schädigt keine Pflanzen; schwimmt in Gruppen an der Oberfläche und ist daher gut zu beobachten; Zuchtformen: Goldorfe (goldgelbe bis orangerote Färbung) und neuere hellblaue Form
Rotauge, Plötze *Rutilus rutilus* und Rotfeder *Scardinius erythrophthalmus*	sehr ähnliche, hochrückige Schwarmfische mit silbriger Färbung und rötlichen Flossen; 20–30 cm lang; Rotauge mit roten, Rotfeder mit goldenen Augen; ernähren sich von Pflanzen, Kleintieren und Algen; gründeln	anspruchslos; bevorzugen stehende oder langsam fließende Gewässer mit weichem Untergrund und dichter Bepflanzung; für mittelgroße und große Teiche	nur in Gruppen einsetzen; friedlich, gut mit anderen Arten zu kombinieren; von beiden Arten schöne goldgelbe Formen erhältlich (Goldplötze und Goldfeder); sehr vermehrungsfreudig; schädigen manchmal den Pflanzenbewuchs
Ukelei, Laube *Alburnus alburnus*	länglicher, räuberischer Schwarmfisch; 10–15 cm lang; silbrige Färbung mit bläulichgrüner Rückenflosse; ernährt sich von Insektenlarven und Kleintieren	bevorzugt stehende oder langsam fließende Gewässer; für mittelgroße Teiche	nicht weniger als 5 Tiere einsetzen; im Teich gut zu beobachten, da an der Wasseroberfläche jagend
Karausche *Carassius carassius*	gedrungener Karpfenfisch; 15–25 cm lang; bronzefarbene Tönung, auch goldgelbe Formen; ernährt sich von Pflanzenkost und Wirbellosen	bevorzugt dicht bewachsene, auch flache Teiche, auch für Naturteiche; unempfindlich gegen Wassertrübungen und ungünstige Temperatur- und Sauerstoffverhältnisse	robust; friedlich, daher gut mit anderen Arten zu kombinieren; hält sich meist am Grund auf, deshalb nur schwer zu beobachten; vermehrt sich gut; Zuchtform: Goldkarausche mit orangegelber Färbung

Geeignete Fischarten für Gartengewässer

Fischart	Beschreibung	Eignung	Besonderheiten
Exoten			
Goldfisch *Carassius auratus auratus*	beliebter Teichfisch aus China mit zahlreichen Zuchtformen; gedrungener Karpfenfisch mit goldgelber, tiefroter, weißer oder gefleckter Färbung, sehr unterschiedliche Flossen- und Körperformen; Jungfische durchweg dunkel; 20–30 cm lang; ernährt sich sowohl pflanzlich als auch tierisch	Zuchtformen brauchen sauberes, sauerstoffhaltiges Wasser, die reine Art kommt auch mit schlechterer Wasserqualität noch zurecht; für stehende oder sehr langsam fließende Gewässer; auch für große Springbrunnen mit Ruhezonen und für Wasserbecken	robust; wühlt gern im Boden und trübt dadurch das Wasser; Wasserpflanzen mit zarten, feinen Blättern werden von ihm leicht geschädigt, deshalb derblaubige Bepflanzung zu empfehlen; gute Unterwasserbepflanzung wichtig; ungeeignet für dicht bewachsene Teiche; Art vermehrt sich gut; Zuchtformen: Schleierschwanz, Shubunkin, Oranda, Himmelgucker, Perlschupper, Nymphe, Blasenkopf und viele mehr
Koi *Cyprinus carpio*	Zuchtform des Karpfens aus Japan; gedrungener Karpfenfisch mit orangefarbener, weißer, roter oder gefleckter Färbung; bis 70 cm lang; erreicht hohes Alter; ernährt sich von pflanzlicher und tierischer Kost	braucht sauerstoffhaltiges, sauberes Wasser (Teichfilter!); nur für große, tiefe Teiche geeignet, mindestens 150 cm Tiefe und insgesamt 15 m^2 Wasseroberfläche nötig; sobald Wassertemperatur unter 10 °C, zur Überwinterung ins Haus nehmen	wird ausgesprochen zahm und zutraulich; gilt in Japan als Glücksbringer; besonders schöne Tiere werden zu horrenden Summen gehandelt

werden. Während dieser Zeit sind die Tiere nur äußerst sparsam zu füttern. Das Bekkenwasser sollte ständig mit Hilfe eines Filters saubergehalten und durch eine Luftpumpe mit Sauerstoff angereichert werden. Sobald im Frühjahr die Wassertemperatur im Gartenteich wieder 10–15 °C erreicht hat, kann man die überwinterten Fische ganz vorsichtig dorthin zurücksetzen.

Krankheiten

Kaltwasserfische sind in der Regel weniger anfällig für Krankheiten als Aquarien-Warmwasserfische. Doch eine Garantie, immer ganz gesunde Fische zu bekommen, gibt es nicht. Viele Krankheiten sind den Tieren zunächst nicht anzusehen, auf keinen Fall sollte man jedoch apathische Exemplare oder Fische mit sichtbaren Hautverletzungen, Hautveränderungen, Bewegungsstörungen oder mit aufgeblähten Kiemendeckeln kaufen. Vorsichtshalber können die neuerworbenen Fische zunächst einmal für ein bis zwei Wochen in ein Quarantänebecken gesetzt werden, um keine Krankheiten in den alten Fischbestand einzuschleppen. Geht ein Fisch bald nach dem Kauf ein, leistet der Zoohändler in begründeten Fällen gewöhnlich Ersatz.

Ein sichtlich kranker Fisch muß aus dem Teich genommen und in ein gut belüftetes fischfreies Aquarium umquartiert werden. Hier behandelt man ihn gezielt mit Medikamenten. Am häufigsten werden die Tiere von verschiedenen Pilzen, Bakterien und Parasiten befallen. Um die Erkrankung jeweils richtig zu erkennen, empfiehlt es sich, im Zoofachhandel oder beim Tierarzt Rat zu holen oder sich mit Hilfe von Fachliteratur kundig zu machen. Eine genaue Beschreibung der Symptome hilft, ein wirksames Mittel zu finden. Allerdings sollte man gerade bei „Allerweltsfischen" die oft hohen Behandlungskosten gegen den Nutzen abwägen. Häufig wird in diesen Fällen ein Neukauf billiger und einfacher sein.

Orfen und ihre Zuchtformen, etwa die Goldorfe, ernähren sich von Kleintieren, sie verschmähen aber auch pflanzliche Nahrung nicht.

Faszinierende Wasserspiegel

Teiche planen und anlegen

Ökologisch wertvoll und bezaubernd anzusehen ist ein kleiner Teich, an dessen Rand Schönheiten wie die Japanische Prachtiris gedeihen.

Gartenteiche lassen sich heutzutage dank ausgefeilter Techniken in den unterschiedlichsten Varianten und in fast allen Gartensituationen verwirklichen. Ein reich strukturierter, naturnaher Teich, der durch eine buntbeschwingte Vegetation und ein quirliges Tierleben für Abwechslung im Garten sorgt, verlangt allerdings bei Planung und Anlage andere Überlegungen und Maßnahmen als etwa ein sachlich-formales Becken, auf dessen Wasser sich elegante Tropenpflanzen wiegen. Berücksichtigt man aber bereits bei der Planung die spezifischen Erfordernisse der verschiedenen Teichtypen, kann man sich bald dauerhaft an einem faszinierenden Lebensraum erfreuen.

Planung und Vorarbeiten

Der Wunsch nach einem Teich sollte den Gartenbesitzer keinesfalls voreilig zur Tat schreiten lassen. Es bedarf vieler Überlegungen, bis der erste Spatenstich erfolgen kann. Anders als bei einem Blumenbeet oder einer Hecke entsteht mit dem Gartenteich ein sehr empfindliches kleines Ökosystem, das störende Einflüsse nicht so leicht auszubalancieren vermag. Fehler, die man bei der Anlage macht, können sich unter ungünstigen Umständen fatal auswirken. Ein Ungleichgewicht zwischen Flach- und Tiefwasserzonen beispielsweise zieht fast immer Probleme bei der Sauerstoffversorgung des Wassers nach sich, und in allzu seichten Teichen erfrieren im Winter die Pflanzen.

Tip

Bevor man mit dem Entwurf eines Gartenteichs beginnt, empfiehlt es sich, im Kreis aller Familienmitglieder sämtliche Wünsche und Anforderungen, die an das Gewässer gestellt werden, zu notieren: Lage, Größe, Form, Nutzung und anderes. Anhand einer solchen Liste läßt sich später manche Entscheidung leichter treffen.

Seerosen- und Sumpfzone sind gut aufeinander abgestimmt.

Wohldurchdachte Planung ist eine der wichtigsten Voraussetzungen für eine geglückte Teichanlage.

Sind derartige Komplikationen einmal aufgetreten, lassen sie sich kaum noch oder nur unter großen Mühen wieder beseitigen. Einen Teich kann man nicht so ohne weiteres nachträglich vertiefen oder verbreitern, auch die Bepflanzung ist nicht so leicht zu erneuern wie etwa in einem Beet. Jeder Eingriff in ein bestehendes Gartengewässer bedeutet, daß dessen ökologisches Gleichgewicht zumindest zeitweise gestört ist.

Um sein Gartengewässer im wahrsten Sinn des Worts ungetrübt genießen zu können, um es als einen abwechslungsreichen Erlebnisort zu erhalten, sollte man daher bereits in der Planungsphase mit größter Sorgfalt vorgehen und alle erforderlichen Entscheidungen gründlich abwägen.

Teichtyp festlegen

Eine der ersten Überlegungen muß den Gewässertyp (siehe unten) betreffen. Von dem gewünschten Charakter eines Teichs hängen viele weitere Planungsdetails ab, nicht zuletzt die Wahl der Abdichtung. Im Garten hat man die Möglichkeit, einen Teich ganz nach seinen individuellen Vorstellungen zu gestalten: Das Spektrum reicht vom naturnahen, durch Folie oder Ton abgedichteten Weiher mit heimischer Flora über einen in Fertigbauweise erstellten Zierteich in sachlich-kühlem Stil mit allerlei tropischen Pflanzenschönheiten bis hin zu einem gemauerten Seerosenbecken, das nach klassischem Vorbild errichtet wird.

Jedes Gewässer prägt den Garten auf eine unverwechselbare Weise, es sollte deshalb vom Typ her mit dem Stil der gesamten Anlage harmonieren. Ein naturnaher Teich mit Sumpfbeet paßt am besten in einen ländli-

Tip

Wer ein Gewässer vor allem als meditatives Element in den Garten einbringen möchte, ist mit der Anlage eines Teichs nach fernöstlichem Vorbild gut beraten.

Tip

Ist man sich nicht ganz sicher, welcher Teichtyp für den eigenen Garten am besten paßt, kann man bei vielen Wasserpflanzengärtnereien, im Zubehörhandel, bei Gartenbauausstellungen oder auch auf Gartenschauen anhand von Modellanlagen Anregungen und Informationen sammeln.

Sicherungsmaßnahmen

So schön ein Teich auch sein mag, er birgt doch stets gewisse Gefahren. Bereits in der ersten Phase der Planung sind notwendige Sicherungsmaßnahmen zu berücksichtigen. Als Grundstückseigentümer, aber auch als Mieter hat man im Rahmen der allgemeinen Verkehrssicherungspflicht dafür zu sorgen, daß von dem Gartengewässer weder Gefahren für andere ausgehen noch fremdes Eigentum in Mitleidenschaft gezogen wird. Für

Ein sachlicher, klar gegliederter Garten bietet den idealen Rahmen für dieses strenge Arrangement aus stufig angelegten Becken. Von einer Wasserglocke als höchstem Punkt ausgehend (vorne rechts), ergießt sich das Wasser in die jeweils nächste, etwas tiefer gelegene Terrasse. Der architektonische Charakter wird durch die Begleitpflanzung aus Taglilien, Bambus, China-Schilf sowie Blattschmuckstauden, etwa Bergenien oder Funkien, noch betont. Kübel mit Palmen und Schmucklilien geben der Anlage ein exotisches Flair.

chen Garten, wo er wie selbstverständlich mit den übrigen Bereichen verzahnt erscheint. Ein modern gestaltetes Wasserbecken in streng geometrischer Form ist dagegen in einem Garten mit klarer Raumaufteilung ideal am Platz. Hier dürfen architektonische Details dominieren. Zwischenformen, ob nun mehr zum naturnahen oder zum formalen Typ neigend, sind jedoch in allen Gartensituationen denkbar.

Zudem sollten die Anforderungen, die man an das künftige Gewässer stellt, in die Planungsüberlegungen mit einfließen. Soll der Teich allein der Zierde dienen, will man an ihm Fauna und Flora beobachten, oder möchte man ihn gar zum Baden nutzen? Um solche Zwecke zu erfüllen, sind jeweils spezielle Voraussetzungen und bauliche Einrichtungen nötig, die schon im Vorfeld ganz genau bedacht sein wollen.

Gewässer können vor allem für Kleinkinder gefährlich werden.

Tip

Im Fachhandel angebotene Sicherungsnetze, die mit Bodenankern über der Wasserfläche verspannt werden, können Kinder nur dann vor dem Ertrinken bewahren, wenn sie unter deren Gewicht nicht absinken. Die meisten Modelle sind jedoch aus mehr oder weniger elastischem Material und erfüllen diese Bedingung nicht.

Tip

Da Wasser auf die meisten Kinder eine geradezu magische Anziehungskraft ausübt, versucht man besser gar nicht erst, sie allein durch Verbote vom feuchten Element fernzuhalten. Sinnvoller ist es, ihnen die drohenden Gefahren zu erklären und sie so zu einem verantwortungsbewußten Verhalten zu erziehen. Dennoch sollte man Kinder niemals unbeaufsichtigt im Garten spielen lassen, wenn ein Gewässer vorhanden ist.

sämtliche Unfälle und Schäden, die ursächlich mit dem Teich in Zusammenhang stehen, trägt man die Haftung.

Zu allen Fragen der Sicherheit, die bei der Anlage, aber ebenso bei der Unterhaltung eines Gartengewässers auftreten, kann man sich Rat bei den zuständigen Behörden holen; je nach Region sind das Bauamt, Wasserwirtschaftsamt oder Untere Naturschutzbehörde. Für manche Vorhaben muß man sich dort außerdem erst eine Genehmigung erteilen lassen. Gesetzliche Vorschriften gibt es z. B. bezüglich der Nutzung von Grundwasser (siehe auch Seite 135). Überlegenswert ist der Abschluß einer speziellen Haftpflichtversicherung für Gartengewässer. Die Versicherungsgesellschaften geben auch Auskunft über erforderliche Sicherungsmaßnahmen.

Nicht selten stellt sich das Problem, wie man Kinder ihre Entdecker- und Spielfreude am Teich ausleben lassen kann, ohne daß sie dabei gefährdet wären. Insbesondere wenn es sich um Kleinkinder handelt, darf man selbst ein seichtes Gewässer nicht unterschätzen. Hier gilt es vordringlich, geeignete Sicherungsmaßnahmen zu ergreifen, etwa überall flache Uferzonen einzuplanen.

Damit das Schutzgitter nicht die Folie beschädigt, wird die Randstufe mit Vlies abgedeckt.

Für zuverlässigen Schutz sorgt ein Baustahlgitter, das knapp unter der Wasseroberfläche angebracht wird. Man verwendet am besten ein stabiles rostfreies, verzinktes oder kunststoffummanteltes Gitter mit maximal 10 cm Maschenweite. Bei kleinen Teichen wird es von Ufer zu Ufer in einer eigens dafür angebrachten Randstufe aufgelegt (siehe Zeichnung). Bei größeren Teichen muß man das Gitter noch an mehreren Stellen durch stabile Unterlagen (z. B. Hohlblocksteine aus Beton oder Stapel gebrannter Gitterziegel) abstützen. Bei der Anbringung des Gitters ist in jedem Fall darauf zu achten, daß es bei einseitiger Belastung nicht kippt. Durch Spiegelungseffekte der Wasserfläche und hindurchwachsende Pflanzen wird das Gitter später kaum mehr auffallen.

Ein rund um den Teich errichteter Zaun stellt sich oft als weniger glückliche Lösung heraus, denn er wird von abenteuerlustigen Kindern gern überklettert. Zudem beeinträchtigt er auch die Gesamtgestaltung erheblich. Schon eher können Ablenkungsmaßnahmen dazu beitragen, daß gefährliche Bereiche des Teichs, etwa Steilufer, bei den Kindern nur geringe Beachtung finden. Bietet man ihnen z. B. eine weitläufige Spielzone an einem extrem flachen Ufer an, die eventuell sogar als Sandstrand ausgestaltet ist, werden sie sich für die „verbotenen" Zonen des Teichs sicher weniger interessieren.

Festlegen des Standorts

Die Wahl des richtigen Standorts für den Teich bedeutet meist einen Kompromiß zwischen dem zur Verfügung stehenden Platz, gestalterischen Aspekten und ökologischen Erfordernissen. Faktoren wie Belichtungsdauer, Geländeverlauf, unterirdisch verlegte Leitungen und bereits bestehende Pflanzungen dürfen dabei nicht außer acht gelassen werden.

Je beengter der Gartenraum, desto sorgfältiger muß die Plazierung des Teichs erfolgen. Bauwerke und vor allem Bäume setzen hier oft enge Grenzen. Mit entsprechender Bautechnik und geeigneten Vorkehrungen kann das Gewässer zwar direkt ans Haus oder an die Terrasse rücken (siehe Seite 72), von großen Bäumen sollte es jedoch besser zu weit als zu wenig entfernt sein. Zum einen erschweren deren Wurzeln den Aushub erheblich, zum andern verursacht Fallaub reichlich Arbeit, denn es muß regelmäßig abgefischt werden (siehe Seite 148). Davon abgesehen wird durch die Erdarbeiten unweigerlich auch das Wurzelwerk der Gehölze beeinträchtigt, was sich nicht selten nachteilig auf deren Gesundheit auswirkt.

Viele Wasserpflanzen sind ausgesprochen lichthungrige Gewächse, die nur bei ausreichendem Sonnenlicht gut gedeihen und reichlich blühen. Ein Teich sollte deshalb in den Sommermonaten mindestens fünf bis sechs Stunden pro Tag voll in der Sonne liegen. Damit das Wasser sich jedoch nicht zu stark erwärmt, was Sauerstoffarmut zur Folge hätte und Algenwuchs Vorschub leisten würde, ist

Nur wenn man den Standort sorgfältig bestimmt und die dazu passenden Pflanzen aussucht, entwickelt sich ein so prächtig blühendes Biotop.

eine zeitweilige Beschattung durch Gebäude oder entfernter stehende Bäume durchaus wünschenswert, insbesondere über die Mittagszeit. Ersatzweise kann eine hochwüchsige Röhricht- oder Gebüschpflanzung am Südufer des Gewässers die Sonne wenigstens von einem Teilbereich der Wasserfläche abhalten.

Doch selbst weniger sonnige Gartenstellen kommen für die Anlage eines Teichs in Frage. Ungeeignet sind lediglich vollschattige Lagen. Auch sog. Schattenteiche sollten zumindest für einige Stunden pro Tag von der Sonne direkt beschienen werden oder ganztägig im sehr lichten Schatten liegen. Mit einer sorgfältig auf die Standortsituation abgestimmten Bepflanzung bilden auch diese Gewässer reizvolle Gartenelemente.

Um der Flora und Fauna am und im Teich später möglichst günstige Voraussetzungen zu bieten, wählt man einen Platz, der keinen extremen Witterungseinflüssen ausgesetzt ist. Kräftige Winde lassen sich durch eine Heckenpflanzung abbremsen, ebenso hält ein Erdwall oder eine Röhrichtzone an dem zur Hauptwindrichtung liegenden Ufer Böen und im Winter eisige Kälte ab.

Tip

Baumwurzeln, vor allem diejenigen von Pappeln und Weiden, können die Abdichtung des Teichs durchwachsen und dadurch schwerwiegende Schäden verursachen. Schon aus diesem Grund sollte ein Teichufer mehrere Meter von einem großen Baum entfernt verlaufen, die Uferkante am besten außerhalb des Kronenrands liegen.

Tip

Bei der Wahl des Teichstandorts müssen Leitungen und Kabel, z. B. für Wasser, Strom, Gas oder Rundfunk, berücksichtigt werden. Vor der Planung sollte man sich über deren genauen Verlauf kundig machen (Bauplan, zuständige Behörden), damit eine Beschädigung ausgeschlossen bzw. der Teichbau nicht durch unvermutete Hindernisse gestoppt wird.

Da viele Wasserpflanzen mindestens 5–6 Stunden Sonne am Tag benötigen, sollte der Teich möglichst in Südostrichtung angelegt werden. Am besten prüft man das für den Teich vorgesehene Gartenstück sorgfältig auf seine Eignung.

Die Uferränder eines Teichs, der in Hanglage angelegt werden soll, müssen besonders sorgfältig vermessen und befestigt werden, damit insbesondere das hangabwärts gelegene Ufer dem erheblichen Wasserdruck standhält. Zur Sicherung dieses Bereichs empfiehlt sich der Einbau spezieller Stützvorrichtungen, etwa von Betonelementen in L-Form. Hangaufwärts kann man das Gefälle z. B. mit einer Trockenmauer abfangen. Die Uferlinie muß ringsum absolut waagrecht verlaufen.

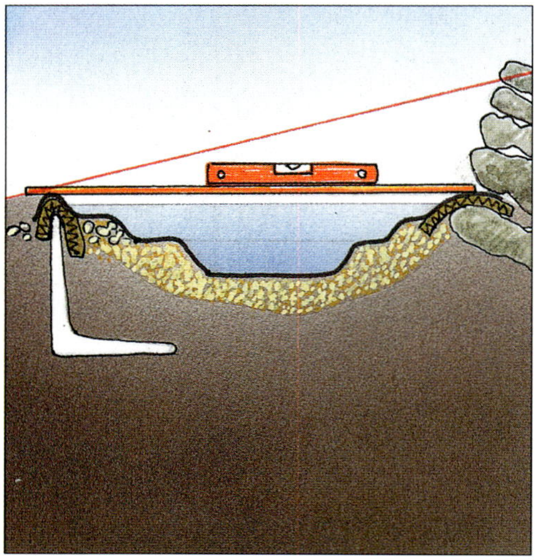

Tip

Ob im Untergrund bis zur gewünschten Tiefe Fels vorliegt oder nicht, kann man von einer Baufirma prüfen lassen.

Tip

Große Teiche sind unter Umständen genehmigungspflichtig, wobei die Grenzwerte für Flächenausdehnung und Tiefe je nach Bundesland verschieden sind. Plant man ein ausgedehntes Gewässer, sollte man sicherheitshalber bei den zuständigen Behörden nachfragen, ob eine Baugenehmigung erforderlich ist.

Und nicht zuletzt ist auch der Untergrund ausschlaggebend dafür, wo ein Teich am besten plaziert wird. Selbstverständlich sollte im Untergrund bis zur beabsichtigten Aushubtiefe weder eine schwer zu beseitigende Sperrschicht noch gar Fels vorliegen. Wenn doch, kommt statt eines Teichs eher ein erhöhtes Wasserbecken (siehe Seite 74) in Frage. Ist der Gartenboden sehr schwer, also stark tonhaltig, und läuft Regenwasser daher nur verzögert ab, empfiehlt es sich, einen Überlauf (siehe Seite 67) einzuplanen, um die Gefahr von Überschwemmungen zu bannen.

In den meisten Fällen werden Teiche oder Wasserbecken in ebenem Gelände angelegt. Doch auch wenn der Garten an einem Hang liegt, braucht man auf ein Gewässer nicht zu verzichten. Zu den Vorarbeiten gehört dann aber die Schaffung einer horizontalen Geländestufe, was den Einbau von Stützmauern oder ähnlichen Hilfselementen erfordert. Als problematisch erweisen sich bei solchen Vorhaben reine Erdaufschüttungen, weil sich das Material nachträglich noch setzt, wodurch die gesamte Anlage Schaden nehmen kann. Sämtliche Geländebaumaßnahmen müssen deshalb in geeigneter Weise mit Fundamenten, Bodenankern oder vergleichbaren Verfestigungen gesichert werden, im Zweifel ist ein Fachmann hinzuzuziehen.

Möchte man das Gewässer stets direkt vor Augen haben, empfiehlt sich eine Stelle nahe beim Haus. Sogar eine über die Wasserfläche vorgeschobene Terrasse ist denkbar. Das Tierleben kann sich jedoch ungestörter entfalten, wenn der Teich eher abgeschieden, in einiger Entfernung von Lärmquellen und vielbegangenen Wegen im Garten liegt. In diesem Punkt muß man entscheiden, ob man selbst oder aber die Natur den Vorrang erhalten soll.

Größe, Tiefe, Form

Im Zusammenhang mit den Überlegungen zur Plazierung des Teichs stellt sich auch die Frage nach dessen Ausmaßen. Je größer ein Teich, desto vielfältiger sind die Möglichkeiten zu seiner Gestaltung und Bepflanzung. Dazu kommt, daß das ökologische Gleichgewicht, wenn es sich einmal eingependelt hat, in großen Gewässern stabiler ist. Unter der Obhut des Gärtners sind jedoch auch Teiche kleinster Dimension „funktionsfähig".

Eine allgemeingültige Regel für die Mindestgröße von Teichen gibt es nicht. Vielmehr hängt die mögliche Gewässerfläche von verschiedenen Faktoren ab. Zum einen schränken Grundstücksgrenzen und Platzverhältnisse die maximale Ausdehnung ein, zum andern bedingen konkrete Anforderungen und Wünsche, die an das Gewässer gestellt werden, eine gewisse Mindestgröße. Wie auch bei der Standortwahl gilt es, bei der Festlegung der Teichgröße sämtliche Aspekte zu berücksichtigen und in Einklang zu bringen.

Darüber hinaus sollte man sich vor Augen halten, daß ein Teich nur dann ein intakter Lebensraum bleibt, wenn die biologische Selbstreinigung des Wassers funktioniert, d. h. ein Gleichgewicht zwischen Nährstoffanlieferung und -aufzehrung besteht (siehe auch

Eine derart üppige Teichbepflanzung setzt ein ausreichend großes Platzangebot voraus.

Seite 124f.). Dafür ist eine artenreiche Bepflanzung in verschiedenen Tiefenzonen erforderlich, eventuell müssen technische Geräte wie Filter oder Pumpen betrieben werden. Insbesondere wenn man beabsichtigt, Fische im Teich zu halten, muß dieser eine dem Tierbestand angemessene Größe bekommen.

In kleinen Gärten ist man mit einem geometrisch geformten Wasserbecken oft besser beraten.

Die Flächenausdehnung eines Teichs wird wesentlich von seiner Tiefe mitbestimmt. Abgesehen von reinen Zierbecken oder Miniaturteichen sollte ein Stillgewässer stets über drei Lebensbereiche mit verschiedener Tiefe verfügen: eine Sumpfzone bis etwa 20 cm Wassertiefe, eine Flachwasserzone mit 20–50 cm und eine Tiefwasser- oder Seerosenzone mit mehr als 50 cm. Diese drei Zonen müssen außerdem in einem ausgewogenen Verhältnis zueinander stehen. Die Sumpfzone sollte 30–40%, die Flachwasserzone ebenfalls 30–40% und die Tiefwasserzone nicht mehr als 25% der Gesamtfläche ausmachen.

Weil aber die Böschungen im Teich, also die Übergänge von einer Zone zur anderen, möglichst nicht steiler als in einem 45-Grad-Winkel angelegt werden sollten und außerdem jeder Tiefenbereich auch eine gewisse ebene Fläche zur Bepflanzung erfordert, ergibt sich aus der angestrebten Tiefe zwangsläufig eine bestimmte Mindestausdehnung des Teichs. Der minimale Teichdurchmesser muß demnach mindestens das Doppelte der größten Tiefe betragen.

Schließlich gilt es noch, die Form des Teichs festzulegen. Hier sind der Phantasie kaum Grenzen gesetzt, Gartengewässer lassen sich mit runden, ovalen, eckigen, nierenförmigen

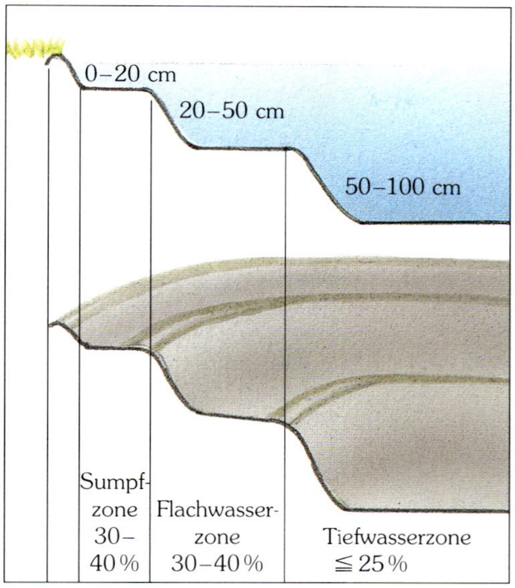

Das richtige Verhältnis der Zonen eines Gartenteichs zueinander ist sehr wichtig. Hier ein naturnaher Teich im Profil: Die Zone mit einer Wassertiefe von 50–100 cm macht höchstens 25% der Fläche aus; die Flachwasserzone mit 20–50 cm und die Sumpfzone mit 0–20 cm Tiefe nehmen jeweils etwa 30–40% ein.

oder auch ganz unregelmäßigen Umrissen verwirklichen. Bestimmend für die Formgebung wird die vorgegebene Gartensituation sein, soll sich der Teich doch harmonisch in die Umgebung einfügen. Klare, geometrische Konturen wie Quadrat oder Rechteck bleiben dekorativen Wasserbecken vorbehalten, für naturnahe Teiche eignen sich weiche Begrenzungslinien am besten.

Mit Hilfe eines langen, möglichst farbigen und sich von der Umgebung gut abhebenden

Der Teich fügt sich harmonisch in die Umgebung ein und lockert das Bild der Reihenhausanlage auf.

Tip

Die einer bestimmten Wassertiefe angemessene Teichgröße verringert sich, wenn man an einer Seite ein Steilufer einplant. Dadurch entfallen auf einer Hälfte die sonst notwendigen Uferterrassen. Das Steilufer muß jedoch durch eine stabile Mauer oder eine vergleichbare Konstruktion abgesichert werden.

Tip

Obwohl mehrfach ausgebuchtete Uferlinien viel Spielraum bei der Gestaltung erlauben, sollte man bedenken, daß sie schwieriger anzulegen sind und zudem einen höheren Kostenaufwand verursachen. Auch Fertigbecken sind um so teurer, je stärker ihre Form modelliert ist.

Tip

Soll das Aushubmaterial auf einer Rasenfläche zwischengelagert werden, empfiehlt es sich, große Kunststoffplanen darunter auszulegen.

Tip

Rasensoden sticht man vor dem Abtragen der ersten Bodenschicht gesondert ab. Sie kommen später teilweise wieder zum Einsatz oder können kompostiert werden.

Gartenschlauchs oder eines dicken Seils läßt sich die optische Wirkung der geplanten Teichform direkt im Garten überprüfen. Man legt dazu den Schlauch oder das Seil entlang der gedachten Uferlinien an Ort und Stelle aus. Mühelos kann man dann Veränderungen der Konturen vornehmen und auf diese Weise verschiedene Varianten ausprobieren. Zu berücksichtigen ist dabei allerdings, daß der Teich später durch die Bepflanzung wesentlich kleiner wirkt.

Abstecken und Ausheben

Prinzipiell können die Erdarbeiten zum Aushub eines Teichs das ganze Jahr über ausgeführt werden, außer natürlich, wenn tiefreichender Bodenfrost das Graben unmöglich macht. Da insbesondere das Verlegen von Folien jedoch bei warmer Witterung erfolgen sollte – das Material ist dann ausreichend geschmeidig –, bieten sich zur Teichanlage vor allem die Sommermonate, aber ebenso der Spätfrühling und der Herbst an. Entlang des durch Schlauch oder Seil bezeichneten Uferverlaufs (siehe Seite 63f.) streut man am besten zunächst eine Markierungslinie aus Sand, Kreide, Kalk oder Sägemehl oder schlägt in kurzen Abständen kleine Holzpflöcke ein. Zusätzlich kann man auch die Umrisse der einzelnen Tiefenzonen kenntlich machen, um ein besseres Bild zu erhalten.

Mit Hilfe dieser Markierungen prüft man dann nochmals kritisch, ob Standort, Größe, Umriß des Gewässers und Tiefenzonen den Erfordernissen entsprechen und ob sich der Teich harmonisch in die Umgebung einfügt. Gegebenenfalls werden außerdem die an den Teich angrenzenden Lebensbereiche wie Sumpfbeet, Feuchtwiese oder Kiesbeet provisorisch markiert, ebenso geplante Wege, Stege oder Sitzplätze. Spielerisch läßt sich dann ausprobieren, ob das Gewässer alle Vorstellungen erfüllt. In diesem Stadium lassen sich noch leicht Veränderungen vornehmen.

Bevor man schließlich mit dem Aushub beginnt, sollte man sich noch Gedanken über den Verbleib des anfallenden Erdreichs machen. Das Bodenmaterial muß irgendwo zwischengelagert werden, der Abtransport ist kostenaufwendig und nicht immer die beste Lösung. Den humosen Oberboden, also die Erde der obersten Schicht, wird man teilweise zur späteren Randgestaltung des Gewässers brauchen, der Rest der nährstoffreichen Krume kann möglicherweise auf Beeten verteilt werden. Ein geringer Anteil des Unterbodens findet als Substratgrundlage (siehe Seite 114f.) im Teich wieder Verwendung. Doch wohin mit dem größeren Teil des Aushubs?

Folgende Lösungen des Problems sind denkbar: Das Erdmaterial kann auf der Wetterseite des Teichs zu einem Wall aufgeschüttet werden, der eventuell mit einer Trockenmauer gestützt wird. Mit dem Aushub läßt sich auch neben dem Teich oder an anderer Stelle des Gartens ein Hügel modellieren, den man z. B. als Steingarten gestaltet. Oder aber man sucht sich einen geeigneten Abnehmer, etwa per Kleinanzeige.

Je nach Art der vorgesehenen Abdichtung des Teichs variiert die Vorgehensweise beim Aushub etwas. Grundsätzlich geht man jedoch stets nach demselben Prinzip vor – ob für einen Folienteich, ein Fertigbecken oder eine andere Ausführung.

Während man die Aushubarbeit bei kleineren Gewässern mit Spaten und Schaufel noch selbst bewältigen kann, wird man bei größeren Anlagen wohl eher auf spezielles Baugerät zurückgreifen, insbesondere bei schwerem Boden. Der Einsatz eines Baggers setzt jedoch voraus, daß eine Zufahrt zum Garten vorhanden ist und man mögliche Beschädigungen an Rasen, Beeten oder Wegen in Kauf nimmt.

Grundsätzlich wird die Teichgrube etwas tiefer ausgehoben, als es dem geplanten Niveau der eigentlichen Teichsohle entspricht. Schließlich muß die Abdichtung meist noch unterfüttert werden, und außerdem ist die Mächtigkeit der Substratschicht zu berücksich-

Vorsichtig abgestochen, lassen sich Rasensoden später zur Modellierung des Ufers verwenden.

tigen. Die richtige Aushubtiefe läßt sich durch die folgende Kalkulation leicht ermitteln: gewünschte Wassertiefe plus Auskleidung des Untergrunds plus Substratschicht. Wird mit Ton oder anderen Naturbaustoffen abgedichtet, muß man zusätzlich die Stärke dieses Dichtungsmaterials hinzuaddieren.

Zum Aushub großer Teichanlagen benötigt man Bagger und andere Baumaschinen als Hilfsmittel.

Man beginnt die Arbeit, indem man auf der gesamten Fläche einschließlich der Randzone, in der die Uferabdichtung angelegt werden soll, die oberste Bodenschicht etwa 15–25 cm tief abträgt. Dies entspricht etwa der Tiefe der Sumpfzone. Es empfiehlt sich, die humose Erde der obersten Bodenschicht, die später teilweise wieder Verwendung findet, getrennt vom übrigen Aushub zu lagern. Ab der Markierungslinie, an der die Flachwasserzone beginnen soll, wird dann die nächste Erdlage abgetragen, und zwar wiederum bis zu der für diesen Teichbereich vorgesehenen Tiefe, gewöhnlich 30–60 cm. Die Gefällestufen modelliert man bei dieser Gelegenheit gleich mit, zumindest grob. Zuletzt hebt man, meist bis in etwa 100 cm Tiefe, den Tiefwasserbereich aus.

Nivellierung der Ufer

Damit der Teichrand ringsum absolut gleich hoch liegt, nirgendwo Wasser ausläuft und auch keine unschönen, kahlen Böschungen entstehen, muß das Teichniveau spätestens zum Abschluß der Aushubarbeiten exakt justiert werden. Am besten prüft man den horizontalen Verlauf der Uferränder jedoch schon während der Arbeit immer wieder nach.

Zur Nivellierung bedient man sich bei kleinen Teichanlagen einfacher Richtlatten. Man schlägt zunächst in die Mitte der Grube einen Pfosten ein, dessen Oberkante exakt der Höhe des künftigen Wasserspiegels entspricht. Auf den Pfosten legt man eine Holzlatte, die so lang ist, daß sie auch an der breitesten Teichstelle von Ufer zu Ufer reicht. Auf diese setzt man eine Wasserwaage, mit deren Hilfe man die waagrechte Ausrichtung der Latte kontrolliert. Am Rand der Teichgrube wird dann der richtige Verlauf der Uferlinie am besten mit mehreren Holzpflöcken markiert, auf denen man das korrekte Uferniveau farbig anzeichnet. Durch Auflegen der Richtlatte in möglichst vielen unterschiedlichen Positionen läßt sich so die erforderliche Höhe der Uferpartien genau festlegen, und der Teichrand kann entsprechend ausgeglichen werden.

Bei größeren Teichen versagt die Methode mit Richtlatten. In diesen Fällen verwendet man besser eine sog. Schlauchwaage. Am besten arbeitet man hierbei zu zweit. Ein durchsichtiger Schlauch, der etwa die zweifache Länge des maximalen Teichdurchmessers hat, wird in die Teichgrube gelegt. Während man die Enden in gleiche Höhe hält, füllt man den Schlauch über einen Trichter so lange mit Wasser, bis beidseitig noch etwa 15 cm leer bleiben. Dann markiert man auf beiden Seiten die Höhe der Wassersäule und schließt die Enden mit Korken dicht ab.

Rund um den Teich schlägt man kleine Holzpfosten ein, die in jeweils derselben Höhe, z.B. 10 cm über dem Boden, eine Kennzeichnung erhalten. Der Schlauch wird nun von einem dieser Pfosten in mehrfachen Windungen durch das gesamte Teichprofil bis zu einem anderen Meßpunkt geführt und an beiden Seiten entkorkt. Stimmen die Wasserpegelmarkierungen mit der Markierung auf den Pfosten überein, liegen die beiden Uferpunkte exakt auf gleicher Höhe. Endet eine

Mit Hilfe der Schlauchwaage lassen sich die Uferränder exakt nivellieren. Die Aushubtiefe überprüft man mittels einer Richtschnur.

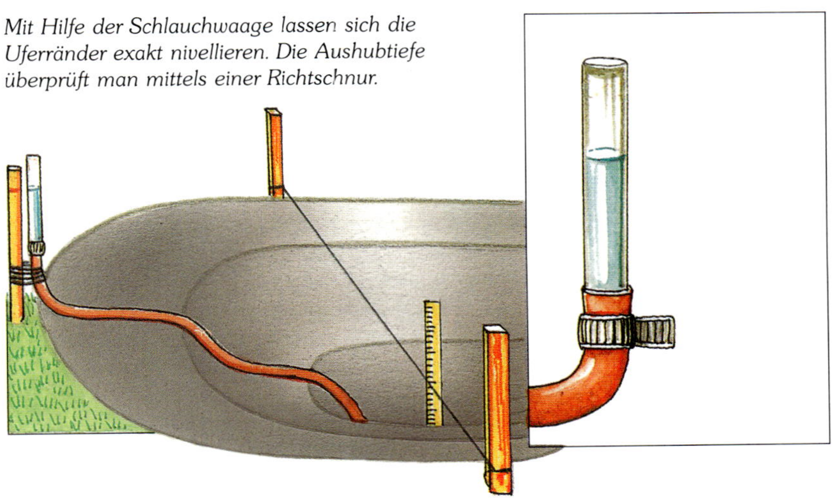

Tip

Wenn die Terrassen der verschiedenen Tiefenzonen breit genug angelegt sind, ergeben sich später nicht nur sehr großzügige Pflanzstreifen, sondern man kann beim Aushub auch leichter mit der Schubkarre hantieren. Um die Böschungen zu überwinden, legt man am besten Laufbretter aus.

Tip

Ebenso wie die Teichränder lassen sich die unterschiedlichen Erdstufen für die einzelnen Ebenen eines Fertigbeckens mit Hilfe einer passenden Richtlatte exakt messen.

Tip

Statt eines durchsichtigen Schlauchs kann man als Schlauchwaage auch einen normalen Gartenschlauch verwenden. Man muß ihm nur an den Enden jeweils ein durchsichtiges Glas- oder Kunststoffröhrchen aufstecken, um die Wassersäule beobachten zu können.

der Wassersäulen im Schlauch oberhalb der Pfostenmarkierung, während die andere damit auf einer Linie liegt, ist das Ufer an dieser Stelle zu niedrig und muß entsprechend erhöht werden. Liegt die Säule jedoch darunter, ist die Uferkante hier zu hoch, man muß sie noch abgraben. Diese Meßvorgänge wiederholt man mehrfach, bis die Uferlinie ringsum genau nivelliert ist.

Mit den eingeschlagenen Randpfosten kann man nach dem Nivellieren der Ufer auch gleich noch die Tiefen in den verschiedenen Teichbereichen überprüfen. Man spannt Schnüre direkt auf Höhe der Uferlinie quer über den Teich und mißt an mehreren Stellen deren Distanz zum Grund, was der jeweiligen Aushubtiefe entspricht.

Tip

Das Einbringen von einem Schutzvlies empfiehlt sich überall dort, wo das Abdichtungsmaterial besonders belastet wird und Schäden etwa durch Aufscheuern der Folie zu erwarten sind. Solche Stellen sind z. B. der Uferrand, wo die Abdichtung in Kontakt mit Steinen kommt, oder steile Böschungen.

Untergrund vorbereiten

Bevor das Abdichtungsmaterial eingebracht bzw. das Becken eingepaßt werden kann, muß der Untergrund sorgfältig vorbereitet werden. Gleichzeitig führt man auch die Feinmodellierung der Tiefenstufung aus.

Zunächst ist die Sohle überall von groben Steinen, insbesondere von scharfkantigen und spitzen, zu befreien. Größere Steine sammelt man einzeln heraus, kleinere können mit dem Rechen zusammengeharkt werden. Herausstehende Wurzeln schlägt man mit der Axt ab, am besten gräbt man sie vorher noch etwas weiter frei. Starke Wurzeln bzw. deren Stümpfe sollte man mit mehreren Lagen Wurzelschutzvlies abdecken, eventuell sogar mit einer Schicht Magerbeton, damit sie nicht weiterwachsen und die Abdichtung zerstören können. Anschließend glättet man den Boden, schiebt gegebenenfalls die Terrassen gerade, wirft kleine Wälle auf und erledigt, was außerdem an Gestaltungsdetails erforderlich ist. Sämtliche Flächen werden sodann festgeklopft oder -gestampft, sei es maschinell mit einem Rüttler, sei es durch Fußarbeit bzw. mit dem Spatenblatt.

Schließlich muß die Teichsohle dann noch mit einer Schutzschicht ausgekleidet werden. Gewöhnlich bringt man eine 2–5 cm mächtige Lage Sand aus, die wiederum planiert

Der Untergrund des Teichs wird von Steinen und Wurzeln befreit und sorgfältig vorbereitet.

Nachdem der Grund verfestigt ist, bringt man eine 2–5 cm mächtige Schicht Sand aus.

Auf den festgestampften Untergrund kann man zum Schutz der Folie auch Vlies legen.

und verfestigt wird. Statt dessen oder auch zusätzlich, je nach Situation und Erfordernissen, kann man ein dickes Schutzvlies auslegen. Geeignet sind vor allem sog. Geotextil- oder kurz Geovliese, Gewebe aus Steinwolle und Polyesterfasern. Es gibt sie in Stärken von 0,5 bis 5 mm, meist werden sie in Bahnen mit 2 m Breite angeboten. Ersatzweise kommen Vliese aus Stoffresten, verstärkt mit Kunststoffeinlagen, zum Einsatz.

Zu- und Ablauf anlegen

Für Zierfischbecken wird unter Umständen ein Zulauf erforderlich, über den man in Abständen Frischwasser zuführen kann. Bei Teichen ohne oder mit nur spärlichem Fischbesatz erübrigt sich eine Wasserzuleitung. Wichtig kann jedoch in jedem Fall ein Über- oder Ablauf werden. Ein Zuviel an Wasser, wie es nach anhaltenden Regenfällen oder starken Gewittergüssen nicht selten auftritt, wird darüber kontrolliert abgeführt, ohne daß es im Garten oder gar auf Nachbargrundstücken Schaden anrichtet.

Für einen Zulauf läßt man am besten einen Wasseranschluß aus dem kommunalen Netz in unmittelbarer Nähe des Teichs installieren. Man kann aber auch Regenwasser einleiten, das über das Dach eines nahe gelegenen Gebäudes gesammelt wird. Um sicherzustellen, daß mit dem Regenwasser keine größeren Mengen an Schadstoffen in den Teich gelangen, sollte man das Naß zuerst durch eine etwa 2 m lange Kies- oder Schotterrinne schleusen bzw. dem Teich einen Bachlauf mit einer Sumpfbeetklärstufe (siehe Seite 140) vorschalten.

Um einen Überlauf zu installieren, gibt es mehrere Möglichkeiten. Man kann ein Ablaufrohr in der Teichdichtung anbringen, was allerdings ziemlich schwierig ist und viel Fachkenntnis erfordert. Einige Hersteller bieten Folien und Becken an, in denen an gewünschter Stelle bereits eine Auslaßöffnung besteht. Zum Teichinnern hin setzt man daran ein Rohr mit einem Winkelstück an, dessen Öffnung auf der Linie des maximal geduldeten Wasserstands liegt. Teichabgewandt leitet ein mit dem ersten verbundenes Rohr das ablaufende Wasser in die Kanalisation oder in eine Sickergrube.

Einfacher ist ein Überlauf in Form einer folienausgekleideten Rinne anzulegen, die in leichtem Gefälle vom Teichufer weg zu einer Sickergrube führt. Mit Steinen kaschiert, bietet diese Rinne trocken wie wasserführend einen hübschen Anblick. Die Sickergrube besteht

Die einfachste Form des Überlaufs: In Höhe des maximal geduldeten Wasserstands bringt man eine Rinne an, die mit leichter Neigung in eine außerhalb des Teichs liegende Sickergrube oder in die Kanalisation geleitet wird. Die Ränder beschwert und kaschiert man mit Steinen.

aus einem oder zwei Betonringen, die man in den Boden einläßt und mit grobem Kies füllt.

Stromanschlüsse

Einen Anschluß an das Stromnetz sollte man bei der Teichanlage von vornherein mit einplanen, da er während der Bauphase am einfachsten zu realisieren ist. Elektrizität wird man später zu schätzen wissen, wenn es etwa um das Betreiben einer Lichtquelle, eines Filters oder einer Pumpe geht.

Die erforderliche Zuleitung und eine spritzgeschützte Steckdose läßt man stets vom Fachmann installieren. Unsachgemäße Verlegung und Anbringung können gerade im Zusammenhang mit Wasser tödliche Folgen haben. Ein Fehlerstrom-Schutzschalter hilft zusätzlich, Unfälle zu verhindern. Alle Erdkabel sollte man außerdem in einen Plan einzeichnen, damit bei späteren Arbeiten deren Verlauf berücksichtigt werden kann.

Im eigenen Interesse gilt es, im Zusammenhang mit Gartengewässern und elektrischen Geräten folgende Sicherheitshinweise zu beachten:

- Nur Geräte mit VDE-Zeichen oder TÜV-Siegel betreiben;
- Geräte regelmäßig warten und nur vom Fachmann reparieren lassen;
- Geräte stets zuerst abschalten und den Netzstecker ziehen, bevor man sie ins Wasser setzt oder herausholt;
- Geräte niemals am Kabel aus dem Wasser ziehen;
- möglichst keine Verlängerungskabel benutzen, und wenn, dann nur mit entsprechend gesicherten Steckverbindungen für die Verwendung im Freien;
- Geräte mit Niedervoltspannung wählen.

Tip

Ein Überlauf kann insbesondere bei Teichen in Hanglage oder bei sehr schwerem, verdichtetem Gartenboden wichtig werden. Überschüssiges Wasser führt sonst leicht zu Auswaschungen oder zur Unterspülung der Uferbefestigung.

Tip

Hat ein Teich einen Zulauf, so darf auch ein entsprechend dimensionierter Ablauf nicht fehlen. Die Weite des Ablaufrohrs muß man dabei dem höchstmöglichen Zustrom an Wasser anpassen.

Anlage von Folienteichen

Die weitaus meisten Gartenteiche werden mit Teich- oder Teichbaufolie abgedichtet. Die stabile Kunststoffolie erlaubt ein überaus weites Spektrum in der Gestaltung der Gewässer und läßt sich zudem leicht verarbeiten. Insbesondere für naturnahe Teiche, gleichgültig welcher Größe, Tiefe oder Form, eignet sich Folie wie kaum ein anderer Werkstoff zur Abdichtung des Untergrunds. Doch auch alle anderen Teichtypen ebenso wie Bachläufe und Sumpfbeete können mit Folie ausgekleidet werden.

Tip

Betonierte Teiche und Becken, etwa alte nierenförmige Becken oder aber Swimmingpools, kann man mit Hilfe von Teichfolie zu neuen Lebensräumen umgestalten. Dazu werden in den Becken mit Füllmaterial Tiefenzonen modelliert, eventuell auch die Ränder aufgebrochen und erweitert. Auf das Füllmaterial kommt dann die Folie, und man verfährt weiter wie bei einem neu ausgehobenen Teich.

Tip

Es gibt auch Folien, die durch eine Netzgitterschicht aus Kunststofffäden armiert und dadurch überaus reißfest sind. Man kann sie zwar nicht verschweißen, doch werden sie in jedem gewünschten Maß geliefert. Kleinere Schadstellen können mit Hilfe eines Kautschukbands repariert werden.

An Teichen, die mit stabiler Folie abgedichtet wurden, hat man lange Freude.

Folienarten

Teichfolien werden aus unterschiedlichen Materialien hergestellt, z. B. aus PVC (Polyvinylchlorid), PE (Polyethylen), EVA (Ethylvenylacetat) oder Synthesekautschuk (Butil, EPDM). In ihren Gebrauchseigenschaften ähneln sie sich alle sehr, sie sind reiß- und wurzelfest, UV- sowie temperaturbeständig, frostsicher und widerstandsfähig gegenüber Verrottung.

Bevorzugen sollte man Produkte, die außerdem giftfrei sind, chemisch neutral reagieren und kaum altern, d. h. ihre Flexibilität sehr langsam verlieren.

Was die Umweltverträglichkeit der Folien anbelangt, gehen die Meinungen jedoch auseinander. PVC-Folien, die preisgünstig und am leichtesten zu verkleben sind, gelten als sehr umstritten. Sie werden auf dem Markt mehr und mehr von den zwar teureren, aber umweltfreundlicheren PE- und EVA-Folien verdrängt, obgleich diese Materialien speziell verschweißt werden müssen. Als Stabilisierungsmittel gegen UV-Strahlung ist in den Folien vieler Hersteller heute statt des giftigen Cadmiums das weniger bedenkliche Zink verarbeitet.

Ober- und Unterseite der Teichfolien haben stets eine unterschiedliche Struktur. Die eine Seite ist glatt, die andere mehr oder weniger rauh. Die glatte Seite muß später im Teich nach unten weisen.

Hochwertige PVC-Folien sind zudem regeneratfrei, enthalten also keine wiederverwendeten Kunststoffreste. „Umweltfreundliche

Beste Voraussetzungen für ein üppiges Wachstum schafft die Wahl giftfreier Folie.

Recycling-Folien", wie die regeneratvermischten Fabrikate auch bezeichnet werden, erweisen sich nicht nur als weniger frostfest und UV-beständig, sondern können durch ihre uneinheitliche Struktur auch schädliche Bestandteile freisetzen, wenn sie der Sonne ausgesetzt sind.

Gewöhnlich sind Teichfolien schwarz oder anthrazitfarben und fallen deshalb am Gewässergrund kaum auf. Neuerdings findet man aber auch olivgrüne und braune Folien im Angebot. Welche Färbung man bevorzugt, ist in erster Linie Geschmackssache, für den Teich hat dies nur untergeordnete Bedeutung. Schließlich wird die Folie später weitgehend von Substrat bedeckt sein.

In welcher Stärke man die Folie wählen sollte, wird von der Beschaffenheit des Untergrunds bestimmt. Erhältlich sind Folien in Stärken von 0,5 bis 2 mm, abhängig vom Material. Bei glattem Boden, wo man keine Schäden durch Steine zu befürchten braucht, können dünne Folien Verwendung finden. Je problematischer der Untergrund, desto stärker und dadurch auch belastbarer muß die Folie ausfallen. Am besten läßt man sich im Fachhandel zu diesem Punkt eingehend beraten.

Folien werden meist als Meterware von der Rolle geliefert, wobei die Breite zwischen 1 m und 8 m variiert. Die maximale Länge beträgt in der Regel 25 m. Üblicherweise bieten Markenhersteller aber auch den Service an, ihre Folien entsprechend dem Bedarf in jeder beliebigen Größe auszuliefern. Die Bahnen werden dann direkt in der Fabrik fachgerecht miteinander verschweißt. Die Schweißnähte unterliegen derselben Gewährleistung wie die Folie selbst.

Größe der Folie

Damit es während der Arbeit keine unliebsame Überraschung gibt, muß man die benötigte Foliengröße anhand der Planskizze oder noch besser durch Vermessen der bereits ausgehobenen Teichgrube genau berechnen (siehe Tip unten). Dabei darf an den Rändern eine Zugabe für die Ufergestaltung keinesfalls vergessen werden. Rundum ist dafür ein Zuschlag von mindestens 30 cm erforderlich, im Zweifel besser zuviel als zuwenig. Hinzu kommt gegebenenfalls noch der Bedarf für ein angrenzendes Sumpfbeet oder eine Feuchtwiese.

Die berechneten Gesamtmaße sind dann für die Bestellung der Folie ausschlaggebend. Bekommt man die gewünschte Größe nicht in einem Stück, müssen für das spätere Verschweißen der Bahnen jeweils 5–10 cm breite Überlappungen berücksichtigt werden. Angeliefert wird die Folie gewöhnlich zusammengefaltet, manchmal ist auch eine Anleitung zum sachgemäßen Auslegen und richtigen Auseinanderfalten beigelegt.

Erhält man die Folie nur in Bahnen, müssen diese, bevor der Teich damit ausgelegt

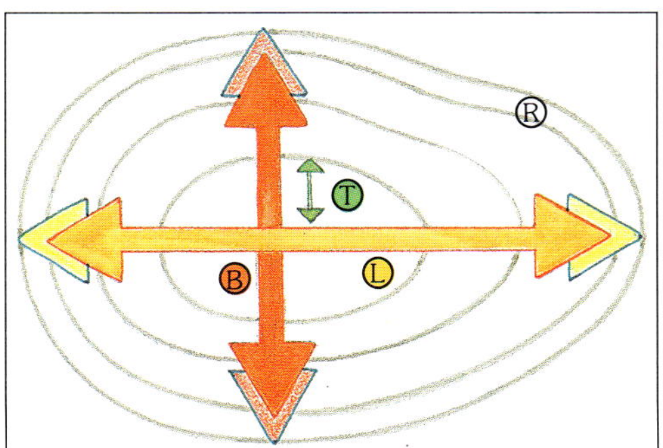

Ⓛ + 2 x Ⓣ + 2 x Ⓡ	= Länge der Folie
Ⓑ + 2 x Ⓣ + 2 x Ⓡ	= Breite der Folie

So wird berechnet, wieviel Folie man benötigt: Länge (L) plus zweimal die maximale Tiefe (T) plus zweimal die Randzugabe (R); bezüglich der Breite (B) verfährt man ebenso.

Tip

Für Gartengewässer sollte man nur solche Folien verwenden, für die der Hersteller oder Lieferant eine mindestens zehnjährige Garantie gewährt. Mehrere Folienhersteller sichern beim Kauf inzwischen auch zu, gebrauchte Folien oder Reste zurückzunehmen und diese umweltgerecht zu entsorgen.

Tip

Aus Gründen eventueller Garantieansprüche sollte man darauf achten, daß sowohl auf der Folie wie auf den Schweißnähten die Herstellerdaten eingeprägt sind. Außerdem hebt man am besten stets Lieferschein und Rechnung auf.

Tip

Die Foliengröße läßt sich auch mittels einer langen Schnur, z. B. einer Wäscheleine, ermitteln. Man legt die Schnur dazu quer durch den Teich, so daß sie sich allen Höhenstufen anschmiegt, und berücksichtigt auf beiden Seiten einen Rand von je 30–40 cm. Die Länge der Schnur ergibt dann die erforderliche Folienlänge bzw. -breite.

Wird die Folie vor Ort zusammengeschweißt, müssen bei der Berechnung des Bedarfs für die Nähte jeweils einige Zentimeter zugegeben werden. Diese Arbeit erledigt am besten ein geschulter Fachmann.

wird, erst noch miteinander verbunden werden. Je nach Folientyp eignen sich dazu verschiedene Methoden. Stets bergen Klebe- oder Schweißnähte aber ein Risiko. Fertigt man sie nicht mit größter Sorgfalt an, besteht die Gefahr, daß die Folie undicht oder durchwurzelt wird. Am besten überläßt man das Zusammenschweißen der Bahnen einem Fachmann. Bei PE-, EVA- oder Kautschukfolien ist das Verschweißen mit einigem technischen Aufwand verbunden, man braucht dazu spezielle Geräte. Allenfalls bei PVC-Folien kann auch der Laie selbst die Bahnen verkleben oder mit Hilfe eines besonderen Quellschweißmittels miteinander verbinden.

Folie verlegen und einpassen

Ist das Teichprofil endgültig fertiggestellt und die Schutzschicht eingebracht, kann die Folie eingepaßt werden. Je größer der Teich, desto mehr Helfer sollte man sich für diesen Arbeitsschritt suchen, denn das Gewicht der Folie ist nicht zu unterschätzen. Ein 1 mm starkes Fabrikat wiegt pro Quadratmeter immerhin mehr als 1 kg. Wie schon erwähnt, nimmt man die Verlegung vorzugsweise an einem warmen Tag vor, die Folie ist dann nämlich weniger steif.

Hat man das Abdichtungsmaterial in einem großen Stück und zu einem Paket gefaltet vorliegen, bringt man es am besten in die Mitte der Teichgrube und klappt es nach und nach zu den Rändern hin auf. Falls eine Anleitung zum Auffalten mitgeliefert wurde, richtet man sich selbstverständlich am besten genau danach.

Um zu vermeiden, daß der sorgsam modellierte und vorbereitete Untergrund beim Verlegen zertreten wird oder gar wieder spitze Steine freigelegt werden, sollten sich alle Beteiligten nur auf ausgelegten Brettern bewegen. Sie werden Stück um Stück entfernt, so daß kein Brett mehr unter der Folie verbleibt.

Bereits fertig verschweißte Folie wird nach der zumeist beiliegenden Anleitung auseinandergeklappt.

Falten in der Folie werden bestmöglich geglättet, dann läßt man probehalber Wasser ein.

Bei kleineren Anlagen kann man die Folie auch komplett entfalten, bevor man sie wie ein großes Tuch über die Teichgrube zieht. Am einfachsten läßt sich dies von der längsten Uferseite her bewerkstelligen. Bei genügend warmer Witterung schmiegt sich die Folie weitgehend von selbst allen Krümmungen des Untergrunds an.

Liegt die Folie richtig positioniert, gilt es, noch Feinarbeiten vorzunehmen. Eine möglichst leichte Person geht dazu barfuß in den Teich und drückt die Folie in Winkeln und Einbuchtungen dem Untergrund an. Zugleich werden auch die gröbsten Falten geglättet. Ganz lassen sich Falten zwar nie vermeiden, das Material sich erst unter dem Gewicht des Wassers gänzlich entspannt und besonders Falten immer noch ein wenig nachgeben, kann man erst nach einer Befüllung der Tief- und Flachwasserbereiche ermessen, wieviel Folie an den Rändern übersteht. Überschüssige Folie schneidet man ab. Im Anschluß wird das Wasser wieder abgepumpt.

Randgestaltung

Eine der wichtigsten Arbeiten umfaßt schließlich die Befestigung der Folienränder. Dabei ist mit äußerster Sorgfalt vorzugehen, um spätere Wasserverluste zu vermeiden. Grübe man die Folie am Rand einfach nur flach in

Richtig am Ufer befestigt und mit Steinen attraktiv kaschiert, ist die Folie nicht mehr zu erkennen.

doch bilden sich um so weniger, je weicher die Abstufungen und Übergänge im Teich gestaltet wurden. Wo sich die Folie faltet, legt man die Überlappungen möglichst ordentlich übereinander. Sie können später durch Steine oder eine dicke Substratschicht kaschiert werden.

Damit sich die Folie vollends dem Untergrund anpaßt, sollte man den Teich in diesem Stadium bereits einmal mit Wasser füllen. Da die Erde ein, würde das Teichwasser vom umgebenden Boden durch Kapillarkräfte abgesaugt. Man muß daher unbedingt eine sog. Kapillarsperre einrichten, die eine derartige Dochtwirkung unterbindet.

Möglichkeiten zu deren Gestaltung gibt es viele. Eine der einfachsten Techniken besteht darin, die Folie haubenartig über einen Kieswall zu ziehen und außerhalb des Ufers im Boden einzugraben. Den dadurch entstehenden Folienwulst kann man mit grobem Kies dekorativ abdecken. Ebenso simpel ist es, den

Tip

Am besten läßt man die Folie für etwa eine halbe Stunde in der Sonne liegen, bevor man sie verlegt. Wenn möglich sollte sie weitgehend aufgefaltet werden, damit sie sich gleichmäßig erwärmt.

Tip

Bei Verwendung von PVC-Folien kann man größere Falten mit Spezialkleber oder Quellschweißmittel zusammenfügen, ohne sie jedoch aufzuschneiden. Sie fallen dann noch weniger auf als ohnehin.

Tip

Drückt man bei einer betonierten Kapillarsperre in den noch weichen Beton Kiesel, ergibt sich ein ähnlicher Effekt wie bei Waschbeton. Das Ufer wird auf diese Weise so gut befestigt, daß man es als Weg nutzen kann.

Tip

Das Substrat kann man zusätzlich noch mit einer dünnen Schicht Sand oder Kies bedecken. Das sieht nicht nur dekorativ aus, sondern läßt auch das Bodenmaterial nicht so leicht aufschwimmen.

Diverse Kapillarsperren: Die Folie wird über einen Wall gelegt, eingegraben und mit Steinen bedeckt.

Innerhalb eines Steinwalls kann man die Folie nach oben ziehen und mit Kieseln befestigen.

Terrassen- oder Hausmauern dichtet man mit Folie ab, die zum Schutz vor Beschädigung mit Vlies unterlegt wird. Die Folie muß oberhalb des späteren Wasserspiegels über ein Rund- oder Kantholz gezogen und befestigt werden. Den Abschluß bildet eine mit Silikon unterfütterte Trittplatte (oben) oder ein Holzsteg (unten).

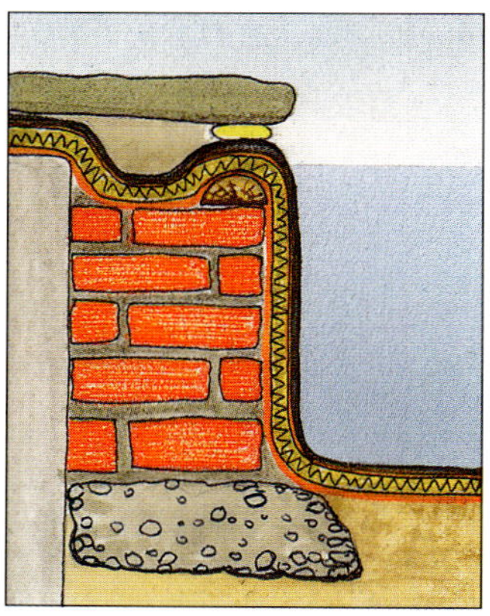

Mit der Folie wird z. B. über Rundhölzer eine Rinne modelliert und mit Kies aufgefüllt.

Eine solche Mulde kann auch ausbetoniert und mit Trittplatten als Uferweg gestaltet werden.

Folienrand mit einer sanften Biegung innerhalb eines Kies- oder Steinwalls ein Stück in die Höhe zu ziehen.

Schon aufwendiger, dafür aber noch sicherer und zudem vielfältiger zu gestalten ist eine Kapillarsperre, bei der mit der Folie ein rinnenartig vertiefter Graben modelliert wird. An geraden Ufern können parallel zur Uferlinie verlegte Rundhölzer dabei hilfreich sein. Die entstandene Rinne füllt man entweder mit Kies auf, oder man gießt Magerbeton hinein. Auf das Betonbett kann dann z. B. ein Wegbelag verlegt werden, etwa aus Natursteinplatten.

Grenzt ein Teich unmittelbar an ein Bauwerk, z. B. ein Terrassenfundament, befestigt man die Folie direkt an der Mauer. Um Schäden durch Aufscheuern zu vermeiden, sollte daran vorher auf jeden Fall ein Vlies als Schutzschicht angebracht werden. Der Folienrand wird dann oberhalb des späteren Wasserspiegels mit einem dünnen Brett oder einer Aluminiumschiene an die Mauer geschraubt bzw. ein Stück weit bis unter den Terrassenbelag geführt.

Abschließend gilt es, die fertige Teichgrube zu füllen. Dazu bringt man zuerst in die Tiefwasserzone Substrat (siehe Seite 114 f.) ein und läßt den Bereich dann langsam mit Wasser vollaufen (siehe Seite 135 f.). Die Pflanzen für diesen Lebensraum werden eingesetzt bzw. in den Pflanzkörben aufgestellt. Schritt für Schritt arbeitet man sich zur Sumpfzone vor.

Während in der Sumpfzone eine etwa 30 cm mächtige Substratschicht erforderlich ist, reicht im Flachwasserbereich eine Stärke von etwa 5–10 cm. In der tiefsten Zone sollte etwa 20 cm hoch Bodenmaterial eingebracht werden, wenn man Pflanzen direkt hineinsetzen möchte. Stehen Seerosen und andere Gewächse dagegen in Pflanzkörben, braucht nur eine etwa 5 cm dünne Lage aufgetragen werden. Die zwischen den einzelnen Wuchszonen abfallenden Böschungen dürfen frei von Substrat bleiben. Dies verhindert eine zu rasche Verlandung.

Anlage von Fertigteichen

Schneller als mit einer Folie läßt sich der Wunsch nach einem Teich durch den Einbau eines Fertigbeckens realisieren. Industriell vorgefertigte Becken gibt es in den unterschiedlichsten Größen und Formen, von einfachen Wannen bis hin zu differenziert ausgearbeiteten Modellen mit integrierter Sumpfzone. Insbesondere für sehr kleine Gärten oder für spezielle Standorte, etwa auf Dachgarten oder Terrasse, bieten sich diese überaus haltbaren, jedoch weniger naturnah wirkenden Fertigteiche an. Für eine Gartengestaltung nach formalen Aspekten sind sie nahezu unverzichtbar geworden, denn auf kaum eine andere Weise lassen sich Gewässer anlegen, die klaren, geometrischen Linien folgen.

Vorgefertigte Teiche sind für kleine Grundstücke hervorragend geeignet.

Vielfältige Modellpalette

Fertigbecken gibt es in schier unüberschaubarer Modellvielfalt. Meist schwarz, bisweilen aber auch grün oder braun gefärbt, sind sie gewöhnlich in Spritzgußtechnik aus verstärkten Kunststoffen gefertigt. Überwiegend bestehen sie aus Polyesterharzen, die mit Glasfasern stabilisiert wurden, und werden dann als GFK-Becken bezeichnet (GFK bedeutet Glasfaserkonstruktion). Die kleineren Modelle sind dagegen oft aus Polyethylen (PE). Beide Typen zeichnen sich durch eine hohe Widerstandsfähigkeit gegen mechanische Beschädigung, chemische Einflüsse sowie Strahlung, durch Temperaturbeständigkeit und lange Haltbarkeit aus. Sie haben ein ver-

Mit verschiedenenartigen Elementen lassen sich abwechslungsreiche Wasserlandschaften kombinieren.

gleichsweise geringes Gewicht und reagieren chemisch neutral. PE-Becken lassen sich zudem wiederverwerten; ähnlich wie bei den Teichfolien bieten mehrere Hersteller die Rücknahme ausgedienter Becken an.

Wurden früher Fertigteiche nur in sehr einfachen geometrischen Formen, nämlich rund, oval oder rechteckig, angeboten, sind inzwischen auch vielfach ausgebuchtete Modelle mit verschiedenen Tiefenzonen erhältlich. Bei der Auswahl sollte man Becken mit mehreren treppenartigen Pflanzstufen und einer der Größe angemessenen Gesamttiefe bevorzugen. Ein Fertigteich mit 5 bis 6 m^2 Fläche sollte mindestens 60 cm, besser 80 cm tief sein und eine ebene Bodenfläche haben. Als vorteilhaft erweisen sich außerdem wulstartige Erhebungen am Innenrand der einzelnen Pflanzstufen, die das Abrutschen des Substrats verhindern.

Ein ganz spezieller Typ von Fabrikaten läßt der individuellen Teichgestaltung besonders großen Spielraum: Es handelt sich dabei um Fertigbecken, die nach dem Baukastenprinzip aus beliebig vielen Einzelteilen zusammengesetzt werden können. Mit Hilfe von Papierschablonen kann man sich seinen Teich nach Wunsch zusammenstellen; die gewählten Einzelteile werden später vor dem Einbau an Ort und Stelle miteinander verschraubt.

Einbau

Der Einbau eines Fertigbeckens gestaltet sich um so schwieriger, je formenreicher und je häufiger es abgestuft ist. Größere Becken sollte man besser von einer Fachfirma in den Boden senken lassen, bei kleineren kann man dagegen selbst zum Spaten greifen.

Vor dem Aushub plaziert man das Becken auf dem Boden und markiert mit Pflöcken dessen Umriß. Die Grube wird dann rundum

Die einzelnen Teile werden miteinander verschraubt und anschließend mit einer speziellen Dichtungsmasse versehen, damit später kein Wasser austreten kann.

Tip

GFK-Becken werden industriell auch im Schichtbauverfahren hergestellt, wobei man das Material in Handarbeit lagenweise übereinanderklebt. Solche Modelle sind überaus haltbar und stabil, allerdings ziemlich kostspielig.

Tip

Wie bei Folien ist auch bei Fertigbecken auf eine möglichst umfassende und langwährende Garantieleistung des Herstellers zu achten. Beim Kauf sollte man das Produkt zudem sorgfältig auf Schwachstellen und Risse untersuchen, ganz besonders an Kanten und Ecken.

Ein erhöhtes Wasserbecken anlegen

Bisweilen will man aus gestalterischen Gründen einen Teich in erhöhter Lage anlegen. In einem formal gestalteten Garten kann so ein Wasserbecken mit einer mehr oder weniger hohen Umrandung, dessen Wasserspiegel über dem normalen Gartenniveau liegt, ausgesprochen reizvoll wirken. Diese Form des Teichbaus ist aber auch dann sinnvoll, wenn ein felsiger oder steiniger Untergrund keinen ausreichend tiefen Aushub zuläßt oder ein Teich aufgrund einer Hanglage einen teilweise erhöhten Uferbau erforderlich macht.

Bei der Anlage geht man im Prinzip genauso vor wie bei einem eingesenkten Teich in ebenem Gelände. Abweichend davon wird die Teichsohle weniger tief in den Untergrund verlegt, oder es entspricht der Grund der tiefsten Teichzone dem gewachsenen Boden. Die Absicherung der Uferwände macht daher sehr sorgfältig auszuführende Baumaßnahmen nötig. Die Beckenränder können als niedrige Mauern geformt, aus Palisaden oder Blockbohlen errichtet oder in Form eines Walls angelegt werden. In jedem Fall sind jedoch äußerst stabile Wandungen unerläßlich, am besten jeweils auf einem massiven Fundament, da sie einem erheblichen Wasserdruck standhalten müssen. Je höher der Wasserstand über dem normalen Niveau liegen und je größer das Wasservolumen sein wird, desto solider müssen die Beckenränder ausgeführt werden. Im Zweifel ist ein Fachmann zu Rate zu ziehen, vor allem, wenn es sich um einen Teich in Hanglage handelt.

Die Abdichtung kann sowohl mit einer vorgeformten Teichwanne als auch mit Folie erfolgen, die in gleicher Weise wie bei jedem anderen Teich in die vorbereitete Grube eingebracht werden. Zur Verbesserung der Stabilität füttert man vor allem größere Fertigbecken wie üblich in Sand oder anderes Material ein. Bei kleinformatigen Wannen bis etwa 2 m^2 Wasserfläche dürfen die Hohlräume unter dem Becken leer bleiben, Hanglage ausgenommen. Bei Folienabdichtung lassen sich so wie in gewöhnlichen Teichen verschieden tiefe Zonen durch die entsprechende Aufschüttung von Aushubmaterial oder Kies gestalten. In kleinen Becken kann man sich statt dessen auch mit erhöht aufgestellten Pflanzkörben behelfen (siehe Seite 124).

Becken- oder Folienränder verankert man am besten unter einer Abdeckung der Wandungen. Zu diesem Zweck angebrachte Abschlußplatten oder breite Deckleisten ergeben auch gleich eine Sitzgelegenheit, von der aus sich das Treiben im und am Wasser gut beobachten läßt.

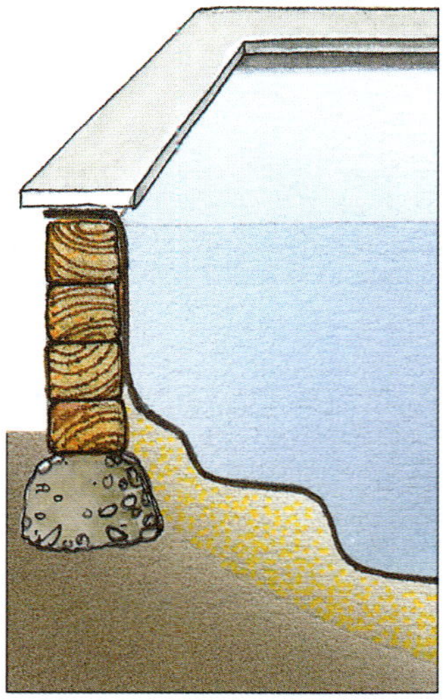

Auf einem Betonfundament wird eine senkrechte Wand aus Holzbohlen errichtet, die Folie endet unter dem breiten Rand.

10–20 cm breiter und zunächst nur um etwa ebensoviel tiefer als bis zur ersten Abstufung des Beckens ausgehoben. Danach stellt man das Becken erneut auf, markiert die Umrisse der nächsten Stufe, gräbt aus und so fort, bis die endgültige Tiefe erreicht ist. Der Untergrund muß sorgfältig planiert und mit einer 10 cm starken Sandschicht ausgekleidet werden. Insgesamt sollte das Becken später einige Zentimeter unter dem Gartenniveau zu liegen kommen, damit der Randbereich ansprechend gestaltet werden kann.

In die Grube wird nun das Becken so eingepaßt, daß es exakt waagrecht steht. Anschließend füllt man es zu etwa einem Drittel mit Wasser, um es in der horizontalen Lage zu fixieren. Die Hohlräume ringsum werden mit Aushubmaterial aufgefüllt, das man stetig mit Wasser einschlämmt, damit sich alle Fugen und Löcher schließen.

Die Randwülste des Beckens kaschiert man abschließend mit Kies oder gröberen Steinen. Man kann jedoch auch den Rasen bis an das Ufer heranführen, indem man einzelne Soden auf die kahlen Bereiche aufbringt.

Besonderheiten und Zubehör

Um den Becken ihre etwas starre und wenig natürliche Wirkung zu nehmen, wurden Modelle entwickelt, die über eine integrierte Sumpfzone verfügen. Bei anderen Varianten sorgt ein sog. Biotoprand, ein umlaufender, grabenartiger Randbereich, dafür, daß man eine schmale Uferzone gestalten kann. Bei wieder anderen Typen ist eine Stellfläche für Filter oder Pumpen vorgesehen.

Der Fachhandel bietet für Fertigteiche ein reichhaltiges Zubehör an. Interessant erscheinen vor allem Verbindungsstücke, mit deren Hilfe sich mehrere Teiche über- oder unterirdisch zu einer Wasserlandschaft verbinden lassen. Auch ein Bachlauf kann dank solcher Teile problemlos verwirklicht werden (siehe Seite 94). Überläufe sind ebenfalls als fertige Bausätze erhältlich. Sie werden über ein kurzes Schlauchsystem an das Becken montiert.

Tip

Manche Hersteller bieten eine Schablone in Originalgröße des Fertigbeckens an, mit deren Hilfe die Aushubarbeiten wesentlich leichter vonstatten gehen.

Tip

Gehwegplatten direkt am Rand von Fertigteichen sollte man auf spezielle Profilschienen auflegen. Diese Schienen sind als Zubehör lieferbar und werden dem Beckenrand aufgesteckt.

Alternative Abdichtungen

Strenge Verfechter der Naturgartenidee, die sich ein Gewässer als Bereicherung des Lebensraums wünschen, werden die Verwendung von Kunststoffen dafür ablehnen. In diesem Fall bieten sich natürliche Materialien zur Abdichtung an, etwa Ton oder bestimmte Tonminerale. Mit Glasfaser und Kunstharzen werden dagegen Individualisten zu Werke gehen, die besondere Anforderungen an die Belastbarkeit und Haltbarkeit eines Teichs stellen, z. B. Fischzüchter. Spezielle Situationen mögen überdies den Einsatz von Beton erfordern, etwa die Anlage eines Schwimmteichs.

Tonelemente

Ton, eine Bodenart aus feinsten Mineralkörnchen, ist in freier Natur häufig der Grund für eine Wasseransammlung. Die winzigen Bodenteilchen liegen im Extremfall so dicht gepackt vor, daß weder Luft noch Wasser hindurchdringen können. Die Methoden, das Material für Tonabdichtungen herzustellen und zu verarbeiten, wurden immer weiter verfeinert. Auch hat man mittlerweile ausreichend Erfahrungen gewonnen, so daß man heute damit Gartenteiche getreu dem Vorbild der Natur anlegen kann.

Doch entscheidet der Standort, hier insbesondere die Bodenbeschaffenheit, über den möglichen Einsatz dieses Dichtungsmaterials. Der Untergrund muß schon von sich aus eine gewisse Wasserhaltekraft aufweisen, darf also nicht zu sandig sein. Außerdem ist eine Tonabdichtung für kleine Teiche ungeeignet. Die Uferneigung darf nämlich maximal in einem Winkel von 18 Grad verlaufen, d. h., ein Höhenunterschied von 1 m muß sich auf mindestens 3 m Länge verteilen. Steilere Ufer können mit Ton nicht mehr sicher abgedichtet werden, Risse wären fast unvermeidlich. Soll das Gewässer aber frostsicher sein, ist eine Tiefwasserzone mit 80 cm Tiefe Bedingung. Das bedeutet, daß der Teich eine Mindestgröße von 35 bis 40 m² aufweisen muß.

Die ziegelförmigen Tonplatten werden ausgelegt und mit einem Bodenverdichter geglättet.

Verwendet werden ziegelartig vorgeformte, feuchte Tonelemente mit Nut und Feder, die man dicht an dicht miteinander verzahnt und mit einem Vibrationsstampfer zu einer homogenen Schicht verdichtet. Gewöhnlich trägt man zwei Lagen auf und verfestigt sie zu einer 40–50 cm starken Tonschicht. Darauf kommt als Auflast noch eine Lage Kies oder Schotter.

Einen solchen Teich anzulegen erfordert sehr viel Sachkenntnis, exaktes Arbeiten und systematisches Vorgehen. Die Ausführung sollte deshalb einem Fachmann vorbehalten bleiben, zumal auch spezielle Maschinen dazu notwendig sind.

Tonminerale

Statt Ton, der aus einem Gemisch verschiedener feiner Mineralkörner besteht, können auch nur bestimmte Tonminerale zur Teichdichtung eingesetzt werden, nämlich Montmorillonit und Bentonit. Beides sind extrem quellfähige, natürlich vorkommende Schichtminerale, die bei Wassersättigung zu einer nahezu undurchdringlichen Masse werden. Der Vorteil gegenüber Ton liegt vor allem darin, daß man von den Tonmineralen nur vergleichsweise kleine Mengen braucht, um denselben Effekt zu erzielen.

Aber auch für diese Art der Abdichtung sind ein nicht zu leichter Boden, eine möglichst große Teichfläche und flache Uferneigungen Voraussetzung. Die Berechnung der erforderlichen Materialmengen und deren optimale Schichtdicke muß dem Fachmann überlassen bleiben, ebenso die Ausführung.

Glasfaserkonstruktionen

Mit denselben Materialien, aus denen Fertigbecken hergestellt werden, kann man Teiche auch in frei gewählten Formen anlegen. Ähnlich wie beim Bootsbau werden Glasfibermat-

Tip

In einem mit Ton abgedichteten Teich sollte der Wasserpegel nie längere Zeit absinken, denn dann könnte die Tonschicht austrocknen und Risse bekommen. Unter Umständen ist gleich bei der Anlage ein geeigneter Wasserzulauf zu installieren.

Tip

Damit sich das Wasser durch Aufwirbelung von Dichtungsmaterial nicht unnötig stark trübt, sollte eine Deckschicht aus Sand oder Kies in den Teich eingebracht werden.

Tip

Um in Schwimmteichen Bade- und naturnahe Regenerationszonen zu trennen, sollte unter Wasser eine Trennwand eingebaut werden. Diese Mauer läßt sich am besten aus Beton erstellen.

Für einen Glasfaserteich wird der Untergrund sorgfältig vorbereitet und eventuell mit Bitumenmatten ausgekleidet (links). Anschließend bringt man Glasfasermatten aus, die mit Polyesterharz miteinander verbunden werden (Mitte). Zum Schluß lackiert man die Abdichtung (rechts).

ten lagenweise mit Polyesterharz zu einer äußerst strapazierfähigen, formbeständigen Wandung verklebt. In Erwägung ziehen kann man die nicht gerade unaufwendige Bauweise für Gewässer, die besonderen Belastungen standhalten müssen, z. B. Anlagen mit Wasserspielen, oder für solche, die eine sehr komplizierte Form bekommen sollen, etwa Zierbecken auf Terrassen, aber auch für Teiche, von denen man sich eine überaus lange Haltbarkeit und absolute Dichtigkeit erwartet.

Auch kleine Becken aus Beton müssen sorgfältig geplant und angelegt werden.

Die umweltfreundlichen Glasfaserkonstruktionen eignen sich für alle denkbaren Gewässerformen, sogar Bäche lassen sich auf diese Weise gestalten. Der Untergrund muß äußerst sorgfältig vorbereitet werden. Am besten kleidet man die Teichgrube mit einem Gipsbett oder mit Bitumenmatten aus. Darauf trägt man immer abwechselnd Polyesterharz, das mit einem Härtemittel vermischt ist, und Glasfasermatten auf. Die einzelnen Schichten verbindet man mittels einer Metallrolle innig miteinander. In einem letzten Arbeitsgang wird dem Polyesterharz dann eine Pigmentpaste zugesetzt, die dem Gewässergrund die richtige Färbung verleiht. Abschließend bekommt das Ganze noch einen Lackanstrich. Da diese Arbeiten nicht einfach auszuführen sind, überläßt man sie besser einem Fachmann.

Beton

Beton, als Abdichtungsmaterial für Teiche früher häufig verwendet, ist heute durch die leichter zu verarbeitenden Kunststoffe weitgehend verdrängt worden. Nicht zuletzt mag der hohe Aufwand an Arbeit, Material und Kosten ein Grund sein, daß dieser Baustoff nur noch in besonderen Situationen zum Teichbau eingesetzt wird.

Die Anlage betonierter Teiche erfordert eine genaue Planung und einiges an handwerklichen Kenntnissen. Wichtig sind vor allem entsprechend gestaltete Wandungen, damit der Beton im Winter durch den Druck des Eises nicht beschädigt wird. Zudem sollte nur Spezialbeton zum Einsatz kommen, der mit Stahl armiert ist. Bei senkrechten Wänden, z. B. für einen Schwimmteich, muß der Beton in eine Schalung gegossen werden. Außerdem sind bei größeren Flächen Dehnungsfugen vonnöten, die man mit Silikon abdichtet. Zuletzt sollte der Teich noch mit Polyesterharz versiegelt werden.

Weitere Stillwasser-bereiche

Findet sich im Garten kein geeigneter Platz für einen Teich oder möchte man einen Teich um weitere interessante Bereiche erweitern, bieten sich bestimmte Lebensräume an, die zwar weitgehend vom Wasser abhängig sind, in denen jedoch das Pflanzengrün gegenüber der Wasserfläche eindeutig dominiert. Sumpf, Feuchtwiese und Moor sind solche Lebensräume. Im Garten stellen sie überaus reizvolle Gestaltungselemente mit stehendem Wasser dar, deren einzigartige Flora völlig neue Aspekte eröffnet.

Sumpfbeet

Eine Sumpfzone ist für jeden naturnahen Teich unverzichtbar. Sie wird geprägt durch stetig durchnäßten Boden, kurzzeitig kann sie sogar knapp überflutet sein. Den ganzen Frühling und Sommer über wetteifern hier viele bunte Blüten, z. B. Sumpfgarbe *(Achillea ptarmica)*, Sumpfdotterblume *(Caltha palustris)* oder Sumpfvergißmeinnicht *(Myosotis palustris)*, um die Gunst des Betrachters, gaukeln bunte Schmetterlinge wie der Ampferfeuerfalter, singen Vögel wie die Bachstelze und tummelt sich anderes Getier.

Im Zusammenhang mit einem Teich plant man eine Sumpfzone gleich mit ein – zumindest als schmalen Streifen entlang eines mehr oder weniger ausgedehnten Uferstücks. Der Bereich wird ebenso mit Folie oder Ton abgedichtet wie der Teich selbst, damit eine dauerhafte Nässe erhalten bleibt. Ganz besonders gelungen wirken großflächigere Sumpfbereiche, die den Teich auf ein oder zwei Seiten erweitern, sich vielleicht bis in eine angrenzende Wiese ausbuchten.

Gauklerblume und Sumpfvergißmeinnicht fühlen sich im Sumpfbeet besonders wohl.

Und wenn der Teich auch noch so klein ist – eine Sumpfzone sollte nicht fehlen.

Ein Sumpfbeet von beliebiger Größe läßt sich aber auch isoliert im Garten schaffen. Es wird prinzipiell so angelegt wie ein Teich, nur eben nicht so tief, 20–30 cm reichen aus. Die erforderliche Abdichtung erzielt man am besten mit Folie oder Ton. Darauf wird Teichsubstrat aufgetragen, wobei man bewußt Senken und Erhöhungen modellieren sollte, um abwechslungsreiche Kleinststandorte zu schaffen. Gepflanzt wird dann direkt in die Erde. Auf stark wuchernde Arten wie manche Seggen *(Carex)* oder z. B. den Straußblütigen Weiderich *(Lysimachia thyrsiflora)* verzichtet man jedoch besser.

Feuchtwiese

Ähnlich einem Sumpfbereich birgt auch eine Feuchtwiese eine überraschend vielfältige Pflanzen- und Tierwelt. Wenn sich inmitten von Gräsern Wiesenschaumkraut *(Cardamine pratensis)* und Waldschlüsselblume *(Primula elatior)*, Kuckuckslichtnelke *(Lychnis flos-cuculi)* und Trollblume *(Trollius europaeus)*, Scharfer Hahnenfuß *(Ranunculus acris)* und Wiesenknöterich *(Polygonum bistorta)* ein Stelldichein geben, umschwirrt von vielerlei Insekten und

Tip

Ein nahezu exotisches Bild läßt sich schaffen, wenn man im Sumpfbeet fremdländische Arten wie Scheinkalla, Rosenprimel, Ludwigie, Molchschwanz, Blaue Gauklerblume und andere seltene Pflanzen ansiedelt.

Tip

Den Feuchtigkeitsgehalt eines isolierten Sumpfbeets sollte man regelmäßig kontrollieren. Besonders in anhaltenden Trockenzeiten ist eine künstliche Bewässerung unerläßlich.

Schuppenheide

Farbenprächtige Kleingehölze wie Azaleen und andere niedrige Rhododendren eignen sich für Moorbeete besonders gut.

Kleingehölze für feuchte Moorbeete

Gehölzart	Höhe in cm	Standortansprüche	Blüten	Bemerkungen
Andromeda polifolia Lavendelheide, Rosmarinheide	15–30	s–hs	glockenförmig, rosa, V–VII	G, immergrün, schmallanzettliche Blätter
Cassiope-Arten Schuppenheide	10–30	s–hs	glockenförmig, IV–VI	immergrün, schuppenartige Blätter
Chamaedaphne calyculata Zwerglorbeer, Torfgränke	15–50	s–hs	glockenförmig, weiß, IV–VI	G, immergrün, längliche, ledrige Blätter
Empetrum nigrum Krähenbeere, Rauschbeere	15–25, selten bis 50	s–hs	unscheinbar, IV–VI	G, immergrün, nadelartige Blätter, rasenbildend
Gaultheria procumbens Scheinbeere	10–20	hs	rosa, VI–VIII	G, immergrün, dunkelgrüne Blätter, leuchtend rote Früchte, bodendeckend
Ledum groenlandicum und *Ledum palustre* Porst	50–100	s–hs	weiß, V–VI	G, immergrün, aromatisch duftende, unterseits weißfilzig behaarte Blätter
Leucothoë-Arten Traubenheide	80–120, selten bis 200	hs	weiß, IV–V	sommer- oder immergrün, ausläufertreibend
Myrica gale Echter Gagelstrauch	30–150	s–hs	bräunliche Blütenähren, IV–V	G, sommergrün, Früchte mit goldgelben Harzdrüsen
Pernettya mucronata Torfmyrte	40–100, selten bis 150	hs	krugförmig, weiß bis rosa, V–VII	G, immergrün, ledrige, stachelspitzige Blätter, rote, auch weiße oder lila Beerenfrüchte
Pieris floribunda Schattenglöckchen	100–200	hs	krugförmig, cremeweiß, III–V	G, immergrün, mattgrüne Blätter, braune Fruchtkapseln
Rhododendron kleinwüchsige, immergrüne Rhododendron-Hybriden	40–300	hs–sch	weiß, gelb, rosa, rot, lila, IV–VI	G, sattgrünes bis dunkelgrünes Laub
Rhododendron sommergrüne Azaleen	100–250	s–hs	weiß, gelb, orange, rosa, rot, V–VI	G, länglich elliptisches Laub, Herbstfärbung
Vaccinium-Arten Heidelbeere, Preiselbeere, Moosbeere	10–100	s–hs	glockenförmig, weiß, rosa, V–VIII	G (Laub und Triebe), sommer- oder immergrün, saftige, genießbare Beerenfrüchte

G Giftpflanze **s** sonnig **hs** halbschattig **sch** schattig
Monate der Blütezeit in römischen Ziffern

durchstreift von Kröten, gibt es reichlich Neues zu entdecken.

Zur Anlage einer Feuchtwiese hebt man den Untergrund auf einer beliebig großen Fläche 20–50 cm tief muldenartig aus und dichtet ihn mit Folie oder Ton ab. Als Substrat trägt man entsprechend mächtig humose Aushuberde auf. Damit sich auch nach stärkeren Regenfällen kein Teich bildet, sollte an einer Stelle eine Art Überlauf angelegt werden. Dazu reicht es schon aus, die Folie einfach flach auslaufen zu lassen und nicht, wie beim Teich üblich, mit einer Kapillarsperre (siehe Seite 71 f.) zu versehen.

Sumpfdotterblume und Wiesenschaumkraut wetteifern um die reichste Blütenpracht.

Bepflanzt wird nun in der Hauptsache mit verschiedenen Gräsern wie Seggen *(Carex)*, Binsen *(Juncus)* und Schwaden *(Glyceria)*, dazwischen setzt man Blütenstauden wie Sibirische Schwertlilie *(Iris sibirica)*, Sumpfsiegwurz *(Gladiolus palustris)*, Sommerknotenblume *(Leucojum aestivum)* und viele andere. Sich von selbst einstellende Arten, z. B. Scharbockskraut *(Ranunculus ficaria)*, Sumpfkratzdistel *(Cirsium palustre)*, Gewöhnlicher Gilbweiderich *(Lysimachia vulgaris)*, können nur willkommen sein.

Die Pflege dieses Gartenbereichs beschränkt sich auf zusätzliche Bewässerung in Trockenzeiten und gelegentliches Mähen, etwa zwei- bis dreimal pro Jahr. Die erste Mahd sollte jedoch nicht vor Mitte Juli erfolgen, bis dahin haben sich die meisten Arten versät.

Moorstandorte

Moore, heutzutage stark gefährdete Naturstandorte, sind Lebensräume mit außergewöhnlichen Bedingungen und unvergleichlicher Vegetation. Geprägt werden sie vor allem durch extreme Nährstoffarmut, saure Bodenverhältnisse sowie oft durch starke Schwankungen von Wasserstand und Temperatur. Auf Dauer kann man solche Standorte im Garten nur erhalten, wenn man einen hohen Pflegeaufwand in Kauf nimmt.

Eine Moorfläche wird ebenso wie ein Teich oder Sumpf mit Folie, Ton oder auch mit Hilfe eines Fertigbeckens abgedichtet. Wegen der Notwendigkeit intensiver Pflegearbeiten sollte sie nicht zu groß dimensioniert werden, schon knapp ein Quadratmeter läßt eine interessante Bepflanzung zu. Die etwa 50–80 cm mächtige Substratschicht muß aus reinem Torf bestehen, ein weiterer Grund für ein eher beschränktes Volumen des Gartenmoors, denn Torf kann schließlich nur in natürlich vorhandenen Mooren abgebaut werden. Ersatzweise eignet sich gut verrotteter Rindenkompost, ungedüngt und ungekalkt, als Substrat oder zumindest zur Streckung des Torfs.

Auch an das feuchte Element stellt das Moorbeet besondere Ansprüche. Das Wasser muß möglichst weich und zumindest pH-neutral sein, besser noch einen hohen Säuregrad aufweisen. Die Befüllung und spätere Bewässerung erfolgt am besten mit Regenwasser. Etwa alle fünf Jahre ist zudem das Substrat zu erneuern und das Moorbeet neu zu gestalten.

Ansiedeln kann man hier so interessante Pflanzen wie Knabenkräuter *(Dactylorhiza-*Arten), Echte Sumpfwurz *(Epipactis palustris)*, Wollgräser *(Eriophorum-*Arten), Lungenenzian *(Gentiana pneumonanthe)*, Blutauge *(Potentilla palustris)*, Sumpffarn *(Thelypteris palustris)* und viele Zwerggehölze, etwa Lavendelheide *(Andromeda polifolia)*, Krähenbeere *(Empetrum nigrum)* oder Schuppenheide *(Cassiope)* (siehe auch Seite 78).

Moorflächen bieten dem geschützten Gefleckten Knabenkraut einen Lebensraum.

Tip

Sehr effektvoll wirken auch Zwiebel- und Knollenpflanzen in der Feuchtwiese. Für diesen Standort eignen sich z. B. Schachbrettblume *(Fritillaria meleagris)*, Hasenglöckchen *(Hyacinthoides-*Arten), Wildnarzissen *(Narcissus-*Arten) oder Herbstzeitlose *(Colchicum)*.

Tip

Moorpflanzen sind nur selten im Handel erhältlich. Aus Gründen des Naturschutzes darf man sie aber keinesfalls Naturstandorten entnehmen. Am besten wendet man sich an Liebhabergesellschaften und erkundigt sich nach privaten Pflanzenfreunden, bei denen sich Pflanzmaterial eintauschen oder erwerben läßt.

Ungetrübte Badefreuden – Schwimmteiche im Garten

Schon in der Antike wurde das Baden als Gelegenheit für Geselligkeit und Vergnügen genutzt, wie dieses römische Mosaik aus dem 3./4. Jh. n. Chr. in der Kaiservilla Herkulia in Casale auf Sizilien zeigt.

Schon seit Menschengedenken dient das kühle Naß nicht nur zum Durstlöschen und zum Reinigen, sondern auch zur äußerlichen Erfrischung – als Wohltat für Körper und Geist. Diese Vorliebe zieht sich durch viele Kulturkreise und Epochen und erlebt gerade in unserer Zeit einen ungeahnten Aufschwung.

Eigenes Badeparadies

Baden im eigenen Garten, ohne lange Anfahrtswege und ohne Gedränge wie in der Badeanstalt oder am öffentlichen Strand, in sauberem Wasser Kühlung finden, wann immer man möchte – diesen Wunschtraum erfüllen sich immer mehr Gartenbesitzer. Wie die Gestaltung der Gärten allgemein, so sind ebenfalls die darin angelegten Schwimmbäder der Mode unterworfen. Als nach den entbehrungsreichen Kriegsjahren der Aufschwung kam und damit ein gewisser Wohlstand einkehrte, brach die große Zeit der Swimmingpools an. Diese streng geometrischen, meist runden, ovalen oder rechteckigen Becken aus Beton, in der Regel türkisblau angestrichen oder gefliest, erfreuten sich lange Zeit enormer Beliebtheit.

Seit man sich jedoch wieder stärker auf die Natur besinnt, empfinden viele den künstlichen Pool als Fremdkörper im Garten. Und hinzu kommt, daß ein solches Schwimmbecken einen nicht unerheblichen Aufwand erfordert, denn ohne Pumpen, Filteranlagen und Chemikalien läßt sich das Wasser darin

Der großzügige Schwimmteich mit Holzsteg und eigenem Sandstrand lädt zum Baden ein.

Der recht üppig eingewachsene Badebereich ist geschickt vom Fischteich getrennt.

nicht rein halten. Außerdem muß es mindestens einmal jährlich entleert und gründlich gesäubert werden, bevor es für das sommerliche Badevergnügen neu befüllt wird. Für wirklich ungetrübten Badespaß muß man also ständig Zeit und Geld aufbringen.

Diese Nachteile des herkömmlichen Swimmingpools sowie der Zwiespalt vieler Gartenbesitzer, die einerseits gern baden wollen, andererseits aber auch den Garten mit einem Naturteich bereichern möchten, führte zur Entwicklung der sog. Schwimmteiche. Sie erfüllen beide Anliegen gleichermaßen, denn man unterteilt ihre Wasserfläche in einen Schwimmbereich und eine Region für die Pflanzen. Alte, schmucklose Pools lassen sich dabei wunderbar in naturnah gestaltete Wasserlandschaften integrieren, die sowohl den Bedürfnissen des Badenden Rechnung tragen, nämlich ohne Belästigung durch Algen oder Schlingpflanzen schwimmen zu können, als auch Pflanzen und Tieren einen geeigneten Lebensraum bieten. Um das Wasser sauber zu halten, macht man sich bei einem Schwimmteich, ähnlich wie bei einer Pflanzenkläranlage, im besonderen die wasserreinigende Kraft verschiedener Pflanzenarten zunutze. So werden trübende Schwebpartikel, Schadstoffe und überschüssige Nährstoffe herausgefiltert – ohne Chemie und zusätzlichen Energieaufwand.

Bauliche Maßnahmen

Unabhängig davon, ob ein bereits bestehender Swimmingpool in einen Schwimmteich umgewandelt oder ein solcher völlig neu angelegt werden soll, bleibt das Prinzip immer das gleiche. Der in der Regel zwischen 1,5–2,5 m tiefe Badebereich ist unter

Wenn der Trennwall zwischen Schwimm- und Naturbereich bepflanzt wird, fällt er kaum noch auf.

Wasser vom restlichen Teich durch einen Erdwall oder eine Mauer getrennt, die bis etwa 30–50 cm unter die Wasseroberfläche reicht. Der jenseitige Gewässerteil wird wie ein normaler Naturteich angelegt, wobei sich an die Mauer die

Vor allem bei großen Anlagen überläßt man die Nivellierung der Teichkanten am besten dem Fachmann.

Tiefenzone mit 80–100 cm Wassertiefe anschließt, die gegen das Ufer hin in die flachere Sumpfzone ausläuft (siehe Seite 63). Die Unterwasserbarriere bewirkt zum einen, daß sich die Pflanzen nicht auf den Schwimmbereich ausdehnen können, und mildert zum andern den Wellenschlag ab, der beim Baden entsteht und die Gewächse stören würde. Trotzdem findet der nötige Austausch von Wasser zwischen den beiden Teilen statt.

Wie beim gewöhnlichen Teich wird zunächst eine Schicht Geotextilvlies ausgebracht.

Allerdings sind die erforderlichen Planungen und Baumaßnahmen nicht unerheblich und sollten unbedingt von Fachleuten durchgeführt werden. Aushub, Verdichtung des Untergrunds und das Entrollen der riesigen und extrem schweren Teichfolie machen im allgemeinen große Geräte wie Bagger oder Radlader unerläßlich. Und außerdem erleichtern professionelle Nivellier- und andere Meßgeräte die optimale Höhenangleichung, die vor allem bei den ausgedehnteren Schwimmteichen allein mit Hilfe von Schlauch- und Wasserwaage kaum mehr zu bewältigen ist. Insbesondere bei einer Neuanlage werden in der Regel auch Statikberechnungen erforderlich, die der Laie selbst nicht durchführen kann. Wegen des enormen Wasservolumens – schließlich benötigt man neben dem Schwimmbereich ein flächenmäßig mindestens halb so großes Pflanzenareal, ideal ist etwa die gleiche Größe – lastet ein immenser Druck auf dem Untergrund und auf den Seitenwänden. Schwierig wird es hier vor allem in Hanglagen.

Nachfolgend sind deshalb nur die Prinzipien einer Pool-Umwandlung oder Neuanlage eines Schwimmteichs beschrieben. Denn zumindest die schweren Arbeiten bis zur Pflanzung sollte man besser Fachfirmen überlassen.

Aus alt mach neu

Will man ein schon bestehendes Schwimmbecken umgestalten, steht wie auch beim Gartenteich zuerst die gründliche Planung an. Die Lage des Badeteils ist ja bereits vorgegeben, nun heißt es noch, die Ausdehnung der Pflanzenzone festzulegen. Wie bereits erwähnt, benötigt man dafür eine Fläche, die mindestens halb so groß ist wie die des Schwimmbereichs, damit die Pflanzen das gesamte Wasser auch tatsächlich ausreichend reinigen können. Ob sich dieser Klärbereich nur an eine Seite des Pools anschließt oder aber das Becken umgibt, hängt vom verfügbaren Platz und nicht zuletzt auch vom Geldbeutel ab.

In jedem Fall wird die Beckenwand zumindest auf einer Seite des Pools um etwa ein Drittel ihrer Höhe abgetragen. Der verbleibende Sockel bildet später die notwendige Barriere zum „Naturteich". Eventuell über das Wasserniveau erhabene Betonränder sollten ringsum entfernt werden, die Gestaltung der Randzone fällt dann leichter. Nun wird das Erdreich außerhalb der Trennmauer ausgehoben und dort ein Teich modelliert,

Ein großer Swimmingpool wurde in einen Schwimmteich verwandelt, wobei der Klärbereich den Schwimmteil fast völlig umgibt. Ein gefließter Steg mit Leiter ermöglicht den Zugang.

Deutlich ist der Trennwall erkennbar, der wie der gesamte Untergrund mit Teichfolie abgedichtet wird.

wie auf Seite 62 ff. beschrieben. Mit dem Aushubmaterial läßt sich das Ufer rings um das Becken gut etwas anheben, denn der Wasserspiegel wird später ein wenig über dem ursprünglichen Poolrand liegen.

Nachdem man den Boden gründlich verdichtet und geglättet hat, bedeckt man ihn mit einer 5–10 cm starken Sandschicht, die ebenfalls festgestampft wird, ganz wie bei einem normalen Teich. Darüber kommt eine Lage Geotextilvlies (siehe Seite 66 f.). Es empfiehlt sich, zumindest die Mauern des Pools ebenfalls mit Vlies zu versehen, damit später die Folie nicht durch scharfe Kanten beschädigt wird.

Im nächsten Schritt bringt man die Teichfolie aus, die selbstverständlich nur von bester Qualität sein sollte (siehe Seite 68 f.). Sie muß den gesamten Bereich bedecken, also sowohl das Schwimm- wie auch das Pflanzenareal. Wegen ihrer oft gewaltigen Ausmaße wird sie in der Regel entweder vom Fachmann vor Ort verschweißt oder aber bereits im Werk bzw. beim Fachhändler in der erforderlichen Größe zugeschnitten und zusammengefügt (siehe Seite 69 f.). Die verlegte Folie sollte möglichst wenig Falten aufweisen und sich dem Untergrund überall gut anschmiegen. An den Teichrändern zieht man sie, wie auf Seite 71 f. beschrieben, als Kapillarsperre hoch.

Anschließend füllt man in den Teil, der mit wasserklärenden Pflanzen bestückt werden soll, nährstoffarmes Teichsubstrat ein. Der Schwimmbereich bleibt frei davon, denn hier sollen sich ja keine Pflanzen ansiedeln. Die Gestaltung der Uferzonen des ehemaligen Pools bleibt dem persönlichen Geschmack überlassen. Hübsch wirkt z. B. ein schmales Sumpfbeet, doch auch ein kleiner „Strand“, etwa aus feinem Kies, kommt in Frage. Ein geeigneter Zugang darf keinesfalls vergessen werden. Für Schwimmbecken bieten sich Stege mit Leitern als Einstieghilfe geradezu an.

Neuanlage eines Schwimmteichs

Wer einen Schwimmteich völlig neu planen und anlegen möchte, dem sind in den Gestaltungsmöglichkeiten kaum Grenzen gesetzt – sieht man von den Begrenzungen des verfügbaren Gartens einmal ab. Wie groß der Badebereich wird, hängt nicht zuletzt davon ab, ob man im Wasser nur planschen oder aber richtig schwimmen möchte. Ist letzteres der Fall, müssen als unterste Grenze 15–20 m^2 eingeplant werden, dazu kom-

Ungetrübter Badespaß ist nur bei einem größeren Schwimmteich möglich. Der Naturteil muß mindestens ein Drittel der Gesamtfläche einnehmen, damit die Pflanzen das Wasser gut reinigen können.

Mit Hilfe von Baumaschinen wird die schwere Teichfolie entrollt und ausgelegt.

Ein hübsch bunt bepflanztes Sumpfbeet bringt Farbe in die Uferzone.

Wenn der Platz es erlaubt, läßt sich ein Bachlauf in die Wasseranlage integrieren.

Der aus einer Quelle sprudelnde Bach versorgt den Gartenteich zusätzlich mit Sauerstoff.

men noch mindestens 10 m^2 für den bepflanzten Teil.

Für den Teich sollte man eine möglichst sonnige Lage wählen, damit sich das Wasser gut erwärmen kann, es sei denn, man mag es zum Baden lieber erfrischend. Zumindest der „Naturteich"-Anteil darf aber auf keinen Fall völlig im Schatten liegen (siehe Seite 60f.). Bei 6–7 Stunden Sonnenschein am Tag kann das Wasser im Sommer durchaus 25°C und mehr erreichen, wenigstens in den oberen Schichten. Für die weitere Planung und Erstellung des neuen Schwimmteichs gelten die gleichen Prinzipien wie beim Umbau eines Schwimmbeckens – nur daß hierbei die Form des Badeteils frei bestimmt werden kann. Wichtig ist lediglich, daß die beiden Teichbereiche in dem richtigen Größenverhältnis zueinander stehen und sie durch eine Barriere voneinander getrennt sind, sei es durch eine Betonmauer oder eine frei aufgeschichtete Natursteinmauer, durch einen Erdwall oder aufgeschichtete Baumstämme.

Auch bei der Gestaltung von Ufer und Einstieg kann man seine Phantasie spielen lassen. Wer keinen Steg mit Leiter wünscht, legt etwa Stufen aus Hölzern oder Steinplatten an oder benutzt flache, abgerundete Trittsteine zum Hineingehen. Die ganz nackte Teichfolie erweist sich dagegen für den Einstiegsbereich als völlig ungeeigneter Untergrund. Sie ist so rutschig, daß nicht nur erhebliche Unfallgefahr besteht, sondern es auch schon bei minimaler Steigung fast unmöglich wird, wieder aus dem Wasser zu kommen.

Zubehör

Ein gut durchdachter und in seinen Proportionen optimal abgestimmter Schwimmteich kommt im allgemeinen ohne Hilfsmittel zur Reinigung des Wassers aus. Aus Platzmangel oder aus anderen Gründen, die der Fachmann beurteilen muß, können zusätzliche Maßnahmen zur Klärung des Wassers notwendig werden. Hierzu läßt sich z.B. ein Bachlauf integrieren, der das Wasser verstärkt mit Sauerstoff anreichert. Dafür muß natürlich eine Pumpe installiert werden. Für diese gilt dasselbe wie für alle elektrischen Geräte, die im Schwimmteich verwendet werden: Wegen der Stromschlaggefahr dürfen sie niemals dauerhaft im Gewässer stationiert sein, es sei denn, sie laufen mit Schwachstrom oder über eine Solaranlage. Unterwasserpumpen, also die Tauchpumpen, ob für einen Bachlauf, ob für Wasserspeier oder andere Wasserspiele (siehe Seite 100ff.), sind deshalb für einen Schwimmteich ungeeignet, man bringt statt dessen eine Universalpumpe außerhalb des Teichs in einem Pumpenschacht unter. Im übrigen gelten sämtliche Sicherheitshinweise wie auch bei anderen Gartengewässern.

In niederschlagsreichen Gegenden kann ein Überlauf notwendig werden, vor allem, wenn die Sumpfzone nicht groß genug ist, um starke Regengüsse aufzufangen. Zu diesem Zweck wird ein Rohr auf dem Niveau des höchsten möglichen Wasserstands verlegt, das überschüssige Wasser in eine Sickergrube oder in die Kanalisation ableitet (siehe Seite 67).

Die reinigende Kraft der Pflanzen

Ist der Schwimmteich modelliert und das Substrat in den vorgesehenen Bereichen ausgebracht, geht es an die Bepflanzung des „Naturteils“ und der restlichen Uferzonen. Man verfährt dabei nicht anders als bei gewöhnlichen Teichen (siehe Seite 113 ff.). Die Gewächse werden entweder direkt in den Gewässergrund gesetzt oder aber mit Hilfe von Pflanzkörben an den vorgesehenen Platz gebracht. Für steile Gewässerränder empfehlen sich auch Pflanztaschen oder -matten.

Das A und O eines „funktionierenden“ Schwimmteichs ist

Ein Überlauf verhindert, daß der Teich über die Ufer tritt.

zweifellos die richtige Pflanzenauswahl. Schließlich soll der begrünte Teil nicht nur hübsch aussehen, sondern vor allem das Wasser reinigen und mit Sauerstoff anreichern. Man greift deshalb in erster Linie zu Arten, die für ihre guten Reinigungskräfte bekannt sind und auch in Pflanzenkläranlagen zum Einsatz kommen. Mit anderen dekorativen Sumpf- und Wasserpflanzen lassen sie sich zu einem sehr gefälligen, abwechslungsreichen und bunten Bild kombinieren. Als Faustregel gilt, daß mit einem Verhältnis von etwa 80 % Reinigungspflanzen zu 20 % schmückendem Beiwerk beiden Ansprüchen Genüge geleistet ist. Die Tierwelt, die selbstverständlich zu einem harmonischen Gleichgewicht am und im Naturteich mit dazugehört, wird sich dann schon sehr bald von selbst einstellen.

Zu den wichtigsten Reinigungspflanzen zählen Schilf *(Phragmites australis)* sowie verschiedene Binsen- *(Juncus)* und Simsenarten *(Scirpus)*. Aber auch Rohrkolben *(Typha)*, Sumpfschwertlilie *(Iris pseudacorus)* und Schwanenblume *(Butomus umbellatus)* oder Blutweiderich *(Lythrum salicaria)* vermögen das Wasser gut zu filtern. Als besonders wirkungsvoll erweisen sich verschiedene Unterwasserpflanzen, nicht zuletzt, weil sie auch unerwünschten Algenwuchs hemmen. Dazu gehören z. B. die Krebsschere *(Stratiotes aloides)*, die Nadelsimse *(Eleocharis acicularis)*, Tausendblattarten *(Myriophyllum)*, Grundnessel *(Hydrilla verticillata)*, die Wasserfeder *(Hottonia palustris)* sowie der Wasserhahnenfuß *(Ranunculus aquatilis)*.

Wenn auch diese Repositionspflanzen, wie man sie mit einem Fachausdruck nennt, dem Wasser Nähr- und Schadstoffe entziehen und Schwebpartikel herausfiltern, so sollte man im Gartengewässer doch jeden überflüssigen Eintrag derartiger Substanzen vermeiden. Giftige Schädlingsbekämpfungsmittel sind ebenso tabu wie Dünger, und überdies verzichtet man besser auf übermäßigen Gebrauch von Sonnenöl oder -creme. Werden die Pflanzen dann noch richtig gepflegt (siehe die entsprechenden Artenbeschreibungen auf Seite 156–231), steht genußvollen und viele Sommer währenden Badefreuden inmitten des üppigen Grüns nichts mehr im Weg.

Über eine sehr großzügig angelegte Holzterrasse gelangt man zum Badeteil. Sie gewährleistet, daß die Pflanzen nicht gestört werden.

Sumpfpflanzen wie etwa die Irisarten sehen nicht nur hübsch aus, sie dienen vor allem der Wasserreinigung.

Auch der Blutweiderich hat sich als Reinigungspflanze gut bewährt.

Bewegtes Wasser

Bäche, Quellen, Wasserspiele

Gemächlich durchzieht der Bach den Garten, und an seinen Ufern erfreut die Farbenpracht blühender Primeln und Iris das Auge.

In vielen Gärten kann man Teiche und Tümpel in den phantasievollsten Formen bewundern, einen Bachlauf hingegen findet man relativ selten. Ein Bach strahlt nicht die ruhige Besinnlichkeit des stehenden Gewässers aus, er besticht vielmehr durch seine Bewegung. Ob sanft dahinschlängelnder Wiesenbach oder munter plätschernder Wasserfall: fließendes Wasser bereichert jeden Garten. Zusätzlich vermögen Brunnen, sprudelnde Quellsteine und klassische oder auch modern gestaltete Wasserspiele wie etwa Fontänen und Wasserglocken ein Grundstück auf äußerst reizvolle Weise zu beleben.

Verschiedene Bachmodelle

Wie ein zarter Schleier wirkt der kleine Wasserfall vor dem Wall aus massiven Steinen.

In der freien Natur gibt es ganz unterschiedliche Bachtypen mit jeweils eigener, an die herrschenden Bedingungen angepaßter Tier- und Pflanzenwelt. Als wohl markanteste Beispiele seien nur der quirlig sprudelnde Gebirgsbach und der geruhsam dahinströmende Wiesenbach genannt. Selbstverständlich kommen ebenso alle Übergangsformen zwischen diesen beiden vor. Nicht zuletzt durchziehen auch künstlich von Menschenhand angelegte Kanäle und Wasserrinnen die Landschaft. Wer sich für die Anlage eines Bachlaufs im eigenen Garten entschieden hat, sollte sich zunächst sorgfältig überlegen, welches Bachmodell den Gegebenheiten des Gartens und den Vorstellungen der Bewohner am ehesten entspricht. Zum einen ist bei bereits bestehender Bepflanzung der Charakter des Gartens in Betracht zu ziehen, zum andern können durch einen Wasserlauf aber auch neue Akzente gesetzt werden. So paßt ein sachlich-nüchterner Kanal kaum in einen naturnahen, ländlichen Garten, während sich ein Steingarten für einen plätschernden Gebirgsbach geradezu anbietet.

Gebirgsbach

Ein Gebirgsbach ist durch mehr oder weniger steiles Gefälle gekennzeichnet. Er bildet immer wieder kleine Wasserfälle und sprudelt munter über Steine und Stufen. Dabei fasziniert die lebhafte Bewegung des Wassers, und das Plätschern, Gurgeln und Murmeln klingt wie Musik in den Ohren. In der Natur führt solch ein Bach kaltes, klares Wasser, das wenig Nährstoffe und viel Sauerstoff enthält. Die wasserübersprudelten Steine werden mit der Zeit von einer Patina aus Algen, Flechten und Moosen überzogen. Die Tierwelt des Gebirgsbachs muß an die schnelle Strömung angepaßt sein. So siedeln Insektenlarven und Kleinkrebse bevorzugt tief zwischen den Steinen oder in den ruhigeren Ausbuchtungen und Vertiefungen des Bachbetts, den Kolken.

Für einen Bach dieses Typs eignen sich aufgrund des erforderlichen größeren Gefälles Hanggärten und Steingärten ganz besonders gut. Bei der Ufergestaltung schaffen Findlinge und runde Kiesel, im Bachbett Wasserfälle und Staustufen das typische Gepräge (siehe Seite 95 ff.). Bepflanzt wird ein solcher Bach hauptsächlich an den Ufern sowie in den ruhigeren Stauzonen; in den Bereichen mit schnell fließendem Wasser finden die Wurzeln der meisten Pflanzen keinen Halt.

Wiesenbach

Geruhsamer geht es beim Wiesenbach zu. Langsam strömend zieht er sich durch leicht abfallendes oder fast ebenes Gelände und bildet dabei häufig enge Schlingen, sog. Mäander, aus. Sein Wasser ist unterschiedlich tief sowie oft starken Temperaturschwankungen

Tip

Bevor man sich für einen Bachtyp entscheidet, sollten die Wünsche aller Familienmitglieder bzw. Gartenbenutzer erörtert und berücksichtigt werden. Durchschneidet der geplante Bach etwa den beliebten Fußballrasen, oder stört jemanden das Plätschern eines Wasserfalls? Anhand solcher Überlegungen läßt sich manche Entscheidung leichter treffen, und die Freude am neuen Gartenelement bleibt ungetrübt.

Im sacht dahinfließenden Wiesenbach spiegelt sich in leuchtenden Farben die üppig blühende Uferbepflanzung.

Die geometrischen Formen von Terrasse und Teich setzen sich fort in den ganz streng linearen, holzgefaßten Kanälen.

Tip

Bei der Auswahl des Bachmodells sind vor allem der Charakter des Gartens, der Geländeverlauf und die umgebende Bepflanzung zu berücksichtigen.

unterworfen. Organische Stoffe haben hier genügend Zeit zu verrotten, sie reichern den Bach mit Nährstoffen an und bilden in ruhigen Zonen einen schlammigen Untergrund. Wegen der nur geringen Strömungsgeschwindigkeit vermögen Sumpf- und Wasserpflanzen Fuß zu fassen. Ein Wiesenbach bietet Lebensraum für eine Fülle von Kleintieren, etwa Wasserkäfer, Wasserläufer, allerlei Würmer, Schnecken, Insektenlarven und auch kleine Fische.

In Gärten mit geringem Gefälle kann sich ein solcher Wiesenbach gemächlich um Bäume, durch Staudenbeete, am Sitzplatz vorbei zu einem Sammelbecken oder Teich schlängeln. Unterschiedliche Tiefen und Breiten seines Betts ermöglichen Sumpfzonen, kleine Inseln und Buchten mit Wasserpflanzen.

Formaler Kanal

Neben Bachformen, die Vorbildern in der Natur abgeschaut sind, gibt es auch die Möglichkeit, einen streng geometrischen Kanal anzulegen. Gerade in modernen Gärten können sachlich-schlichte Wasserläufe ein architektonisch reizvolles Element darstellen. Je nach Geschmack lassen sie sich z. B. unbepflanzt als Wasserspiel über eine Terrasse leiten oder, vor allem in fernöstlich inspirierten Gartenanlagen, auch sparsam mit exotischen Pflanzen bestücken. Derartige Kanäle sollten am besten bereits beim Bau der Terrasse oder bei der Anlage des Gartens mit verwirklicht werden.

Der Bach mit und ohne Teich

In der Natur haben die meisten Teiche und Tümpel einen Zu- oder Ablauf. Deshalb läßt ein angeschlossener Bachlauf einen Gartenteich besonders naturnah wirken. Am einfachsten ist es, Bach und Teich zusammen zu planen und anzulegen, aber auch die Ergänzung eines Stillgewässers durch einen nachträglichen Bach stellt in der Regel kein Problem dar. Der Teich kann entweder als Quelle des Bachs oder als sein Auffangbecken fungieren, wobei es gewöhnlich eine Frage der Geländevoraussetzungen ist, ob das Wasser zum Teich hin oder von ihm weg läuft. Was die reine Technik anbelangt, besteht bei der Verwirklichung der beiden Varianten kein Unterschied. Weist der Garten ein natürliches Gefälle auf, wird man die Quelle an den höchsten Punkt legen. Eine äußerst reizvolle Gartensituation ergibt sich auch, wenn ein Bachlauf zwei Teiche miteinander verbindet. Der beim Bau einer solchen Anlage anfallende Erdaushub genügt oft schon zur Schaffung des benötigten Gefälles.

Ebensogut läßt sich ein Bach als isoliertes Gewässer, d. h. ohne Teich, anlegen. Häufig reicht der Platz im Garten für beide Gewässertypen ganz einfach nicht aus, manchmal wird ein Bach ausschließlich deshalb angelegt, um

Die Steinkaskaden, über die das Wasser hinabstürzt, beleben den Bachlauf und verleihen ihm ganz besondere Reize.

Eine sehr reizvolle Szenerie ergibt sich, wenn der Bachlauf durch einen kleinen, von bunten Stauden geschmückten Steingarten führt, von dem aus das Wasser über Kaskaden nach unten plätschert, wo es sich in sog. Kolken sammelt. Die Kombination ermöglicht eine besonders vielgestaltige Bepflanzung aus Polsterstauden und Sumpfgewächsen.

sich an der fließenden Bewegung und dem Geplätscher des Wassers zu erfreuen. Doch auch dann sollte sich ein Bachlauf harmonisch in die Gartenlandschaft einfügen. Er kann Gehölze umfließen oder über Kaskaden stürzen, benötigt aber in jedem Fall am Anfang eine Quelle und am Ende ein Sammelbecken.

Prädikat: Biologisch wertvoll

Ein Bach bereichert den Garten nicht nur in gestalterischer, sondern auch in biologischer Hinsicht. Stärker noch als ein still daliegender Teich schafft das bewegte Wasser ein ganz besonderes Kleinklima. So ist die Luftfeuchtigkeit im Bachbereich stets höher als in anderen Gartenteilen, und Schwankungen der Lufttemperatur werden durch die Wassertemperatur etwas ausgeglichen – was zur Folge hat, daß es am Bachufer im Sommer nicht zu heiß wird und die Luft im Herbst dank des erwärmten Wassers langsamer abkühlt. In diesem speziellen Kleinklima gedeihen oft Pflanzen, die ein paar Meter weiter verkümmern würden. Auch für viele Tiere ist der Bach ein geradezu magischer Anziehungspunkt. Insektenlarven und Kleinkrebse verstecken sich zwischen Steinen und Pflanzen, Libellen jagen über der Wasseroberfläche, Vögel kommen ans flache Ufer, um zu baden und zu trinken. Ein Bachlauf schafft daher auf seiner ganzen Länge Lebensraum für Pflanzen und Tiere, die feuchten Boden und die Nähe des Wassers lieben oder das nasse Element zum Leben brauchen.

Ist der Bach mit einem Teich verbunden, übt er als biologischer Filter einen positiven Einfluß auf dessen Wasserqualität aus. Zum einen wird das fließende Wasser mit Sauerstoff angereichert, zum andern werden organische Abfallstoffe herausgefiltert. Der Kiesgrund des Bachlaufs hält nämlich grobe Partikel fest, die dann von Bakterien in Nährstoffe umgewandelt werden. Wichtig ist dabei, daß die Umwälzpumpe des künstlichen Bachs immer angeschaltet bleibt und das Wasser nicht zum Stillstand kommt, weil die Bakterien sonst absterben. Nur in dekorativen Kanälen, etwa betonierten Wasserrinnen, tritt der Filteraspekt in den Hintergrund. Hier kann die Pumpe zur Stromersparnis nach Bedarf an- und abgeschaltet werden.

Einen Bach anlegen

An dem rauschenden Wasserfall fühlen sich feuchtigkeitsliebende Pflanzen ausgesprochen wohl.

Vor dem Griff zu Schaufel und Spaten muß man sich für einen Bachtyp entscheiden und dann Verlauf und Bau des Bachbetts sorgfältig planen. Es empfiehlt sich, dem Entwurf genügend Zeit zu widmen, um auch Details bereits vor Baubeginn überdenken und festlegen zu können. Fehler bei der Anlage des Gefälles, bei der Erstellung des Betts oder der Verwendung technischer Bauteile lassen sich nachträglich nur noch schwer oder mit großem Aufwand beheben.

Bei der Suche nach einem geeigneten Standort gilt es, einige wichtige Dinge zu berücksichtigen, will man Enttäuschungen und lästige Mehrarbeiten vermeiden. Größere Bäume oder Sträucher etwa verlieren im Herbst erhebliche Mengen an Laub, was an Engstellen des Bachs leicht zu Verstopfungen führt. Unbeachtet kann dort dann das Wasser über die Ufer treten und als Folge Teich und Pumpe leerlaufen. Zudem wird das verrottende Material in die Sammelgrube oder den Teich geschwemmt und belastet das Wasser mit überflüssigen Nährstoffen sowie entstehenden Faulgasen. Soll der Bach dennoch dicht an Laubgehölzen vorbeifließen, muß das Laub im Herbst entweder regelmäßig abgefischt oder aber mit einem Netz abgefangen werden, bevor es in das Gewässer gelangt (siehe auch Seite 148).

Zu beachten ist außerdem, daß sich ein Stromanschluß für die Pumpe in nächster Nähe des Bachlaufs befinden muß, dasselbe gilt auch für einen Wasseranschluß, damit sich verdunstetes Wasser völlig problemlos ersetzen läßt.

Da ein Bachlauf im Garten meist ein dekoratives Element darstellt, darf die Sicht darauf nicht von hohen Staudenanpflanzungen oder Sträuchern versperrt werden. Im Hintergrund dagegen machen sich Sträucher gut, weil sie dort einen optisch ruhigen Gegenpol zur Uferbepflanzung bilden.

Nicht jeder Bach braucht einen Platz an der Sonne, doch sollte man vor dem Bau genau überlegen, ob ein Waldbächlein mit schattenliebenden Farnen oder ein Gebirgsbach mit sonnenhungrigen Steingartenpflanzen gewünscht ist. Läßt der Raum es zu, können bei geschickter Planung auch verschiedene Gartenbereiche vom Bach durchflossen und dadurch verbunden werden.

Gefälle

Je nach Bachtyp ist ein mehr oder minder großes Gefälle erforderlich. Ein Gebirgsbach mit Wasserfällen überwindet dabei deutlich mehr Höhe als ein Wiesenbächlein, das allein schon durch die Kraft der Pumpe richtig und mit wenigen Zentimetern Höhenunterschied zum Fließen kommt. Über die vorgesehene Neigung muß man sich bereits bei der Anschaffung der Pumpe im klaren sein, schließlich wird bei größerem Gefälle eine entsprechend höhere Leistung nötig (siehe Seite 100).

Verfügt der Garten über ein natürliches Gefälle oder liegt er gar an einem Hang, gilt

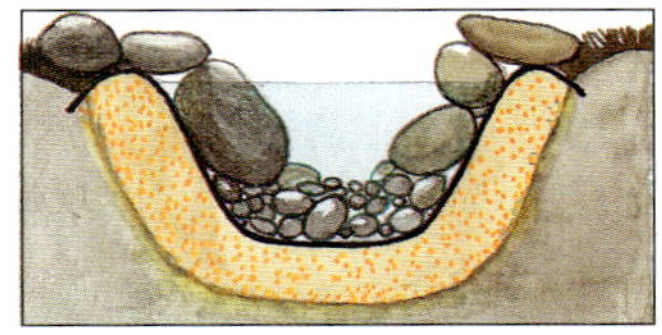

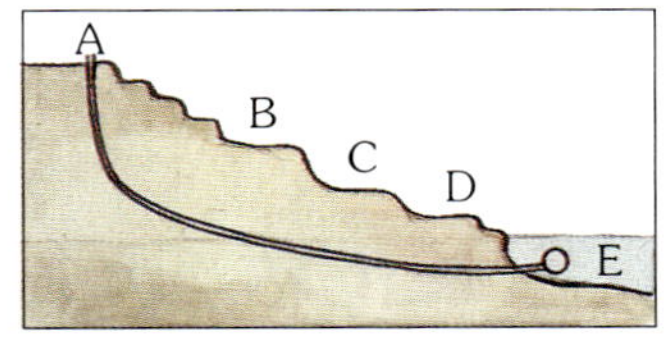

Von der Quelle (A) fällt das Wasser über Stufen in einen Kolk (B), fließt dann mit viel leichterem Gefälle als Wiesenbach durch einen weiteren Kolk (C) sowie eine Sumpfzone (D) zu den nächsten Kaskaden und mündet dort in ein Sammelbecken. Aus diesem befördert eine Pumpe (E) das Wasser über eine Leitung wieder zur Quelle (im Profil in der kleinen Skizze darüber zu sehen). Bachbett im Querschnitt: Auf eine dicke Schicht Sand legt man die Folie, darüber Kiesel (kleine Zeichnung ganz oben).

es, den durch Pumpenkraft zu überwindenden Höhenunterschied vorher zu messen. Der Anfang eines Bachs, die Quelle, liegt immer am höchsten, das Ende, die Mündung, stets am niedrigsten Punkt des Verlaufs. Die Stellen der künftigen Quelle und Mündung des Bachlaufs werden dafür jeweils mit einem Holzpflock markiert und der Niveauunterschied von beiden mit einer Schlauchwaage, wie man sie auch beim Teichbau einsetzt, ermittelt (siehe Seite 65 f.).

Steht das Wasser an beiden Seiten auf Höhe der Markierungslinien an den Schlauchenden, wird der jeweilige Abstand zwischen Markierungslinie und Boden gemessen. Die Differenz beider Werte ergibt das Gefälle. Ist es höher als vorgesehen oder aber zu gering, muß entsprechend abgegraben bzw. aufgeschüttet werden. In ebenen Gärten kann man – allerdings auch nur in recht begrenztem Rahmen – mit der beim Aushub von Teich und Bach angefallenen Erde ein gewisses Gefälle schaffen.

Ausbuchtungen des Bachbetts, sog. Kolke, verringern die Fließgeschwindigkeit des Wassers.

Verlauf

Nun wird der eigentliche Verlauf des Bachbetts festgelegt. Indem man eine Schnur oder den Gartenschlauch im Gelände auslegt, lassen sich der Bach andeuten und seine Windungen so lange verändern, bis sein Verlauf uneingeschränkte Zustimmung findet. Zu guter Letzt wird er mit Pflöcken markiert. Wie bei der Streckenführung sind auch bei der Ausgestaltung der einzelnen Bachabschnitte unzählige Möglichkeiten offen. Auf seinem Weg kann sich das Wasser in Miniaturteichen anstauen oder zwischen Steinen hervorschießen. Je stärker das Gefälle, desto mehr Staustufen sollten eingeplant werden, denn in einem ungegliederten, steilen Bachbett wird ohne dieses „Bremssystem" der Untergrund schnell weggespült.

Verengungen, Erweiterungen und Hindernisse wie Inseln oder große Steine verleihen dem Bach Lebendigkeit und ergeben sein charakteristisches Bild. Sie regulieren auch die Fließgeschwindigkeit des Wassers und schaffen dadurch die Grundlage für einzelne Bachbereiche mit ihren vielfältigen Lebensgemeinschaften. An verengten Stellen strömt das Wasser schneller und sprudelt munter über Steine oder Wasserfälle. Erweiterungen des Bachbetts dagegen lassen das Wasser langsamer fließen. Auf diese Weise entstehen ruhige Gewässerzonen von kleinen Buchten bis hin zu Sumpfzonen, in denen fast keine Fließbewegung mehr herrscht. Hier finden vielerlei Pflanzen und Tiere Lebensraum, die einer schnellen Strömung nicht gewachsen sind. Doch nicht nur die Breite des Bachs, auch seine Tiefe beeinflußt das Fließverhalten des Wassers und somit die Fauna und Flora. Da in einem künstlichen Bachlauf immer die gleiche Menge Wasser im Umlauf ist, benötigen tie-

Tip

Werden schon bei der Planung und Festlegung des Bachbetts die vielfältigen Gestaltungsmöglichkeiten in Betracht gezogen, kann man rechtzeitig etwaige Anpassungen in Gefälle und Verlauf des Bachs vornehmen.

Mit Steinen verschiedenster Art läßt sich ein Bach äußerst abwechslungsreich und interessant gestalten. Große Findlinge und Felsen schaffen Hindernisse, die das Wasser bremsen und umleiten, andererseits kann man mit Steinen das Bett verschmälern und somit die Fließgeschwindigkeit erhöhen.

fere Bereiche mehr Wasser und verlangsamen dadurch die Fließgeschwindigkeit. In flacheren Zonen dagegen sprudelt und strömt das Wasser schneller.

Steht der Verlauf des Bachs fest, werden nun die größeren Hindernisse wie Findlinge, Inseln oder Wasserfallstufen für das Bachbett geplant, da sie, wie gesagt, den Lauf des Wassers stark beeinflussen. Inseln, seien sie bepflanzt oder nur aus großen Steinen aufgeschichtet, teilen den Bachlauf und zwingen das Wasser, um sie herum zu fließen, was dessen Strömungsgeschwindigkeit leicht bremst. Wasserfälle ergießen sich über Steine und Stufen meist in etwas tiefere Becken, auch Kolke genannt.

Abdichtungsmöglichkeiten

Zur Abdichtung eines Wasserlaufs stehen verschiedene Materialien und Methoden zur Wahl. Sie unterscheiden sich nicht nur hinsichtlich des erforderlichen Arbeitsaufwands und der Belastung für den Geldbeutel, sondern sie eignen sich auch unterschiedlich gut für die einzelnen Bachmodelle und deren gewünschte Ausgestaltung. Daher sollte man die diversen Möglichkeiten schon in der Planungsphase vergleichen.

Folie

Mit handelsüblicher Teichfolie läßt sich der Bau eines recht naturgetreuen Wiesen- oder Gebirgsbachs am einfachsten bewerkstelligen. Sie ist witterungsbeständig, reißfest und kann ohne Schwierigkeiten verlegt werden. Die biegsamen, zwischen 0,5 mm und 1 mm starken Folien lassen sich dem Untergrund gut anpassen. Wie es auch für den Teichbau gilt (siehe Seite 68 f.), sollte man Markenware mit Qualitätsgarantie kaufen, schließlich sind spätere Mängel nur mit großem Aufwand zu beheben. Müssen Folienteile aneinandergeklebt werden, läßt man das am besten vom Hersteller oder im Fachhandel erledigen.

Bei steilen Wasserfällen und Kaskaden stellt sich das Problem, daß das Abdeckungsmaterial, etwa Sand oder Kies, nicht auf der Folie hält und diese dadurch sichtbar bleibt. Dafür gibt es in speziellen Wassergärtnereien und im Fachhandel besondere Folien, die fest mit Sand oder Kies beschichtet sind und auch Steinen Halt geben. Auf der steinigen, groben Oberfläche bildet sich dann bald eine natürlich wirkende Patina aus Algen und Schwemmpartikeln.

Um den genauen Folienbedarf zu errechnen, wird das ausgehobene Bachbett abschnittsweise mit einer Schnur oder dem Gartenschlauch ausgemessen. Zu der jeweiligen Breite gibt man beidseitig noch 25–30 cm zu, damit die Folie am Rand deutlich oberhalb des Wasserspiegels eingegraben werden kann. Den Folienbedarf sollte man nicht zu knapp kalkulieren, da es allemal leichter ist, beim Verlegen ein Stückchen abzuschneiden, als vor Ort eines anzustückeln.

Die Folie wird stets so verlegt, daß die oberen Bahnen die bachabwärts liegenden überlappen.

Ton

Natürliche Bachläufe, vor allem flache Wiesenbäche, finden sich oft über einem undurchlässigen Untergrund aus Ton oder Lehm. Ton eignet sich deshalb grundsätzlich als Baumaterial für den Bach – vorausgesetzt, er trocknet niemals aus, weil er sonst rissig wird. Da die Bachpumpe den Winter über meist ausgeschaltet ist, läßt sich dieses Material nur für Bäche verwenden, in denen das Wasser nach dem Abschalten der Pumpe stehenbleibt, also für Bäche mit einem äußerst geringen Gefälle von maximal 0,5 %. Das Aufbringen der abdichtenden Tonschicht geschieht genauso wie beim Teichbau (siehe Seite 75). Die Tondichtung muß dick genug sein und an den Bachrändern ausreichend weit hochgezogen werden.

Tip

In freier Landschaft sucht sich das Wasser stets seinen eigenen Weg. Damit ein Bachlauf auch im Garten möglichst ungekünstelt wirkt, studiert man am besten zunächst einige natürliche Bäche. Die Anordnung der Steine, die Veränderungen der Fließbewegung durch Hindernisse und die Form der Bachschlingen können dann viel besser nachgeahmt werden.

Tip

Beim Verkleben von Folienteilen ist unbedingt darauf zu achten, daß die Überlappungsränder bachabwärts zeigen. Durch die Strömung sammelt sich sonst an den Nahtstellen Sand und Schmutz, was die Naht unnötig belastet.

Tip

Bei der Anlage eines Folienbachs empfiehlt es sich, vor Beginn der Aushubarbeiten die Folie probehalber auf den mit Pflöcken markierten Verlauf des Bachbetts aufzulegen. In diesem Stadium sind Korrekturen in der Bachführung noch leicht möglich, falls z. B. bei der Berechnung des Folienbedarfs ein Fehler unterlaufen ist.

Bachschalen und Fertigbachteile

Noch eine weitere Möglichkeit, einen Bachlauf anzulegen, ist die Verwendung von vorgefertigten Bachschalen oder von sog. Fertigbächen im Baukastensystem. Im Fachhandel gibt es hierzu Teile in vielerlei Formen, Maßen und Oberflächenstrukturen. Ihr Vorteil liegt in der schnellen und problemlosen Zusammenstellung des Bachbetts, sie sind zudem formstabil, frostfest und fast unbegrenzt haltbar. Durch die starre Form der Kurven und Kaskaden wirken sie allerdings oft künstlich und wenig naturgetreu.

Zur Anlage eines Fertigbachs im Baukastenprinzip findet man eine Fülle verschiedener Elemente wie Kurven, Geraden, Quellbekken und Überlaufschalen aus Polyethylen (PE) oder Glasfaserkunststoff (GFK). Die Teile werden, je nach System, einfach übereinandergelegt oder ineinandergesteckt. Ein ausreichendes Gefälle sowie Sumpfzonen sind bereits berücksichtigt und vorgegeben. Die Kunststoffoberflächen können ganz glatt oder besandet sein. Man bedeckt sie nach dem Einbau des Bachlaufs mit Sand oder Kies. Durch eine geschickte Bepflanzung des Rands und die Verwendung großer Steine läßt sich der Übergang vom Kunststoff zur umliegenden Erde kaschieren.

Eine Alternative dazu bietet der Handel mit den sog. Bach- oder Wasserfallschalen aus GFK, Glasfiberbeton oder gemahlenem Sandstein. Ihre Oberflächenstruktur ist unregelmäßig, etwa Natursteinen nachempfunden, oder sie tragen eine Beschichtung aus Sand. Auch farblich sind sie verschiedenen Gesteinsarten angeglichen und können daher gut mit Naturkieseln und -steinen kombiniert werden. Bachschalen eignen sich für Bäche mit stärkerem Gefälle bis hin zum Wasserfall, da sie nur übereinandergelegt werden und in steilem Gelände das Wasser dann hübsch von Stufe zu Stufe springen kann. Sie funktionieren ohne besondere Verbindungen oder Abdichtungen. Man wird derartige Schalen hauptsächlich für die Anlage kurzer Bäche verwenden, sie lassen sich jedoch auch mit einem längeren Folienbach kombinieren. So vermag z. B. ein Wasserfall aus Bachschalen zwei ruhigere Abschnitte eines Folienbachs miteinander zu verbinden, und ebenso können Quellbereich und Mündung mit Hilfe von Fertigelementen gestaltet werden.

Will man Fertigbachteile mit Abschnitten kombinieren, die mit Folie modelliert wurden, so sollte man auf die Uferbereiche besonders achten. Hübsch und geschickt bepflanzt, sind die Ränder kaschiert und gehen unauffällig in die angrenzende Wiese über.

Verschieden geformte Bachteile, etwa solche aus gemahlenem Sandstein (rechts im Bild), lassen sich relativ einfach zusammenfügen.

Ausheben und Abdichten

Je nach Bachtyp und Abdichtungsmaterial muß man das Bachbett unterschiedlich tief und breit ausheben. Bei Fertigelementen und Bachschalen genügt es, daß die Kunststoffteile gerade hineinpassen. Sie können direkt auf den geglätteten Untergrund aufgesetzt werden. Für eine Abdichtung mit Folie oder Ton muß man dagegen ringsum deutlich mehr Spielraum lassen, da der Untergrund erst einmal mit Kies oder Vlies abgedeckt wird (siehe Seite 66f.).

Die richtige Zeit für die Erdarbeiten am Bach ist, wie auch beim Teichbau, die ganze trockene Saison. Das Erdreich darf weder gefroren noch zu naß oder gar schlammig sein. Für das Verlegen von Folie wartet man warmes Wetter ab, weil sie dann weicher ist und sich besser an den Grund anschmiegt.

Auf den Einsatz eines kleinen Baggers, wie man ihn für den groben Aushub beim Teichbau ohne weiteres verwenden kann, muß man bei der Anlage eines Bachbetts verzichten. Ein Bach wird vielmehr sorgsam Stück für Stück modelliert. Beginnen sollte man dabei immer an seinem tiefsten Punkt, also an der Mündung, da sich auf diese Weise das Gefälle leichter ausgleichen läßt. Das gilt vor allem für Bäche und Wasserfälle in Hanglage, wo manche Stellen etwas aufgeschüttet, andere wie-

Über einen Wasserfall plätschert der Bach in den Teich und versorgt diesen zusätzlich mit Sauerstoff.

derum etwas abgegraben werden müssen. Dabei empfiehlt es sich, das Gefälle der einzelnen Abschnitte immer wieder mit der Wasserwaage zu kontrollieren.

Mündet der Bach in einen Teich, kann man ihn entweder einfach einleiten, ihn mit einem kleinen Wasserfall hineinplätschern lassen oder vor der Mündung eine Sumpfzone zur Wasserklärung anlegen (siehe Seite 140). Ist kein Teich vorhanden oder geplant, endet der Bach in einer mindestens 20–30 cm tiefen Sammelgrube oder einem ebenso tiefen Klärbecken. Das Wasser sollte hier zur Ruhe kommen, damit Schwebepartikel und Schmutz in die Kiesschicht absinken können.

Nun arbeitet man sich langsam bachaufwärts voran und modelliert dabei die unterschiedlichen Tiefen, Verengungen, Erweiterungen, Sumpfzonen und Staustufen. Bachabschnitte, die eine wasserklärende Funktion übernehmen sollen, benötigen eine einheitliche Tiefe von etwa 20 cm und eine ebenso dicke Kiesschicht. Der Aushub hierfür muß folglich ungefähr 40 cm tief sein. Es ist darauf zu achten, daß in Sumpfzonen, in denen später ja Pflanzen wachsen, nach dem Ausschalten der Pumpe noch genügend Wasser stehenbleiben kann. Staustufen und Wasserfälle werden zunächst nur vormodelliert und später zusätzlich verfestigt (siehe unten).

Die Erdarbeiten sind am Beginn des Bachs, der Quelle, beendet. Je nachdem, wie der Quellbereich gestaltet wird (siehe Seite 102 ff.), startet das Wasser seinen Lauf entweder aus einem vorhandenen Teich oder aber aus einem Quellbecken, über dem ein Wasserspeier oder ein Quellstein angebracht ist.

Den angefallenen Erdaushub kann man gut zur Anhäufung der Bachränder und zur Gestaltung des Quellhügels verwenden. Zuletzt wird das fertig modellierte Bachbett noch von spitzen Steinen und kräftigen Wurzeln, die die Abdichtung durchbohren könnten, gesäubert. Bei einem Folienbach müssen alle Aufschüttungen und Modellierungen festgeklopft oder abgestützt werden, damit die Erde unter der Folie bei Belastung durch Steine oder den Wasserdruck nicht abrutscht.

Tip

Besteht der Untergrund des fertig ausgehobenen und modellierten Bachbetts aus feinem Sand oder lockerer Erde, empfiehlt es sich bei Verwendung von Teichfolie zur Abdichtung, den Boden zusätzlich mit etwas Beton zu verfestigen.

Der Anfang kommt zum Schluß: Die Quelle wird als letzter Teil des Bachlaufs gestaltet.

Staustufen und Wasserfälle einbauen

Staustufen, Wasserfälle und Kaskaden bringen durch lebhafte Wasserbewegung und munteres Plätschern Leben in einen Bach.

Das Wasser strömt über Staustufen in einen Teich und wird von dort wieder in die oberste Stufe gepumpt. Dieses Ausgangsbecken kann mit Leitungswasser gespeist werden.

Tip

Man kann einen Wasserlauf auch so anlegen, daß das Wasser über Staustufen von einem Miniteich in den nächsten fällt. Dazu hebt man, dem Gefälle folgend, hintereinander mehrere beckenartige Vertiefungen aus, verfestigt sie, dichtet sie ab und sorgt für entsprechende Überläufe.

Durch geeignete Maßnahmen staut man dabei das fließende Wasser auf, damit es sich anschließend mit einer wesentlich höheren Geschwindigkeit über eine Stufe ergießen kann – ein Wasserfall ist entstanden. Mehrere solcher Staustufen hintereinander ergeben eine Kaskade.

Jede Staustufe wird als beckenartige Vertiefung mit anschließendem Geländeabsatz bereits beim Aushub vormodelliert, wobei man den Boden dieses Bereichs möglichst eben anlegt. Die Stufen setzt man jeweils senkrecht ab. Damit sich das Wasser vor diesen Stufen auch wirklich staut, nach dem Fall weiterfließen kann und die Kanten nicht weggespült werden, ist es notwendig, den Bereich entsprechend zu verfestigen, etwa mit Beton oder Holz.

Mit großen Felsstücken oder Steinplatten werden Staustufen hübsch und zweckmäßig errichtet.

Die Stufen, über die das Wasser später herabstürzen soll, können auf unterschiedliche Weise gestaltet werden. Damit die Anlage harmonisch wirkt, sollte man sie aus dem gleichen Material bauen, das auch zur Konstruktion der übrigen Bachteile verwendet wird. Mit Folie abgedichtete Fließgewässer erhalten demgemäß Staustufen aus groben Felsbrokken, die rund oder plattenförmig sein können.

Müssen die Staustufen besonders starken Belastungen standhalten, etwa in sehr steilem Gelände oder bei großer Fallhöhe, empfiehlt sich Beton als Baumaterial. Betonstufen benötigen frostfreie Fundamente, sie müssen also mindestens 80 cm tief gegründet werden, was man am besten von einem Fachmann durchführen läßt. Die Höhe der Stufe wird durch die Tiefe des angestauten Wasserbeckens bestimmt. Abschließend zementiert man auf die obere Kante der Betonmauer eine Abdeckplatte, z.B. aus Naturstein, über die der Bach dann hinwegströmt. Damit das Wasser nicht seitlich vorbeiläuft, gräbt man beiderseits der Staustufe Schutzwände, auch Wangen genannt, ein. Sie wirken am schönsten, wenn sie ebenfalls aus Naturstein bestehen. Abgedichtet werden Stufe wie Wangen

Kaskaden muß man so anlegen, daß sich das Wasser staut, aber trotzdem abfließen kann.

mit Schutzvlies und Folie. Dabei ist darauf zu achten, daß die Folie bis unter die Kante der Abdeckplatte reicht, damit das angestaute Wasser nicht an einer undichten Stelle durchdringen kann. Zur Befestigung der Folie an Stein oder Beton sind im Handel spezielle Klemmschienen erhältlich.

Kaskadenstufen anlegen

In einem Bach wirken kleine Wasserfälle nicht nur sauerstoffanreichernd, sondern stellen sich außerdem optisch wie akustisch überaus reizvoll dar. Soll das Wasser munter über eine deutliche Stufe plätschern, ist eine Geländetreppe vonnöten, deren Vorderkante ein wenig überspringt. Während solche Kaskadenstufen in Bächen aus Fertigelementen häufig schon werkseitig vorgefertigt sind, muß man sie in mit Folie abgedichteten Bächen selbst ganz sorgfältig anlegen.

Je nach Gefälle kann man Kaskaden mit verschiedener Stufenzahl sowie in unterschiedlicher Ausführung einplanen. Gewöhnlich reicht für einen Wasserfall eine Stufe von etwa 10 cm Höhe aus, in steilerem Gelände kann sie auch bis zu 50 cm betragen. Bei flacheren Stufen geht der Effekt des stürzenden Wassers vielfach verloren. Münden sollten die Stufen jeweils in einen etwas vertieften, muldenförmigen Bachteil, den man um so tiefer aushebt, je größer die Fallhöhe des Wassers ist. Besonders attraktiv ist eine Kaskade aus mehreren hintereinanderliegenden Wasserstufen, die allerdings nur bei einem ausreichend steilen Verlauf des Gewässers verwirklicht werden kann.

Über die waagrechte Steinkante ergießt sich das Wasser als gleichmäßiger Schleier.

Während der Aushubarbeiten für das Bachbett formt man die Geländestufen und Auffangmulden gleich mit aus, verfestigt den Untergrund und bringt gegebenenfalls eine Sandschicht aus. Sodann verlegt man die Folie und gräbt die Folienränder am Ufer mit Kapillarsperren (siehe Seite 71 f.) ein bzw. kaschiert sie unter Steinen. Die Stufen selbst werden am besten wie bei einer Legstufentreppe errichtet, d. h., die Stufenplatte liegt jeweils auf untergelagerten Stützsteinen. Dazu lehnt man an die Stirnfläche der Bachbettstufe einen flachen Stein oder eine Steinplatte leicht schräg an. Anschließend wird ein weiterer flacher Stein oder eine Platte auf diesen Stützstein waagrecht aufgelegt. Er darf nicht wackeln, und seine Vorderkante muß ein paar Zentimeter überstehen. Zu den Ufern hin kann man mit grobem Kies oder mit kleineren Findlingen einen gefälligen Übergang schaffen. Damit die Folie nun nicht durch die Steine beschädigt wird, sollte man an den Kontaktstellen von Folie und Steinen ein Schutzvlies einziehen. Wenn die Überlaufkante ganz exakt waagrecht verläuft, ergießt sich das Wasser später in einem gleichmäßigen Schleier darüber herab.

Soll der Bach dagegen temperamentvoll über Kaskadenstufen sprudeln, also eher den Eindruck eines Wildbachs vermitteln, wird man die Fallstufen nicht mit einer flachen Platte als Überlauf, sondern mit rundgeschliffenen Steinen oder mit kleineren Findlingen gestalten, die man über die Stirnplatte schichtet. Das Wasser sucht sich dann darüber und dazwischen seinen Weg. Die Steine sollte man allerdings möglichst sorgfältig miteinander verkeilen, damit die Kraft des Fließwassers sie nicht wegdrückt.

Tip

Der Eindruck rauschenden Wassers läßt sich mit einfachen Mitteln sogar in einem ziemlich eben verlaufenden und daher langsam fließenden Bach hervorrufen. Man braucht dazu nur einen Wasserstau zu erzeugen, indem eine Bachstelle etwas verbreitert und der sich anschließende Teil des Bachlaufs mit einem großen Findling stark eingeengt wird. Das Wasser muß sich dann mit hoher Geschwindigkeit durch diesen Engpaß zwängen.

Tip

Beim Auskleiden der Staubecken mit Folie muß unbedingt beachtet werden, daß sich das Wasser vor den Staustufen ansammeln kann, bevor es über den Wasserfall abfließt. Die Folie sollte ringsum etwa 10 cm über das Stauniveau des Wassers hinausreichen.

Tip

Wird beim Bau eines Bachbetts Holz verwendet, dürfen die Teile, die mit Wasser in Berührung kommen, nicht mit Holzschutzmitteln behandelt sein. Man nimmt deshalb entweder kesseldruckimprägniertes oder unbehandeltes Holz dafür her. Letzteres muß allerdings nach ein paar Jahren ausgetauscht werden.

Eine einfachere, jedoch nicht in allen Fällen zum Charakter des Bachs passende Lösung zur Anlage von Staustufen besteht darin, Rundhölzer und Holzschwellen zu verwenden. Dafür werden sowohl an der Stufe als auch an den Wangen Rund- oder Kanthölzer senkrecht eingegraben. Sie sollten etwa genauso tief in die Erde reichen, wie sie für die Ausbildung der Stufe herausragen. Anschließend nagelt man auf die senkrechten Hölzer waagrecht verlaufende Bretter auf und kleidet das Staubecken zuletzt mit Folie aus. Wer will, kann in das oberste Staubrett eine kleine halbrunde Überlauföffnung schneiden, durch die das Wasser dann abfließt.

Anschlüsse verlegen

Da kaum jemand eine natürliche Quelle oder einen Wasserzufluß im Garten hat, muß für den Bach in der Regel ein künstlicher Kreis-

Der Untergrund von Staustufen und Kaskaden muß vor dem Abdichten exakt ausgehoben und gut verfestigt werden, damit die schweren Steine später kippsicher aufliegen.

Tip

Läßt man den Pumpenschlauch während der Bauphase des Bachlaufs zunächst an Quelle und Mündung noch weiter herausstehen als nötig, fallen verschiedene nachträgliche Korrekturen leichter. Der Quellstein kann dann z. B. anders plaziert oder die Stellung der Pumpe verändert werden. Erst beim Anschließen der Pumpe wird der Schlauch auf seine endgültige Länge gekürzt.

Tip

Soll ein Bach unmittelbar am Haus, an der Terrasse oder anderen Bauten im Garten vorbeiführen, errichtet man vor den Gebäuden eine Trockenmauer aus Gitterziegeln, über die Teichfolie gezogen wird. Damit wird nicht nur das steil abfallende Ufer des Bachlaufs abgedichtet, sondern auch das Fundament vor Nässe geschützt. Oberhalb der Folie kann die Trokkenmauer als sichtbares Gartenelement fortgesetzt werden, indem man sie einfach mit hübschen Natursteinen weiterbaut.

lauf durch Pumpe und Zuleitung geschaffen werden. Im Zuge der Erdarbeiten wird deshalb gleich ein Pumpenschlauch oder ein Rohr, welches das Wasser vom Teich oder Sammelbecken zurück zur Quelle leiten soll, mit eingegraben. Den Schlauch verlegt man ohne Windungen auf dem kürzesten Weg nach oben, andernfalls geht nur unnötig viel Pumpenleistung verloren.

Vorgehensweise beim Abdichten

Je nach Zustand des Untergrunds und abhängig von dem Abdichtungsmaterial, das man verwenden will, kann der Boden mit einer stoß- und druckdämpfenden Sandschicht bedeckt werden. Denselben Effekt erreicht man mit Schutzvliesen aus dem Fachhandel, z. B. Geotextilvlies (siehe Seite 66 f.), die leicht zu verlegen sind und zwischen Untergrund und Folie oder Ton eine dämmende Schicht bilden.

Bei Verwendung von Teichfolie wird die vorbereitete Folie anschließend, immer mit der rauheren Seite nach oben, auf das Bachbett aufgelegt und angepaßt. Auch hier ist zu empfehlen, sich von unten nach oben hochzuarbeiten. Vertiefungen und Staustufen lassen sich so leichter auskleiden. Bei einem Bachbett mit all seinen Kurven und Höhenunterschieden läßt es sich meist nicht vermeiden, daß Falten in der Folie zurückbleiben. Sie werden aber später durch das Gewicht der Kiesel und des Wassers angedrückt, und zudem liefert das Füllmaterial eine geschickte Abdeckung.

Besteht die abdichtende Schicht aus Ton, verfährt man genauso wie beim Bau eines gleicherart ausgekleideten Teichs (siehe dazu Seite 75). Obwohl beim Bach die Wasserlast, die auf die Abdichtung drückt, deutlich geringer ist, muß die Ton- und Kiesschicht genauso dick aufgebracht werden wie bei einem stehenden Gewässer.

Fertigbauelemente und Bachschalen sind in sich stabil und benötigen weder Schutzschicht noch Vlies als Unterlage. Der Untergrund muß jedoch so ausgehoben und verdichtet werden, daß die Elemente fest und kippsicher aufliegen. Am besten hält man sich im Detail an die jeweiligen Bauanleitungen der Hersteller.

Füllmaterial einbringen

Abhängig vom angestrebten Charakter des Bachs sowie vom verwendeten Abdichtungsmaterial füllt man das Bachbett mit Steinen und Kies unterschiedlicher Körnung. Grundsätzlich geeignet sind Kies, Quarzkies, Waschbetonriesel, Flußkiesel und Natursteine jeglicher Farbe, Form und Größe. Kantige Steine sollten auf Folie oder Ton jedoch nicht verwendet werden, da sie bei Belastung diese Abdichtungen leicht beschädigen können. Auch sehr kalkhaltige Gesteine eignen sich nicht, denn sie beeinflussen den pH-Wert des Wassers (siehe Seite 132 f.) und fördern die Bildung von Fadenalgen.

In Folien- oder Fertigbächen wird die Bachsohle zunächst mit Kies oder kleinen Kieseln überzogen, um damit die unschöne Folie oder den Kunststoff zu verdecken. Bachabschnitte, die zur Wasserklärung beitragen sollen, Staubecken, Sammelgruben und Quelltöpfe werden stets 15–20 cm hoch mit Quarzkies oder Kies mit einer Körnung von 5 bis 7 mm gefüllt. Bei der weiteren Ausstaffierung des Bachlaufs kann man seiner Phantasie dann freien Lauf lassen. Größere Steine und Findlinge lassen sich etwa zu Hindernissen, Inseln und Absperrungen für ruhigere Zonen aufbauen, flache Natursteine und Flußkiesel verteilt man möglichst naturgetreu an den Rändern des Bachbetts und am Ufer. Rutschen die Steine an steilen Stellen ab, kann man sie mit etwas Magerbeton auf dem Untergrund fixieren oder aneinanderkleben. In sehr schnell fließenden Bächen verhindert ein wenig Beton sogar das Wegschwemmen der Bodenkiesel. Um dem Bach ein möglichst natürliches Aussehen zu geben, werden Steine unterschiedlicher Größen miteinander kombiniert. Sämtliche Hindernisse, etwa große Findlinge, sollten sich optisch der Größe des Gewässers anpassen.

Die aufzuwendende Menge an Steinen richtet sich nach dem gewünschten Charakter des Bachs. Ein gurgelndes Wiesenbächlein gräbt sich, seiner Natur entsprechend, besser durchs Erdreich und ergießt sich nur manchmal über eine kleinere Steinkaskade, ein Gebirgsbach dagegen springt vom Anfang bis zum Ende von Stein zu Stein. Bei sachlichen, ohnehin meist fest einbetonierten Wasserrinnen kann man sogar ganz auf Steine als Füllmaterial verzichten.

Ufer befestigen

Bevor das Ufer außerhalb der Bachabdichtung mit Steinen besetzt oder gar bepflanzt wird, sollte man einen neuen Bach unbedingt zur Probe mit Wasser füllen und die Pumpe anschließen. Nun zeigt sich, ob das Wasser in den vorgesehenen Bahnen fließt oder sich womöglich an einer falschen Stelle staut und deshalb über das Ufer tritt. Korrekturen der Bachanlage können in diesem Stadium noch relativ leicht durchgeführt werden.

Vor der Gestaltung der Uferbereiche muß der Bachrand gut befestigt werden, damit er gegen Unterspülung gesichert ist und unter der Belastung durch Steine nicht abrutscht. Vor allem in Bachbiegungen sucht sich das strömende Wasser Schwachstellen und vermag dort den Rand zum Einsturz zu bringen. Möchte man an bestimmten Stellen direkt an den Wasserrand treten können oder soll eine Brücke angelegt werden, muß die Uferbefestigung in diesem Bereich begehbar und deshalb besonders solide gebaut sein.

An wenig beanspruchten, bepflanzten Uferabschnitten genügt es, zur Randbefestigung einige mittelgroße, runde Kiesel zu verlegen und die Folie darüberzuziehen. Zu weit überstehende Folie wird eingekürzt, der verbleibende Streifen mit Erde oder Kies abgedeckt. Die Folienkante muß dabei stets nach oben zeigen, damit trockener Boden und durstige Pflanzen der Umgebung dem Bach nicht durch Kapillarwirkung Wasser entziehen können (siehe auch Seite 71 f.). Steile Uferstücke wie auch die Biegungen des Bachs stützt man zusätzlich mit größeren, senkrecht angebrachten Steinplatten ab, die mit kleineren Steinen hinterfüttert werden. Damit die darübergelegte Folie nicht beschädigt wird, polstert man den Stützstein am besten mit einer Lage Vlies. Auch Ziegel, L-Steine oder imprägnierte Hölzer sind als Stützen geeignet.

Wer direkt am Bachrand spazierengehen und deshalb einen Weg, Trittsteine oder eine Brücke anlegen möchte, muß das Ufer entsprechend stabil befestigen. Dazu schichtet man Gehwegplatten in einem Sandbett steil treppenartig auf und klopft sie fest. Anschließend wird die Folie, zwischen zwei Lagen Vlies gebettet, unter der obersten Platte festgeklemmt.

Große Natursteine und kleinere Kiesel verdecken die Folie, so daß von ihr nichts mehr zu sehen ist.

Auch die Bachränder, über die man die Folie als Kapillarsperre hochzieht, werden mit Findlingen befestigt und kaschiert.

Pumpen für alle Zwecke

Das künstliche Herz eines jeden Bachs, aber auch eines Quellsteins, Springbrunnens oder anderer Wasserspiele ist die Pumpe. Sie hält das Wasser in Bewegung und muß in ihrer Leistung an Länge und Gefälle des Bachlaufs, an die umzuwälzende Wassermenge bzw. die angestrebte Höhe eines Brunnenstrahls angepaßt sein. Auch die erwünschte Strömungsgeschwindigkeit sollte man bei der Wahl der Pumpe berücksichtigen: Ein rasanter Wasserfall setzt eine wesentlich höhere Pumpenleistung voraus als ein sanftes Rieselbächlein.

Im Handel ist eine so reiche Auswahl an verschiedenen Pumpen erhältlich, daß man gut daran tut, vor dem Erwerb einen Prüfkatalog mit den Merkmalen des betreffenden Wasserlaufs oder -spiels anzufertigen und sich damit vom Fachmann eingehend über Vor- und Nachteile der verschiedenen Fabrikate beraten zu lassen. Bei einem Bach muß die Liste dessen Länge, Breite und Tiefe sowie sein Gefälle enthalten, außerdem die Wünsche hinsichtlich des Bachtyps und der Pflanzen und Tiere, die darin angesiedelt werden sollen. Weil es sich bei jeder Pumpe um ein strombetriebenes Gerät handelt, empfiehlt es sich, beim Kauf unbedingt auf Markenqualität zu achten. Hochwertige, sichere Geräte sind mit einer TÜV-Prüfplakette oder auch mit dem bekannten GS-Zeichen, das für „Geprüfte Sicherheit" steht, versehen.

Grundsätzlich unterscheidet man zwischen selbstansaugenden und nicht selbstansaugenden Pumpen. Selbstansaugende Förderpumpen bringen zwar eine hohe Leistung, doch arbeiten sie außerhalb des Wasserspiegels, sind teuer, vergleichsweise laut und verbrauchen relativ viel Strom. Sie kommen in der Regel nur bei sehr hohen Wasserspielen zum Einsatz, die einen kräftigen Druck in der Zuleitung benötigen. Über derartige Spezialpumpen informiert man sich am besten im Fachgeschäft.

Da der Gartenbach nur selten einer natürlichen Quelle entspringt, muß er in der Regel mit einer Pumpe betrieben werden, die das Wasser von der Mündung, sei diese ein Teich oder eine Sickergrube, wieder zum Ausgangspunkt befördert.

Tip

Beim Kauf einer Pumpe ist es angebracht, sich vom Fachmann beraten zu lassen. Das Angebot an verschiedenen Modellen ist enorm groß, so daß der Laie leicht den Überblick verliert. Im Gewirr des reichen Sortiments lohnt es sich auch, das Verhältnis zwischen Preis, Leistung und Stromverbrauch zu prüfen.

Für Bach und Teich, für Sprudelsteine und Wasserspiele sind nicht selbstansaugende Tauchpumpen genauso wie Universalpumpen, die ebenfalls nicht selbstansaugend sind, bestens geeignet. Von vielen verschiedenen Herstellern wird eine riesige Auswahl unterschiedlich leistungsstarker Tauchpumpen angeboten, die aber alle nach dem gleichen Prinzip funktionieren. Das Wasser wird von einem Quirl – bei sog. Magnetkernpumpen – oder einer Scheibe mit Schaufelblättern, etwa bei Kreiselpumpen, gegen das Gefälle nach oben gedrückt. Solche Pumpen laufen praktisch geräuschlos, sind robust und langlebig und auf einen stromsparenden Dauerbetrieb ausgelegt. Markengeräte haben zudem meist einen Vorfilter, der leicht zugänglich und gut zu reinigen ist. Bei Fabrikaten ohne eigenen Vorfilter läßt sich nachträglich ein Ansaugkorb vor der Öffnung anbringen, der die Filterfunktion übernimmt.

Angeschaltet müssen Tauchpumpen immer unter Wasser sein, wobei schon wenige Zentimeter Wasser über der Pumpe ausreichen. Sie dürfen nicht trocken laufen, da sie sonst durchbrennen. Damit dies nicht passiert, ist es ratsam, einen Schwimmschalter einzubauen, der die Pumpe bei zu geringem Wasserstand automatisch abschaltet.

Universalpumpen arbeiten nach demselben technischen Prinzip, sind jedoch sowohl innerhalb als auch außerhalb des Wassers einsetzbar, erbringen meist eine höhere Leistung und können deshalb auch für Wasserfälle und Wasserspiele mit großer Förderhöhe benutzt werden. Für den Betrieb außerhalb des Wassers wird die Pumpe in einen trockenen Schacht gebracht, der mindestens so tief sein muß wie der tiefste Punkt des Gewässers. Der Vorteil bei dieser Betriebsart ist, daß man die Wartungsarbeiten problemlos über den trokkenen Schacht erledigen kann.

Alle genannten Pumpen werden normalerweise über den Hausstrom betrieben. Möchte man Energie sparen oder ist kein Stromanschluß in erreichbarer Nähe, stellt der Kauf einer Solarpumpe eine mögliche Alternative dar. Diese Geräte bringen es dank modernster Technik auf eine recht beachtliche Leistung. Etliche Modelle halten den Bach sogar nachts oder bei Schlechtwetter in Bewegung – ein integrierter Akku macht es möglich. Allerdings wirken die Solarmodule, die einen Standort mit günstiger Sonneneinstrahlung benötigen, in Gewässernähe manchmal etwas störend. Von Nachteil ist außerdem der relativ hohe Preis derartiger Pumpen.

Entscheidend dafür, ob sich eine Pumpe für den vorgesehenen Einsatz eignet, ist ihre Leistung. Diese schwankt bei den meisten Modellen zwischen 30 und 300 l Wasser pro Minute. Für ganz kleine Wasserspielereien oder besonders große Kaskaden sind jedoch auch schwächere bzw. stärkere Geräte erhältlich. Generell sollte man besser eine etwas stärkere Pumpe als eine zu schwache kaufen, da sich die Leistung der meisten Geräte problemlos mit einer Klemme drosseln läßt.

Pflege der Pumpe

Alle Pumpen muß man an ihrem Standort, sei es innerhalb oder außerhalb des Wassers, stabil und kippsicher aufstellen. Pumpen, die unter Wasser arbeiten, sollten immer auf einem kleinen Sockel, z. B. einem Ziegelstein, stehen, damit sie nicht zuviel Schlamm vom Boden ansaugen und infolgedessen ständig gereinigt werden müssen. Je nach Schmutzanfall wird die Pumpe etwa alle drei Monate aus dem Wasser genommen und gereinigt. Dabei sollte man das Gerät keinesfalls am Kabel herausziehen, sondern immer an einer Schnur, die man eigens zu diesem Zweck daran befestigt.

Im Winter empfiehlt es sich, die Pumpe ins Haus oder in die Garage zu bringen. Im Gartengewässer könnte sie einfrieren und das Gehäuse dann platzen. Selbst Pumpen, die in frostfreien Wassertiefen stationiert sind, halten länger, wenn man sie im Winter einlagert. Aufbewahrt wird das Gerät in einem Eimer mit sauberem Wasser. Überwintert man eine Pumpe nämlich trocken, besteht die Gefahr, daß die Lager währenddessen festkleben. Wenn man sie im Frühjahr dann wieder in Betrieb nehmen will, läuft sie nicht mehr an, und der Motor brennt durch.

Zubehör

Um das Wasser von der Pumpe aus nach oben zur Quelle bzw. zur Auslaßöffnung eines Wasserspiels zu befördern, wird ein Rohr oder Schlauch mit einem Gewinde an die Ausströmöffnung angeschlossen. Anschlußstücke, Verlängerungen, Verteiler und vieles mehr gibt es in passenden Größen und Gewindestärken vom jeweiligen Pumpenhersteller. Einfache Gartenschläuche eignen sich zur Wasserführung nicht, da sie zu leicht abknicken. Besser sind Spiralschläuche, deren Wandung mit einer harten PVC-Spirale verstärkt ist, sowie verzinkte Rohre. Das Material darf im Lauf der Zeit nicht brüchig werden und muß Frost problemlos überstehen.

Solarzellen plaziert man an der sonnigsten Stelle.

Pumpen aller Art müssen stets regelmäßig gewartet und sorgfältig gereinigt werden.

Plätschernde Wasserspiele

Bewegtes Wasser übt eine starke Faszination aus. Zum einen belebt es den Garten, zum andern lädt das sanfte Murmeln, das Plätschern und das Glitzern der Lichtreflexe auf dem Wasserspiegel zum Träumen ein. Es muß jedoch nicht unbedingt ein großer Wassergarten mit Teich und Bach sein, auch Wasserspiele, Wasserspeier, Sprudelsteine oder Brunnen können äußerst anziehend wirken und finden zudem selbst auf kleinstem Raum noch einen Platz.

Tip

Sprudel- und Mühlsteine sind nicht nur ein schmückendes Gartenelement, sondern auch eine ideale Vogeltränke. Die wasserberieselten Steine bieten den Tieren einen sicheren Landeplatz und laden sie zum Baden und Trinken ein.

Sprudel- und Quellsteine

Der Quellbereich eines Bachlaufs oder der Wasserspiegel eines Teichs läßt sich durch einen Sprudel- oder Quellstein auf hübsche Art und Weise auflockern. Doch auch isoliert stellen die lebhaften Wasserspender einen attraktiven Blickfang dar. Sämtliche Varianten funktionieren dabei nach dem gleichen Prinzip: Eine Pumpe, die in einem Sammelbecken versenkt ist, hält das Wasser in stetem Kreislauf und hebt es dabei an einen erhöhten Punkt, von dem aus es dekorativ herabfallen, -rieseln oder -plätschern kann.

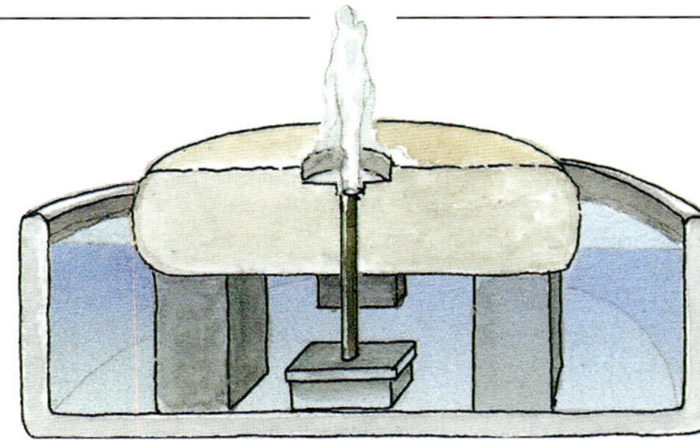

Eine Pumpe drückt das Wasser durch das Rohr im Quellstein nach oben, von wo es wieder zurück ins Sammelbecken sprudelt.

Stets wird die Quelle eines künstlichen Wasserlaufs nicht nur dessen wasserspendender Ursprung sein, sondern auch einen optischen Blickfang bilden, auf den das Auge sich unwillkürlich richtet. Von diesem Punkt aus ergießt sich das Wasser entweder in einen Bach oder plätschert über ein paar Hindernisse in eine Sickergrube. Speziell präparierte Steine, aus denen das Wasser sprudelt, sog. Quellsteine, sind eine reizvolle Möglichkeit, einen Bachanfang oder ein Wasserspiel zu gestalten.

Man kann für diesen Zweck einen großen, glatten Natursteinfindling, einen rauhen Tuffbrocken, einen alten Mühlstein oder auch einen künstlich geformten Kunststoffstein verwenden. Je nach Form und Struktur rieselt

Sprudelsteine sind immer ein attraktiver Blickfang und vielseitig einsetzbar.

Aus dem Quellstein plätschert das Wasser über eine Granitsteinrinne in den Teich.

das Wasser ganz unterschiedlich über deren Oberfläche. Schöne Findlinge aus Naturstein sind meist abgerundet und glatt, so daß das Wasser sanft darübergleitet und dabei Farben und Äderung hübsch zur Geltung bringt. Dagegen sucht sich das Wasser über die vielen Ausbuchtungen und die rauhe Oberfläche von Gesteinen wie Tuff oder Nagelfluh plätschernd seinen Weg. Alte, abgewetzte Mühlsteine mit Patina sind heute nur noch schwer aufzutreiben, doch gibt es im Handel gute „neue".

Um einen geeigneten Quell- oder Sprudelstein zu finden, kann man sich direkt bei Steinmetzen oder in Steinbrüchen umsehen, doch bieten auch viele Gärtnereien und spezielle Gartengestaltungsfirmen eine reiche Auswahl verschiedenster Modelle an. Die dort erworbenen Steine haben in der Regel bereits eine Bohrung für den passenden Schlauch. Muß man das Loch erst noch anbringen lassen, wendet man sich damit an einen Steinmetz. Das eingepaßte Schlauchstück oder Rohr, durch das das Wasser später strömen soll, darf im Bohrloch kein Spiel haben, weil sonst das Wasser daran vorbei direkt wieder ins Pumpreservoir zurückläuft, statt über die Oberfläche des Steins zu fließen.

Ein Problem stellt häufig der Transport der meist sehr schweren Steine dar; daher sollte man sich vor dem Kauf erkundigen, ob der Stein auch angeliefert wird. Bei sehr großen Steinen, deren künftiger Standort im Garten für Transportfahrzeuge unzugänglich ist, muß in manchen Fällen sogar ein Kran Hilfestellung leisten.

Quelltöpfe, Grotten und Brunnen

Natürliche Quellen entspringen oft in steinigen Quelltöpfen oder Felsgrotten. Und wird eine Quelle gefaßt und ummauert, entsteht ein Brunnen. Diesen Vorbildern sind überlaufende Quellbecken und Brunnen im Wassergarten nachempfunden. Dabei muß die Pumpe das Wasser in ein erhöhtes Becken befördern, das überläuft oder seinen Inhalt in Form eines Wasserfalls abgibt. Diese Gestaltungsvariante eignet sich besonders für naturnahe Bäche, die ihren Anfang in einem Quelltopf oder -becken nehmen sollen. Die Mulde für einen solchen Topf kann man mit Folie auskleiden und mit Steinen besetzen, oder er wird mit einer eingesenkten Kunststoffwanne gebildet. Das Wasser läuft entweder an einer bestimmten, etwas niedrigeren Stelle über oder ergießt sich als breiter Wasserfall über eine Kante. Möchte man keinen Bachlauf

Sogar eine schlichte Steinschale, die als Brunnen dient, kann sehr reizvoll sein.

anschließen, wird das Wasser zur Pumpe in einer Sammelgrube geleitet.

Der Wasserzulauf befindet sich in Quelltöpfen meist am Boden, unsichtbar zwischen Steinen und Kieseln versteckt. Plaziert man den Zulauf etwas erhöht über dem Quellbecken und kaschiert ihn mit Tuffelsen oder anderen

Dieser japanische Bronzetopf, aus dem Wasser rinnt, sorgt für fernöstlichen Charme.

Tip

Meist einfacher zu beschaffen und in der Regel auch kostengünstiger als Mühlsteine sind <u>künstliche Quellsteine</u>, die einige Hersteller von Teichbauteilen in ihrem Sortiment anbieten. <u>Aus gemahlenem Sandstein, aus Beton oder Kunststoff</u> gefertigt, passen sie jeweils zu den verschiedenen Bachfertigteilen (siehe Seite 94) aus den gleichen Materialien.

Tip

Wind kann bei hohen Wasserspielen zu Problemen führen. Ist der Teich oder das Wasserbecken zu klein, wird bei starkem Wind stets ein Teil des Wassers verblasen. Im Extremfall kann das Gewässer gänzlich geleert werden und die Pumpe trockenlaufen. Deshalb stellt man bei windigem Wetter die Pumpe ab, oder man sorgt von vornherein für genügend Abstand der Fontäne zum Teich- bzw. Beckenrand. Als Faustregel gilt: doppelt soviel Abstand zum Beckenrand einhalten, wie die Fontäne hoch ist.

Unter einem Baldachin aus Rosen wirkt der recht schlichte Steinbrunnen wie verzaubert.

Steinen, hat es den Anschein, als ob das Wasser aus einer Felswand hervorquellen würde. Mit einer mehr oder weniger ausgeprägten Überbauung können daraus richtige kleine Grotten entstehen, die bewachsen ihren ganz besonderen Reiz haben. Die Wände einer Grotte müssen unter der Steinschicht natürlich mit Vlies und Folie wasserdicht ausgekleidet sein.

Ebenso dekorativ wie ein Quelltopf wirkt auch ein Brunnen, der als Wasserspender fungiert. Die Vielfalt an Brunnen, die aus den verschiedensten Materialien wie Naturstein, Holz, Marmor, Metall oder Beton hergestellt werden können, ist so groß, daß sich ganz sicher für jeden Garten und Geschmack ein passendes Modell finden läßt.

Der Wasserzulauf läßt sich sowohl unsichtbar im Brunnen wie auch erhöht als Wasserspeier anbringen, der das Brunnenbecken plätschernd füllt. Den Ablauf des Brunnens bildet entweder eine eigens dafür vorgesehene Öffnung oder ein geregelter Überlauf. Damit der Brunnen nicht kippt oder Wasser aus seinem Kreislauf verlorengeht, benötigt er einen außerordentlich stabilen und waagrecht geebneten Standplatz.

Plätschernde Kaskaden auf kleinstem Raum bietet ein solcher Wasserstein.

Fontänen, Wasserglocken und andere Wasserspiele

Während aus Quellsteinen, Quelltöpfen und Brunnen das Wasser praktisch unmittelbar herabrinnt, wird es bei Springbrunnen und verschiedenen anderen Wasserspielen zuerst in die Höhe geschossen. Entscheidend für die geförderte Wassermenge und die Höhe der Fontäne ist allein die Leistung der Pumpe (siehe Seite 100f.). Wasserspiele ziehen den Blick auf sich und beleben den Garten mit dem Geräusch des herabfallenden Wassers. Sie können, ganz nach Lust und Laune, zwischendurch auch abgestellt werden. Eingesetzt in einen Teich, reichern sie das Wasser mit Sauerstoff an. In diesem Fall darf das niedergehende Wasser aber nicht auf die Blätter von Schwimmblattpflanzen, etwa Seerosen, auftreffen, weil diese dadurch leicht Faulstellen bekommen können. Und außerdem müssen Wasserspiele der Teichgröße angepaßt sein, soll die Harmonie im Wassergarten erhalten bleiben. Eine gewaltige Fontäne in einem kleinen Tümpel wirkt eher störend als interessant.

Doch nicht alle Wasserspiele brauchen einen sie umgebenden Teich. Das Wasser kleiner Fontänen und sog. Wasserglocken kann man ebenso wie bei Quellsteinen in einer kiesbedeckten Sammelgrube versickern lassen. Die dekorativen Wasserglocken entstehen, indem der Wasserstrahl, gleich nachdem er das Steigrohr verläßt, von einem Hütchen gebremst wird. Das Wasser bildet dadurch einen gleichmäßigen Vorhang rund um das Zulaufrohr und sieht damit wie eine durchsichtige Glocke aus.

Auch Wasserräder sind unter den Wasserspielen zu finden, die der Fachhandel anbietet.

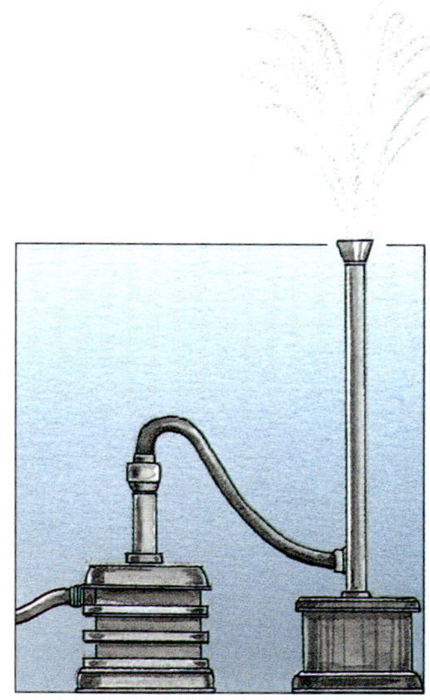

Beim Springbrunnen drückt die Pumpe das Wasser durch einen stabilen Schlauch und das Rohr der Fontäne nach oben.

Um zu erreichen, daß das Wasser im Etagenbrunnen schön gleichmäßig heraussprudelt und über die Kante herabrinnt, muß die Pumpenleistung ausreichend hoch sein.

Bau einer Sammelgrube

Soll ein Sprudelstein oder Wasserspiel nicht in Zusammenhang mit einem Teich oder Bach, sondern an einem separaten Standort installiert werden, muß man eine Sammelgrube bauen, die das Wasserreservoir darstellt und die Pumpe aufnimmt. Dazu wird eine Grube gegraben, die größer als der vorgesehene Aufbau sein muß, damit die gesamte Wassermenge wieder aufgefangen wird und nicht im umgebenden Boden versickert. Wie beim Teichbau kleidet man sie mit Folie aus (siehe Seite 70 f.). Den Rand der Grube belegt man mit Natursteinen oder rechteckigen Rasenkantensteinen und richtet ihn waagrecht aus. Nun wird die Folie darübergezogen und der Folienrand mit Steinen befestigt oder eingegraben. Anstelle einer Folienabdichtung kann man auch ein kleines Teichfertigbecken aus Kunststoff verwenden und eingraben. Darin wird die Pumpe kippsicher aufgestellt und die elektrische Zuleitung möglichst unsichtbar verlegt. Schließlich bringt man den wasserführenden Schlauch oder das Rohr an.

Über die Grube wird dann ein stabiler Gitterrost gelegt. Dabei sollte man nicht vergessen, eine Öffnung freizulassen oder ein Loch in den Rost zu schneiden, damit man für die regelmäßigen Wartungsarbeiten an die Pumpe gelangen kann, ohne den schweren dekorativen Aufbau entfernen zu müssen. Auf den Rost über der Sammelgrube legt man ein Netz oder Vlies, um groben Schmutz und Laub zurückzuhalten. Zum Schluß wird der Quellstein, der Mühlstein oder ein anderer Wasserspender aufgesetzt. Wie beim Bachlauf empfiehlt sich auch hier ein Probelauf, um etwaige bauliche Fehler noch rechtzeitig beheben zu können. Abschließend werden Steine, Kies und Pflanzen um das Wasserspiel angeordnet.

Technisches Zubehör

Der Reiz von Sprudelsteinen, Fontänen und Wasserspielen liegt in den mannigfaltigen Bewegungsformen des Wassers. Die Höhe und der Charakter des Wasserstrahls sind in erster Linie abhängig von der Leistung der Pumpe und der Plazierung des wasserführenden Rohrs.

Prinzipiell können die gleichen Pumpen wie für einen Bachlauf verwendet werden, und am besten eignen sich Tauch- oder Universalpumpen (siehe Seite 100 f.), die am Boden des Teichs oder in der Sammelgrube installiert werden. Über die für eine bestimmte Höhe und Form des Wasserspiels benötigte Leistung informiert man sich am sichersten im Fachhandel.

Passende Zubehörteile wie Rohre, stabile Schläuche, Ventile und etliches mehr sind im Installations- oder Gartenfachhandel erhältlich. Für Springbrunnen, Wasserglocken und Fontänen gibt es die verschiedensten Aufsätze und Düsen, die dem Wasserstrahl jeweils eine ganz bestimmte Form geben. Bei vielen Springbrunnensystemen kann man die Düsen auch problemlos auswechseln und so ganz

Tip

Vor allem Farne und Gräser gedeihen gut in der spritzwasserfeuchten Umgebung von Sprudelsteinen. Ihre ornamentalen Wedel und Horste kommen zudem zwischen Steinen und Kieseln besonders hübsch zur Geltung.

Tip

Der Verlauf von elektrischen Leitungen im Garten läßt sich leicht mit Steinen oder Pflanzen markieren. Dadurch verhindert man, daß sie bei Erdarbeiten versehentlich beschädigt werden.

Am einfachsten lassen sich Wasserfontänen in einen Teich oder ein Wasserbecken integrieren. Andernfalls muß ein eigenes Auffangbecken gebaut werden.

nach Lust und Laune mal einen sprudelnden, mal einen sprühenden oder gar einen gewundenen Strahl erzielen.

Je nachdem, wie weit man das wasserführende Rohr aus dem Stein, in den es eingepaßt ist, herausragen läßt, ergibt sich ein steilerer oder flacherer Strahl. Ein längeres Rohrstück bewirkt einen höheren, schmalen Strahl, ein kurzes oder versenktes Rohrende reißt mehr Wasser mit, der Strahl wird flacher, aber voller. Man sollte den Effekt verschieden langer Rohrüberstände ausprobieren und das Rohr gegebenenfalls zuschneiden, bis das erwünschte Ergebnis erreicht ist.

Wird das obere Ende der Bohrung im Stein trichterförmig erweitert, indem man es um einige Zentimeter aufmeißeln läßt, entsteht ein sog. Quellhof, der bei vorgefertigten Sprudel- oder Mühlsteinen meist schon vorhanden ist. In diese Vertiefung kann das Rohrende unsichtbar versenkt und ihm dann z. B. eine Schaumdüse aufgesetzt werden. Die Schaumdüse versetzt den Wasserstrahl mit Luft, er wirkt dann heller und lebhafter.

Fontänen funktionieren nach dem gleichen Prinzip. Je nachdem, wie weit unter der Wasseroberfläche das Rohr endet, verändert sich die Gestalt des Strahls. Reicht das Rohr bis knapp unter den Wasserspiegel, schießt ein relativ hoher, schlanker Strahl in die Höhe. Setzt man das Rohr 2–3 cm tiefer, wird der Strahl niedriger, aber voller. Bei noch tieferem Rohrende reißt der Strahl immer mehr umliegendes Wasser mit, er wird flacher und breiter. Doch auch hier soll gelten: Probieren geht über Studieren.

Ein Wasserspiel dieser Art erfordert eine aufwendigere Konstruktion als eine einfache Fontäne. Man wird es deshalb nur in einem größeren Wassergarten anlegen.

Tip

Hat man beim Ausprobieren der besten Rohrlänge versehentlich ein kleines Stück Rohr zuviel weggeschnitten und der Wasserstrahl an Form verloren, ist das noch kein Malheur. Man kann zum Ausgleich die Pumpe erhöhen, indem man z. B. einen Ziegelstein oder einige alte Fliesen in das Auffangbecken legt und die Pumpe kippsicher daraufstellt.

Leuchtende Akzente, gesetzt durch Lichtkugeln aus Glas, machen den Teich attraktiv. Die ungewöhnliche Form des Wasserspiels unterstreicht die Wirkung zusätzlich und reichert das Wasser zugleich mit Sauerstoff an.

Ein Paradies aus Menschenhand

Bepflanzung und Gestaltung

Im schönsten Sommerkleid präsentiert sich der kleine Gartenteich mit seiner sehr ausgewogenen Bepflanzung als Mittelpunkt des Gartens.

Erst durch eine harmonische, sorgfältig aufeinander abgestimmte Bepflanzung erhält ein Gewässer im Garten ein lebendiges und schmückendes Gesicht. Durch gezielte Auswahl der verwendeten Gewächse eröffnen sich die verschiedensten Gestaltungsmöglichkeiten. Werden bei der Ausstattung des Gewässers mit Pflanzengrün einige wichtige Grundsätze befolgt, so entwickelt sich der Teich oder Bach in kurzer Zeit zu einem einzigartigen, faszinierenden Lebensraum, in dem sich auch bald kleine und größere Tiere einstellen. Von einem Uferweg, einem Steg oder gar einer Brücke aus läßt sich das kleine Paradies genießen.

Vielfältiger Schmuck des Wassergartens

Tip

Aus der botanischen Benennung einer Pflanze läßt sich oft ein Rückschluß auf ihre Standortansprüche ziehen. So bedeutet z. B. der Bestandteil *palustris* im Artnamen, daß es sich um eine Sumpfpflanze handelt, *natans* dagegen bezeichnet eine Schwimmpflanze.

Ebensolche Sorgfalt, wie sie bei der technischen Planung und Anlage eines Gartengewässers erforderlich ist, sollte man bei der Auswahl und Zusammenstellung des Pflanzenschmucks walten lassen. Das Element Wasser bietet den unterschiedlichsten Gewächsen Lebensraum, angefangen von den Sumpfpflanzen über Schwimm- und Schwimmblattpflanzen bis hin zu den völlig untergetaucht lebenden Unterwasserpflanzen. Das biologische Gleichgewicht, der angestrebte Idealzustand eines Gartengewässers, kann sich um so leichter einstellen, wenn die Bepflanzung möglichst vielfältig ausgelegt wird.

Zu einer ausgewogenen Teichbepflanzung gehören neben so farbenprächtigen Blumen wie der Seerose auch eher unauffällige Wasserpflanzen, etwa der Gewöhnliche Tannenwedel.

Zahlreiche Hilfsmittel, etwa Container, Pflanzkörbe, Matten oder Steine, vereinfachen dem Wassergärtner die Arbeit der Bepflanzung und späteren Pflege des Gewässers. Und um den Pflanzen gute Wuchsbedingungen zu verschaffen, ist die Wahl des richtigen Pflanzsubstrats sowie des passenden Pflanztermins unerläßlich.

Die Benennung der Pflanzen

Die Fülle verschiedener Gewächse ist für den Laien oft recht verwirrend. Erschwerend kommt hinzu, daß die deutschen Namen vieler Arten regional unterschiedlich lauten und etliche Bezeichnungen auf zwei oder mehr Pflanzenarten angewendet werden. Will man sichergehen, in der Gärtnerei oder im Versandhandel auch wirklich die gewünschte Pflanze zu erhalten, sollte man daher stets die unverwechselbaren botanischen Pflanzennamen benutzen. Die eindeutige und in aller Welt gültige Benennung von Pflanzen geht auf den schwedischen Naturforscher Carl von Linné (1707–1778) zurück. Er führte 1753 die sog. binäre Nomenklatur, d. h. die Doppelbenennung von Pflanzen ein. Die verwendeten Namen sind damals wie heute weitgehend der lateinischen oder griechischen Sprache entlehnt. Der erste, immer groß geschriebene Name bezeichnet dabei die Gattung, der zweite, in jedem Fall klein geschriebene Name eine ganz bestimmte Art dieser Gattung. So erhält z. B. die heimische Schwanenblume, die häufig auch Wasserliesch oder Blumenbinse genannt wird, erst durch ihren wissenschaftlichen Namen *Butomus umbellatus* eine eindeutige Identität.

Bei vielen Arten treten standortbedingte Unterschiede im Wuchs oder in der Ausbildung der Blüten auf, die eine weitere Unterteilung in Unterarten (lateinisch *subspecies*) oder in Varietäten sinnvoll erscheinen lassen. In diesem Fall werden die entsprechenden Kürzel, ssp. bzw. var., dem Artnamen angefügt. Der botanische Name *Scirpus lacustris* ssp. *lacustris* etwa bezeichnet die Seesimse, *Scirpus lacustris* ssp. *tabernaemontani* hingegen die Graue Seesimse.

Die Graue Seesimse, Scirpus lacustris ssp. tabernaemontani, ist der Seesimse sehr ähnlich.

Die Dreimasterblume, die man gern im Garten anpflanzt, entstand durch Kreuzung zweier Arten.

Daneben gibt es noch die sog. Bastarde, die aus der Kreuzung verschiedener Elternarten derselben Gattung entstanden sind. Sie werden in der wissenschaftlichen Schreibweise mit einem x zwischen Gattungs- und Artnamen gekennzeichnet, wie es etwa bei der Gartenlobelie, *Lobelia* x *speciosa* der Fall ist, deren „Vorfahren“ *Lobelia cardinalis, Lobelia siphilitica* und *Lobelia splendens* sind. Weiterzüchtungen und Auslesen dieser Bastarde tragen dann im allgemeinen den Namen Hybriden, der mit einem Bindestrich an den jeweiligen Gattungsnamen angehängt wird. Die Zuchtformen der Seerosen beispielsweise nennt man *Nymphaea*-Hybriden.

Auch die Kenntnis des Sortennamens ist oftmals von Bedeutung. Er steht für Besonderheiten einer Pflanze hinsichtlich ihrer Blütenfarbe, -gestalt oder Wuchsform, die sie von der eigentlichen Art unterscheiden. Zahlreiche Sorten findet man vor allem bei beliebten Gartenpflanzen, die teilweise schon seit Jahrhunderten züchterisch bearbeitet werden. Unter den Wasserpflanzen trifft dies besonders auf die Seerose *(Nymphaea)* zu. Von der heimischen Weißen Seerose *(Nymphaea alba)* wird beispielsweise häufig die Sorte 'Minor' angeboten, die eine deutlich geringere Wuchskraft als die Ursprungsart aufweist. Sortennamen werden vereinbarungsgemäß in einfache Anführungszeichen oben gesetzt, stets groß geschrieben und immer nach dem Artnamen genannt.

Pflanzengattungen, die sich in bestimmten Merkmalen ähneln und daher als verwandt zu betrachten sind, faßt man in der wissenschaftlichen Systematik zu Pflanzenfamilien zusammen. So gehört die Seerose gemeinsam mit der ebenfalls heimischen Teichrose *(Nuphar)* und einigen wenigen anderen, meist exotischen Gattungen zur Familie der Seerosengewächse *(Nymphaeaceae)*. Verglichen mit dieser recht kleinen Pflanzenfamilie stellen z. B. die Braunwurzgewächse oder Rachenblütler *(Scrophulariaceae)*, deren gemeinsames Merkmal in typischen Rachenblüten besteht, eine enorm umfangreiche Familie dar. Im Wassergarten sind sie u. a. durch die Gattungen Gauklerblume *(Mimulus)*, Braunwurz *(Scrophularia)* und Ehrenpreis *(Veronica)* vertreten.

Tip

Bisweilen werden Arten aus wissenschaftlichen Gründen umbenannt. Sie sind aber oft noch lange unter ihrer alten Bezeichnung im Handel. In diesen Fällen erweist es sich als äußerst hilfreich, wenn man sich auf seiner Einkaufsliste nicht nur die exakten aktuellen Namen, sondern auch die alten, also die Synonyme der gewünschten Pflanzen notiert hat, die in den Pflanzenbeschreibungen (siehe Seite 156–231) in Klammern angegeben sind.

Auf den ersten Blick würde wohl kaum jemand eine engere Verwandtschaft zwischen der blauen Bachbunge (links oben) und der gelb-rot gefleckten Gauklerblume (unten) vermuten – und dennoch gehören sie beide zu der Familie der Braunwurzgewächse, deren gemeinsames Erkennungszeichen die Rachenblüten sind.

Tip

Von den Gärtnereien werden unter Naturschutz stehende Pflanzen eigens vermehrt und nicht aus natürlichen Beständen gesammelt. Wer also eine geschützte Pflanze in seinem Garten ansiedeln will, kann diese im Handel erwerben.

Tip

Halten sich häufig kleine Kinder im Garten auf, sollte man aus Sicherheitsgründen auf Giftpflanzen völlig verzichten. Auch Haustiere können durch den Verzehr giftiger Pflanzenteile gefährdet sein und werden daher am besten in einer giftpflanzenfreien Umgebung gehalten.

Tip

Nach dem Verzehr von Giftpflanzen muß die betreffende Person umgehend zu einem Arzt gebracht werden. Die Behandlung der Vergiftungserscheinungen wird erleichtert, wenn man die verursachende Pflanze exakt benennen kann oder aber mitbringt.

Naturschutz

Hierzulande gehören natürliche Feuchtgebiete, angefangen von Feucht- und Naßwiesen über Moore bis hin zu Still- und Fließgewässern, zu den am stärksten bedrohten Biotopen. Durch Trockenlegung, Grundwasserabsenkungen und Begradigung von Flußläufen wird diesen Lebensräumen buchstäblich das Wasser abgegraben. Dies hat tiefgreifende Auswirkungen auf die standorttypischen Pflanzen, die sich in ihrer langen Entwicklungsgeschichte an die besonderen Lebensbedingungen in und am Wasser angepaßt haben. Oft werden die hochspezialisierten Arten beim Trockenfallen ihres Standorts von konkurrenzstarken „Allerweltsarten" wie etwa dem Riesenbärenklau (auch Herkulesstaude genannt, *Heracleum mantegazzianum*) oder dem Drüsigen Springkraut *(Impatiens glandulifera)* verdrängt. Wenn – wie in vielen Fällen – Rückzugsgebiete fehlen, gehen sie dann für immer verloren. Zusammen mit der Flora schwindet auch die bedrohte Tierwelt der wassergebundenen Lebensräume.

Vor diesem Hintergrund sollte es selbstverständlich sein, keine Feuchtgebietspflanzen aus der Natur zu entnehmen, auch dann nicht, wenn man sie im eigenen Gartengewässer ansiedeln will. Viele der in diesem Buch vorgestellten Arten (siehe Pflanzenbeschreibungen Seite 156–231) stehen zudem unter strengem Naturschutz, z.B. Geflecktes Knabenkraut *(Dactylorhiza maculata)*, Echte Sumpfwurz *(Epipactis palustris)*, Sumpfsiegwurz *(Gladiolus palustris)*, Gewöhnliches Gnadenkraut *(Gratiola officinalis)*, Wasserfeder *(Hottonia palustris)*, Sumpfschwertlilie *(Iris pseudacorus)*, Fieberklee *(Menyanthes trifoliata)*, Gelbe und Kleine Teichrose *(Nuphar lutea, Nuphar pumila)* sowie Weiße und Glänzende Seerose *(Nymphaea alba, Nymphaea candida)*. Ein Ausreißen oder Ausgraben dieser Pflanzen wird mit empfindlichen Strafen geahndet.

Der Riesenbärenklau ist äußerst wuchsstark und kann andere Arten rasch verdrängen.

Die heimischen Orchideen, z. B. die Knabenkrautarten, stehen unter strengem Naturschutz.

Giftige und hautreizende Stoffe

Von alters her werden die Inhaltsstoffe bestimmter Pflanzen als Heil- oder Würzmittel verwendet, ganz abgesehen davon, daß zahlreiche Pflanzen dem Menschen als Nahrung dienen. Doch nicht immer besitzen pflanzliche Substanzen heilsame oder schmackhafte Eigenschaften. Manche ätherischen Öle verursachen Haut- und Schleimhautreizungen, andere Verbindungen sind sogar hochgradig giftig.

Gefährliche Auswirkungen haben Giftpflanzen besonders dann, wenn sie in Gärten wachsen, in denen Kinder spielen. Mit ihren glänzenden, leuchtend roten Beeren ziehen beispielsweise der Italienische Aronstab *(Arum italicum)* und die Sumpfkalla *(Calla palustris)* zur Fruchtzeit die Aufmerksamkeit von Kindern auf sich und verleiten sie zum Kosten.

Zwar nicht lebensbedrohend, doch äußerst unangenehm sind die Wirkungen von hautreizenden oder allergieauslösenden Pflanzeninhaltsstoffen. Vom aromatisch duftenden Kalmus *(Acorus calamus)* und vom Zwergkalmus *(Acorus gramineus)* ist bekannt, daß sie bei

Kontakt Hautreizungen hervorrufen können. Ebenso führen der giftige Milchsaft von Wolfsmilchgewächsen *(Euphorbiaceae)*, die im Wassergarten vor allem durch die Sumpfwolfsmilch *(Euphorbia palustris)* vertreten sind, sowie die Blätter des Wasserknöterichs *(Polygonum amphibium)* bei empfindlichen Menschen zu Hautausschlägen.

Hübsch anzusehen, doch gefährlich – alle Teile der Sumpfkalla sind giftig.

Bezugsquellen für Wasser- und Sumpfpflanzen

Während es Balkon- und Gartenblumen heutzutage schon in fast jedem Supermarkt zu kaufen gibt, muß man auf der Suche nach Pflanzen für ein Gartengewässer meist Spezialgärtnereien ausfindig machen. Das örtliche Branchenfernsprechbuch leistet dabei eine gute Hilfe. Viele der auf Wasserpflanzen spezialisierten Gärtnereien bieten auch den Versandweg an. Adressen stehen in der Regel im Anzeigenteil einschlägiger Gartenzeitschriften. Hat man allerdings eine konkrete Vorstellung davon, mit welchen Blütenfarben und Wuchsformen man sein Gewässer gestalten will, empfiehlt es sich, die Pflanzen vor dem Kauf zur Hauptwachstums- bzw. Blütezeit erst einmal zu begutachten, etwa in Botanischen Gärten oder Schaugärten der Spezialversandhandlungen. Das bewahrt vor späteren Enttäuschungen, was besondere Merkmale etwa bestimmter Zuchtformen betrifft.

Wasserpflanzen werden meist in spezialisierten Gärtnereien gezogen und angeboten.

Die Beschaffung von Pflanzen für die Sumpfzonen und feuchten Uferränder verursacht in der Regel weniger Umstände. Sie sind meist auch in Staudengärtnereien und Gartencentern erhältlich.

Pflanzenbedarf

Eine abwechslungsreiche Artenzusammenstellung aus Unterwasser-, Schwimm- und Schwimmblattpflanzen sowie Sumpfpflanzen ist nicht nur für die Ökologie des Gartengewässers von großer Bedeutung, sondern bietet darüber hinaus einen wunderschönen

Pflanzen für den Sumpfbereich wie die Sibirische Schwertlilie sind meist problemlos erhältlich.

Tip

Grundsätzlich gilt die Empfehlung, bei jeder Gartenarbeit zum eigenen Schutz Handschuhe zu tragen. Sie schützen nicht nur vor Hautkontakt mit giftigen Pflanzeninhaltsstoffen, sondern beugen außerdem Verletzungen vor. Gefürchtet sind z. B. die scharfen Blattränder des Schneidrieds, an denen man sich, wie auch an vielen anderen Gräsern, leicht die Haut aufschneiden kann.

Tip

Eine Bepflanzungsskizze hilft beim Zusammenstellen der Einkaufsliste für den Wassergarten. Anhand der Zeichnung kann man auch den Bedarf an Hilfsmitteln wie Containern, Pflanzkörben oder Matten (siehe Seite 117 f.) erkennen, die man am einfachsten gleich zusammen mit den Pflanzen im Fachhandel besorgt oder bestellt.

Tip

Beim Direktkauf hat man Gelegenheit, die Pflanzen gründlich auf Schädlingsbefall hin zu untersuchen. Man sollte dies nutzen und bei Pflanzen, die über den Wasserspiegel hinausragen, besonders die Blattunterseiten inspizieren, da sich hier häufig Schädlinge verstecken.

Tip

Gut entwickelte Pflanzen haben dicht durchwurzelte Ballen, die Wurzeln dürfen jedoch nicht durch die Wasserabzugslöcher der Töpfe wachsen, außer bei starkwüchsigen Schwimmblattpflanzen.

Tip

Man darf sich beim Anblick der zierlichen Jungpflanzen in der Gärtnerei nicht über deren oftmals enorme Wuchskraft hinwegtäuschen lassen. Es ist allemal besser, anfänglich zu wenige als zu viele Pflanzen einzusetzen. Nachpflanzen geht nämlich meist problemlos, während ein Ausdünnen der Bestände oft wesentlich mehr Arbeit verursacht.

Tip

Für Kunden, die sich bei der Artenzusammenstellung für den Gartenteich unsicher sind, bietet der Fachhandel als besonderen Service komplette, aufeinander abgestimmte Pflanzsortimente für verschiedene Teichgrößen an.

Tip

Beim Verpacken neu erworbener Pflanzen sollte man darauf achten, daß die Etiketten mit der Artbezeichnung und eventuellen Pflegehinweisen nicht verlorengehen oder vertauscht werden. Sie erleichtern es zu Hause sehr, die Arten zu identifizieren und sie am richtigen Standort einzusetzen.

Anblick. Trotz des vielfältigen und verlockenden Angebots an Feuchtgebiets- und Wasserpflanzen sollte man seine Begeisterung bei der Erstbepflanzung des Gewässers jedoch zügeln und anfangs keinesfalls zu viele Pflanzen erwerben.

Für den Besatz der Tiefwasserzone mit Unterwasserpflanzen haben sich etwa zwei bis drei Exemplare pro Quadratmeter bewährt. Mehr Platz sollte man Seerosen und anderen Schwimmblattpflanzen zugestehen. Damit sie sich frei entfalten können, hält man am besten mindestens 1 m Abstand zu Nachbarpflanzen. Von den im Wasser treibenden, nicht im Boden wurzelnden Schwimmpflanzen genügt es, pro Art ein bis zwei Exemplare in den Teich zu setzen. Die Sumpf- und Flachwasserzone dagegen läßt sich üppiger bestükken. Pflanzen- und Artenreichtum dieser Zone sind besonders wichtig, da die Gewächse dem Wasser reichlich Nährstoffe entziehen und so wie eine Kläranlage wirken. Während man hochwüchsige Stauden besser einzeln oder in kleinen Gruppen im Abstand von 40–50 cm einsetzt, sollten niedrigere Arten bei etwa 20–30 cm Pflanzabstand in größeren Gruppen verwendet werden.

Transport und Zwischenlagerung

Holt man die Wasserpflanzen selbst im Gartencenter oder der Gärtnerei ab, ist es wichtig, einige Vorkehrungen für ihren Transport zu treffen, damit sie unbeschadet im heimischen Garten ankommen.

Schwimmblattpflanzen transportiert man vorzugsweise in Eimern mit Deckel oder Plastikbeuteln.

In der Regel werden Sumpf- und Schwimmblattpflanzen vom Verkäufer mit etwas Wasser in Plastikbeutel verpackt. Unterwasserpflanzen befördert man am besten in wassergefüllten Eimern oder packt sie ebenfalls in Plastikbeutel. Das Auto als Transportmittel stellt an sonnigen Tagen eine Gefahrenquelle dar. Während man nämlich in den Verkaufsräumen die schönsten Pflanzen aussucht, heizt sich ein in der Sonne geparkter Wagen rasch auf. Damit die Pflanzen keinen Temperaturschock erleiden, sollte man daher vor dem Einladen für mehrere Minuten alle Wagentüren öffnen, bis sich die Innenluft wieder abgekühlt hat.

Ergibt sich nach dem Einkauf nicht sofort Gelegenheit, die erworbenen Schätze einzupflanzen, kann man sie bedenkenlos einige Stunden in ihrem Transportbeutel aufbewahren. Verstreicht bis zur Pflanzung jedoch ein längerer Zeitraum, sollte man die Gewächse in wassergefüllten Schalen oder Eimern zwischenlagern. Sie müssen in jedem Fall kühl und schattig stehen, denn in der prallen Sonne gehen die Pflanzen im Beutel wie auch in Wassergefäßen schnell zugrunde.

Geeignete Substrate

Damit das Gartengewässer nicht gleich von Anfang an zuviel Nährstoffe enthält, gilt es, das richtige Substrat für den Teichgrund zu verwenden. Ungeeignet sind nährstoffreiche Substrate wie humose Gartenerde, Kompost oder sonstige mit organischen Düngern angereicherte Erden. Auch der Mutterboden, d.h. die oberste Schicht des Teichaushubs, wird besser nur außerhalb des Gewässers verwendet, beispielsweise zur Gestaltung des Uferbereichs.

Gut geeignet zur Auskleidung des Gewässergrunds sind hingegen Lehm-Sand-Gemische, bei denen ein Teil Lehm mit drei oder vier Teilen Sand vermengt wurde. Der Lehmanteil sorgt für Nährstoffspeicherung und gibt den Wurzeln der Wasserpflanzen Halt. Für diese Komponente verwendet man am besten Aushuberde, jedoch nur die humusarme aus tieferen Schichten (siehe Seite 64). Alternativ bietet sich reiner Lehm an, den man im Fachhandel erwerben kann. Der Sandanteil des Substrats wirkt Bodenverdichtungen entgegen. Man sollte auf Flußsand oder gewaschenen Sand mit einer Körnung bis zu 2 mm zurückgreifen, der ebenfalls im Fachhandel zu beziehen ist.

Die erforderliche Menge an Substrat richtet sich zum einen natürlich nach der Größe des

Der blaue Lungenenzian braucht saures Substrat und würde auf Kalkböden nur kümmern.

Das Scheidige Wollgras gedeiht seinem Naturstandort entsprechend im Moorbeet am besten.

Gewässers, zum andern nach der Bepflanzung. Gewöhnlich verlangen Sumpfpflanzen eine wesentlich mächtigere Erdschicht als Unterwasserpflanzen, bewuchsfreie Zonen wie Steilufer müssen gar nicht mit Substrat bedeckt werden. Entsprechend einer Faustregel kann man davon ausgehen, daß pro 10 m^2 Teichbodenfläche etwa 1 m^3 Substrat erforderlich ist.

Pflanzen der Moorstandorte, etwa Fieberklee *(Menyanthes trifoliata)*, Lungenenzian *(Gentiana pneumonanthe)*, Wollgrasarten *(Eriophorum)* oder aus dem ostasiatischen Raum stammende Irisarten, gedeihen nur auf kalkarmen, sauren Böden befriedigend. Um ihnen diese Bedingungen bieten zu können, muß man dem Substrat Torf zusetzen. Diese Maßnahme empfiehlt sich allerdings lediglich in bestimmten Abschnitten der Sumpfzone, da ein insgesamt hoher Torfanteil das Wasser zu sauer macht. Sinnvollerweise bereichert man diese Areale auch im weiteren Umfeld mit kalkmeidenden Gewächsen, z. B. Rhododendren *(Rhododendron)*.

Einige starkwüchsige Arten wie Seerosen *(Nymphaea)*, Teichrosen *(Nuphar)*, Seekanne *(Nymphoides peltata)*, Hechtkraut *(Pontederia cordata)* oder Goldkeule *(Orontium aquaticum)* entwickeln sich nur bei ausreichender Nährstoffversorgung gut. Um derentwegen nicht gleich das ganze Gewässer mit Nährstoffen zu überfrachten, kann man solchen „hungrigen" Arten beim Einsetzen ein kleines Nährstoffdepot mitgeben, indem man mit Dünger vermischte Lehmkugeln ins Pflanzloch drückt (siehe auch Seite 145 f.). Am einfachsten läßt sich das durchführen, wenn diese Gewächse in speziellen Pflanzgefäßen für den Wassergarten gehalten werden (siehe Seite 117 f.).

Starkzehrende Arten wie die Seekanne entwickeln sich nur bei guter Nährstoffversorgung so prächtig.

Tip

Statt ein geeignetes Teichsubstrat selbst zu mischen, kann man auch fertige Teicherde im Fachhandel erwerben. Im Unterschied zu normaler Blumenerde enthält sie keine Düngemittel und ist damit ganz auf die Bedürfnisse der Pflanzen im Wassergarten abgestimmt.

Tip

Daß Wasserpflanzen unter Nährstoffmangel leiden, kommt nur höchst selten und allenfalls bei einigen wenigen starkzehrenden Arten vor. Treten jedoch Symptome wie Kümmerwuchs, vergilbende Blätter und verkrüppelte Triebe auf, scheint eine Gewässeranalyse (siehe Seite 132 ff.) ratsam. Liegen insbesondere die Nitratwerte unter 5 mg/l, ist eine maßvolle Nachdüngung der betroffenen Arten erforderlich.

Pflanzzeiten

Pflanzen, die an den Lebensraum Wasser gebunden sind, erwachen im Frühjahr aufgrund dessen langsameren Erwärmung im allgemeinen erst einige Zeit später aus der winterlichen Ruhephase als ihre landlebenden Verwandten; entsprechend beginnt auch die Pflanzzeit etwas später als im übrigen Garten. Sobald die Eisdecke des Gewässers im Frühjahr abgeschmolzen und der Boden im Sumpfbereich aufgetaut ist, können die Neuerwerbungen an ihren vorgesehenen Platz gepflanzt werden. Im Handel angebotene Jungpflanzen sind heute fast ausnahmslos mit Topfballen kultiviert. Das macht es möglich, sie die ganze Vegetationsperiode über, bis etwa Mitte September, einzupflanzen. Als günstigster Zeitraum hat sich dennoch das Frühjahr erwiesen.

Tip

Jungen Seerosen und auch anderen Schwimmblattpflanzen wird das Anwachsen erleichtert, wenn man sie in Körbe pflanzt und sie entsprechend ihrem Zuwachs immer weiter in die Tiefe schiebt. Dabei sollten die Schwimmblätter stets gerade die Wasseroberfläche erreichen. Zum Verrücken der Körbe benutzt man einen langstieligen Haken. Nur bei Folienteichen hebt man die Gefäße besser hoch, um die reißempfindliche Folie zu schonen.

Die aus tropischen Gefilden stammende Wasserhyazinthe ist nicht frosthart. Sie wird deshalb erst nach den Eisheiligen ins Freie gesetzt.

Nicht zu früh im Jahr sollte man Exoten wie die Wasserhyazinthe *(Eichhornia crassipes)*, Muschelblume *(Pistia stratiotes)* oder tropische Seerosenarten *(Nymphaea)* in das Gewässer setzen. Sie können im noch zu kalten Wasser sowie bei Spätfrösten leicht Schaden nehmen und kommen daher am besten erst Ende Mai ins Freie.

Tip

Bei neu angelegten Wassergärten empfiehlt es sich, bereits einige Tage vor der Pflanzung den Gewässerboden kräftig einzuschlämmen. Dazu läßt man langsam Wasser einlaufen, bis sich das Substrat gut vollgesogen hat. Auf diese Weise verhindert man, daß frisch eingesetzte Pflanzen beim Auffüllen des Gewässers weggeschwemmt werden.

Die richtige Wassertiefe

Manche Wasserpflanzen vertragen es nur, mit den untersten Sproßabschnitten im Wasser zu stehen, einige schätzen mittelhohe Wasserstände, andere wiederum müssen vollständig vom Wasser bedeckt sein. Um den unterschiedlichen Ansprüchen der einzelnen Arten gerecht zu werden, sollte man sich vor der Pflanzung genauestens über die jeweils erforderliche Wassertiefe informieren und sie dementsprechend einsetzen.

Junge Exemplare von Sumpfpflanzen, die im flachen Wasser gedeihen, pflanzt man so, daß ihre obersten Blätter zumindest noch teilweise über die Wasseroberfläche hinausragen. Das erleichtert ihnen den Gasaustausch und die Photosynthese, was das Anwachsen der Pflanze deutlich verbessert.

Bei Seerosen muß man den benötigten Wasserstand beachten. Die Sorte 'Richardsonii' (ganz oben) ist für Tiefen bis zu 100 cm, 'Berthold' (oben) schon für 20–40 cm Tiefe geeignet.

Nicht immer können alle Gewächse direkt an eine Stelle mit für sie optimaler Wassertiefe gepflanzt werden. Handelt es sich bei dem

Gewässer z. B. um ein formales Becken mit einer gleichmäßigen Tiefe von 60 cm, braucht man trotzdem nicht auf Sumpfpflanzen zu verzichten. Den für sie geeigneten Wasserstand erreicht man, indem man sie in Körbe setzt und diese auf entsprechend hohe bzw. aufeinandergestapelte Steinquader oder auf U-Steine stellt.

Pflanzung direkt in das Teichsubstrat

Wasserpflanzen sind im allgemeinen Flachwurzler und können daher ohne weiteres auch direkt in das ausgebrachte Substrat (siehe Seite 114 f.) eingepflanzt werden. Eine Lage Teicherde oder eine entsprechende Mulmschicht, die sich aus Schwebstoffen langsam angesammelt hat, reicht ihnen zur Verankerung aus. Problemlos geht die Pflanzung natürlich nur bei der Neuanlage eines Gewässers vonstatten. Bei schon bestehenden Anlagen muß das Wasser so weit abgelassen werden, bis die vorgesehenen Pflanzstellen gut zu erreichen sind. Zweckmäßig beginnt man mit der Pflanzung in der Mitte des Teichs und arbeitet sich von dort allmählich bis in die Sumpfzone vor.

Für Containerpflanzen wird zunächst ein Pflanzloch in der Größe des Topfballens ausgehoben, für ballenlose Ware sollte das Loch so groß sein, daß die Wurzeln entsprechend ihrer natürlichen Lage darin Platz finden. Umgebogene oder zusammengedrängte Wurzeln würden zu Wachstumsstockungen führen. Nach dem Einsetzen der Pflanze füllt man gegebenenfalls etwas Substrat auf und drückt es fest an. Die fleischigen Wurzelstöcke, sog. Rhizome, von See- und Teichrosen können zusätzlich mit Kieselsteinen beschwert werden, damit sie nicht aufschwimmen.

Eine Pflanzung direkt in den Gewässerboden ist nur bei völlig frostharten Arten bzw. in ausreichend tiefem Wasser anzuraten. Frostempfindlichere Arten lassen sich lediglich bei mindestens 50 cm Wassertiefe gefahrlos im Teich überwintern, denn erst ab dieser Tiefe bleiben sie vor Frosteinwirkungen geschützt (siehe auch Seite 151 f.). Bei einem Standort in flacherem Wasser liegt die Lösung des Problems in der Verwendung von Pflanzgefäßen, die zum Überwintern aus dem Teich genommen oder in größere Tiefen geschoben werden können.

Verwendung von Pflanzgefäßen

Die Methode, Pflanzen in spezielle Gefäße einzusetzen, bringt gegenüber der Direktauspflanzung eine Reihe von Vorteilen mit sich. Nicht nur, daß die Pflanzen mobiler sind und man sie problemlos verschieben kann, auch arttypische Anforderungen an das Substrat, etwa ein niedriger pH-Wert oder höherer Nährstoffgehalt, lassen sich individuell erfüllen. Zudem eröffnen sich vielfältige Gestaltungsmöglichkeiten, z. B. die Schaffung von Pflanzinseln im Teich, und selbst Wasseranlagen ohne Substratschicht können auf diese Weise begrünt werden.

Unerläßlich ist die Verwendung von Pflanzgefäßen dann, wenn starkwüchsige Arten im Gewässer angesiedelt werden sollen. Stauden wie Rohrkolben *(Typha)*, einige Seggenarten *(Carex)*, Binsen *(Juncus)*, Gewöhnlicher Tannenwedel *(Hippuris vulgaris)*, Herzblättriger Eidechsenschwanz *(Houttuynia cordata)*, Rohrglanzgras *(Phalaris arundinacea)*, Schilf *(Phragmites australis)*, Wasserknöterich *(Polygonum amphibium)*, Herzförmiges Hechtkraut *(Pontederia cordata)* oder Amerikanischer Eidechsenschwanz *(Saururus cernuus)* nehmen aufgrund ihres starken Wachstums rasch große Flächen ein und bedrängen dadurch benachbarte Gewächse. Pflanzgefäße helfen, ihre Ausbreitung in Grenzen zu halten, und erleichtern Ausdünnungsarbeiten.

Als dauerhafte Pflanzgefäße ungeeignet sind die dichtwandigen Container, in denen man die Pflanzen überwiegend im Handel erwirbt. Sie schließen das Wurzelwerk zu rigoros ab, so daß die Sauerstoffversorgung sinkt und die Pflanze bald zu faulen beginnt. Deshalb sollte man ausschließlich spezielle Körbe aus Kunststoff oder Naturmaterialien verwenden. Die etwas irreführend auch als Container für Wasserpflanzen geführten Behälter haben durchbrochene Wände und Böden. Im Fach-

Der Wasserknöterich mit seinen attraktiven Blüten wuchert stark; man setzt ihn daher am besten in Pflanzgefäße.

Tip

Die Bepflanzung eines Bachs gestaltet sich im allgemeinen etwas einfacher als bei einem Teich. Man läßt zunächst das Wasser durch den Bach laufen, bis sich die Schichten des Füllmaterials auch in den wenig durchfluteten Bereichen gut vollgesogen haben, stellt dann den Wasserkreislauf ab und setzt die Gewächse ein.

Tip

Das nachträgliche Einsetzen von Unterwasserpflanzen stellt keinen großen Aufwand dar, da sie jederzeit an der gewünschten Stelle im Gewässer versenkt werden können. Man bindet sie dazu an einem Stein fest, der gewissermaßen als Anker dient.

Einsetzen in Pflanzkörbe

Das Gefäß wird mit Vlies oder Zeitungspapier ausgekleidet und mit Substrat gefüllt.

Man setzt die Pflanzen an die vorgesehene Stelle und drückt die Erde fest.

Schon eine dünne Schicht Kies verhindert im Wasser ein Wegschwimmen der Erde.

Tip

Besonders wirksam läßt sich ein Aufschwimmen des Substrats verhindern, wenn man den Pflanzkorb vor dem Versenken im Teich zunächst in eine große wassergefüllte Wanne stellt. Die Substratoberfläche muß mit Wasser bedeckt sein. Die Erde im Pflanzkorb wird dadurch von unten her gut durchfeuchtet. Gleichzeitig umgeht man so auch eine übermäßige Wassertrübung im Teich.

Tip

Beim Anbringen der Bodendübel zur Befestigung einer Pflanz- oder Böschungsmatte muß man unbedingt darauf achten, daß man die über den Teichrand ragende Folie nicht beschädigt.

Pflanzmatten legt man am befestigten Uferrand über die mit Schutzvlies unterfütterte Folie und sichert sie mit Erde oder Steinen.

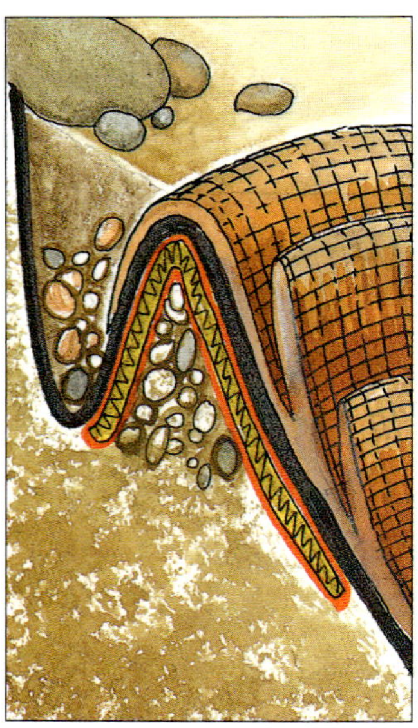

Jutematten mit eingearbeiteten Pflanztaschen sind zur Uferbefestigung gut geeignet.

handel ist eine Auswahl verschiedener Korbgrößen erhältlich; welche die richtige ist, hängt von der Anzahl der Pflanzen, die darin Platz finden sollen, und deren Wuchskraft ab.

Bevor die Pflanzerde – gewöhnlich Teichsubstrat – in den Korb gefüllt wird, legt man ihn mit einem speziellen Vlies, einer dünnen Schaumstoffmatte oder einfach mit mehreren Lagen Zeitungspapier aus. Diese Maßnahme verhindert, daß Erde und Nährstoffe fortgeschwemmt werden. Nachdem das Pflanzsubstrat eingefüllt und die Pflanzen hineingesetzt wurden, drückt man die Erde leicht an und biegt überstehende Ränder des Auslegmaterials nach innen oder schneidet sie einfach ab. Damit das Substrat nicht aufschwimmt, bedeckt man es mit einer dünnen Kiesschicht.

Bepflanzung von Steilufern

Anders als bei sanft abfallenden Uferlinien wirft die Bepflanzung von Steilufern meist Probleme auf. Nicht selten bleiben an diesen Stellen die unattraktiven Teichränder weitgehend unverdeckt. Abhilfe bringen in solchen Fällen Pflanz- und Böschungsmatten. Sie bestehen aus Naturmaterialien wie Kokos- oder Jutegeflecht und werden über die Uferböschung bis in die Tiefe ausgebreitet. Am Gewässergrund hält man die Matten mit größeren Steinen fest, am Teichrand mit speziellen Bodendübeln.

Während bei den Pflanzmatten, die auch als Taschenmatten bezeichnet werden, regelrechte Taschen zur Befüllung mit Substrat und zur Bepflanzung ausgearbeitet sind, legt man die einfacheren Böschungsmatten auf eine Substratschicht und setzt die Wurzelballen der Pflanzen nur zwischen das lockere Gittergewebe. Die Fasern der Matte können dazu einfach auseinandergeschoben werden.

Bei der Auswahl von Sumpfpflanzen für steile Uferpartien bevorzugt man ausläufertreibende Arten. Ihr weit verzweigtes Wurzelsystem trägt nämlich zusätzlich zur Festigung der Böschung bei. Gut geeignet sind z. B. Kriechender Sellerie *(Apium repens)*, Schneidried *(Cladium mariscus)*, Nadelsimse *(Eleocharis acicularis)*, Seestrandling *(Littorella uniflora)*, Sumpflöffelchen *(Ludwigia palustris)* oder Kriechender Hahnenfuß *(Ranunculus repens)*. Auch nicht gar so steile Uferbereiche, an denen man noch ohne Gewebematten auskommt, werden damit wirkungsvoll befestigt.

Stauden mit auffälligem Laub für Gewässerränder

Pflanzenart	Höhe in cm	Standortansprüche	Blüten	Laub
Acanthus hungaricus Akanthus	80–120	s	weißlichrosa, VI–VIII	groß, ornamental, fiederspaltig
Alchemilla mollis Schleierfrauenmantel	30–60	s	gelb bis grünlichgelb, VI–VII	schalenförmig rundlich mit gekerbtem Rand
Aruncus dioicus Waldgeißbart	130–200	hs–sch	weiß, gelblichweiß, VI–VII	doppelt gefiedert mit gesägtem Rand
Bergenia-Hybriden Bergenie	30–60	s–sch	rosa, rot, auch weiß, III–V	immergrün, ledrig, eiförmig bis rundlich, bei einigen Sorten rötlich überhaucht
Cimicifuga-Arten Silberkerze	100–200	hs–sch	weiß, VII–X	gefiedert mit stark gezähntem Rand
*Gunnera tinctoria** Mammutblatt	150–200	s–hs	bräunlich, unscheinbar, VII–VIII	sehr groß, gefältelt
Hosta-Arten Funkie	20–90	hs–sch	weiß, blau, violett, VI–IX	horstartig wachsend, herzförmig, grün-, blau-, gelb- oder buntblättrig
Inula magnifica Riesenalant	140–180	s	gelb, VII–VIII	breit eiförmige Grundblätter, sitzende Stengelblätter
Ligularia-Arten Ligularie	80–200	s–hs	gelb, auch orange, VII–IX	rundlich bis nierenförmig, am Rand eingeschnitten oder gesägt
Macleaya-Arten** Federmohn	200–300	hs–s	weiß, braun, auch rosa, VII–VIII	groß gelappt, blau- bis graugrün
Malva alcea Rosenmalve	50–100	s–hs	rosa, VI–X	rundliche, gelappte Grundblätter, Stengelblätter tief eingeschnitten
Reynoutria sachalinensis Sachalin-Staudenknöterich	200–400	hs–sch	grünlichweiß, VII–IX	sehr groß, herzförmig, unterseits drüsig behaart, blaugrün
Rheum palmatum 'Tanguticum' Zierrhabarber	150–200	s–hs	rot, V–VI	groß, rundlich-herzförmig und tief gelappt, im Austrieb rötlich, dann dunkelgrün
Rodgersia-Arten Schaublatt	60–180	hs–sch	weiß bis gelblichweiß, auch rot, VI–VII	grundständig, handförmig gefiedert, teilweise rote Herbstfärbung
Senecio aquaticus Wassergreiskraut	15–60	s–hs	gelb, VII–VIII	Grundblätter gebuchtet, Stengelblätter tief und unregelmäßig eingeschnitten
Telekia speciosa Telekie	60–200	s–hs	goldgelb mit orangebrauner Mitte, VI–VIII	breit eiförmig mit grob gesägtem Rand
*Valeriana officinalis*** Echter Baldrian	50–150	s	rosa, V–VIII	stark gefiedert

* sehr frostempfindlich ** Giftpflanze **s** sonnig **hs** halbschattig **sch** schattig
Monate der Blütezeit in römischen Ziffern

Mammutblatt

Federmohn

Telekie

Schmucklilie

Ochsenauge

Schildblume

Blütenstauden für Gewässerufer

Pflanzenart	Höhe in cm	Standort-ansprüche	Blüten	Bemerkungen
Agapanthus campanulatus Schmucklilie	80–100	s	blau, auch weiß, VII–VIII	riemenförmige, graugrüne Blätter
Anemone sylvestris Großes Windröschen	15–35	s–hs	weiß, V–VI	geeignet zum Verwildern unter lichten Gehölzen; geschützte Art
Astilbe-Hybriden Hohe Prachtspieren	40–120	hs–sch	weiß, rosa, rot, lila, VI–IX	dekoratives, regelmäßig gefiedertes Laub
Astrantia major Große Sterndolde	40–80	hs–s	weiß, rosa, rot, VI–VIII	dunkelgrüne, tief handförmig eingeschnittene Blätter
Brunnera macrophylla Kaukasus-Vergißmeinnicht	40–50	hs–s	blau, IV–V	frischgrüne, herzförmige Blätter
Buphthalmum salicifolium Ochsenauge	30–70	s	goldgelb, VI–IX	große Körbchenblüten, schmale Laubblätter
Chelone obliqua Schildblume	40–60	s	dunkelrosa, purpurn, VII–IX	Blüten röhrig aufgeblasen; für saure Böden
Echinacea purpurea Purpursonnenhut	70–100	s–hs	rosa, rot, auch weiß, VII–IX	Körbchenblüten mit hoch aufgewölbter Mitte
Epimedium-Arten Elfenblume	20–50	hs–sch	weiß, gelb, rot-gelb, gelb-rosa, IV–V	ledrige, dunkelgrüne bis bronzefarbene Laubblätter
Filipendula purpurea Mädesüß, Spierstaude	80–100	s–hs	rosa bis rot, VI	große, unterbrochen gefiederte Blätter
Fritillaria meleagris Schachbrettblume	15–30	s	dunkelpurpurn mit hellen Flecken, IV–V	G, überhängende Blütenglocken, Zwiebelgewächs; geschützte Art
Gentiana asclepiadea Schwalbenwurzenzian	40–60	s–hs	blau, selten weiß, VII–IX	ledrige, dunkelgrüne Blätter
Geranium palustre Sumpfstorchschnabel	30–100	s–hs	hellpurpurn, VI–IX	handförmig gelappte Blätter
Geum-Hybriden Nelkenwurz	40–50	s–hs	gelb, orange, rot, V–VII, Nachblüte bis X	unregelmäßig gefiederte Blätter, wintergrün
Hemerocallis-Arten Taglilien (Wildarten)	30–120	s–hs	gelb, braunrot, V–VIII	sternartige, trichterförmige Glockenblüten
Hemerocallis-Hybriden Taglilien (Zuchtformen)	30–120	s	weiß, gelb, orange, rosa, rot, braun, violett, auch zweifarbig, V–IX	häufig andersfarbige Zeichnungen in der Blütenmitte oder am Rand der Blütenblätter
Liatris spicata Prachtscharte	40–120	s	violett, auch weiß und rot, VII–IX	fackelähnliche Blütenstände, schmale, grasartige Blätter
Lilium-Bellingham-Hybriden Amerikanische Hybriden	120–200	s	weiß, gelb, rosa, rot, VI–VIII	starkwüchsig, robust, große Türkenbundblüten
Lilium canadense Kanadische Wiesenlilie	80–150	s–hs	gelb, auch ziegelrot, VI–VII	Blüten hängend in Türkenbundform, Blätter in Quirlen

Pflanzenart	**Höhe in cm**	**Standort-ansprüche**	**Blüten**	**Bemerkungen**
Lilium harrisianum Abendrotlilie	150–220	s	orange, VII	stark gefleckte Blüten
Lysimachia punctata Goldfelberich	60–100	hs–s	gelb, VI–VIII	dichte Blütenrispen, Blätter zart duftend
Lysimachia vulgaris Gewöhnlicher Gilbweiderich	50–150	s–hs	goldgelb, VI–VIII	üppige Blütenrispen, weidenblattähnliche Belaubung
Penstemon barbatus Bartfaden	80–150	s	rot, auch weiß, rosa und violett, VII–IX	schlanke, pyramidale Blütenrispen
Physostegia virginiana Gelenkblume	60–120	s	rosa, auch weiß, VII–IX	dichte Blütenkerzen, grasartige Blätter
Platycodon grandiflorus Ballonblume	20–70	s–hs	blau, auch weiß, oder rosa, VII–VIII	sehr breitglockige Blüten, breitelliptische Blätter
Polemonium caeruleum Blaue Himmelsleiter	30–80	s–hs	blau, auch weiß, V–VI und VII–VIII	längliche, gefiederte Blätter, süßlich duftende Blüten
Polygonum bistorta Wiesenknöterich	60–100	s–hs	rosa, V–VII	dichte Blütenähren; sehr wuchs- und konkurrenzstark
Primula denticulata Kugelprimel	10–30	hs	violett, auch weiß, rosa, rot, III–V	ballförmige Blütenstände
Primula elatior Waldschlüsselblume	15–30	hs	gelb, III–IV	Blüten in Dolden, grundständige Blattrosette
Pulmonaria officinalis Echtes Lungenkraut	20–30	hs–sch	rot bis violett, auch weiß, III–V	hübsches Farbspiel der Blüten, silbrigweiß geflecktes Laub
Ranunculus acris Scharfer Hahnenfuß	40–80	s–hs	gelb, V–VI	G, handförmig gefiederte Blätter
Rudbeckia-Arten Sonnenhut	80–200	s	gelb mit dunkler Mitte, VII–IX	Körbchenblüten mit hoch aufgewölbter Mitte, dunkelgrünes Laub
Sanguisorba officinalis Großer Wiesenknopf	30–150	s	rotbraun, VI–IX	Blüten in dichten, endständigen Köpfchen, gefiederte Blätter
Solidago-Hybriden Goldrute	50–80	s–hs	gelb, VIII–IX	dichte Blütenrispen, weidenartige Blätter
Stachys palustris Sumpfziest	30–100	s	purpurn, VI–IX	Lippenblüten in Quirlen, länglich schmale Blätter
Symphytum bulbosum Knollenbeinwell	25–50	s–hs	blaßgelb, IV–V	große, behaarte Laubblätter, Rhizom mit rundlichen Knollen
Thalictrum aquilegifolium Amstelraute	80–150	s–hs	rosa bis zartlila, auch weiß und violett, V–VII	Blüten durch zahllose Staubblätter wie Federbüschel wirkend, fiedrig geteilte Blätter
Veronica longifolia Langblättriger Ehrenpreis	60–120	s	blau, VII–VIII	schmale Blütenkerzen, schmallanzettliche Blätter

s sonnig **hs** halbschattig **sch** schattig **G** Giftpflanze
Monate der Blütezeit in römischen Ziffern

Bartfaden

Wiesenknöterich

Sumpfziest

Pfeifengras

Königsfarn

Zwergbambus

Gräser und Farne für Gewässerufer

Pflanzenart	Höhe in cm	Bemerkungen
Arundo donax Pfahlrohr	100–400	schilfrohrartige Halme mit graugrünen Blättern, leicht verholzend
Carex grayi Morgensternsegge	25–50, zur Blütezeit bis 60	üppige Blattbüsche, im Juni kugelige Blütenstände, anschließend auffallende, bizarre Früchte
Carex pendula Riesensegge	50–80, zur Blütezeit bis 150	große Horste mit überhängenden Blättern, von Mai bis Juni pendelnde, walzenförmige Blütenstände
Chasmanthium latifolium Plattährengras	30–60, zur Blütezeit bis 90	horstbildend; bambusähnliche Blätter, lockere, elegant überhängende Rispen aus plattgedrückten Ährchen (VIII–X), kupferbraune Herbstfärbung
Deschampsia cespitosa Rasenschmiele	40–50, zur Blütezeit bis 120	dichte, dunkelgrüne Horste, Blüten (VI–VIII) in reich verzweigten Rispen
Dryopteris-Arten Wurmfarn	30–130	G, ein- bis dreifach gefiederte Wedel
Fargesia-Arten Schirmbambus	200–400	üppige, immergrüne Horste mit schirmförmiger Gestalt
Indocalamus tesselatus Großblättriger Schattenbambus	100–150, selten auch höher	formschöne Büsche mit immergrünem, breitblättrigem Laub
Matteuccia-Arten Straußfarn	40–150	außen sterile Wedel, innen fruchtbare, straußenfederähnliche Wedel
Miscanthus-Arten China-Schilf	90–350, zur Blütezeit bis 400	horstbildend; schilfrohrartiger Wuchs mit großen Blütenrispen, oft rötlichbraune Herbstfärbung
Molinia-Arten Pfeifengras	30–80, zur Blütezeit bis 250	dichte, kompakte Horste, blaugrüne Blätter, Blüten in Rispen (VII–IX), goldene bis rotbraune Herbstfärbung
Onoclea sensibilis Perlfarn	30–70	doppelt gefiederte Wedel, innen fruchtbare perlartige Sporenwedel
Osmunda-Arten Königsfarn	50–180	langgestielte, doppelt gefiederte Wedel mit regelmäßigen Fiederpaaren
Panicum virgatum Rutenhirse	50–130, zur Blütezeit bis 180	horstbildend; fein verästelte, eiförmige Blütenrispen (VII–IX), gelbe bis tiefrote Herbstfärbung
Phyllitis scolopendrium Hirschzunge	8–40	ungeteilte, zungenförmige Wedel, am Grund herzförmig
Phyllostachys-Arten Unrund, Bambus	200–800	ausläufertreibend; straff aufrechter Wuchs, lanzettliche Blätter
Polystichum-Arten Schildfarn	20–100	ein- bis zweifach gefiederte Wedel
Sasa-Arten Zwergbambus	50–200	ausläufertreibend; kaum verzweigte Triebe mit breiten Blättern
Spartina pectinata Süßwasserseilgras	70–130, zur Blütezeit bis 180	ausläufertreibend; lange, riemenartige, überhängende Blätter, traubenähnliche Blütenstände (VII–IX), orangebraune Herbstfärbung
Spodiopogon sibiricus Zottenrauhgras	70–120, zur Blütezeit bis 150	rundliche Horste, straff aufrechte Triebe mit bambusähnlichen Blättern, kegelförmige Blütenrispen (VII–IX), purpurrote Herbstfärbung
G Giftpflanze	Monate der Blütezeit in römischen Ziffern	

Gestaltung mit baulichen Elementen

Ein gut angelegter Wassergarten zeichnet sich durch eine rundum harmonische Gestaltung aus. Neben einer ansprechenden Bepflanzung spielen dabei auch bauliche Details eine wichtige Rolle. Mit Hilfe bestimmter Gestaltungselemente lassen sich ganz unterschiedliche Stilrichtungen, von naturnah bis streng formal, verwirklichen und ausarbeiten.

Ufergestaltung mit Steinen

Stein als Naturmaterial gibt es in mannigfaltigen Ausführungen, angefangen von feinem Riesel über abgerundete Flußkiesel und dekorative Schieferplatten bis hin zu großen Bruchsteinen und Findlingen. Bei entsprechendem Ambiente wirken auch etwas exotisch anmutende Materialien wie Lava- oder dunkles Basaltgestein sehr reizvoll. Beton, auf den man bei formalen Wasserbecken gern zurückgreift, wäre bei der Ufergestaltung eines Naturteichs dagegen ebenso fehl am Platz wie etwa ein Kunststeinpflaster. Weniger geeignet für Wassergärten jeder Art sind allerdings Kalksteine, aus denen der Kalk leicht ausgewaschen wird und dann die Wasserhärte im Gewässer (siehe Seite 133 f.) merklich erhöht.

Die Einsatzmöglichkeiten von Gestein als Gestaltungselement sind äußerst vielfältig. Schon ein einzelner Findling vermag dem Teich durch seine Ausstrahlung von Ruhe und Beständigkeit eine eigene Wirkung zu verleihen. Angelehnt an die Natur, lassen sich mit Stein auch harmonische Übergänge vom Gewässer zum übrigen Garten schaffen. Dabei bilden Steine und Kies nicht nur einen optisch belebenden Kontrast zum Grün der Bepflanzung, sondern stellen darüber hinaus für Teichbewohner wie Amphibien, Reptilien oder Insekten einen wichtigen Bereich ihres Lebensraums dar.

Inseln

Inseln im Gartenteich können als blühende Sumpfpflanzenoasen, als Standort für ein Entenhäuschen oder als Ruhe- und Sonnenplatz für Mensch und Tier konzipiert werden. Während man Pflanzeninseln sanft im Wasser treiben lassen kann, wählt man für die beiden

Steine strukturieren Wasserlandschaften und setzen markante Akzente bei der Ufergestaltung.

Tip

Die am häufigsten verwendeten Materialien zur baulichen Gestaltung von Wassergärten, Holz und Stein, erhält man im Baustoffhandel oder in Baumärkten. Spezielle Elemente, z. B. Brücken oder große Natursteine, lassen sich über den Fachhandel für Garten- und Teichbau beziehen.

Tip

Nicht zuletzt um Kosten und Mühen bei der Beschaffung zu sparen, sollte man vorzugsweise Gestein verwenden, das in der Umgebung des Gartens auch natürlich vorkommt. Vielerorts gibt es Natursteinvertriebe, deren Adressen man im Branchen-Fernsprechbuch findet.

Tip

Bei lockerer Anhäufung von Steinen kann man den Uferbereich geschickt in einen Steingarten übergehen lassen. Das Arrangement wirkt natürlich, wenn verschieden große Steine möglichst lose und unregelmäßig aufeinandergelegt werden.

Tip

Einem Bachlauf mit mehr oder weniger ausgeprägtem Gefälle läßt sich durch entsprechende Ufergestaltung mit Steinen und Findlingen ein regelrechter Bergbachcharakter verleihen.

Tip

Man erspart sich Rückenprobleme, wenn beim Heben schwerer Steine einige Regeln befolgt werden. Zum Anheben geht man stets in die Knie, hält den Rücken und Kopf dabei möglichst gerade, damit die Last in jeder Phase von den Beinen unterstützt wird. Ebenso läßt man sich bei aufrechter Haltung zum Absetzen des Gegenstands in die Hocke nieder.

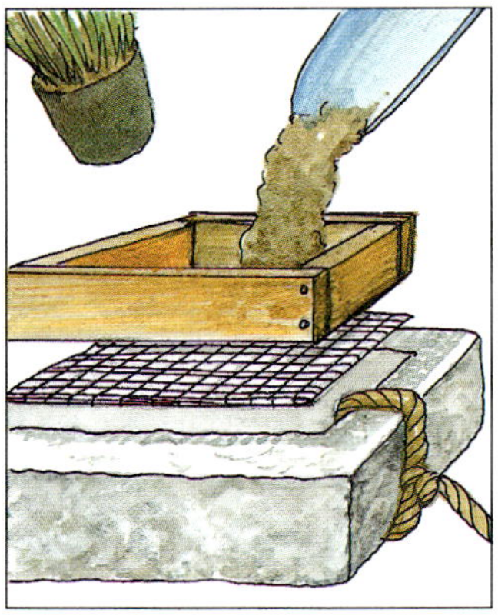

Schwimmende Pflanzinseln aus mit Styropor umkleideten Holzkästen (oben) verankert man am Grund (rechts). Feste Sockel für Pflanzkörbe, Stege oder Trittplatten erhalten eine dicke Vliesunterlage, damit die Folie nicht beschädigt wird.

Tip

In Bachläufen wirken Pflanzinseln als Strömungsbrecher und schaffen damit hinter sich Ruhezonen für Wasserinsekten und Unterwasserpflanzen.

anderen Nutzungsvarianten besser eine stabilere Ausführung.

Eine frei schwimmende Insel besteht aus einer dicken Styroporummantelung, die für den nötigen Auftrieb sorgt, und einem Holzkasten, in den die gewünschten Pflanzen gesetzt werden. Um ein Abdriften der Insel zu verhindern, wird ein schwerer Stein mit einem Haltetau daran befestigt und als Anker im Gewässer versenkt.

Stabile U-Steine oder aufeinandergeschichtete, mit Silikon verklebte Gehwegplatten ergeben einen tragfähigen Unterbau für Pflanzkörbe, Entenhäuschen oder Holzstege. Eine Holzplattform als Ruheinsel wird auf zwei gleich hohe Unterbauten aufgelegt. Für den richtigen Abstand von der Wasseroberfläche, etwa 20 cm über dem mittleren Wasserstand, sorgen bei Bedarf auf den Sockel betonierte Gittersteine oder sog. Porotonsteine, die in Baustoffhandlungen erhältlich sind. Diese Art von Insel muß selbstverständlich vom Ufer aus zugänglich sein. Als einfachste Lösung bieten sich dazu Trittsteine an (siehe Seite 126), etwas aufwendiger ist eine Brücke. Für Enteninseln oder Pflanzkörbe genügt ein stabiler Sockel. Auch hier kann mit Gittersteinen der richtige Abstand zur Wasseroberfläche festgelegt werden.

Für das kleine formale Becken bilden dunkle Holzbohlen eine gelungene Umrandung.

Verschiedene Teicheinfassungen

Gut gelungen wirkt eine Teicheinfassung, wenn sich Material und Ausführung ganz nach dem Stil des Gewässers und des umgebenden Gartens richten. Für ein formal angelegtes Becken wird man vorzugsweise bearbeitete Steine oder exakt geschnittene Hölzer verwenden, während ein Naturteich eine möglichst natürlich erscheinende Umrandung erhalten sollte.

Will man den Gewässerrand begehbar gestalten, ist als Unterlage ein Kies- oder Sandbett erforderlich. In dem Bereich, der befestigt werden soll, hebt man zunächst die Erde etwa 20 cm tief aus, dann schüttet man die Fläche mit Sand oder Kies auf. Nun können Pflastersteine oder Rundholzscheiben als Trittplatten darauf verlegt werden. Die Zwischenräume füllt man anschließend mit Sand auf.

Ein unbefestigtes Steilufer begehbar zu machen erfordert einigen Aufwand. Um ein Abbrechen der Uferkante zu verhindern, muß bereits bei der Anlage des Teichs eine mindestens 30 cm breite Mauer oder Trockenmauer errichtet werden, die dann unter der Teichfolie verschwindet. Das Erdreich wird auf Mauerbreite abgegraben und durch schichtweise aufeinandergelegte Natursteine oder Gittersteine ersetzt. Eine gewöhnliche Mauer kann mit Mörtel verfestigt werden. Die Fugen von

Trockenmauern dagegen füllt man während des Aufschichtens mit Erde auf, keinesfalls dürfen sie vermörtelt werden. Nachdem schließlich die Teichfolie, geschützt durch ein daruntergelegtes Vlies, über die Mauer gezogen wurde, deckt man diese mit Gehweg- oder sonstigen Trittplatten ab. Damit die Platten einen sicheren Halt haben, werden sie durch Silikon mit der Mauer bzw. der Teichfolie verklebt (siehe Seite 72).

Die Teicheinfassung sollte harmonisch in den Weg durch den übrigen Teil des Gartens übergehen. Dieser kann ebenso als Kiesweg angelegt wie auch mit Platten abgedeckt werden. Bei der Auswahl der Wegplatten sieht man sich einem breiten Angebot gegenüber. Betonplatten stellen die preiswerteste Variante dar und sind in vielen Farben und Formen erhältlich. Unverfälschter und edler wirken Natursteinplatten, die jedoch einiges mehr kosten. Auch mit unregelmäßig geformten Steinen läßt sich ein dekorativer Weg anlegen, allerdings nimmt man damit eine holprige Oberfläche in Kauf.

Über den gepflasterten Weg gelangt man bequem auch zum hintersten Winkel des Teichs.

Anstelle von Steinen oder Platten können auch Holzplanken entlang des Teichrands als Trittbefestigung dienen, eine Art Steg, der nicht auf die Wasserfläche hinaus-, sondern an ihr entlangführt. Dazu wird ebenfalls ein Kiesbett angelegt, in dem als Stütze für die Lagerbalken des Stegs Fundamentsteine integriert sind. In der Regel genügen drei Reihen Lagerbalken, die parallel zum Uferrand angeordnet werden. Darauf nagelt oder schraubt man im rechten Winkel die tragenden Holzplanken fest. Am zum Ufer weisenden Lagerbalken wird die Teichfolie befestigt und anschließend mit einer Holzleiste verblendet.

Stege und Trittsteine

In Schwimmteichen sind sie meist unerläßlich, in Zier- oder Naturteichen ein interessantes und schmückendes Element: Stege, die mehr oder weniger weit in das Gewässer hineinragen. Das übliche Baumaterial dafür sind Holzplanken, die von Lagerbalken gehalten werden. Um Sicherheit zu gewährleisten, müssen die Enden eines Stegs sowohl am Ufer als auch im Gewässer fest verankert sein. Am festen Ufer bilden Stützpfosten aus Holz eine geeignete Auflagefläche. Es erfordert allerdings spezielles Werkzeug, sie tief genug in die Erde zu rammen. An den Stützpfosten werden Längsbalken befestigt, auf die nun bequem die Trittplanken genagelt werden können. Alternativ läßt sich der Steg auch auf eine breite Steinplatte auflegen, die solide in die Uferbefestigung des Gewässers integriert ist.

Der breite Holzsteg lädt zum Sonnenbad inmitten des üppig begrünten Teichs ein.

Am teichseitigen Ende wird das Fundament für den Steg dagegen anders errichtet. Besonders stabil, aber auch aufwendig ist es, den Holzsteg auf gegossene Betonsockel zu stellen. Über eine Verstärkungsstange aus rostfreiem Stahl werden die Stützpfosten im Betonfundament verankert. Sie tragen die Auflagebalken, denen wiederum der Bretterboden des Stegs aufliegt. Einfacher geht es, wenn man als Auflagefläche im Wasser einen U-Stein benutzt, der mit aufgemauerten Gittersteinen auf die richtige Höhe gebracht wird. Die Lagerbalken des Stegs müssen

Tip

Wenn man Folienteiche mit einem Pflasterweg einfaßt, sollte man darauf achten, daß die Folie bis in die Pflasterung hineinreicht. Sie wird dazu über den Uferrand hinausgezogen und zwischen erster und zweiter Pflasterreihe nach oben gelenkt. Ein Schutzvlies zwischen Folie und Pflastersteinen beugt Beschädigungen des Abdichtungsmaterials vor.

Tip

Oftmals wirkt eine Kombination zweier verschiedener Materialien, die farblich und formal aufeinander abgestimmt sind, besonders reizvoll, so z. B. Klinkersteine mit Holzplanken. Die Verwendung zu vieler unterschiedlicher Baustoffe würde allerdings eher stören, da dies von der eigentlichen Attraktion, dem Gewässer, zu sehr ablenkt.

Tip

Beim Holzkauf sollte man darauf achten, daß die Ware die Bezeichnung kesseldruckimprägniert trägt. Dies ist ein spezielles Verfahren, mit dem für das Freiland bestimmte Hölzer behandelt werden, um ihnen eine lange Lebensdauer zu verschaffen. Solcherart imprägniertes Holz sollte jedoch keinen direkten Kontakt mit dem Teichwasser haben, denn sonst könnten Schadstoffe daraus ausgewaschen werden und ins Gewässer gelangen. Gegebenenfalls muß man das Holz mit einer Folie gegen das Wasser abschirmen.

Tip

Die Stützpfosten für einen Steg sollten mindestens 15 x 15 cm dick und mit Mitteln imprägniert sein, die das Teichleben nicht gefährden. Außerdem verwendet man am besten nur verzinkte Nägel oder Schrauben, die nicht im Lauf der Zeit durchrosten.

Am Ufer liegt der Steg auf einer breiten und gut befestigten Steinplatte auf. Im Wasser bildet ein U-Stein den Unterbau; durch Aufmauern von Gittersteinen läßt sich die Höhe regulieren.

Tip

Konstruktionen an oder über der Wasserfläche, die begehbar sein sollen, müssen stets besonders stabil ausgeführt werden. Im Zweifelsfall tut man gut daran, einen Fachmann zu Rate zu ziehen.

Tip

Trittsteine sollte man auf längerer Strecke nicht in gerader Reihe verlegen, das wirkt langweilig. Viel natürlicher und interessanter erscheint es, wenn die Steine in leichtem Bogen oder unregelmäßiger Linie durchs Wasser führen.

Tip

Der Abstand der verlegten Trittsteine sollte an eine Schrittlänge von etwa 60 cm angepaßt sein, damit man das Wasser gefahrlos überqueren kann.

dann nur noch unverrückbar auf dem Sockel befestigt werden, z. B. mit Montagewinkeln.

Eine hübsche Alternative zu Stegen oder Brücken sind Trittsteine, auf denen man ebenfalls trockenen Fußes bleibt, doch Teich wie Garten aus einer ganz anderen Perspektive erleben kann. Nicht zu verleugnen ist außerdem der praktische Aspekt solcher Trittsteine, ermöglichen sie doch, an sonst nur schwer zugänglichen Stellen Pflegearbeiten auszuführen. Früher hauptsächlich quer durch Bäche gelegt, finden sie heute auch in nicht allzu tiefen Gartenteichen Verwendung.

Wie bei Inseln dienen hier U-Steine oder aufgeschichtete Gehwegplatten als Auflageflächen. Wichtig ist, daß die Trittsteine mit Hilfe eines Silikonklebers fest mit dem Sockel verbunden werden und der Sockel an der Basis mit Schutzvlies und Folienresten unterlegt wird, damit er die darunterliegende Teichfolie nicht beschädigt.

Breite Trittsteine, die kippsicher und fest verlegt sein müssen, lassen den Wassergarten wie eine Naturkulisse wirken.

Brücken

Brücken dienen im Wassergarten nicht nur dazu, von einem Ufer zum anderen zu gelangen, sondern sind darüber hinaus ein besonders gefälliges Gestaltungselement, das gleich den Blick auf sich zieht. Während man die Anlage von kunstvoll geschnitzten, japanisch wirkenden Holzbrücken oder zierlich gebogenen Steinbrücken dem Fachmann überlassen sollte, können einfache Brückenkonstruktionen mit etwas handwerklichem Geschick ohne weiteres auch selbst angelegt werden.

Wenig Aufwand erfordert beispielsweise eine schlichte Steinbrücke, die nur aus einer einzelnen Steinplatte, etwa einer Granitplatte, besteht und an einer passenden Bach- oder Teichverjüngung über das Wasser gelegt wird.

Die Holzbrücke gliedert die Wasserlandschaft und verbindet die Bereiche spannungsvoll.

An beiden Uferseiten muß zuvor ein Kies- und Sandbett geschaffen werden, auf dem die Steinplatte dann ruht. Noch sicherer wird die Konstruktion, wenn man die Platte auf Betonsockeln fixiert.

Holzbrücken gibt es im Fachhandel sogar als Bausatz. Um ihnen einen festen Halt zu geben, muß man zunächst auf beiden Ufersei-

Eine lauschige Sitzbank lädt dazu ein, Tiere und Pflanzen am Teich in Ruhe zu betrachten.

ten eine Vertiefung graben, die man mit Sand und Steinen wieder auffüllt. Darauf legt man ein Kantholz in Brückenbreite, über das die Teichfolie nach oben gezogen und mit Steinen festgeklemmt wird. Ein zweites, gleich großes Kantholz wird auf das erste gelegt und beide mit Hilfe eines eingeschraubten Rundeisens fest verbunden. Nun kann die Brücke aufgesetzt und mit Montagewinkeln an dem Kantholz befestigt werden.

Sitzplätze und Beobachtungsstellen

Hat man seinen Garten um die Attraktion eines Teichs oder Bachs bereichert, liegt es nahe, daß man das Erlebnis Wasserwelt aus nächster Nähe genießen will. Und lebhaft plätschernden Wasserspielen zuzusehen ist ebenso erholsam wie das ruhige Beobachten der Pflanzen- und Tierwelt am Gewässer.

Bei naturnah angelegten Teichen sollte man eine Hälfte ungestört für die Entfaltung der Pflanzen- und Tierwelt belassen. Wer Interesse an den vielfältigen Entwicklungen des Teichlebens hat, für den lohnt es sich, an diesem Gewässerabschnitt einen kleinen unauffälligen Beobachtungsplatz einzurichten. Eine unkomplizierte Lösung ist beispielsweise ein breiteres Holzbrett, das auf zwei gleich große Steine gelegt wird und auf diese Weise eine einfache Sitzbank abgibt.

Wer am Gewässer essen oder sonnenbaden will, der möchte es natürlich bequemer haben. In diesem Fall sollte man schon bei der Planung der Anlage eine ausreichend große Terrasse in Wassernähe vorsehen, auf der eine Sitzgruppe und/oder Sonnenliegen Platz finden. Als Bodenbelag haben sich dafür Holzplanken ebenso wie Klinker oder Steinplatten bewährt. Die Bodenfläche sollte allerdings nicht zu uneben sein, da Tische und Stühle sonst ständig wackeln. Wählt man die gleichen Baustoffe wie zur Teichrandgestaltung, fügt sich die Terrasse harmonisch in das Gesamtbild ein. Andererseits ergeben sich bei gezielter Auswahl unterschiedlicher Materialien häufig besonders reizvolle Kontraste.

Für einen Zweitsitzplatz am Wasserrand, der sich auch zum Essen und Feiern eignet, benötigt man eine nicht unerhebliche Fläche. Dies muß natürlich schon bei der Planung und Anlage des Teichs berücksichtigt werden.

Tip

Sind Holzbrücken länger als 2 m, müssen sie in der Mitte zusätzlich abgestützt werden.

Tip

Brücken sollten in jedem Fall so breit sein, daß man bequem darauf stehen kann. Für größere Übergänge ist eine Mindestbreite von 60 cm angemessen.

Tip

In einem großen Teich läßt sich ein Sitzplatz auch ganz malerisch als Insel inmitten der Wasserfläche anlegen. Bei einem solchen doch recht aufwendigen Vorhaben zieht man am besten einen Fachmann zu Rate.

Wasser auf kleinstem Raum – der Miniteich

Holzkübel, mit Seerosen und anderen Wasser- sowie Sumpfpflanzen bestückt, schmücken die Terrasse.

Ziegelsteine eignen sich sehr gut zur Regulierung der optimalen Standhöhe.

Auch ohne eigenen Garten braucht man auf die Schönheit und Farbenpracht von Wasser- und Sumpfpflanzen nicht zu verzichten. Viele kleinwüchsige Arten und Sorten lassen sich problemlos in Gefäßen kultivieren und ergeben so einen faszinierenden Schmuck für Balkon oder Terrasse. Vor allem exotische und entsprechend wärmeliebende Pflanzen eignen sich bestens für solche Wassergärten.

Bei der Wahl des Behältnisses sind der Phantasie kaum Grenzen gesetzt. Beinahe alles kommt in Frage, was sich mit Wasser füllen läßt. Eine Ausnahme bilden allerdings Zink-, Kupfer- oder Eisenwannen, sofern sie nicht mit einem speziellen Schutzlack versehen sind. Herausgelöste Spuren des Metalls können das Wasser für die Lebewesen darin giftig machen. Und bei größeren Steintrögen, welche man auf einem Balkon plazieren möchte, gilt es zu überprüfen, ob dessen Tragkraft für das doch enorme Gewicht ausreicht. Nicht wasserdichte Gefäße werden mit Teichfolie ausgekleidet.

Bepflanzung

Auch ein Miniteich wirkt am schönsten, wenn man ihn mit Pflanzen aus den unterschiedlichen Vegetationszonen eines Gewässers bestückt. Die Unterwasserpflanzen, Schwimm- sowie Schwimmblattpflanzen und die Sumpfgewächse sind hier auf kleinstem Raum miteinander zu kombinieren. Da sich jedoch in einem Gefäß die verschiedenen Tiefenzonen kaum modellieren lassen, bringt man die einzelnen Gewächse am einfachsten mit Sockeln aus gestapelten Ziegelsteinen auf die jeweils richtige Höhe bzw. Tiefe im Wasser. Am bequemsten ist es, die Pflanzen in Gittertöpfe zu setzen, wobei man wie üblich magere Erde verwendet (siehe Seite 114 f.). Damit das Substrat nicht ausgeschwemmt wird, bedeckt man es mit einer Schicht Kies. Wählt man ausschließlich Arten, die bei gleicher Wassertiefe gedeihen, kann man die Pflanzen auch direkt in ausgebrachtes Teichsubstrat einsetzen. Dies bietet sich z. B. an, wenn man nur ein kleines Sumpfbeet anlegen möchte. Zum Schluß läßt man langsam das Wasser einlaufen.

Standort und Pflege

Für Miniteiche geeignet sind Plätze, die etwa 3 Stunden am Tag in voller Sonne liegen. Mehr Sonne ist ungünstig, da sich das Wasser zu stark erwärmen und dadurch unerwünschter Algenwuchs gefördert würde. Gegebenenfalls muß das kleine Gewässer im Sommer beschattet werden, etwa durch große Kübelpflanzen. Wichtig ist zudem, daß der Wasserstand im Behältnis immer ausreichend hoch bleibt. Von einer Düngung ist grundsätzlich abzusehen, außer bei Seerosen, denen man den Dünger im Pflanzgefäß beigibt (siehe Seite 145). Die nicht winterharten Pflanzen holt man im Herbst ins Haus (siehe Seite 150), die anderen bleiben draußen. Ist der Winter sehr streng, sollte der Miniteich jedoch z. B. mit Stroh vor dem Durchfrieren geschützt werden.

Selbst in kleinen Becken gedeihen Sumpf- und Wasserpflanzen.

Pflanzen für den Miniteich

Botanischer Name	Deutscher Name	Wuchsform	Bemerkungen
Acorus gramineus	Zwergkalmus	S	kolbenähnlicher Blütenstand; im Haus überwintern
Calla palustris	Sumpfkalla	S	kolbenähnlicher Blütenstand mit weißem Hüllblatt, rote Beeren
Callitriche palustris	Sumpfwasserstern	U	sternförmige Blattrosette an der Wasseroberfläche; guter Sauerstoffproduzent
Caltha-Arten	Sumpfdotterblumen	S	Blüten gelb, auch weiß; Pflanzen in allen Teilen giftig
Cyperus-Arten	Zypergras	S	strahlenförmiger Blattschopf mit grünlichen Blüten; im Haus überwintern
Eichhornia crassipes	Wasserhyazinthe	Schb	Blüten hellviolett mit gelber Zeichnung; im Haus überwintern
Eriophorum-Arten	Wollgras	S	Blüten grau bis braun; weiße, wollige bis seidige Fruchtstände
Hippuris vulgaris	Gewöhnlicher Tannenwedel	U–S	quirlartig beblätterte Stengel, ähneln Tannenbäumchen
Hottonia palustris	Wasserfeder	U–S	weiße bis rosafarbene Blütensterne, fiedrige Unterwasserblätter
Houttuynia cordata	Herzblättriger Eidechsenschwanz	S	Blüten weiß, gefüllte Sorten; im Haus überwintern
Hydrocharis morsus-ranae	Gewöhnlicher Froschbiß	Schb	weiße, pergamentartige Blüten, herzförmige Blätter
Iris-Arten	Iris	S	Blüten in vielen Farben, auch zweifarbig, zahlreiche Sorten
Juncus ensifolius	Zwergbinse	S	seitlich abgeflachte Halme, kugelige Blütenstände
Menyanthes trifoliata	Fieberklee	S	weiße, rosa überhauchte Blüten mit fransiger Innenkrone, kleeartige Blätter
Myriophyllum-Arten	Tausendblatt	U	lange Stengel mit dichten Blattquirlen; wichtige Sauerstoffproduzenten
Nuphar pumila	Kleine Teichrose	Schb	kleine gelbe, etwas sternförmige Blüten, ovale Blätter
Nymphaea-Hybriden, *Nymphaea tetragona*	Seerosen, Zwergseerose	Schb	verschiedene Blütenfarben; bei Hybriden solche für niedrigen Wasserstand wählen
Nymphoides peltata	Seekanne	Schb	Blüten gelb mit gefranstem Rand, seerosenähnliche Blätter
Sparganium-Arten	Igelkolben	S	auffällige kugelig-stachelige Fruchtstände, schwertförmige Blätter
Stratiotes aloides	Krebsschere	Sch	Blüten weiß mit gelbem Fleck; frei schwimmend oder wurzelnd
Typha minima	Kleiner Rohrkolben	S	braune bis schwarzbraune, kugelige Kolben

S Sumpfpflanze **Sch** Schwimmpflanze **Schb** Schwimmblattpflanze **U** Unterwasserpflanze

Herzblättriger Eidechsenschwanz

Seerose

Seekanne

Klares Wasser, gesundes Wachstum

Gewässer- und Pflanzenpflege

Bei einem optimalen Standort und angemessener Pflege gedeihen sogar aparte exotische Gewächse wie die Wasserhyazinthe üppig.

Ist ein Gartengewässer erst einmal angelegt und bepflanzt, erfüllt es sich erstaunlich schnell mit Leben. Klares Wasser, eine üppig grünende und blühende Vegetation sowie die quirlige Betriebsamkeit einer Vielfalt von Tieren zeugen vom biologischen Gleichgewicht, das sich in dem vom Wasser geprägten Lebensraum alsbald einpendelt. Damit dieses fein ausgewogene Gefüge nicht aus der Balance gerät, ist hier und da ein wenig pflegende Unterstützung erforderlich. Störungen der Verhältnisse lassen sich meist wieder beseitigen, wenn man zur rechten Zeit geeignete Maßnahmen ergreift.

Wasser – das A und O

Gedeih und Verderb der in Teich, Bach und Sumpfbeet lebenden Pflanzen und Tiere hängen entscheidend von der Qualität des feuchten Elements ab, das sie stetig umspült. Neben der richtigen, ausgewogenen Anlage eines Gartengewässers spielt denn auch das Wasser eine wichtige Rolle, wenn es darum geht, daß der Lebensraum auf Dauer intakt bleibt. Man sollte deshalb bereits vor der Befüllung der Teichgrube oder des Bachbetts sein Augenmerk auf die Beschaffenheit des Wassers richten und diese auch später nicht außer acht lassen. Dienlich sind dabei chemische Analysen, die man vor allem bei Gewässern mit Fischbesatz in regelmäßigen Abständen und zusätzlich sofort bei Auftreten von Störungen vornimmt. Sie geben Aufschluß über Inhaltsstoffe und Eigenschaften des Wassers.

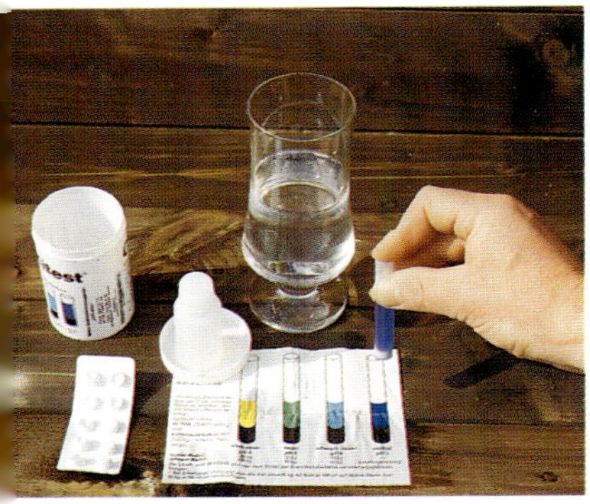

Mit Hilfe einfacher Testsets läßt sich der Säuregrad, der pH-Wert, des Wassers ganz leicht ermitteln und an der Farbskala ablesen.

Messung der Wassergüte

Die Qualität des Wassers wird weitgehend durch einige wenige chemische Eigenschaften bestimmt, die sich durch eine entsprechende Analyse leicht feststellen lassen. Kennzeichnend sind vor allem die Meßwerte des Säuregrads, der Wasserhärte und des Nitrat-Nitrit-Gehalts. Eine Untersuchung des Wassers kann man entweder bei gewerblichen Laboratorien (Adressen siehe Branchen-Telefonbuch) oder bei einschlägigen Fachhändlern sowie in manchen Zoohandlungen durchführen lassen.

Außerdem bietet der Fachhandel spezielle Testsätze oder umfassende Analysekästen mit allen erforderlichen Utensilien an, mit deren Hilfe man die Ermittlung der wichtigsten Wasserwerte auch selbst vornehmen kann, ohne daß chemische Kenntnisse vonnöten sind. Die Untersuchungen erfolgen in der Regel über Farbreaktionen verschiedener Testlösungen. An Farbtafeln lassen sich dann sehr einfach die Meßwerte ablesen.

Säuregrad

Eine Eigenschaft des Wassers, die das Pflanzenleben in entscheidendem Maß beeinflußt, ist sein Säuregrad. Er wird als pH-Wert mit einer Skala von 0 bis 14 angegeben. So stellt pH 7 den Neutralpunkt dar, an dem sich saure und basische Bestandteile des Wassers die Waage halten, während ein höherer pH-Wert alkalisches, ein niedrigerer pH-Wert saures Wasser kennzeichnet. Der normale Säuregrad liegt für Gartengewässer im Bereich zwischen pH 6 und 8. Nur Moorwiesen und -tümpel zeigen eine saure Reaktion unter pH 5. Gewöhnlich pendelt sich der pH-Wert in den Gewäs-

Da Fische den Gartenteich ganz erheblich belasten, sollte das Wasser regelmäßig untersucht werden.

Tip

Die Anschaffung eines Analysesets lohnt sich insbesondere dann, wenn man Zierfische im Teich hält. Für deren Wohlbefinden ist sauberes Wasser Voraussetzung, regelmäßige Kontrollen der Wasserwerte sind daher unerläßlich.

sern von selbst auf dem entsprechenden Niveau ein. Geringfügige Schwankungen sind üblich und schaden nicht, innerhalb eines Tages kann sich der pH-Wert kurzfristig sogar um ein bis zwei Stufen verschieben. Heftige und langanhaltende Regenfälle etwa oder die Zersetzung von Laub, das in das Gewässer hineingefallen ist, führen oft zu einer anhaltend ungünstigen Veränderung des Säuregrads, der sich dann weit in den sauren Bereich verschiebt. In einem solchen Fall sollte man etwa ein Drittel des Wassers austauschen, Laubreste sorgfältig herausfischen, einen Teil des Bodenschlamms entfernen und möglicherweise sogar einen sauerstoffspendenden Teichbelüfter in Betrieb setzen. Zu hohe pH-Werte treten dagegen eher selten auf. Hier hilft es, ein paar Handvoll ungedüngten Torf fein verteilt auf die Wasseroberfläche zu streuen. Ebenso kann man im Fachhandel erhältliche Torf- oder Huminsäuretabletten im Wasser auflösen oder mit Torfgranulat gefüllte Säckchen ins Wasser hängen. Regulierend wirken auch spezielle Reagenzien, wie sie sowohl zur Absenkung wie zur Anhebung des Säuregrads im Fachhandel zu beziehen sind. Man mischt sie dem Wasser genau nach den Angaben auf der Packung in bestimmten Konzentrationen zu.

Härtegrad

Ein weiteres Kriterium für die Wassergüte ist der Härtegrad. Je nach Kalkgehalt, genauer dem Gehalt an Calcium- und Magnesiumsalzen, besitzt Wasser eine gewisse Härte, die man in Grad deutscher Härte (°dH) angibt. Im allgemeinen wird die Wasserhärte in sog. Härtebereiche eingeteilt:

Wasserhärtebereich	Grad deutscher Härte °dH*
1 weiches Wasser (geringer Kalkgehalt)	0 bis 7
2 mittelhartes Wasser (mittlerer Kalkgehalt)	7 bis 14
3 hartes Wasser (hoher Kalkgehalt)	14 bis 21
4 sehr hartes Wasser (sehr hoher Kalkgehalt)	ab 21

* 1 °dH entspricht 10 mg Calciumoxid pro Liter Wasser

Für einen Teich oder Bach im Garten ist Wasser, das im Härtebereich 2 liegt, optimal. Ist es allzu weich (weniger als 3 °dH), fehlen den Lebewesen unter Umständen wichtige Mineralstoffe. Zudem können Schwankungen im Säuregrad weniger gut abgepuffert werden. Gewöhnlich regeln sich solche Schwierigkeiten jedoch nach Einbringen von Substrat und Bepflanzung von selbst. Sollte dies nicht der Fall sein, wird das Wasser langsam mit kalkhaltigerem versetzt. Ist das Naß dagegen

Wasser weist in der Regel einen mehr oder weniger neutralen pH-Wert auf. Eine Ausnahme bilden Moortümpel, die eine saure Reaktion zeigen.

Herbstliches Fallaub säuert das Wasser an und muß daher sorgfältig abgefischt werden.

Tip

Maßnahmen, die den pH-Wert des Wassers regulieren sollen, dürfen nur sehr vorsichtig, d. h. ganz allmählich und in kleinen Schritten, ausgeführt werden. Abrupte Änderungen des Säuregrads können das Tier- und Pflanzenleben schädigen.

Tip

Mit manchen Testsets wird nicht die Gesamthärte des Wassers, sondern die sog. Karbonathärte (KH) ermittelt, die den Gehalt an Bicarbonat-Ionen angibt. Die für ein Gartengewässer günstige Karbonathärte liegt im Bereich von 3 bis 10 KH.

Tip

Ist das Wasser glasklar und färben sich dabei junge Unterwasserblätter rötlich, liegt wahrscheinlich ein erhöhter Nitrit-Nitrat-Gehalt vor, und der pH-Wert ist zu hoch. Nach einer Wasseranalyse sollte man gegebenenfalls das Wasser austauschen.

Tip

Bei der Verwendung von Testsets zur Wassergütebestimmung ist zu beachten, daß manche Testreagenzien und Prüfstäbchen mit der Zeit ihre Wirksamkeit verlieren. Das Haltbarkeitsdatum darf nicht überschritten werden, sollen die Meßergebnisse aussagekräftig sein.

Tip

Läßt man einen Außenanschluß für Leitungswasser mit einem eigenen Zähler versehen, fallen in vielen Gemeinden für das hierüber verbrauchte Wasser keine Abwassergebühren an. Das zur Teichbefüllung, für den Betrieb eines Bachs oder zur Gartenbewässerung erforderliche Wasser wird auf diese Weise erheblich billiger. Am besten erkundigt man sich beim zuständigen Wasserwerk darüber.

Tip

In manchen Haushalten wurde dem Leitungssystem ein Ionenaustauscher vorgeschaltet, um die Rohre vor Kalkablagerungen zu schützen. Solcherart enthärtetes Wasser ist arm an Mineralstoffen, auf die die Lebewesen im Gewässer jedoch angewiesen sind. Zur Befüllung von Teich oder Bach sollte man das Leitungswasser in diesem Fall nur dann nutzen, wenn der Ionenaustauscher umgangen bzw. vorübergehend außer Funktion gesetzt werden kann.

Bei optimaler Anlage und guter Pflege bleibt die Nährstoffverteilung im Gleichgewicht.

zu hart (mehr als 20 °dH), kommt es oft zu unschönen weißlichen Kalkbelägen auf den untergetauchten Pflanzenorganen, wodurch deren Photosynthese und damit auch die Sauerstoffproduktion eingeschränkt wird. Außerdem vertragen manche Zierfische extrem hartes Wasser nicht. In diesen Fällen empfiehlt es sich, weiches Regenwasser beizumischen bzw. einen Teil des Teichwassers durch Regenwasser zu ersetzen.

Ist das Wasser sehr nährstoffhaltig, droht eine Algenplage.

Nitrit-Nitrat-Gehalt

Weiterhin ist für ein stabiles Gleichgewicht im Gewässer der Gehalt an verschiedenen Stickstoffverbindungen maßgeblich. Bei der Zersetzung organischer Substanzen, z. B. abgestorbener Pflanzenteile, toter Kleinstlebewesen und Ausscheidungen von Fischen, aber auch durch den Eintrag stickstoffhaltiger Düngemittel in das Gewässer, entsteht bei höheren pH-Werten des Wassers (über pH 7,5) vor allem Ammoniak. Diese Verbindung, die wegen ihres unangenehm stechenden Geruchs schon in geringen Konzentrationen wahrnehmbar ist, wirkt auf Fische und andere Tiere äußerst giftig. Bei niedrigerem pH-Wert bildet sich dagegen ungiftiges Ammonium. Bakterien setzen Ammoniak ebenso wie Ammonium recht schnell in Nitrite um, die gleichfalls sehr giftig sind. Bei ausreichender Sauerstoffversorgung des Wassers jedoch werden die Nitrite ihrerseits durch Mikroorganismen rasch zu Nitraten umgewandelt. Nitrate aber stellen eine wichtige Nährstoffquelle für Algen und andere Pflanzen dar. In allzu hohen Konzentrationen fördern sie allerdings das

Algenwachstum in extremem Maß und stören das ökologische Gleichgewicht erheblich.

Für jede einzelne dieser Stickstoffverbindungen, die überall in der Natur vorkommen und in einem komplexen Nährstoffkreislauf eng miteinander verflochten sind, kann man Testsätze erwerben. In fachgerecht angelegten und sorgsam gepflegten Teichen und Bächen wird es jedoch kaum Probleme mit den Stickstoffverbindungen geben. Allerdings kann sich ein Ungleichgewicht dieser Stoffe fatal auswirken, weshalb regelmäßige Kontrollen durchaus ratsam sind. Allein durch die Niederschläge gelangen mit der Zeit große Mengen an Stickstoff in den Teich. Am besten mißt man den Nitrit- und Nitratgehalt, denn eine zu hohe Nitritkonzentration von mehr als 0,25 mg/l ist ein Warnsignal für drohenden Sauerstoffmangel; eine zu hohe Nitratmenge von mehr als 25 mg/l ist Zeichen einer Nährstoffüberfrachtung und damit Vorbote einer Algenplage. In diesem Fall tauscht man das Wasser aus und bekämpft die Ursachen des Algenwachstums (siehe Seite 141 ff.).

Erstes Befüllen des Gartengewässers

Spätestens, wenn die Folie verlegt oder das Becken eingepaßt ist, stellt sich die Frage, woher man das notwendige Naß zur Befüllung des Teichs oder zum Betrieb des Bachs nimmt. In der Regel wird man es aus der Leitung einlaufen lassen. Leitungswasser, also Trinkwasser, wird mechanisch und chemisch aufbereitet und unterliegt in seiner Qualität der Trinkwasserverordnung. Nach den gesetzlich festgelegten Richt- und Grenzwerten muß es z. B. einen neutralen pH-Wert aufweisen. Es eignet sich in den meisten Fällen gut, seine genauen Analysewerte kann man bei den zuständigen Wasserwerken erfragen. Aufpassen heißt es, wenn das feuchte Element aus dem kommunalen Netz einen hohen Gehalt an Nitraten (mehr als 25 mg/l) aufweist, einen sehr hohen Härtegrad (Härtebereich 4) besitzt oder gechlort wurde. Eine Chlorierung stellt man am typischen Geruch des Wassers fest, den man aus Schwimmbädern kennt. Heutzutage wird Trinkwasser jedoch nur noch selten mit diesem chemischen Zusatz versehen. Ist dies trotzdem der Fall, sollte man es mindestens zu einem Drittel mit unbelastetem Regenwasser (siehe unten) mischen oder spezielle im Zoofachhandel erhältliche Wasseraufbereitungsmittel zusetzen. Man kann Chlor auch ausdünsten lassen, indem man das Wasser einen Tag abstehen oder ganz langsam, am besten über einen Regner, einlaufen läßt.

Regenwasser stellt die zweite wichtige Quelle dar, die Gartengewässer, insbesondere Moortümpel, füllen kann – vorausgesetzt, es läßt sich in der erforderlichen Menge auffangen. Läuft es über größere Dachflächen zusammen, sollte man den jeweils ersten Schwall, der bei einem Regenguß aus der Dachrinne kommt, besser nicht verwenden. Mit ihm wird viel Schmutz, vor allem Schadstoffe aus Rückständen von Heizmitteln, herabgewaschen. Erst etwa eine halbe Stunde nach Beginn eines kräftigen Schauers kann man das Niederschlagswasser ohne Bedenken in das Gewässer leiten. Da Regenwasser jedoch oft sehr sauer, dabei extrem weich und nicht selten mit den verschiedensten Schadstoffen belastet ist, sollte man es zumindest mit einem Drittel Leitungswasser mischen.

In einigen Fällen besteht auch die Möglichkeit, Teich oder Bach durch einen auf dem Grundstück vorhandenen – und behördlich genehmigten – Brunnen oder aus einer Quelle zu füllen, deren Wasserqualität man kennt. Da die Entnahmemenge dabei jedoch erheblich sein kann, muß man vorher bei der zuständigen Genehmigungsbehörde, dem Wasserwirtschaftsamt, nachfragen, ob dies erlaubt ist. Die Wasserwirtschaftsämter sind auch zuständig, wenn es darum geht, ob man Wasser aus einem am Garten vorbeifließenden Bach abzweigen darf. Dessen Sauberkeit vorausgesetzt, ist das der einfachste und billigste Weg, sein Gartengewässer zu befüllen.

Regenwasser läßt sich mit einem Schlauchanschluß aus dem Fallrohr der Dachrinne leicht ableiten und sammeln.

Wer natürliche Quellen oder Brunnen nutzen will, sollte vorher eine Genehmigung einholen.

Tip

Einige Haushalte verfügen über eine Sammelanlage für Brauchwasser, das aber keine Trinkwasserqualität besitzt. Solches Brauchwasser sollte man unbedingt umfassend analysieren lassen, bevor man es für Gartengewässer verwendet.

Am besten läßt man das Wasser über einen solchen Zerstäuber von oben in den Teich regnen.

Beim Einlassen in Teich oder Bach führt man das Wasser niemals in scharfem Strahl zu und füllt stets nur kleinere Mengen auf einmal ein. Um ein unnötiges Aufschwemmen von Bodenmaterial und dadurch eine übermäßige Trübung des Wassers zu verhindern, aber auch, um die frisch eingesetzten Pflanzen nicht zu beeinträchtigen, sollte das Naß immer sehr langsam und vorsichtig hineinrinnen. Leitungs- ist ebenso wie Brunnenwasser zudem meist ausgesprochen kalt. Wird viel Wasser allzu rasch eingeleitet oder in ein sommerlich erwärmtes Gewässer nachgefüllt, können Pflanzen und insbesondere Tiere leicht einen Temperaturschock erleiden.

Auch wenn dafür ein ziemlicher Zeitaufwand erforderlich wird, läßt man das Wasser aus dem Schlauch deshalb am besten über eine fein eingestellte Zerstäuberdüse aus möglichst großer Höhe über den Teich regnen. So erwärmt es sich gleich etwas, und eventuell zugesetztes Chlor entweicht. Alternativ kann man das Naß auch zuerst in einer großen Wanne sammeln, in der es etwas absteht, um es daraus dann langsam überlaufen zu lassen.

Nachfüllen und Ablassen

Einen Gartenteich oder ein Gewässersystem mit Wasserkreislauf braucht man im allgemeinen nicht durch zusätzliches Wasser zu ergänzen. Ein Absinken des Teichspiegels um ein paar Zentimeter kommt vor allem durch Ver-

Tip

Grundstücke mit Feuchtwiesen oder natürlich vorhandenem Bach bieten sich für eine Teichanlage geradezu an. Jedoch sollte man als Eigentümer vor Eingriffen unbedingt mit der Unteren Naturschutzbehörde in Kreisverwaltung oder Landratsamt Kontakt aufnehmen, dort um Beratung bitten und sich, falls notwendig, eine Genehmigung erteilen lassen.

Tip

Um ein Gartengewässer mit Wasser aus Brunnen oder Zisternen zu befüllen, schöpft man es bei einem kleinen Teich einfach mit Eimern um. Bei größeren Teichanlagen, wo dies recht mühsam wird, kann man sich elektrischer Pumpen bedienen, die es im Fachhandel in vielerlei Ausführungen gibt und die sich später auch für andere Arbeiten im Wassergarten nutzen lassen.

Sumpf- und Wasserpflanzen gehen nicht gleich ein, wenn der Standort kurzzeitig trockenfällt.

dunstung während langer Trockenperioden oder durch Eisbildung bei Frostwetter vor und ist völlig unbedenklich. Gewöhnlich wird es durch Niederschläge bzw. Lufterwärmung bald wieder ausgeglichen. Wasser- und Sumpfpflanzen sind zudem an wechselnde Wasserstände weitgehend angepaßt und vertragen einen zeitweilig trockeneren Stand durchaus.

Kritisch wird die Lage allerdings, wenn die Sumpf- oder Flachwasserzone völlig austrocknet. In solchen Fällen muß man natürlich Wasser nachfüllen, denn die Pflanzen würden sonst sehr schnell zugrunde gehen. Derartige Probleme können auftreten, wenn die Substratschicht zwischen tieferen Gewässerregionen und dem Uferbereich nicht durchgehend ist. Wegen der dadurch fehlenden Kapillar- und Saugwirkung kann kein Wasser aus den tieferen in die flacheren Zonen gelangen, so daß die Erde austrocknet. Vor allem an Steilufern spielt der mangelnde Kontakt eine verhängnisvolle Rolle. Man beseitigt die Ursache des Übels, indem man mit einer gleichmäßigen, ununterbrochenen Substratschicht eine innige Verbindung des Bodens sämtlicher Gewässerzonen herstellt oder an Steilufern die Anbringung einer Böschungsmatte (siehe Seite 118) erwägt.

Es kann aber auch einmal ein Absenken des Wasserspiegels oder ein völliges Entleeren

Trocknet der Sumpfbereich völlig aus und ist so bald kein Regen zu erwarten, muß ganz vorsichtig Wasser nachgefüllt werden.

Wasser aus dem Teich ablassen

Hat das Gartengewässer keinen eingebauten Abfluß und besitzt man auch keine Pumpe, kann man die Entleerung mit ein paar einfachen Hilfsmitteln durchführen – nach dem bekannten Prinzip, nach dem man eine Flüssigkeit durch Ansaugen über einen Schlauch von einem Behälter in einen anderen umfüllt.

Ein Gartenschlauch, der vom Teich bis zu einem Gully der Kanalisation reicht, wird an einem Ende dicht verschlossen. Am anderen Ende setzt man, ebenfalls mit dichter Verbindung, einen Trichter auf, dessen weite Einlauföffnung mit einem Stück fester Gaze oder feinfädigem Leinen als Filter überspannt wird. So besteht keine Gefahr, daß der Schlauch beim Ablassen des Wassers durch Algenwatte, Schlamm oder Schwebstoffe verstopft wird oder gar Fische hineingeraten.

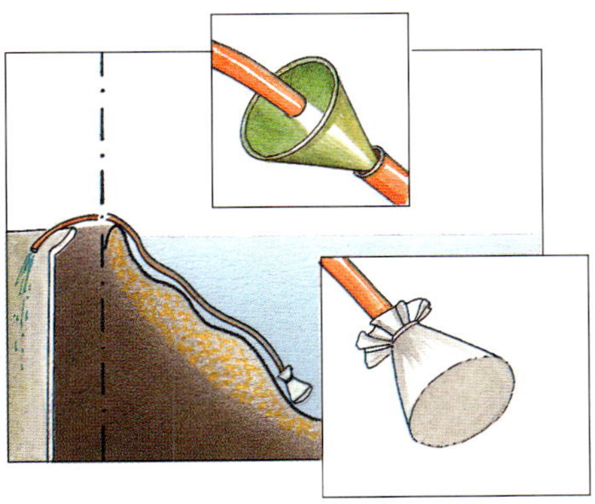

Das Schlauchende mit dem Filtervorsatz liegt im Teich, und das andere führt in den Gully.

Anschließend legt man den Schlauch aus, das verschlossene Ende zum Gully, dasjenige mit dem Trichteraufsatz zum Teich. Einige Meter des Schlauchs werden unter den Wasserspiegel abgesenkt, und zwar noch unter das Niveau, bis zu dem der Wasserspiegel fallen soll. Zu beachten ist, daß der Schlauch nirgendwo geknickt oder verknotet ist, unvermeidliche Windungen sollten in möglichst großen Kurven verlaufen. Nur dann kann das Teichwasser später ohne Stauung abfließen.

Sodann füllt man den Schlauch komplett mit Wasser, versenkt das Ende mit dem Trichteraufsatz im Teich und öffnet den Ablauf in den Gully. Das Wasser läuft jetzt in die Kanalisation ab.

Ist der Wasserspiegel bis zur gewünschten Tiefe gefallen, holt man den Schlauchanfang aus dem Teich oder verschließt die Ablauföffnung. Zur völligen Entleerung des Teichs wird das restliche Wasser mit Hilfe von Eimern abgeschöpft.

Tip

Bisweilen zeigen sich nach dem Befüllen zartfarbige Schlieren auf der Wasseroberfläche, die an einen Ölfilm denken lassen. Diese Erscheinung beruht jedoch auf natürlichen Umsetzungsprozessen und gibt keinen Anlaß zur Sorge.

Tip

Um die Wassermenge eines Teichs zu ermitteln, sollte man gleich beim ersten Befüllen aus der Leitung die Wasseruhr vorher und nachher ablesen. Zusatzstoffe zur Regulierung der Wasserqualität, die man später beimischen möchte, können dann sehr exakt dosiert werden. Bei Fertigbecken wird das Volumen in der Regel vom Hersteller angegeben.

Tip

Wenn schon bei geringfügigem Sinken des Wasserpegels das nicht besonders attraktive Abdichtungsmaterial zum Vorschein kommt, wurden die Uferzonen nicht geschickt genug angelegt. In diesem Fall sollte man sich besser die Mühe machen, die Randbereiche umzugestalten, als immer wieder teures Trinkwasser nachzufüllen und damit jedesmal die natürlichen Abläufe im Gewässer zu stören.

Wird ein Betonbecken wie dieses undicht, sind gewöhnlich Frostschäden die Ursache.

Tip

Bei Teichen, die mit Ton oder Tonmineralen (siehe Seite 75) abgedichtet wurden, sollte man stärkere Wasserverluste möglichst rasch wieder ausgleichen. Durch extreme Austrocknung kann die Dichtungsschicht leicht rissig und damit durchlässig werden.

Tip

Um bei einer Teichentleerung Wasserschäden vorzubeugen, sollte man während des gesamten Vorgangs genau beobachten, wohin das Wasser läuft und, sofern man es in den Garten leitet, ob es tatsächlich rasch genug versickert. Dies ist insbesondere bei Hanggrundstücken und bei schwerem Boden ratsam.

des Teichs notwendig werden, etwa für Reparaturarbeiten, weil man den Untergrund entschlammen, Pflanzen zur Teilung aufnehmen oder zu dichten Bewuchs auslichten möchte. Während sich sehr kleine Gewässer mit einem Eimer ausschöpfen lassen, erweist sich bei größeren eine Pumpe als sehr hilfreich. Das Gerät sollte jedoch unbedingt eine Filtervorrichtung oder einen Auffangkorb vor der Ansaugöffnung besitzen, damit es nicht durch Pflanzenreste oder Schlamm verstopft wird. Doch selbst mit Hilfe eines einfachen Schlauchs ist das Ablassen des Wassers möglich (siehe Seite 137).

Kleinere Wassermengen kann man gezielt zum Gießen verwenden oder im Garten versickern lassen, vorausgesetzt, der Gartenboden nimmt das Naß problemlos auf. Größere Fluten sollte man dagegen eher in die Kanalisation leiten, sei es über einen Gully oder über das Fallrohr einer Regenrinne. Stets ist zu bedenken, daß man als Eigentümer ebenso wie als Mieter für jeden Schaden haftet, der durch nicht sachgemäß abgeleitetes Wasser entsteht.

Abhilfe bei Wasserverlusten

Während einer Hitzeperiode im Hochsommer kann der Wasserstand des Gartenteichs innerhalb kurzer Zeit sehr stark fallen. Bei intensiver Sonneneinstrahlung und hoher Lufttemperatur ist ein Absinken des Pegels um 1 cm pro Tag nicht ungewöhnlich, bedingt vor allem durch direkte Verdunstung, aber auch durch eine hohe Transpiration der Pflanzen (siehe Seite 28). Wasserverluste dieser Größenordnung sind daher bei Sommerhitze noch kein Anlaß, ein Leck in der Abdichtung zu vermuten. Erst wenn das Wasser im Teich auch bei gemäßigter Wetterlage und sogar nach ausgiebigen Regenfällen stetig zurückgeht, muß man Undichtigkeiten befürchten. Diese können z. B. durch Beschädigung der Folie mit spitzen Gegenständen oder bei Fertig- und Betonbecken durch Frosteinwirkung entstanden sein. Leider gestaltet sich die Suche nach dem Defekt meist recht mühselig. Man muß dabei nicht nur sehr genau, sondern am besten auch ganz systematisch vorgehen.

Nicht selten sind unsachgemäß angelegte Kapillarsperren (siehe Seite 72) der Grund für Wasserverluste. Sie führen dazu, daß der umliegende Boden und die Wurzeln der Uferpflanzen den Teich regelrecht „aussaugen“. Bei ständig wiederkehrendem Abfall des Wasserstands sollte man als erstes die Uferbereiche daraufhin untersuchen, ob etwa Graswurzeln bis in das Teichwasser hineinragen oder der angrenzende Boden ungewöhnlich feucht ist. Entdeckte Mängel werden behoben, indem man den Boden am äußeren Uferrand aufgräbt, die dann frei liegenden Folienränder hochklappt und eventuell mit Erde, Sand oder Kies unterfüttert, um sie in einer senkrechten Lage zu fixieren. Anschließend tritt man die wieder aufgefüllte Erde gut fest und kaschiert die hochstehende Folie mit einem Kieswall.

Kann man Verdunstung und unwirksame Kapillarsperren als Ursachen für die Wasserverluste ausschließen, beobachtet man den Wasserspiegel am besten noch einige weitere Tage genau. Mit wasserfestem Filzstift oder gut haftendem Klebeband kennzeichnet man immer wieder den aktuellen Wasserstand. Sinkt er nicht mehr weiter ab, liegt das Leck oberhalb des markierten Niveaus. Um den Bereich mit der vermuteten Schadstelle sicherer einzugrenzen, kann man den Teich nochmals mit Wasser füllen und wiederum durch Messung des Pegels die Linie festlegen, auf der das Leck zu suchen ist.

Findet sich der Defekt nicht auf Anhieb, bleibt nichts anderes übrig, als die Abdichtung auf dem einmal festgestellten Niveau gründlichst von Substrat, Schlamm und Algenbewuchs zu säubern und dann planmäßig weiterzuforschen. Hat man die Schadstelle schließlich entdeckt, wird sie markiert, der Wasserspiegel um weitere 10 cm abgesenkt und der umgebende Bereich sehr sorgfältig gereinigt.

Für die Reparatur sind Sets auf dem Markt, mit denen kleinere Risse oder Löcher in Folie oder Beckenwand auch vom Laien abgedichtet werden können – selbst auf feuchtem Untergrund und sogar unter Wasser. Je nach Art der Teichabdichtung greift man zu verschiedenen Hilfsmitteln, für Folien etwa zu Quellschweißmitteln, für Fertigbecken zu Klebstreifen, für Betondichtungen zu Spachtelmasse. Wichtig ist, sich jeweils genau an die Gebrauchsanweisung zu halten, insbesondere bei der Anwendung der aggressiven Klebemittel. Bei umfassenderen Schäden in der Abdichtung sollte man einen Fachmann zu Rate ziehen, bei schadhaften Betonbecken besser gleich eine zusätzliche Isolierung mit Folie erwägen.

Hat man die undichte Stelle gefunden, wird die Folie mit einem Reparaturset geflickt.

Teichfilter

Eine Filterung des Teichwassers ist in einem fachgerecht angelegten Teich nicht notwendig, denn der Lebensraum verfügt normalerweise über ausreichende Selbstreinigungskraft. In bestimmten Fällen wird man jedoch den Einsatz eines Filters erwägen, um die Wasserqualität zu verbessern, so z. B. bei intensiver Fischhaltung, insbesondere von Fischarten wie den Kois (siehe Seite 48 ff.), die auf sehr sauberes Wasser angewiesen sind. Aber auch eine mangelnde Selbstreinigung durch zu geringe Unterwasser- und Sumpfzonenbepflanzung läßt sich mit Hilfe von Teichfiltern ausgleichen. In diesem Fall sollte man sich allerdings eher überlegen, wie die Ursachen der Wasserverschmutzung zu beseitigen sind, und die Filterung nur als eine Übergangslösung betrachten, etwa bis sich die eingesetzten Pflanzen etabliert haben.

Bei Wasserverschmutzungen kann manchmal der Einsatz eines Teichfilters nötig werden.

Filtertypen

Prinzipiell unterscheidet man zwei Typen von Filtern: mechanische und biologische. Wäh-

Tip

Grenzt das Gewässer direkt an eine Rasenfläche, können Grasbüschel, die über die Kapillarsperre ragen, wie Dochte wirken. Entweder muß man das Ufer regelmäßig vom Graswuchs befreien oder eine Rasenkante, etwa aus Steinen oder Holz, anbringen, über die das Gras nicht hinüberwächst.

Tip

Ähnlich wie beim Teich kann auch bei einem Bachlauf ein Leck in der Abdichtung auftreten. Dies bemerkt man am ehesten in Stillwasserbereichen. Die Pumpe für den Bachlauf wird dann abgestellt, ebenso systematisch nach der Schadstelle gesucht, wie man es bei einem Teich macht, und der Defekt schließlich fachgerecht behoben.

Sumpfbeetklärung

Blähton, Filtermatte, Sand sowie Röhrichtpflanzen sorgen für eine natürliche Reinigung.

Eine interessante und auch optisch reizvolle Alternative zu den Filtergeräten ist eine kleine Pflanzenkläranlage. Dabei übernehmen Röhricht- und Sumpfpflanzen wie Schilf *(Phragmites)*, Rohrkolben *(Typha)* oder Binsen *(Juncus)* die Reinigung des Wassers in einer Flachwasserzone. Eine solche Anlage empfiehlt sich vor allem, wenn das Wasser aus dem Teich einen Bachlauf speist. Bevor der Bach in den Teich mündet, legt man eine Art Sumpfzone an, in der das Wasser eine Filterung erfährt. Zum einen setzen sich dort Schwebstoffe ab, zum andern entziehen die Pflanzen dem Wasser auch Nährstoffe, wodurch eine Algenblüte (siehe Seite 143) verhindert wird.

Solche klärenden Sumpfbecken, die sich ebensogut neben Teichen ohne Bachzufluß anlegen lassen – dann jedoch einer eigenen Pumpe bedürfen –, werden neuerdings bereits als komplette Bausätze im Fachhandel angeboten. Man kann die benötigten Teile aber auch selbst zusammenstellen. Ein etwa 50 cm tiefes Fertigbecken wird zwischen Teich und Bachmündung eingebaut und mit kurzen Rohren oder Schläuchen in den Kreislauf des Gewässersystems integriert. Der Auslauf des Klärbeckens muß dabei stets über dem Teichufer liegen, sonst würde das Wasser ungeklärt hindurchfließen. Das Becken füllt man zuunterst mit einer mindestens 10 cm mächtigen Schicht aus Blähton, darauf kommt eine Filtermatte, darüber wiederum 10 cm hoch Sand. Auf den Sand stellt man im gesamten Becken relativ dicht nebeneinander Pflanzkörbe mit den schnellwüchsigen Röhrichtpflanzen auf; Zwischenräume werden dann mit Sand gefüllt und die Oberfläche nochmals etwa 3 cm hoch mit Sand abgedeckt. Nach einigen Jahren jedoch ist das System gewöhnlich erschöpft, denn durch den starken Pflanzenwuchs sind bis dahin Sandschicht und Filtermatte völlig durchwurzelt und haben infolgedessen keine Reinigungskraft mehr. Dann bleibt nichts anderes, als das Becken komplett auszuräumen und neu auszustatten.

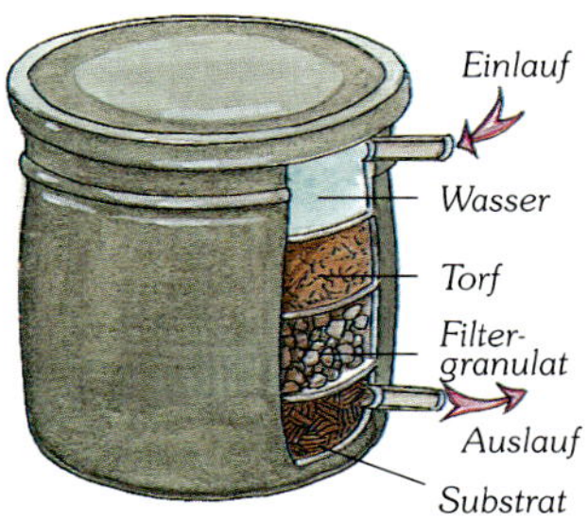

So funktioniert ein Teichfilter: Eine Pumpe befördert das Wasser in den Behälter, dort läuft es über verschiedene Filterschichten und zum Schluß gereinigt wieder zurück in den Teich. Es gibt jedoch auch Systeme, bei denen sich die Pumpe am Auslaß befindet.

rend mechanische Filter Schwebstoffe und andere Verschmutzungen über Schaumstoff, Granulate und/oder andere Materialien aus dem Wasser absieben, arbeiten biologische Filter mit Hilfe von Mikroorganismen, die die Verschmutzungen zersetzen und abbauen. Modelle, die beide Methoden in sich vereinen, erweisen sich als besonders effektiv.

Filtersysteme

Gewöhnlich besteht ein Teichfilter aus einem Behältnis mit Zu- und Ablauf, in dessen Innerem die mechanischen und/oder biologischen Reinigungssysteme untergebracht sind. Über eine im System integrierte Pumpe oder eine externe Teichpumpe, die man über Schläuche mit dem Filter koppelt, wird das Teichwasser durch den Filter gedrückt. Die Pumpenleistung muß stets dem jeweiligen Filtersystem angepaßt sein, damit einerseits die Filterung effektiv verläuft, andererseits aber der Behälter nicht platzt. Hierüber sollte man sich im Fachhandel eingehend beraten lassen oder die Gebrauchsanweisung der Filteranlage gründlich studieren. In der Regel ist eine Kapazität von 40 bis 60 l/min ausreichend.

Bei der Vielzahl der im Fachhandel angebotenen Filtermodelle kann man wählen, ob man das System direkt in den Teich einbringen oder aber separat neben dem Teich aufstellen bzw. in einem eigenen Schacht in den Boden einsenken will. Überdies gibt es auch Systeme, die als Sprudelsteine oder Bachelemente verkleidet sind und sich deshalb besonders unauffällig in die Anlage einfügen lassen.

Um die Filter funktionstüchtig zu halten, müssen sie regelmäßig sorgfältig gereinigt werden. Außerdem dürfen sie niemals ganz austrocknen.

Algen im Gartengewässer

Ähnlich wie Unkräuter auf Zier- und Gemüsebeeten erregen Algen bei Teichbesitzern immer wieder Mißfallen. Obwohl diese niederen Pflanzen für das biologische Gleichgewicht in jedem Gewässer unverzichtbar sind und reichlich Sauerstoff produzieren, schmälert das wenig attraktive „Grünzeug" doch die Freude an den weitaus prächtigeren Blütenpflanzen, besonders wenn es sich übermäßig vermehrt und zur Plage wird.

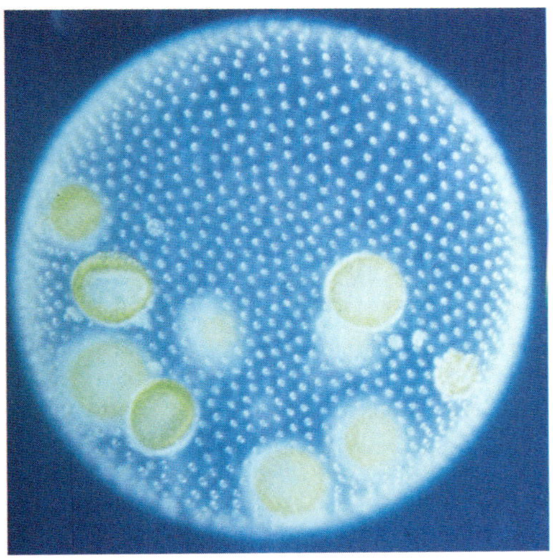

Volvox-Arten, hier auf einer Nährlösung, sind Schwebalgen und bilden kugelige Verbände.

Algen, eine überaus artenreiche Pflanzengruppe, haben sich vorwiegend an das Leben im Wasser angepaßt. Es gibt darunter einzellige, sehr einfache Formen ebenso wie recht kompliziert gebaute Gewächse, die an höhere Pflanzen erinnern. Wenn reichlich Nährstoffe, Wärme und Licht vorhanden sind, kann die Vermehrung von Algen unter Umständen explosionsartig vonstatten gehen.

Vereinfachend unterscheidet man die als „Wasserverunreinigung" auftretenden Algen nach ihrer Lebensweise bzw. ihrem Aussehen. Schwebalgen, etwa die maigrünen, kugeligen Zellkolonien von *Volvox*-Arten, leben frei im Wasser und rufen bei Massenvermehrung eine blaue bis grüne Trübung des Wassers hervor. Faden- oder Wattealgen, z. B. *Cladophora*- oder *Spirogyra*-Arten, sind von dünner, langgestreckter Gestalt, verfilzen zu watteähnlichen Bäuschen, glibberigen Bärten oder schleimigen Matten und riechen unangenehm scharf. Schmieralgen nennt man Formen, die als glitschige Beläge auf Teichfolie, Beckenwandungen, Steinen und Pflanzen zu finden sind.

Problemen mit Algen vorbeugen

Um es gar nicht erst zu einer Massenvermehrung der unliebsamen Algen kommen zu lassen, sollte man in jedem Gewässer ein stabiles biologisches Gleichgewicht anstreben. Grundlage dafür ist eine fachgerechte, möglichst abwechslungsreiche Gestaltung und Bepflanzung, bei der die unterschiedlichen Tiefenzonen und entsprechend die Ufer-, Flachwasser-,

Manche Algenarten verfilzen zu glibberigen, ganz schleimigen Matten, die man abfischen kann.

Schwimmblatt- und Unterwasserpflanzen in ausgewogenem Verhältnis zueinander stehen (siehe Seite 113 f.). Diese Gewächse entziehen dem Wasser dann reichlich Nährstoffe, eine ungezügelte Massenvermehrung von Algen wird dadurch nahezu unmöglich. Es versteht sich, daß stets nur nährstoffarmes Substrat (siehe Seite 114 f.) in das Gewässer eingebracht werden darf.

Des weiteren sollte man dicke Schlammschichten auf dem Grund regelmäßig entfernen und abgestorbene Pflanzenteile, vor allem Herbstlaub, herausfischen. Durch deren Zersetzung würden viele Nährstoffe frei, was wiederum eine Zunahme der Algen förderte.

Auch durch Fische wird das Gewässer geradezu gedüngt, zum einen durch deren Ausscheidungen, zum andern über Futterreste. Generell empfiehlt es sich, Fische lediglich in größeren Teichen, und selbst darin nur in

Tip

Algenhemmend wirken vor allem Unterwasserpflanzen wie Hornblatt, Tausendblatt, Wasserfeder, Wasserquirl oder Laichkräuter. Auch Schwimmpflanzen wie Wasserhyazinthe, Froschbiß oder Wassernuß mit ihren Wurzelbärten tragen zur Wasserklärung bei und unterdrücken damit ebenfalls den Wuchs der Algen.

Unterwasserpflanzen wie die Wasserfeder werden gern zur natürlichen Algenabwehr und Wasserklärung eingesetzt.

Tip

Da sich im Wasser um so weniger Sauerstoff löst, je wärmer es wird, erweist sich eine Beschattung der Teichfläche über die heißen Mittagsstunden durch einen großen Laubbaum als ebenso hilfreich gegen Algenwuchs wie eine teilweise Bedeckung des Wasserspiegels mit Schwimmblattpflanzen.

Tip

Der Austausch eines Teils des Wassers bringt nur wenig Entlastung bei einer Algenplage. Meist beginnt das stürmische Algenwachstum nach kurzer Zeit wieder, solange die eigentlichen Ursachen nicht beseitigt sind. Wirksam wird allenfalls eine stetige Zufuhr von nährstoffarmem Wasser.

Laubbäume beschatten im Sommer vorteilhaft den Teich, bereiten im Herbst jedoch Arbeit.

einer angemessenen Zahl, zu halten (siehe dazu Seite 48ff.). In neu angelegte Gewässer setzt man die Tiere erst nach dem vollständigen Einwurzeln der Pflanzen ein. Danach muß man das Wasser häufig austauschen und es zwischendurch immer wieder über einen Filter (siehe Seite 139f.) reinigen.

In sauerstoffreichem Wasser ist Algenwuchs deutlich eingeschränkt. Ein dem Teich angeschlossener Bachlauf mit mehreren Kaskaden vermag zusammen mit Wasserpflanzen für einen hohen Sauerstoffgehalt des Wassers zu sorgen. Ersatzweise kann man eine Sauerstoff- oder Luftpumpe im Teich installieren, mit der Luft unter Wasser gedrückt wird, wo sie über einen porösen Keramikstein in feinen Perlen entweicht. Je nach Modell bringt man eine solche Pumpe in die tiefste Teichzone ein oder stellt sie feuchtigkeitsgeschützt neben dem Gewässer auf, z.B. verborgen durch einen Eimer oder einen Holzüberbau. Auch mit einem sog. Oxidator, dessen Inhalt durch einen chemischen Prozeß Sauerstoff liefert, läßt sich eine Anreicherung mit dem wichtigen Gas erzielen. Die Chemikalie, meist Wasserstoffperoxid (Vorsicht, ätzend!), muß in Abständen nachgefüllt werden.

Ganz gezielt kann man überdies natürliche Feinde der Algen ansiedeln, etwa Teller-, Sumpfdeckel- oder Posthornschnecken – sofern sich diese Tiere nicht ohnehin von selbst eingestellt haben. Sie ernähren sich von festsitzenden Algen, abgestorbenen Pflanzen-

Je zahlreicher die Wasserfälle und Kaskaden, desto seltener werden Algen zur Plage.

Die Sumpfdeckelschnecke grast Algenbestände ab und frißt auch abgestorbene Pflanzenteile.

resten und von Schwebstoffen. In der Regel nehmen die Schnecken nicht überhand, denn ihr Bestand wird durch das vorhandene Futterangebot reguliert. Bisweilen vergreifen sie sich jedoch auch an den Blättern der Zierpflanzen. Als fleißige Algenvertilger gelten außerdem Kaulquappen sowie bestimmte Fischarten, z. B. Moderlieschen und Rotfedern (siehe Seite 54).

Algen fühlen sich nur in kalkhaltigem Wasser mit einem pH-Wert über 7 und einem Härtegrad über 12 °dH richtig wohl, durch schwach saures Wasser lassen sie sich gut im Zaum halten. Man prüft den pH-Wert regelmäßig und führt bei Bedarf sauer wirkenden Torf oder spezielle Huminsäuretabletten zu.

Algenblüte

Kurzfristig können auch in einem intakten Gewässer Algen einmal überhandnehmen, z. B. im zeitigen Frühjahr nach einem strengen Winter. Unter einer lange anhaltenden Eisdecke konnten die Unterwasserpflanzen keinen Sauerstoff produzieren, im Gegenteil, sie verbrauchten ihn. Durch Sauerstoffmangel starben in der Folge viele Kleinlebewesen ab, Faulschlamm bildete sich. Schmilzt nun das Eis und erwärmt sich die oberste Wasserschicht, profitieren Algen von dem üppigen Nährstoffangebot, zumal sie zu diesem Zeitpunkt noch keine Konkurrenz durch Wasserpflanzen haben. Die Konsequenz ist, daß sie sich stürmisch vermehren und es zu einer sog. Algenblüte kommt. Schon bald jedoch entwikkeln sich all die Pflanzenfresser im Teich, die den Mißstand wieder ins Lot bringen.

Bevor man also angesichts einer deutlichen Grünfärbung und Trübung des Wassers, einer Handvoll Algenbärte und -bäusche sowie eines unangenehm muffigen Geruchs gleich zu drastischen Mitteln greift, sollte man besser erst einmal abwarten und die Situation eine Weile beobachten.

Wenn Algen überhandnehmen und ein Gewässer so überwuchern, spricht man von einer Algenblüte.

Hält eine Algenblüte allerdings mehrere Wochen an und verstärkt sich währenddessen noch, muß man konsequent dagegen vorgehen. Die erste Maßnahme besteht im gründlichen Abfischen von Algenmatten mit einer Harke oder einem Kescher. Algenüberzüge auf Steinen, Holzdecks oder Folienrändern schrubbt man mit einer Scheuerbürste ab.

Zusätzlich ist anzuraten, einen Filter und eine Sauerstoffpumpe in Betrieb zu setzen, eventuell auch den pH-Wert des Wassers abzusenken (siehe Seite 132 f.). Allzu dichte Decken von Schwimmblattpflanzen werden etwas ausgedünnt, damit sauerstoffbildende Unterwasserpflanzen wieder genügend Licht bekommen.

Der Einsatz chemischer Algenbekämpfungsmittel, sog. Algizide, die im Fachhandel angeboten werden, erweist sich als nicht besonders sinnvoll. Zwar sterben die Algen dadurch ab und sinken zum Grund, jedoch wird durch die Zersetzung ihrer Biomasse wiederum viel Sauerstoff verbraucht, und gleichzeitig werden reichlich Nährstoffe frei. Nur zu bald sieht man sich dann einer erneuten Algenplage gegenüber. Zudem sammeln sich

Tip

Frisch angelegte Teiche werden nicht selten von einer Algenblüte heimgesucht, da sich die Vegetation und das Tierleben noch nicht ausreichend entwickelt haben. Innerhalb weniger Wochen verschwindet die unliebsame Grünfärbung gewöhnlich von selbst. Die Ursache kann manchmal aber auch in stark nitrathaltigem Füllwasser liegen, was sich durch eine Wasseranalyse unschwer feststellen läßt. In diesem Fall sollte man den Teich abpumpen und nährstoffarmes Wasser einleiten.

Tip

Bei sehr nährstoffreichem Wasser kann es vorkommen, daß sich Wasserlinsen extrem ausbreiten. Die grünen, auch als Entengrütze bekannten Pflanzendecken lassen sich leicht abfischen. Darüber hinaus sind dieselben Maßnahmen zu ergreifen wie bei der Algenblüte.

Bleiben größere Flächen länger mit Algen oder Wasserlinsen bedeckt, muß man eingreifen.

bei mehrfacher Verwendung von Algiziden Rückstände im Gewässer an, die unter Umständen das empfindliche Ökosystem nachhaltig beeinträchtigen. Manche Präparate bewirken eine Verklumpung der Schwebalgen, die man dann als regelrechte Bäusche abfischen oder vom Teichboden aufsammeln kann. Jedoch gelingt dies oft nicht besonders gut, weshalb auch der Einsatz solcher Mittel nicht unbedenklich ist.

Derartige Algenmatten lassen sich meist recht problemlos von einem Teich abfischen.

Tip

Es ist unbedingt zu vermeiden, daß Düngemittel in ein Gartengewässer eingeschwemmt werden, etwa von einer angrenzenden Rasenfläche. Davor bewahrt z. B. ein niedriger Wall am Ufer.

Nach Abklingen einer Algenblüte sollte man prüfen, ob alle vorbeugenden Maßnahmen ergriffen wurden, um das Gewässer im richtigen biologischen Gleichgewicht zu halten. Langfristig gesehen kann nämlich nur dadurch Abhilfe geschaffen werden.

Bakterienblüte

In sehr seltenen Fällen kommt es in Teichen auch einmal zu einer übermäßigen Vermehrung von Bakterien, etwa wenn große Mengen Algen und Kleinstlebewesen schlagartig absterben und zugleich die Wassertemperatur sehr hoch ist. Durch die unzähligen Bakterien erscheint das Wasser dann milchig trüb, schon in 10 cm Tiefe ist ein hineingehaltener heller Gegenstand nicht mehr zu erkennen, und im Schein einer Taschenlampe sieht das Wasser wie Nebel aus. Damit das Gewässer nicht vollends „umkippt", d. h. zum lebensfeindlichen Pfuhl wird, weil die Bakterien sämtlichen Sauerstoff aufzehren, muß man sofort etwas unternehmen. Mit Hilfe einer leistungsstarken Pumpe wird das Wasser durch einen Außenfilter gereinigt und über eine Sauerstoffpumpe zusätzlich Luft in den Teich gepreßt. Außerdem fischt man sämtliche gröberen Schwebstoffe ab und entfernt am besten auch Schlick vom Bodengrund.

Teich- und Bachpflege rund ums Jahr

Bei Gartengewässern ist zwar der Arbeitsaufwand für die Anlage hoch, dafür beschränken sich später die notwendigen Maßnahmen auf wenige Handgriffe im Jahr – vorausgesetzt, Teich oder Bach wurden fachgerecht gestaltet. Ganz ohne Unterstützung durch den Gärtner dürfen die Gewässer jedoch nicht bleiben, sollen sie stets die Attraktion des Gartens darstellen und nicht mit den Jahren verlanden. Zudem sind gelegentlich einige Pflanzen zu vermehren oder – wenn auch selten – lästige Schädlinge zu vertreiben.

Auch wenn das Gewässer fachgerecht angelegt ist, bleibt eine kontinuierliche Pflege nötig.

Arbeiten im Frühjahr und Sommer

Bevor in den vom Wasser geprägten Lebensräumen nach dem Winter die neue Wachstumszeit beginnt, ist vor allem eine Überprüfung der baulichen Einrichtungen und technischen Geräte notwendig, und gegebenenfalls nimmt man Reparaturen vor. Diese Arbeiten erledigt man, sobald die Eisdecke auf dem Teich zu schmelzen beginnt bzw. der Boden allmählich auftaut, also etwa ab Ende Februar.

Uferbefestigungen und Ränder werden kontrolliert, lose Elemente befestigt, eventuell Ausbesserungen durchgeführt. Verfügt der Teich über einen Überlauf, sollte man diesen bei Bedarf reinigen bzw. wieder instand setzen. Pumpen, ebenso Filter, bringt man am besten kurz in Gang, um ihre Funktionstüchtigkeit zu testen. Auch der Bachlauf wird erneut in Betrieb genommen.

Wenn Ende April, Anfang Mai dann das Pflanzenwachstum einsetzt, kann man zusätzliche Gewächse pflanzen. Im Haus überwinterte Wasserpflanzen, z.B. Seerosen *(Nymphaea)*, kommen wieder an Ort und Stelle, besonders kälteempfindliche Arten wie Wasserhyazinthe *(Eichhornia crassipes)*, Muschelblume *(Pistia stratiotes)* oder Gewöhnlichen Schwimmfarn *(Salvinia natans)* plaziert man jedoch erst nach Mitte Mai im Wasser. Bei Röhrichtarten, etwa Schilf *(Phragmites australis)*, Rohrkolben *(Thypha)*, Wasserschwaden *(Glyceria maxima)* und Binsen *(Juncus)*, werden abgestorbene Halme möglichst an der Basis abgeschnitten, der Neuaustrieb dabei aber geschont. Und schließlich sollte man zu übermächtig gewordene Sumpf-, Schwimmblatt- und Schwimmpflanzen ausdünnen, doch nicht alle gleichzeitig, damit sich die Verhältnisse im Gewässer nicht kurzfristig zu stark ändern.

Zum Austrieb kann bei besonders nährstoffbedürftigen Arten wie Seerosen, Hechtkraut *(Pontederia)* oder Goldkeule *(Orontium aquaticum)* eine Düngung erforderlich werden, vor allem in nährstoffarmen Gewässern. Grundsätzlich sollte eine Nährstoffzufuhr aber nur mit äußerster Vorsicht erfolgen, da ein

Empfindliche Seerosen-Hybriden, die im Haus überwintert wurden, bringt man erst im späten Frühjahr wieder ins Freie.

Tip

Raschwüchsige Pflanzen wie Rohrkolben, Simsen, Schilf, Sumpfschwertlilie oder Wasserschwaden, die in Pflanzkörben stehen, müssen regelmäßig im Wuchs eingedämmt werden, meist alle drei Jahre. Man nimmt sie dazu im Frühjahr auf, teilt die Wurzelballen und pflanzt nur ein Stück davon wieder in den Behälter.

Tip

Hat man im vorangegangenen Herbst die nötigen Pflegemaßnahmen versäumt (siehe Seite 148 ff.), können im Frühjahr leicht Probleme auftreten, etwa Sauerstoffmangel und starke Algenvermehrung. Um dem vorzubeugen, sollte man dann bereits im Februar die Eisdecke entfernen, den Teich mit einer Sauerstoffpumpe belüften und aufsteigende Schlammbrocken abfischen.

Tip

Fische im Gartenteich darf man erst wieder füttern, wenn die Wassertemperatur über 12 °C gestiegen ist.

Tip

Die Rhizome von Wasserpflanzen riechen oft unangenehm faulig und sind nicht selten an einem Ende ganz weich und matschig. Dies stellt jedoch keinen Grund zur Beunruhigung dar, denn es ist völlig normal, daß das Rhizom an einem Ende abstirbt, während es am anderen weiterwächst. Faulstellen werden bei der Teilung einfach abgeschnitten.

Nährstoffbedürftige Arten wie z. B. das Hechtkraut werden schon bei der Pflanzung gedüngt.

Zuviel sehr rasch negative Auswirkungen hätte. Bei den anderen Arten reicht es in der Regel aus, die Pflanzen in frisches Substrat umzusetzen. Ist eine zusätzliche Düngung notwendig, knetet man einen langsam wirkenden, organischen Dünger, z. B. Hornspäne, in einen Klumpen Lehm oder bindige Gartenerde. Diesen drückt man dann direkt in den Wurzelbereich der Pflanze.

Während des Sommers braucht man schließlich nur noch hier und da ein paar Algenmatten abzufischen, die man in dünnen Schichten zum Kompost gibt. Tritt eine ungewöhnliche Wasserfärbung oder -trübung auf, sollte man den Teich oder den Bach genauer beobachten und eine Wasseranalyse (siehe Seite 132 ff.) durchführen, um eventuell notwendige Sanierungsmaßnahmen ergreifen zu können. Am besten läßt man das Gewässer jedoch weitgehend ungestört, damit sich die Lebewesen optimal entwickeln und sich ein stabiles Gleichgewicht einpendeln kann.

Sumpf- und Wasserpflanzen vermehren

Im späten Frühjahr, etwa gegen Ende Mai oder Anfang Juni, ist die beste Zeit, um Nachwuchs von Sumpf- und Wasserpflanzen heranzuziehen. Die meisten Arten, vor allem Gräser, Röhrichtarten und horstig wachsende Stauden, lassen sich ganz einfach durch Teilung vermehren. Man holt sie aus dem Substrat und trennt kräftige Pflanzenstöcke mit den Händen oder einem Messer in mehrere handballengroße Stücke. Jedes Teilstück sollte über mindestens drei oder vier kräftige Triebknospen und einige gut entwickelte Wurzeln verfügen. Die Teile werden umgehend eingesetzt.

Bei Pflanzen, die Rhizome oder Knollen, also verdickte fleischige Wurzelstöcke besitzen, etwa Seerosen *(Nymphaea)*, Sumpfkalla *(Calla palustris)*, Pfeilkraut *(Sagittaria)* oder Froschlöffel *(Alisma)*, bedient man sich ebenfalls der Teilung, um Nachwuchs zu gewinnen. Man nimmt sie aus dem Bodengrund auf und schwemmt anhaftendes Substrat möglichst gründlich vom Rhizom oder knolligen Wurzel-

Teilung von Rhizomen

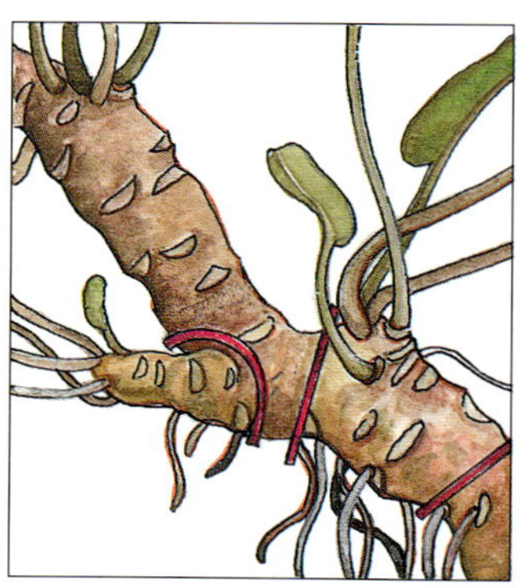

Die fleischigen Rhizome etwa von Seerosen werden in Stücke geschnitten.

Die Schnittstellen der Teile taucht man zur Desinfektion in Holzkohlenpulver.

Jedes Rhizomstück wird in einen eigenen Pflanzkorb mit Substrat gesetzt.

Horstig wachsende Stauden kann man einfach durch vorsichtiges Teilen vermehren.

stock ab, ohne dabei jedoch die Wurzeln zu verletzen. Anschließend schneidet man mit einem sauberen, scharfen Messer seitlich vom Hauptorgan abgehende Verzweigungen oder Knollenstücke ab. Am besten führt man die Schnitte jeweils an einer Verjüngung, damit die Wundfläche möglichst gering bleibt. Die Schnittstellen sollten zur Desinfektion mit etwas Holzkohlenpulver bestäubt werden. Man läßt es leicht antrocknen und pflanzt die Teilstücke anschließend ein.

Die Vermehrung von Unterwasserpflanzen gestaltet sich in den meisten Fällen besonders problemlos. In der Regel schneidet man im Frühsommer etwa 10 cm lange, junge Triebspitzen ab und steckt diese in den weichen Teichboden. Manche Arten, wie etwa die Kanadische Wasserpest *(Elodea canadensis)*, können sogar jederzeit auf diese Weise vermehrt werden.

Vor allem Schwimmpflanzen wie Krebsschere *(Stratiotes aloides)* und Gewöhnlicher Froschbiß *(Hydrocharis morsus-ranae)* oder Muschelblume *(Pistia stratiotes)* wird man eher aus dem Gewässer entfernen müssen, statt sie eigens zu vermehren. Sie bilden Ausläufer, mit

Von manchen Arten wie etwa dem Milzkraut kann man problemlos Ausläufer abnehmen.

Aussaat

Die Samen legt man in Töpfe, die man bei Wasserpflanzen stets mit Wasser bedeckt.

Ein Klarsichtdeckel oder eine Folie über der Wanne schützt die Aussaat.

Haben sich zwei richtige Laubblätter entwickelt, pikiert man die Pflänzchen.

der Mutterpflanze über ein Sproßstück verbundene Tochterpflänzchen, die sich allmählich bewurzeln und selbständig werden. Normalerweise sorgen also solche Arten ganz von allein für Nachwuchs. Möchte man jedoch neue Pflanzen gewinnen, um sie z. B. an einen anderen Teichbesitzer zu verschenken, trennt man bereits wurzeltragende Ausläufer ganz einfach von der Mutterpflanze ab, indem man den Verbindungssproß kappt.

Schließlich lassen sich Pflanzen auch noch durch Aussaat vermehren – bei Sumpf- und Wasserpflanzen allerdings eine vergleichsweise zeit- und arbeitsaufwendige Methode. Möglichst frisches Saatgut wird dazu entweder im zeitigen Frühjahr oder gleich nach der Samenreife in Schalen oder kleine Töpfe mit Anzuchtsubstrat, nährstoffarmer Aussaaterde, ausgestreut. Darüber kommt eine dünne Schicht Sand oder feiner Splitt. Handelt es sich um Wasserpflanzen, stellt man die Saatgefäße dann in große Schüsseln, die man so weit mit Wasser füllt, daß die Gefäße gerade eben damit bedeckt sind. Bei Sumpfpflanzen dagegen genügt es, das Substrat gut feucht zu halten. Man stellt die Saatgefäße hell, aber nicht in praller Sonne, an einem geschützten Ort auf, am besten auf der Fensterbank oder in einem Gewächshaus. Gewöhnlich lassen die Sämlinge nicht lange auf sich warten. Sobald sie nach den Keimblättern mindestens zwei richtige Laubblätter entwickelt haben, sollten sie pikiert, d. h. vereinzelt werden. Weiter erstarkte Jungpflanzen setzt man schließlich im oder am Gewässer ein.

Arbeiten im Herbst

Neigt sich das Jahr dem Ende entgegen, wird es auch rund um Teich und Bach stiller. Die hier lebenden Tiere suchen ihre Winterquartiere auf, die Pflanzen streifen ihr Herbstkleid über. Größere Teiche, die nach natürlichem Vorbild angelegt wurden, brauchen nicht eigens auf die kalte Zeit vorbereitet zu werden. Kleinere Teiche, Wasserbecken, Bachläufe und Quellsteinanlagen muß man jedoch winterfest machen.

Die wichtigsten Maßnahmen zielen auf die Verringerung des Nährstoffangebots ab. Da bei geschlossener Eisdecke kein Sauerstoff ins Wasser gelangen und Faulgase, die sich durch Verrottung ansammeln, nicht entweichen können, stellen sich oft rasch äußerst lebensfeindliche Bedingungen ein. Um diese bedrohliche Situation nicht noch weiter zu verschärfen, wird vorsorglich im Oktober oder November überschüssiger Schlick, also vorwiegend abgestorbene organische Substanz, vom Teichboden und aus dem Bachbett geräumt. Bei einem größeren Teich tut man sich dabei leichter, wenn man zuvor einen Teil des Wassers

Die Samen der Sibirischen Schwertlilie müssen der Kälte ausgesetzt werden, sonst keimen sie nicht.

Tip

Die Samen mancher Arten, sog. Kaltkeimer, zu denen z. B. Sibirische und Sumpfschwertlilie gehören, keimen erst nach einer gewissen Kälteeinwirkung. Entweder stellt man die Saatgefäße daher im Freien auf, oder man legt die Samen vor der Aussaat in einem mit wenig Wasser gefüllten Schälchen für etwa zwei Wochen ins Gemüsefach des Kühlschranks.

Tip

Zum Auffangen des Herbstlaubs im Umfeld großer Bäume können leichte, feine Netze gute Dienste leisten. Im Gartenhandel werden solche Netze als Vogelnetze geführt, weil man damit gewöhnlich das Obst vor Vogelfraß schützt. Mit Hilfe langer Latten spannt man die Netze für die Zeit des Laubfalls über den Bach und leert sie regelmäßig aus.

Tip

Herbstlaub sollte man unbedingt regelmäßig vom Gartengewässer abfischen, z. B. mit einem Rechen oder einer Grabegabel, die man mit Netzdraht oder Stoff umwickelt hat. Man kann auch frühzeitig ein Netz über die Wasserfläche spannen, das die welken Blätter abfängt (siehe oben).

Im Herbst müssen kleinere Gartengewässer auf den Winter vorbereitet werden.

Damit man nicht alle Lebewesen verscheucht und überdies nicht die Bedingungen im Gewässer allzu krass verändert, empfiehlt es sich, den Bodensatz immer nur aus einem Teil des Gewässers zu entfernen, jedes Jahr aus einem anderen Drittel. Den Schlick kann man zum Kompost geben.

Pflanzen, die zu üppig geworden sind, sollte man kräftig auslichten. Dabei nimmt man sich wiederum nur einen Bereich vor, in den Folgejahren kommen dann die nächsten dran. Mit einem Spaten oder einem stabilen Messer sticht man die Pflanzenstöcke rundum ab – bei Folienteichen ist natürlich Vorsicht geboten – und entfernt Überschüssiges. Allzu dichte Gewächse in Pflanzkörben holt man heraus und trennt ebenfalls Teile davon ab. Auch zu ausladend gewordene Unterwasser- und Schwimmpflanzen werden wieder in ihre Schranken gewiesen. Auf übermäßiges Wuchern ist vor allem bei Rauhem Hornblatt *(Ceratophyllum demersum)*, Kanadischer Wasserpest *(Elodea canadensis)*, Sumpfwasserstern *(Callitriche palustris)*, Schwimmendem Laichkraut *(Potamogeton natans)* und Wasserhahnenfuß *(Ranunculus aquatilis)* zu achten.

Pflanzen wie Hechtkraut *(Pontederia)*, Grasblättriger Froschlöffel *(Alisma gramineum)* oder Herzblättriger Eidechsenschwanz *(Houttuynia cordata)* und Amerikanischer Eidechsenschwanz *(Saururus cernuus)*, die nur bei

Tip

Man kann den Schlick auch mit einem Eimer vom Gewässerrand abschöpfen. Das ist schonender für die Pflanzen und verursacht eine geringere Trübung. Auch besteht dabei weniger Gefahr, die Folie zu beschädigen.

Wuchernde Pflanzen wie der Wasserhahnenfuß sollten gelegentlich ausgelichtet werden.

abläßt (siehe Seite 137 f.). Anschließend muß man ihn aber wieder auffüllen. Zum Ausräumen bedient man sich eines Rechens; ist das Gewässer, das man reinigen will, mit Folie abgedichtet, müssen die Zinken allerdings vorher gründlich abgestumpft werden. Tiere, die sich bereits zum Überwintern verkrochen haben, sind zu dieser Zeit meist noch aktiv genug, um rechtzeitig zu fliehen.

Vor dem Winter räumt man überschüssigen Schlick aus dem Teich und kompostiert ihn.

Tip

Immergrüne Unterwasserpflanzen wie der Sumpfwasserstern tragen während des Winters zu einer verbesserten Sauerstoffversorgung des Gewässers bei.

Trockene Pflanzenhalme im Uferbereich tragen im Winter zur Belüftung des Teichs bei.

entsprechend tiefem Wasserstand den Winter schadlos überdauern können, müssen rechtzeitig in tiefere Zonen gebracht werden. Sind sie aber nicht in mobile Container gesetzt, so daß man sie nicht einfach umstellen kann, sollte man sie mit einer dicken Laubschicht abdecken. Voraussetzung dafür ist allerdings, daß das Wasser an ihrem Standort sehr seicht ist. Unter Umständen muß man den Wasserspiegel des Teichs ein Stück weit absenken.

Arten, die dem Frost nicht widerstehen, etwa tropische Seerosen (*Nymphaea*-Arten) oder Wasserhyazinthen *(Eichhornia crassipes)*, werden in geeignete Gefäße mit Wasser oder nassem Teichsubstrat umgesetzt, sobald die Nachttemperaturen unter 5 °C fallen. Man überwintert sie gewöhnlich an einer kühlen Stelle im Haus, die je nach Art dunkel oder hell sein sollte.

Sämtliche technischen Geräte stellt man ab, holt sie aus dem Wasser und reinigt sie. Bis zum Frühjahr verbleiben sie dann an einem geeigneten Platz, z. B. in einem frostfreien Gerätehaus oder in der Garage. Tauchpumpen, Filter und Sauerstoffspender dürfen dabei üblicherweise nicht austrocknen. Man muß sie also in passende Behälter stellen und mit Wasser bedecken. Offenliegende oder nicht genügend isolierte Wasserleitungen sollten in jedem Fall abgedreht und vollständig geleert werden, um Rohrbrüchen durch Eisbildung vorzubeugen.

Bachläufe können gewöhnlich den Winter über ohne weiteres in Betrieb bleiben, denn fließendes Wasser friert nicht so schnell zu. Wird es extrem kalt, kann man die Pumpe immer noch abschalten. Dagegen sollte man

Nach den Arbeiten im und am Gewässer werden sämtliche Geräte gründlich gereinigt, falls nötig desinfiziert und dann den Winter über eingelagert.

Die dicken Röhrichtstengel verhindern ein völliges Zufrieren des Gewässers.

Bewegtes Wasser friert im allgemeinen nur bei extrem kalten Temperaturen völlig zu.

isoliert angebrachte Quellsteinbrunnen oder ähnliche kleine Wasserstellen auf jeden Fall stillegen. Deren geringe Wassermengen würden zu schnell gefrieren und die Technik beschädigen.

Völliges Zufrieren verhindern

Wenn ein Gewässer eine Tiefenzone von mindestens 60, besser 80 cm oder mehr Tiefe hat, die über ein Fünftel der Fläche einnimmt, und darin überdies weder frostempfindliche Pflanzen noch Fische leben, läßt man den Teich in der kalten Jahreszeit ganz einfach in Ruhe. Eine gewisse Luftzirkulation bei Eisbedeckung gewährleisten trockene Halme von Röhricht und eventuell ein zusätzlich ins Flachwasser gestelltes Schilfbündel.

Für offene Wasserstellen kann auch ein stabiler Gummi- oder Kunststoffball sorgen, ebenso einige Holzklötze, die beim Zufrieren des Gewässers vom Eis eingeschlossen werden. Durch Übergießen mit heißem Wasser taut man sie heraus und schöpft durch das Loch ein paar Eimer Wasser ab, so daß sich unter der Eisdecke eine Luftblase bildet. Das Loch deckt man schließlich mit einem alten Sack, einer kleinen Schilfmatte oder ähnlichem ab, um ein erneutes Zufrieren des Gewässers zu verhindern.

Bei Arbeiten am zugefrorenen Gartenteich sollte man stets bedenken, daß eine Eisdecke oft trügerisch ist und man leicht einbrechen kann. Prinzipiell sollte man deshalb alles vom Ufer aus erledigen. Ist dies in Ausnahmefällen jedoch nicht möglich, legt man am besten breite Bretter aus, um an die entsprechenden Stellen zu gelangen. Auf diese Weise verteilt sich das eigene Gewicht gleichmäßiger über die Eisfläche.

Eisfreihalter aus Styropor sorgen für offene Stellen und somit für Sauerstoffzufuhr.

Tip

Die harten Stengelschäfte der Röhrichtpflanzen sollte man im Herbst keinesfalls vollständig abschneiden. Sie wirken während des Winters nämlich wie Strohhalme und sorgen für Belüftung unter der Eisdecke.

Tip

Befinden sich Zierfische im Teich, die den Winter über ins Aquarium umziehen müssen, läßt man etwa zwei Drittel des Wassers ab, fängt die Tiere mit einem Kescher und setzt sie sofort in einen mit Teichwasser gefüllten Transportbehälter, den man mit einem Tuch abdeckt, damit die Tiere nicht herausspringen können. Die Fische kommen ins Aquarium, anschließend wird der Teich wieder aufgefüllt.

Tip

Findet man im Frühjahr mehrere tote Molche oder Frösche im Wasser oder am Ufer, war nur selten eine bis zum Grund reichende Eisbildung die Ursache. Anders als Fische ertragen es diese Tiere nämlich, zeitweilig im Eis eingeschlossen zu werden. Sie sind vielmehr meist erstickt. Um dies zu verhindern, sollte man im Winter für gute Durchlüftungsverhältnisse sorgen und bei kleinen Teichen auch Schnee von der Eisdecke kehren.

Tip

Eine geschlossene Eisdecke sollte man niemals aufhacken. Die ausgelösten Schwingungen würden ruhende Tiere unnötig aufschrecken, eventuell können sie dadurch sogar sterben. Ein Loch erzeugt man besser mit Hilfe eines warmen Wasserstrahls oder indem man einen Metalltopf mit heißem Wasser füllt und auf die Eisdecke stellt.

Tip

Größere Stillwasserbereiche eines Bachs sollte man weitgehend eisfrei halten, da in ihnen ähnliche Vorgänge ablaufen wie in einem Teich, vor allem wenn der Bachbetrieb eingestellt ist. Am besten bricht man das Eis in Platten von den noch offenen Rändern her auf.

Tip

Schnee sollte man jedesmal möglichst bald von der Abdeckung kehren, denn er mindert stark den Lichteinfall. Nur bei sehr strengem Frost darf eine Schneeschicht liegenbleiben, die dann als zusätzliche Isolation dient.

Vor allem für neu angelegte Teiche oder solche mit Fischbesatz gilt die Empfehlung, sie zumindest teilweise eisfrei zu halten. Dies ist zu erreichen, indem man einen sog. Eisfreihalter, der meist aus Styropor gefertigt ist, oder ein spezielles strombetriebenes Heizgerät ins Wasser setzt. Für zusätzliche Sauerstoffanreicherung kann außerdem ein Oxidator (siehe Seite 142) sorgen.

Bleibt ein Bachlauf den Winter über in Betrieb, wird er bei anhaltendem Frost von den Ufern her vereisen. Aufgrund der Eisbildung kann sich die durchfließende Wassermenge unter Umständen so stark reduzieren, daß die Pumpe trocken läuft. Gegebenenfalls sollte man daher die Wasserzufuhr entsprechend erhöhen. Das Schmelzwasser läßt den Bach im Frühjahr dann zwar wahrscheinlich über die Ufer treten, die Nässe wird aber zumeist problemlos vom Boden aufgesogen. Doch ist Vorsicht geboten: Im Bedarfsfall muß man eine gewisse Wassermenge rechtzeitig ausschöpfen oder abpumpen.

Den Teich abdecken

In Gegenden, in denen die Winter gewöhnlich sehr streng ausfallen, so daß man mit einer langfristigen Eisbedeckung oder dem völligen Durchfrieren eines kleinen Teichs rechnen muß, sollte man eine solide Abdeckung des Gewässers in Erwägung ziehen. Dasselbe gilt für Teiche, in denen empfindliche Pflanzen und Fische gehalten werden, die man nicht anderweitig überwintern kann. Auch bei kleinen Betonbecken ist ein solcher Winterschutz ratsam.

Zur Überdachung verwendet man am besten lichtdurchlässigen Kunststoff, z. B. flexible Wellkunststoffplatten oder Plexiglas aus dem Baustoffhandel. Darunter entwickelt sich bei Sonnenschein ein günstiges Kleinklima, die Wärmeabstrahlung des Wassers bleibt dabei gebremst. Zusätzlich wirkt die Luftschicht zwischen Dach und Wasseroberfläche gegen die winterliche Kälte isolierend.

Für eine stabile Abdeckung, die sich gut handhaben läßt, fertigt man zunächst ein Lattengerüst, das den Teich von Ufer zu Ufer überspannt. Darauf werden die Kunststoffplatten gelegt und befestigt, z. B. durch Schrauben, oder auch nur mit Steinen beschwert. Damit Niederschlags- und Schwitzwasser ablaufen kann und eine Belüftung gewährleistet bleibt, muß man die Abdeckung leicht schräg anbringen. Zu diesem Zweck legt man möglichst an der Nordseite des Teichs einige Ziegelsteine oder Holzbohlen unter das Dach.

Pflanzenschutz am und im Gewässer

Gewöhnlich bereiten Schädlinge und Krankheiten an einem intakten Gewässer kaum Probleme, ihr Auftreten ist selten und bleibt dann auch eher begrenzt. Kann oder will man jedoch einen Befall durch Schaderreger nicht mehr dulden, muß bei der Bekämpfung mit äußerster Vorsicht zu Werke gegangen werden. Das sensible Ökosystem würde durch unbedachten Einsatz von Pflanzenschutzmitteln sehr rasch und nachhaltig Schaden nehmen, der kaum wieder zu beheben ist.

Erlaubt sind nur mechanische Bekämpfungsmethoden: großzügiges Ausschneiden betroffener Teile, das Ablesen oder Abschwemmen von Schaderregern oder das Aufstellen von Fallen. Lediglich in der weiter entfernten, schon trockenen Uferzone darf man bei sehr starkem Befall der Gewächse erwägen, milde Pflanzenstärkungs- oder -schutzmittel anzuwenden, etwa Pflanzenbrühen. Jedoch sollte man sicherstellen, daß die Mittel nicht oder nur zu einem möglichst geringen Teil ins Wasser gelangen.

Blätter, die von einer Blattfleckenkrankheit befallen sind, sammelt man am besten ab.

Krankheiten

Pilze können auffällige Krankheiten an Sumpfpflanzen verursachen. Zumeist werden diese Schaderreger aber durch ungeeignete Standortbedingungen erst begünstigt. Beispielsweise werden Gewöhnlicher Wasserdost *(Eupatorium cannabinum)* und Echtes Mädesüß *(Filipendula ulmaria)* manchmal von Echtem Mehltau befallen, den man an weißen bis grauen Belägen an den Knospen und Blüten sowie an den Blattober- und -unterseiten erkennt. Hingegen findet sich beim Falschen Mehltau, der verschiedene Pflanzen, etwa Primeln, schädigen kann, nur blattunterseits ein weißlich-grauer Pilzrasen, an der Oberseite zeigen sich gelbliche Flecken. An Iris und einigen anderen Pflanzen treten bisweilen gelbe bis orangefarbene Flecken auf dem Laub auf, das typische Schadbild von Rostpilzen. Ähnliche abnorme Flecken werden von Erregern verschiedener Blattfleckenkrankheiten verursacht, von denen z. B. Felberich *(Lysimachia)*, Weiderich *(Lythrum)* oder Primeln heimgesucht werden können. Einer Ausbreitung von Pilzerregern kann man durch frühzeitiges Absammeln oder Ausschneiden betroffener Teile gut begegnen. In extremen Fällen allerdings sollte man die Pflanzen völlig herausnehmen und durch andere, für diesen Standort besser geeignete und weniger anfällige Arten ersetzen.

Die schwarze Seerosenblattlaus wird mit einem Wasserstrahl abgespritzt.

Schädlinge

Blattläuse, allgegenwärtige Schädlinge, verschonen auch Wasser- und Sumpfpflanzen nicht. Ligularien *(Ligularia)* etwa sind bevorzugte Opfer der unersättlichen Sauger. Eine Art hat sich sogar ausschließlich auf Seerosen *(Nymphaea)* spezialisiert: die schwarze Seerosenblattlaus. Im allgemeinen werden die Läuse durch räuberische Insekten wie Libellen kurzgehalten. Größere Kolonien kann man mit einem Wasserstrahl von den Blättern spülen. Anschließend fischt man die Tierchen mit

Der Seerosenblattkäfer und seine Larven fressen Löcher und Gänge in Schwimmblätter.

einem feinen Netz von der Wasseroberfläche ab. Die dann noch verbleibenden werden als willkommene Beute von allerlei Wassergetier vertilgt.

Vor allem in Seerosenblätter, aber auch in die Schwimmblätter anderer Arten fressen dunkelbraune Seerosenblattkäfer und ihre schwarzen, gelbbauchigen Larven Löcher und Gänge. Die Raupen des Seerosenzünslers, eines unscheinbar weiß-braunen Schmetterlings, trennen schildartige Stücke aus den Schwimmblättern und verpuppen sich darin. Ein geringes Vorkommen beider Schädlinge gefährdet die Pflanzen nicht. Werden es aber mehr, sammelt man die Tiere oder Puppengebilde einfach ab.

Die Raupe des Seerosenzünslers baut kunstvolle Gebilde aus herausgetrennten Blattstücken.

Tip

Schwefel- und Kupferpräparate gegen Pilzerkrankungen werden zwar häufig als relativ unbedenkliche Mittel auch für den Einsatz an Gewässern empfohlen, doch sind sie selbst in geringen Konzentrationen giftig für Fische. Zudem wirken sie ansäuernd auf das Wasser. Man sollte deshalb von einer Verwendung absehen.

Tip

Um einer Ausbreitung von Pilzkrankheiten vorzubeugen, sollte man alle Pflanzen ab und zu genau auf Blattflecken und -beläge hin untersuchen. Im Anfangsstadium läßt sich ein Befall stets am erfolgreichsten eindämmen.

Tip

Blattläuse lassen sich von Schwimmblättern auch vertreiben, indem man ein beschwertes Drahtnetz auf das Laub legt und es so etwa einen Tag lang knapp unter Wasser drückt.

Tip

Im feuchten Uferbereich werden bisweilen Nacktschnecken oder Kellerasseln lästig. Schnecken kann man mit eingegrabenen, biergefüllten Becherfallen einfangen, Asseln unter ausgelegte, halbierte Kartoffeln locken und von dort absammeln.

Von schlicht bis pompös

Wasser- und Sumpfpflanzen von A–Z

Seerosen gehören mit ihrer ganz außergewöhnlich reichen Palette von Blütenfarben sicherlich zu den attraktivsten Wasserpflanzen.

Teiche und Bäche leben zu einem großen Teil von der Pflanzenwelt, die sich sowohl unter als auch über der Wasseroberfläche und in den flacheren Randbereichen entwickelt. Die Palette der Wuchsformen in diesen speziellen Lebensbereichen ist außerordentlich variabel. Von der Unterwasserpflanze, die sich nie über den Wasserspiegel erhebt und ihr Dasein eher im Verborgenen führt, über solche Arten, die auf dem Wasser treiben oder mit Schwimmblättern und exotisch anmutenden Blüten für ein prunkvolles Farbspiel sorgen, bis hin zu den Sumpfgewächsen – sie alle sind in einem gut angelegten Wassergarten vorzufinden.

Die Pflanzen in diesem Kapitel sind alphabetisch nach ihren botanischen Namen geordnet. In den Katalogen, Fachbüchern und auch in Gärtnereien kommt man mit diesen Namen am schnellsten und sichersten zu der tatsächlich gewünschten Art, denn viele Gewächse haben eine ganze Reihe volkstümlicher Namen, die sich häufig von Gegend zu Gegend unterscheiden. Darüber hinaus kommt es immer wieder vor, daß mit demselben deutschen Namen völlig unterschiedliche Pflanzen benannt werden. Man wird sich schnell an diese Anordnung gewöhnen, zumal das ausführliche Register auch die gängigen deutschen Namen enthält. Besonders wichtig, aber nicht immer einfach, ist die richtige Plazierung und Zusammenstellung der Arten im Wassergarten. Deshalb sind in diesem Kapitel unter der Rubrik „Verwendung“ geeignete Nachbarpflanzen genannt. Handelt es sich dabei um die hier beschriebenen Wasser- und Sumpfpflanzen, so sind sie nur mit ihrem gebräuchlichsten deutschen Namen aufgeführt; bei den in diesem Band nicht enthaltenen anderen Pflanzenformen ist zusätzlich ihr botanischer Name angegeben.

A

Achillea ptarmica

Achillea
Schafgarbe, Garbe

Art: *A. ptarmica* (Sumpfgarbe, Sumpfschafgarbe, Bertramsgarbe, Weißer Dorant)
Familie: Korbblütler *(Compositae)*
Herkunft: feuchte Wiesen, Wasserränder und Röhrichtbestände in Europa und Westasien, in Nordamerika eingebürgert
Blütenfarbe: weiß
Blütezeit: Juni bis September
Wuchshöhe: 30–100 cm
Merkmale: Die ausdauernde Sumpfgarbe enthält in ihrem Wurzelstock sowie in den krautigen Bestandteilen ätherische Öle und Bitterstoffe, die sie als Heil- und Gewürzpflanze auszeichnen. Der Artname *ptarmica* (von *ptarein*, niesen) erinnert an die frühere Verwendung der getrockneten und pulverisierten Blätter als Niesmittel. Die weißen Blüten sitzen an langen Stengeln endständig in lockeren Trugdolden zusammen. Die einzelnen Blütenkörbchen bestehen aus leicht gekerbten Zungenblüten, die als Kranz rund um bräunlichweiße Röhrenblüten angeordnet sind. Sie liefern Bienen und Hummeln reichlich Nahrung. Durch die Rückbildung von Röhrenblüten zugunsten dann vermehrt auftretender Zungenblüten bringen Gartenformen häufig dichtgefüllte Blumen hervor. Im Unterschied zur Belaubung der Gewöhnlichen Schafgarbe *(A. millefolium)* sind die schmalen, stumpfgrünen Laubblätter der Sumpfgarbe nicht gefiedert, sondern ungeteilt.
Sorten: 'Nana Compacta' (halbgefüllt, kompakter Wuchs, Höhe 30 cm), 'Schneeball' (dichtgefüllt, Höhe 60 cm)
Standortansprüche: Die Sumpfgarbe gedeiht an sonnigen bis halbschattigen Gewässerrändern in frischer bis leicht feuchter Erde. Gut geeignet sind lehm- oder tonhaltige, humusreiche Gartenböden.
Verwendung: Sowohl in der Rand- und Sumpfzone von Teichen als auch am Uferrand von Bachläufen fühlt sich die Sumpfgarbe wohl. Ansprechende Begleitpflanzen sind Schwanenblume, Wasserdost und Mädesüß, die gleichzeitig ihren Flor entfalten. Einen besonders hübschen Kontrast zu den weißen, zierlichen Blüten bildet der purpurrote Blutweiderich.
Pflege: Beste Zeit zum Pflanzen ist der Herbst oder das zeitige Frühjahr. Nur bei ausgesprochen nährstoffarmen Böden kann man bei der Pflanzung und dann weiterhin jeweils im Frühjahr ein wenig Kompost untermischen, in der Regel sollten Düngemaßnahmen jedoch völlig unterbleiben. Um die Blütezeit zu verlängern, empfiehlt es sich, Verblühtes regelmäßig wegzuschneiden. Die einheimische Staude überdauert den Winter ohne besondere Vorkehrungen. Da die reine Art mit den Jahren zahlreiche Ausläufer treibt, ist es ratsam, bei übermäßigem Wuchern ihren Wurzelballen zu teilen oder an den Rändern abzustechen.
Vermehrung: Durch Teilung des Wurzelballens können die Pflanzen im Frühjahr vegetativ vermehrt werden. Bei der reinen Art ist, ebenfalls im Frühjahr, auch eine Anzucht aus Samen möglich.

Acorus
Kalmus

Arten: *A. calamus* (Kalmus), *A. gramineus* (Zwergkalmus, Graskalmus)
Familie: Aronstabgewächse *(Araceae)*
Herkunft: *A. calamus* Tropen und Subtropen in Süd- und Ostasien, in Europa und Nordamerika eingebürgert, *A. gramineus* Asien
Blütenfarbe: grün
Blütezeit: Mai bis Juli
Wuchshöhe: *A. calamus* 60–120 cm, *A. gramineus* 25–30 cm
Merkmale: Ende des 16. Jh. gelangte der Kalmus nach Europa und ist seitdem auch in europäischen Gewässern verbreitet. Aus dem fleischigen, kriechenden Wurzelstock der Staude schieben sich dreikantige, am Grund rötlich überlaufene Stengel in die Höhe. Ihre langen, riemenförmigen Blätter ähneln dem Laub von Iris oder Rohrkolben. Leicht von diesen zu

unterscheiden ist der Kalmus jedoch durch den würzigen Duft, den er beim Zerreiben der Blätter verbreitet. Manche Menschen empfinden den Geruch aber eher als unangenehm modrig. Er rührt von ätherischen Ölen her, die in Wurzeln und Blättern enthalten sind und schon seit Jahrhunderten als Heilmittel Verwendung finden. Allerdings können diese Stoffe beim direkten Kontakt Haut- und Schleimhautreizungen hervorrufen. Ab Mai entwickelt sich ein kolbenartiger Blütenstand, der aus unscheinbar grün gefärbten, winzigen Einzelblüten besteht. Weit überragt wird dieser endständige Blütenkolben von einem laubblattähnlichen Hüllblatt. Nur in der tropischen Heimat entwickeln sich aus den Blüten rote Beeren; europäische Gewässer hat der Kalmus ausschließlich durch vegetative Vermehrung erobert. Der nicht völlig winterharte Zwergkalmus ähnelt dem Kalmus sehr, bleibt jedoch wesentlich zierlicher und trägt schmalere

Acorus calamus

Acorus calamus, Blüte

Blätter. Außerdem kommt er in Mitteleuropa nicht zur Blüte.
Sorten: von *A. calamus* 'Variegatus' (Buntkalmus; recht schmale, cremeweiß gerandete Laubblätter, Höhe 60–75 cm); von *A. gramineus* 'Pusillus' (extrem schmalblättrig, Höhe 15–20 cm), 'Aureovariegatus' (auch als 'Variegatus' geführt; gelb gerandete Laubblätter, Höhe 25–30 cm)
Standortansprüche: Beide Arten bevorzugen vollsonnige Standorte, gedeihen jedoch auch im Halbschatten problemlos. Während der Zwergkalmus keinesfalls tiefer als 5–10 cm im Wasser stehen sollte, verträgt der Kalmus Wassertiefen bis zu 20 cm.
Verwendung: Entsprechend seiner natürlichen Verbreitung wird der Kalmus am Ufer stehender oder langsam fließender Gewässer eingesetzt. Sein kräftig grünes Laub bildet einen hübschen Hintergrund für blühende Partner wie Hechtkraut, Blutweiderich oder Zungenhahnenfuß. Der zierlichere Zwergkalmus paßt besser in die flache Sumpfzone oder ein Sumpfbeet, wo er durch Sumpfdotterblume, Primeln oder kleine Binsen vorteilhaft ergänzt wird.
Pflege: Vor allem die reine Art des Kalmus braucht viel Platz, man sollte ihr daher bei der Pflanzung etwa 100 cm Abstand zu Nachbarpflanzen einräumen. Bei den Garten- und Zwergformen reichen geringere Zwischenräume. Eine Teilung des kriechenden Wurzelstocks alle 3–4 Jahre im Frühjahr verhindert übermäßiges Wuchern. Wer das welke Laub vom Vorjahr als unschön empfindet, kann es im Frühjahr entfernen. Da Zwergkalmus sowie die buntlaubigen Sorten des Kalmus nicht völlig frosthart sind, werden sie am besten in Container gepflanzt, die man im Spätherbst aus dem Boden nimmt, mit einer Laubschicht abdeckt und an einem hellen, kühlen, aber frostfreien Ort aufstellt. Während des Winters sollte man die Pflanzen gießen, denn das Substrat darf auf keinen Fall austrocknen.
Vermehrung: Beide Arten sowie die Sorten werden im Frühjahr oder Herbst vegetativ durch Rhizomteilung vermehrt.

Adiantum
Frauenhaarfarn, Venushaar

Art: *A. pedatum* (Pfauenradfarn, Hufeisenfarn)
Familie: Frauenhaargewächse *(Adiantaceae)*
Herkunft: Wälder und Gewässerränder in Nordamerika und Nordostasien
Wuchshöhe: 15–60 cm
Merkmale: Der Pfauenradfarn schmückt sich mit attraktiven Wedeln, die aus jeweils 8–9 fächerförmig angeordneten Fiedern zusammengesetzt sind. Mit der ebenmäßigen Stellung der fast waagrecht ausgebreiteten Blätter erinnert der ausdauernde Farn an ein Pfauenrad. Im Lauf der Zeit entwickelt er sich zu einem breitwüchsigen Horst, dessen hellgrüne Wedel im Herbst eine goldgelbe Färbung annehmen.
Standortansprüche: Wie die meisten Farne gedeiht der Pfauenradfarn am besten in halbschattigen bis schattigen Bereichen am Rand von stehenden oder fließenden Gewässern. Er braucht gut durchlässigen, humosen Boden, der jedoch nicht staunaß sein darf.
Verwendung: Der Farn bietet sich als attraktiver Unterwuchs von Gehölzen oder Begleiter hoher Stauden am schattigen Ufer an. Sehr zierend wirkt er auch als einzelnstehende Pflanze an gut einsehbaren Gewässerrändern, am schönsten in Verbindung mit großen Steinen, die sich im feuchten Klima schnell bemoosen und so zusammen mit dem Farn eine waldartige Atmosphäre zaubern.

Adiantum pedatum

Pflege: Die beste Pflanzzeit ist das Frühjahr, wobei man den einzelnen Exemplaren ausreichend Platz zur Verfügung stellen und sie nicht zu

nahe an starkwüchsige Partner setzen sollte. Die Rhizome kommen nur ganz flach in die Erde. Dürre Wedel werden im Frühjahr direkt über dem Erdboden abgeschnitten. Trocknet in heißen Sommern oder bei sinkendem Wasserspiegel der Untergrund zu stark aus, sollte man wässern. In bezug auf Nährstoffe sind Farne sehr genügsam, für gutes Gedeihen sorgt schon eine dünne Schicht aus Laubkompost und Nadelstreu, die man einmal jährlich ausbringt. Unter Laubgehölzen erübrigt sich auch diese Maßnahme, wenn das Herbstlaub liegengelassen wird.
Vermehrung: Im Frühjahr kann man üppige Farnbüsche teilen.

Ajuga
Günsel

Art: *A. reptans* (Kriechender Günsel)
Familie: Lippenblütler *(Lamiaceae, Labiatae)*
Herkunft: frische Wiesen, Gebüsche und Wälder von Europa bis zum Kaukasus
Blütenfarbe: blau, auch weiß oder rosa
Blütezeit: April bis Juni
Wuchshöhe: 5–20 cm
Merkmale: Die kleine Wildstaude ist immergrün und treibt lange, oberirdische Ausläufer. Sie bildet bald dichte Teppiche, die vor allem während der Blüte sehr anmutig wirken. Bei der reinen Art sind die in Quirlen an aufrechten Stielen sitzenden Lippenblüten blau bis blauviolett gefärbt und werden von häufig violett überlaufenen Tragblättern begleitet. Die Blütenkerzen entspringen einer Rosette dunkelgrüner, ei- bis spatelförmiger Grundblätter.
Sorten: Im Handel sind u. a. (jeweils 10–15 cm hoch) 'Alba' (weiß), 'Atropurpurea' (auch als 'Purpurea' geführt; blau, rotbraunes, metallisch glänzendes Laub), 'Burgundy Glow' (blau, purpurrosa-weiße Laubblätter), 'Rosea' (rosa), 'Variegata' (blau, weiß-bunte Laubblätter).
Standortansprüche: Damit sich der Kriechende Günsel zu prächtigen Blütenmatten entwickeln kann, braucht er einen kühlen Standort im lichten Schatten mit ausreichend frischem bis feuchtem Boden, wie er etwa nahe beim Gewässerrand vorkommt.

Ajuga reptans

Verwendung: Im Schatten von Uferrandgehölzen findet der Kriechende Günsel ideale Standortbedingungen. Die einzeln nicht sehr auffällige immergrüne Staude wirkt am besten als Flächenpflanzung und macht sich gut zwischen Waldgräsern und Blütenpflanzen wie gelber Sumpfdotterblume, gelbem Pfennigkraut, blaßrosa Wiesenschaumkraut und blauem Sumpfvergißmeinnicht.
Pflege: Um Wurzelkonkurrenz zu vermeiden, sollte man den Kriechenden Günsel nicht in den unmittelbaren Wurzelbereich von Bäumen und Sträuchern pflanzen. Ansonsten ist der Günsel äußerst anspruchslos. Besonders üppig gedeiht er jedoch, wenn man ihm einmal im Jahr, im Frühjahr, eine Gabe organischen Düngers verabreicht.
Vermehrung: Durch das Abstechen von Ausläufern im Frühjahr oder Herbst lassen sich problemlos neue Pflanzen gewinnen. Man pflanzt sie am besten sofort an anderer Stelle wieder ein.

Alisma
Froschlöffel

Arten: *A. gramineum* (auch *A. loeselii*, Grasblättriger Froschlöffel), *A. lanceolatum* (auch *A. stenophyllum*, Lanzettblättriger Froschlöffel), *A. plantago-aquatica* (Gewöhnlicher Froschlöffel)
Familie: Froschlöffelgewächse *(Alismataceae)*
Herkunft: Gewässerränder und sumpfige Wiesen in Europa, Asien und Afrika
Blütenfarbe: weiß, rosa
Blütezeit: *A. gramineum* und *A. plantago-aquatica* Juli bis September, *A. lanceolatum* Mai bis August
Wuchshöhe: *A. gramineum* 10–30 cm, *A. lanceolatum* 20–50 cm, *A. plantago-aquatica* 20–90 cm
Merkmale: Alle Froschlöffelarten sind ausdauernde Sumpfpflanzen, die wechselnden Wasserstand vertragen. Nach längeren Trockenzeiten bilden sie jedoch schwachwüchsige, blütenlose Landformen aus. Ihre kleinen, weiß oder zartrosa gefärbten Blüten stehen in reich verzweigten, pyramidalen Rispen auf aufrechten Stielen. Anhand der Form ihrer Laubblätter sowie ihrer Wuchshöhe sind die einzelnen Arten leicht zu unterscheiden. Am zierlichsten bleibt der Grasblättrige Froschlöffel, der nur bei flachem Wasserstand grasähnlich schmale Blätter über den Wasserspiegel schiebt, ansonsten lediglich untergetauchtes, bandartiges Laub entwickelt. Etwas breiter werden die Blätter des Lanzettblättrigen Froschlöffels, wie schon dessen Name verrät. Seine Blüten sind oftmals kräftiger rosafarben als die

Alisma lanceolatum

der beiden anderen Arten. Der Gewöhnliche Froschlöffel, den man an heimischen Gewässern besonders häufig antrifft, reckt breit löffelförmige Luftblätter auf langen Stielen über die Wasseroberfläche. Über seinem Laub erhebt sich ein imponierender Blütenstand, der als abgetrocknete Rispe bis weit in den Winter hinein einen aparten Schmuck darstellt. Alle Froschlöffelarten stehen im Verdacht, in ihren Blättern und Wurzeln Giftstoffe zu enthalten.

Röhrichtpflanzen, so z. B. Schwanenblume, Bachminze, Fieberklee, Hechtkraut oder verschiedenen Irisarten, harmonierende Nachbarn.
Pflege: Jungpflanzen sollten nur so tief eingesetzt werden, daß ihre Überwasserblätter noch aus dem Wasser herausragen. Will man die Ausbreitung der Pflanzen im Zaum halten, so empfiehlt es sich, Verblühtes rechtzeitig vor der Samenreife abzuschneiden. Im Frühjahr kann man ausputzen und dabei alte Blätter

Alisma plantago-aquatica

Standortansprüche: Entsprechend ihrer natürlichen Verbreitung eignen sich die Froschlöffelarten für Gewässerränder mit 10–30 cm Wassertiefe und gedeihen am besten auf schlammigem, nährstoffreichem Boden. Für sie kommen sowohl vollsonnige als auch halbschattige Standorte in Frage.
Verwendung: In der Sumpf- und Flachwasserzone stehender oder langsam fließender Gewässer finden die Froschlöffelarten in vielen anderen

und Stengel entfernen. Der Grasblättrige Froschlöffel überdauert den Winter nur bei einem Wasserstand von mindestens 30 cm problemlos; gegebenenfalls muß man ihn im Herbst in entsprechende Tiefe umsetzen.
Vermehrung: Am passenden Standort sät sich der Froschlöffel selbst aus, wobei der Nachwuchs anfangs nur bandförmige Unterwasserblätter bildet. Im Frühjahr ist auch eine Teilung des knollig verdickten Wurzelstocks möglich.

Apium
Sellerie

Art: *A. repens* (Kriechender Sellerie, Wassersellerie)
Familie: Doldenblütler *(Apiaceae, Umbelliferae)*
Herkunft: nasse Wiesen und Gräben in West- und Südeuropa
Blütenfarbe: weiß
Blütezeit: Juli bis September
Wuchshöhe: 10–30 cm
Merkmale: Von Flachwasserbereichen aus kann der Kriechende Sellerie mit seinen langen Ausläufern auch tiefere Wasserzonen erreichen. Seine über den Boden kriechenden Stengel bilden an jedem Knoten Wurzeln aus, mit denen er sich fest im Substrat verankert. Jeweils an den Stengelknoten entspringen auch die gefiederten, unregelmäßig gezähnten Laubblätter sowie die langgestielten Blütendolden aus winzigen weißen Einzelblüten, die sich knapp über die Wasserfläche erheben. Typisch für diese ausdauernde Pflanze ist ihr aromatischer Geruch. Sie steht unter Naturschutz.
Standortansprüche: Am üppigsten blüht der Kriechende Sellerie an sonnigen Stellen, er verträgt aber problemlos auch Halbschatten. Seine Wurzeln finden sowohl in kiesigem als ebenso in schlammigem Substrat Halt. Er gedeiht auf dauerhaft nassem Boden bis zu einer Wassertiefe von 10 cm.
Verwendung: In der Flachwasserzone stehender oder langsam fließender Gewässer erfreut der Kriechende Sellerie mit seinen zierlichen Blüten und dem frischgrünen Laubwerk. Besonders zur Blütezeit sind farbenprächtige Sumpfpflanzen wie z. B. Hechtkraut, Blutweiderich, Bachminze, Bachbunge oder Zungenhahnenfuß eine attraktive Begleitung. Teilweise bildet die Pflanze dichte Unterwasserteppiche aus, die vor allem in Fischteichen wichtige Funktionen erfüllen: Sie liefern nicht nur Sauerstoff, sondern bieten den Tieren auch Unterschlupfmöglichkeiten.

Apium repens

Pflege: Die anspruchslose Sumpfpflanze erfordert keine besonderen Pflegemaßnahmen. Am passenden Standort samt sie sich selbst aus. Will man ihren Ausbreitungsdrang unterbinden, sollten verwelkte Blütenstände bald entfernt und Ausläufer abgetrennt werden.
Vermehrung: Sowohl durch Aussaat nach der Samenreife als auch durch einfaches Abtrennen von Stengelausläufern kann der Kriechende Sellerie problemlos vermehrt werden.

Aponogeton
Wasserähre

Art: *A. distachyos* (Afrikanische Wasserähre)
Familie: Wasserährengewächse *(Aponogetonaceae)*
Herkunft: stehende Gewässer in Südafrika, eingebürgert in Südaustralien, Neuseeland, Südamerika und Westeuropa

Aponogeton distachyos

Blütenfarbe: weiß
Blütezeit: Juni bis Oktober
Wuchshöhe: 40–70 cm, größtenteils unter Wasser
Merkmale: Die etwa 20 cm großen, langgestreckten Schwimmblätter der Afrikanischen Wasserähre liegen flach auf der Wasseroberfläche. Zwischen ihnen erheben sich einige Zentimeter hoch die exotisch anmutenden, gabelförmig verzweigten Blütenstände. Auffallend bei den strahlend weißen Blüten sind die schwarz gefärbten Staubbeutel sowie ein starker Vanilleduft. Die Staude vermag innerhalb eines Jahres gut 1 m² Wasseroberfläche zu erobern und erfreut mit ihrem langanhaltenden Flor den ganzen Sommer über.
Standortansprüche: In sonnigen stehenden Gewässern mit 25–30 cm Wassertiefe fühlt sich die Schwimmblattpflanze am wohlsten, doch verträgt sie auch Tiefen bis zu 60 cm.
Verwendung: Mit ihrer attraktiven Blatt- und Blütenform lockert die Afrikanische Wasserähre Seerosenpflanzungen auf, paßt aber ebenso zwischen andere Schwimmblattpflanzen wie Sumpfwasserstern und Wasserknöterich. In Becken mit tropischem Flair sind Regenschirmpalme, Wassernabel und Wasserhyazinthe ansprechende Begleiter.
Pflege: Die Wurzelknolle der Afrikanischen Wasserähre setzt man am besten in einen Pflanzkorb ein, damit die Pflanze bei Bedarf mühelos umgesetzt werden kann: Während der Vegetationszeit stellt man den Korb in etwa 30 cm Wassertiefe auf, doch zur Überwinterung sollte man ihn auf 50 cm Tiefe verschieben. So ist gewährleistet, daß die Knolle während der Wintermonate nicht durchfriert. Alternativ kann die Wasserähre im Winter in ein helles, warmes Quartier gebracht werden, wo sie oft noch einige Zeit weiterblüht.
Vermehrung: Die Afrikanische Wasserähre sorgt durch Selbstaussaat für Nachwuchs. Auch durch Abtrennen von Tochterrhizomen im Frühjahr oder Herbst lassen sich neue Pflanzen gewinnen.
Schädlinge: Schnecken

Arum
Aronstab

Art: *A. italicum* (Italienischer Aronstab)
Familie: Aronstabgewächse *(Araceae)*
Herkunft: Wälder und Gebüsche in Süd- und Westeuropa sowie auf den Kanarischen Inseln
Blütenfarbe: Hüllblatt gelbgrün, Kolben gelblich
Blütezeit: April bis Mai
Wuchshöhe: 30–60 cm
Merkmale: Die eigentümliche Wuchsform der Aronstabgewächse kommt beim Italienischen Aronstab besonders gut zum Ausdruck.

Arum italicum

Winzige Blüten sind dicht gedrängt zu einer kompakten Ähre zusammengefaßt, die von einem elegant geschwungenen Hochblatt, der sog. Spatha, umhüllt wird. Diese ist in ihrem unteren Abschnitt zusammengerollt, öffnet sich nach oben hin weit und hängt später leicht über den Blütenkolben. Ausgesprochen zierend sind auch die pfeilförmigen, teilweise silbrigweiß gezeichneten Laubblätter der ausdauernden Pflanze, die bereits im Herbst erscheinen. Aus dem Blütenstand entwickeln sich leuchtend scharlachrote, fleischige Beeren. Doch ist Vorsicht geboten, vor allem wenn Kinder im Garten spielen, da die verlockend glänzenden Früchte, wie auch alle übrigen Pflanzenteile, sehr giftig sind.
Standortansprüche: Der Italienische Aronstab braucht halbschattige bis schattige Plätze auf feuchtem, humosem Substrat. Gut geeignet sind daher Standorte unter schattenspendenden Ufergehölzen oder hohen Stauden.
Verwendung: Am Gewässerrand bildet der Aronstab, insbesondere zur Fruchtzeit, einen attraktiven Blickfang. Hübsche Begleiter im Unterwuchs sind Farne wie Pfauenradfarn oder Sumpffarn. Zusätzliche Farbe bringen die Blüten von Bittersüßem Nachtschatten, Bachnelkenwurz und Sumpfwolfsmilch.
Pflege: Im Frühjahr oder Herbst pflanzt man das knollige Rhizom des Aronstabs an die gewünschte Stelle am Teichrand oder Bachlauf. In ungeschützten Lagen empfiehlt es sich, im Herbst einen leichten Winterschutz aus Fichtenreisig anzubringen.
Vermehrung: Sowohl durch Aussaat gleich nach der Samenreife als auch durch

Arum italicum, Früchte

Abnahme von Brutknöllchen im Spätsommer lassen sich Jungpflanzen heranziehen.

Astilboides
Tafelblatt

Art: *A. tabularis* (auch *Rodgersia tabularis*)
Familie: Steinbrechgewächse *(Saxifragaceae)*
Herkunft: feuchte Flußniederungen in der Mandschurei und in Nordkorea
Blütenfarbe: cremeweiß
Blütezeit: Juni bis Juli
Wuchshöhe: 70–100 cm
Merkmale: Häufig findet man das ausdauernde Tafelblatt noch der Gattung *Rodgersia*, den Schaublättern, zugeordnet. Da seine eindrucksvollen Laubblätter jedoch, im Unterschied zu den Schaublattarten, ungeteilt bleiben, wurde es in eine eigene Gattung gestellt. Vor allem durch dieses große, schildförmige Laub, das borstig behaart und am Rand unregelmäßig eingebuchtet ist, imponiert die recht mächtige Staude. Aus der Mitte der Blattrosette erhebt sich im Sommer ein hoher Blütenstiel, der eine lockere Traubenrispe aus kleinen cremeweißen Blüten trägt und damit an die nahe verwandten Prachtspieren *(Astilbe)* erinnert.
Standortansprüche: Der feuchte, humusreiche Gewässerrand entspricht den natürlichen Standorten des Tafelblatts. Direkte Sonne verträgt es nur bei ausreichender Wasserversorgung; besser geeignet sind halbschattige bis schattige, möglichst windgeschützte Lagen. Dauernde Staunässe ist zu vermeiden.
Verwendung: Das Tafelblatt ist eine ganz prächtige Blattschmuckstaude für das Ufer stehender oder fließender Gewässer. Ufergehölze wie Ahorn *(Acer)*, Hainbuche *(Carpinus betulus)*, Pfaffenhütchen *(Euonymus europaea)* oder Gewöhnlicher Schneeball *(Viburnum opulus)* sorgen für die nötige Beschattung, Ziergräser wie Palmwedelsegge sowie Farne stellen eine harmonische Ergänzung dar.
Pflege: Bei der Pflanzung ist darauf zu achten, ausreichenden Abstand zum Gewässer zu halten, da die Stauden auf Überflutung ihres Wurzelbereichs sehr empfindlich reagieren. Beste Pflanzzeiten sind Frühjahr und Herbst. In langanhaltenden Trockenperioden kann zusätzliches Wässern erforderlich sein. Zur Nährstoffversorgung läßt man entweder das Fallaub benachbarter Gehölze an Ort und Stelle verrotten oder bringt im Frühjahr eine Kompostschicht aus. Um der Staude die kräftezehrende Samenbildung zu ersparen, empfiehlt es sich, verblühte Stiele rechtzeitig abzuschneiden. Das Ausputzen der Horste erfolgt am besten beim Neuaustrieb der Pflanze im Frühjahr.

Astilboides tabularis

Vermehrung: Das Tafelblatt läßt sich im Frühjahr gut aus Samen ziehen, eine vegetative Vermehrung ist, ebenfalls im Frühjahr, durch Teilung des Wurzelballens möglich.
Schädlinge: Schnecken

Azolla
Algenfarn

Art: *A. caroliniana* (Carolina-Algenfarn, Feenmoos)
Familie: Algenfarngewächse *(Azollaceae)*
Herkunft: subtropisches Amerika, in milden Regionen Europas stellenweise eingebürgert
Wuchshöhe: 1–10 cm
Merkmale: Der Carolina-Algenfarn ist eine ausdauernde Schwimmpflanze, die auf der Wasseroberfläche treibt, ohne im Boden verankert zu sein. Während die Einzelpflanze nur etwa Pfenniggröße erreicht, breitet sich die Gesamtkolonie durch kurze Ausläufer rasch zu einem dichten Teppich aus, der bald große Teile der Wasserfläche bedecken kann. Die moosähnlichen, smaragdgrünen Sprosse nehmen im Herbst eine rotbraune Färbung an.
Standortansprüche: Der Carolina-Algenfarn braucht eine Tiefwasserzone mit einem Wasserstand von mindestens 50 cm, um sich gut entwickeln zu können. Neben sonnigen Lagen verträgt er auch eine leicht beschattete Wasseroberfläche.
Verwendung: Da der kleine Schwimmfarn nicht fest im Boden wurzelt, eignet er sich nur für stehende oder sehr langsam fließende Gewässer, in deren Mitte er dichte Bestände ausbilden kann. Weil er abgesehen von seiner Herbstfärbung keine besonders auffälligen Merkmale besitzt, sollte man ihn als schlichten Begleiter von Blütenpflanzen der Tiefwasserzone, z. B. Seerosen, Seekanne, Wasserähre oder Wasserknöterich einsetzen. Diese Schwimmblattpflanzen schränken zudem ein völlig ungezügeltes Ausbreiten des Farns ein.
Pflege: Überwinterte oder gekaufte Pflanzen sollte man vorsichtshalber erst, wenn keine Spätfröste mehr zu erwarten sind, ins schon leicht erwärmte Gewässer setzen. Besonders in warmen Sommern bilden sich oft so dichte Bestände, daß sie Unterwasserpflanzen das nötige Licht nehmen. In diesem Fall hilft einfaches Abfischen, um den Algenfarn einzudämmen. Bevor die Wassertemperatur unter 10 °C sinkt oder gar erste Fröste drohen, müssen die Schwimmpflanzen zum Überwintern in einen Wasserbehälter umgesetzt werden. Dieser wird hell bei etwa 5–10 °C aufgestellt.
Vermehrung: Durch Abtrennen bzw. Abfischen von Teilkolonien lassen sich sehr einfach neue Bestände gründen.

Azolla caroliniana

B

Baldellia
Igelschlauch,
Zwergfroschlöffel

Art: *B. ranunculoides* (auch *Echinodorus ranunculoides, Alisma ranunculoides*)
Familie: Froschlöffelgewächse *(Alismataceae)*
Herkunft: Uferbereiche von Teichen, Gräben und Seen in Europa und Nordwestafrika
Blütenfarbe: weiß bis zartrosa
Blütezeit: Juni bis August
Wuchshöhe: 10–40 cm
Merkmale: Der Igelschlauch ist eine ungewöhnlich vielgestaltige Art, die sich je nach den herrschenden Wuchsbedingungen von straff aufrecht bis flach niederliegend präsentieren kann. Über einen langen Zeitraum hinweg ziert sich die Pflanze mit Dolden aus einfachen, weiß bis blaßrosa gefärbten Blüten, aus denen sich schließlich hellgrüne, kugelige Früchte entwickeln. Eine sehr hübsche Untermalung dazu liefern die langgestielten, breitlanzettlichen Laubblätter, die eine grundständige Rosette bilden. Die in freier Natur vorkommenden Bestände der ausdauernden Art stehen unter Naturschutz.
Standortansprüche: Entsprechend seinem natürlichen Vorkommen wird man den Igelschlauch in 10–30 cm Wassertiefe setzen. Am besten gedeiht er in voller Sonne oder im Halbschatten. Hartes, kalkhaltiges Wasser verträgt die Sumpfpflanze sehr gut.
Verwendung: Der Igelschlauch bereichert mit lange anhaltendem Blüten- und Fruchtschmuck den Röhrichtbestand von stehenden und fließenden Gewässern. Am besten plaziert man das zierliche Gewächs in den Vordergrund höherwüchsiger Röhrichtpflanzen wie Rohrkolben, Iris, Froschlöffel oder Schwanenblume. Lilafarbene Blütenquirle der Bachminze und blaublühendes Hechtkraut bilden einen hübschen Kontrast zu seinen hellen Blüten.
Pflege: Um neuen Pflanzen das Anwachsen zu erleichtern, sollte man beim Einsetzen darauf achten, daß ihre Blätter etwas über die Wasseroberfläche hinausragen. Im Frühjahr können die Horste von alten Blättern und Stengeln befreit werden, ansonsten sind für den anspruchslosen Igelschlauch keinerlei Pflegemaßnahmen nötig.
Vermehrung: Durch Aussaat im Frühjahr lassen sich problemlos Nachkommen heranziehen. Am passenden Standort sät sich der Igelschlauch jedoch selbst aus.

Baldellia ranunculoides

Butomus umbellatus

Butomus
Schwanenblume,
Wasserliesch, Blumenbinse

Art: *B. umbellatus*
Familie: Schwanenblumengewächse *(Butomaceae)*
Herkunft: Gewässerränder und Sümpfe in Europa und den gemäßigten Breiten Asiens
Blütenfarbe: rosa, auch weiß
Blütezeit: Juni bis August
Wuchshöhe: 80–100 cm
Merkmale: Die mehrjährige Schwanenblume ist eine attraktive Blütenpflanze einheimischer Gewässer. Umgeben von grundständigen, linealischen Laubblättern schiebt sich zur Blütezeit ein hoher Stengel nach oben, der endständig eine überaus dekorative Blütendolde trägt. Diese besteht aus zahlreichen langgestielten Einzelblüten, deren zart rosafarbene Blütenblätter mit einer dunkelrosa Äderung gezeichnet sind. Mit Hilfe ihres kriechenden Rhizoms erobert die Sumpfpflanze im Lauf der Jahre immer mehr Raum im Röhrichtgürtel. Die Art steht unter Naturschutz.
Sorten: (Höhe jeweils 80 cm) 'Rosenrot' (dunkelrosa), 'Schneeweißchen' (weiß)
Standortansprüche: Die Schwanenblume gedeiht an nassen Standorten mit 10–20 cm Wassertiefe in sonniger bis halbschattiger Lage. Am besten wurzelt sie in einem schlammigen, nährstoffreichen Gewässerboden.
Verwendung: Mit ihrem anmutigen Blütenschmuck bereichert die Schwanenblume die Uferzonen stehender und langsam fließender Gewässer. Vor dem unaufdringlichen Grün von Rohrkolben, Kalmus oder Rohrglanzgras heben sich ihre Blüten besonders gut ab. Hübsche blühende Begleitpflanzen sind Blutweiderich, Froschlöffel, Hechtkraut oder Zungenhahnenfuß.
Pflege: Nur auf sehr nährstoffarmem Boden ist es nötig, bei der Pflanzung dem Substrat eine Handvoll Gartenerde als Düngung beizufügen. Um ein Ausbreiten der Sumpfstaude von vornherein zu unterbinden, kann man sie in Pflanzkörben in das Gewässer setzen. Allerdings gedeiht sie dann manchmal nicht besonders gut. Erlauben es die Platzverhältnisse, sollte sich die Schwanenblume frei entfalten dürfen.
Vermehrung: Nachkommen lassen sich sowohl durch Aussaat als auch durch Teilung des Rhizoms gewinnen. Die beste Zeit für beide Vermehrungsmethoden ist das Frühjahr.

C

Caldesia
Kaldesie

Art: *C. parnassiifolia* (auch *Alisma parnassiifolium*)
Familie: Froschlöffelgewächse *(Alismataceae)*
Herkunft: Röhricht stehender Gewässer von Europa über Afrika und Asien bis Australien und Neuguinea
Blütenfarbe: weiß
Blütezeit: Juli bis September
Wuchshöhe: 10–40 cm
Merkmale: Die unter Naturschutz stehende ausdauernde Kaldesie schmückt sich mit hübsch geformtem Laub und zarten, weißen Blüten. Wie bei allen Froschlöffelgewächsen entwickeln sich ihre langgestielten, dem Wasser aufliegenden Blätter in einer grundständigen Rosette. Am Stielansatz ist die Blattfläche tief herzförmig eingeschnitten. Die kleinen Schalenblüten erheben sich in übereinanderstehenden Quirlen weit über Blattwerk und Wasser. Bereits im Sommer werden Blütenstiel und -knospen für die Wachstumszeit des folgenden Jahres angelegt.
Standortansprüche: Die Sumpfpflanze verträgt ohne weiteres Schwankungen des Wasserstandes zwischen 5 und 20 cm Höhe, reagiert jedoch sehr empfindlich auf ein Austrocknen des Bodens. Am besten gedeiht sie in sonnigen bis halbschattigen Lagen.
Verwendung: In Röhrichtbeständen ruhiger Gewässer läßt sich die Kaldesie mit nahezu jeder anderen Sumpfpflanze kombinieren. Schöne Höhenabstufungen ergeben sich in Verbindung mit hohem Rohrglanzgras oder Schilf, mittelhohen Gewächsen wie Schwanenblume, Pfeilkraut oder Hechtkraut, dem niedrigen Igelschlauch sowie dem bereits zur Flachwasserzone überleitenden Wasserknöterich und anderen Schwimmblattpflanzen.
Pflege: Am richtigen Standort benötigt die Kaldesie keinerlei Pflege.
Vermehrung: Neue Pflanzen gewinnt man im Frühjahr durch Teilung des Wurzelstocks oder durch Aussaat.

Caldesia parnassiifolia

Calla
Sumpfkalla

Calla palustris

Art: *C. palustris* (Sumpfkalla, Schlangenkraut, Drachenwurz, Schweinsohr)
Familie: Aronstabgewächse *(Araceae)*
Herkunft: Sümpfe, Bruchwälder und Ufer in Nord-, Mittel- und Osteuropa, Nordasien und Nordamerika
Blütenfarbe: Hüllblatt weiß, Kolben gelblich
Blütezeit: Mai bis August
Wuchshöhe: 15–30 cm
Merkmale: Aus einem dickfleischigen, in oder über der Schlammschicht kriechenden Rhizom – das mit seiner gewundenen Gestalt an eine Schlange erinnert – entwickelt die Sumpfkalla frischgrüne, herzförmige Blätter sowie kurze, dicke Blütenschäfte. Der walzenförmige Blütenstand wird von einem innen weißen, außen grünlichen Hüllblatt, der Spatha, umfaßt, das in der Form einem Laubblatt ähnelt. Die Einzelblüten sind recht unscheinbar, auffällig hingegen ist ihr Aasgeruch, mit dem die ausdauernde Pflanze Insekten zur Bestäubung anlockt. Später entwikkeln sich leuchtend rote Beerenfrüchte, die sehr verlockend aussehen, jedoch wie alle anderen Teile der Sumpfkalla hochgiftig sind. Beim Umgang mit der Pflanze kann es zudem zu Hautreizungen kommen. Natürliche Bestände der Art stehen unter Naturschutz.
Standortansprüche: Was das Licht anbelangt, ist die Sumpfkalla völlig anspruchslos, sie gedeiht sowohl in sonnigen als auch in schattigen Lagen. Wichtig ist jedoch, daß die Wurzeln nie austrocknen. Sie bevorzugt einen gleichmäßig hohen Wasserstand von 5–10 cm.
Verwendung: Im flachen Uferrandbereich stehender oder langsam fließender Gewässer fühlt sich die Sumpfkalla am wohlsten. Dort entwickelt sie mit Hilfe ihres kriechenden Wurzelstocks dichte Bestände. Dem Standort entsprechend kann die Staude z. B. ausgezeichnet mit Kalmus, Sumpfdotterblume, Fieberklee und Binsen kombiniert werden.
Pflege: Das Rhizom der Sumpfkalla wird vorsichtig in den nassen Untergrund gepflanzt oder einfach nur daraufgelegt, so daß es sich selbst einwurzelt. Sollten die Pflanzen mit der Zeit zu stark wuchern, empfiehlt es sich, die Rhizome entsprechend einzukürzen. Als heimische Pflanze ist die Sumpfkalla vollkommen winterhart.
Vermehrung: Durch Teilung der Rhizome im Frühjahr lassen sich auf einfache Weise neue Pflanzen gewinnen.

Callitriche
Wasserstern

Art: *C. palustris* (auch *C. verna*, *C. vernalis*, Sumpfwasserstern, Frühlingswasserstern)
Familie: Wassersterngewächse *(Callitrichaceae)*
Herkunft: stehende und langsam fließende Gewässer in den gemäßigten Zonen der Nordhalbkugel sowie in Australien und Neuguinea
Blütenfarbe: grünlich, Blüten unscheinbar
Blütezeit: Juni bis Oktober
Wuchshöhe: 5–40 cm, fast vollkommen unter Wasser
Merkmale: Der Sumpfwasserstern ist eine immergrüne Unterwasserpflanze, die sich mit ihren Wurzeln fest im Untergrund verankert. Ihre fadenartig dünnen, mehrfach verzweigten Triebe schiebt sie bis an die Wasseroberfläche, wo sie in einer ebenmäßigen, sternförmigen Rosette aus kleinen, spatelförmigen Blättern enden. Die winzigen Blüten entwickeln sich nur untergetaucht in den Achseln der linealisch schmalen Unterwasserblätter. Da ihnen außerdem jegliche schmückenden Blütenblätter fehlen, wird der Flor so gut wie nie bemerkt.
Standortansprüche: Am üppigsten wächst der Sumpfwasserstern in besonnten Gewässern, und zwar in Zonen mit 30–60 cm Wassertiefe, doch verträgt er auch Halbschatten und sogar Schatten. Bei mehr als 80 cm Wassertiefe erreichen seine Triebe oftmals die Wasseroberfläche nicht. Bei einem sehr niedrigen Wasserstand bildet die Art dagegen dichte Teppiche aus.
Verwendung: Trotz seines amphibischen Charakters wird der Sumpfwasserstern bevorzugt als Unterwasserpflanze eingesetzt. Seine wintergrünen Unterwasserblätter produzieren selbst unter einer Eisdecke noch Sauerstoff, der für Wassertiere lebensnotwendig ist und insgesamt die Wasserqualität verbessert. In Teichen oder langsam fließenden Bächen wirken die fein ziselierten, hellgrünen Blattteppiche zwischen Schwimmblattpflanzen wie Seerose, Wasserähre oder Seekanne auflockernd. In der Flachwasserzone sind Sumpfvergißmeinnicht, Pfeilkraut, Brunnenkresse oder Bachbunge attraktive Begleiter.
Pflege: Wenn möglich wird der Sumpfwasserstern direkt in den Gewässerboden eingepflanzt. Alternativ setzt man ihn in einen Pflanzkorb, der anschließend an der gewünschten Stelle im Wasser versenkt wird. An gut geeigneten Standorten kann die Art ziemlich wuchern, man sollte sie dann regelmäßig ausdünnen.
Vermehrung: Im Frühjahr kann man die Pflanzen einfach teilen, um zusätzliche Bestände zu gewinnen.

Caltha palustris

Callitriche palustris

Caltha
Dotterblume

Arten: *C. leptosepala*, *C. palustris* (auch *C. polypetala*, Sumpfdotterblume)
Familie: Hahnenfußgewächse *(Ranunculaceae)*
Herkunft: feuchte Wiesen und Gräben, *C. leptosepala* in Nordamerika, *C. palustris* in Europa, Asien und im nördlichen Nordamerika
Blütenfarbe: gelb, auch weiß
Blütezeit: *C. leptosepala* Mai, *C. palustris* März bis Mai
Wuchshöhe: *C. leptosepala* 15–30 cm, *C. palustris* 20–40 cm
Merkmale: Dotterblumen besitzen die für Hahnenfußgewächse typischen Schalenblüten, in deren Zentrum eine Vielzahl von Staubgefäßen steht. Das oftmals glänzende Dottergelb dieser Blüten war für die Gattung namengebend. Bei der nordamerikanischen Art *C. leptosepala* schieben sich zwischen hellgrünen, runden bis herzförmigen Laubblättern verzweigte Blütenstiele in die Höhe. Sie tragen endständig aparte Blumen mit schmalen, silbrigweißen, sternförmig angeordneten Blütenblättern, in deren Mitte goldgelbe Staubgefäße sitzen. Die auf der Nordhalbkugel weitverbreitete Sumpfdotterblume zeigt sich ausgesprochen formenreich. Botanisch unterscheidet man mehrere Varietäten, darunter die im Himalaja beheimatete, weißblühende *C. palustris* var. *alba*, die häufig als Sorte 'Alba' im Handel angeboten wird. Mit ihrer frühen Blüte lockt die robuste Staude zahlreiche Insekten an. Das Leuchten ihrer farbkräftigen Blüten wird durch die dunkelgrün glänzenden Laubblätter noch verstärkt. Sie sind nieren- bis herzförmig und haben einen leicht gezähnten Blattrand.

Alle Pflanzenteile sowie die schwimmfähigen Samen der Dotterblumen sind giftig. Außerdem können sie bei empfindlichen Personen Hautreizungen verursachen.
Sorten: Von *C. palustris* sind u. a. erhältlich 'Tydermanns Variety' (gelb, spätblühend, Höhe 20 cm), 'Monstrosa' (gelb, großblumig, gefüllt, Höhe 30 cm), 'Multiplex' (goldgelb, dichtgefüllt, häufig im Herbst nachblühend, Höhe 30 cm), 'Goldschale' (intensiv goldgelb, Höhe 25–35 cm).

Caltha leptosepala

Standortansprüche: In der nährstoffreichen Sumpfzone bei sonnigem bis halbschattigem Stand gedeihen Dotterblumen am besten. Während die reinen Arten bis zu 15 cm Wassertiefe vertragen, sollten die Sorten höchstens 5 cm tief im Wasser stehen.
Verwendung: Kaum eine andere Uferrandstaude blüht so zeitig im Jahr wie die Sumpfdotterblume, was sie unverzichtbar für Teich- und Bachränder macht. Zu beiden Arten und den Sorten passen z. B. Goldmilzkraut, Bachnelkenwurz, Mehl- und Rosenprimel oder Sumpfvergißmeinnicht.
Pflege: Beim Einsetzen von Dotterblumen ist darauf zu achten, daß die Jungpflanzen nicht vollständig unter Wasser stehen. Beide Arten zeichnen sich durch üppiges Wachstum bei geringem Pflegeaufwand aus. Werden sie von wuchernden Nachbarpflanzen stark bedrängt, sollten diese eingedämmt werden.
Vermehrung: Arten und Sorten lassen sich nach der Blüte gut teilen. Alternativ können die reinen Arten auch aus Samen gezogen werden. Da es sich bei ihnen um Kaltkeimer handelt, wird im Spätherbst gesät. Am richtigen Standort samen sich die Pflanzen auch selbst aus.

Caltha palustris 'Multiplex'

Cardamine
Schaumkraut

Art: *C. pratensis* (Wiesenschaumkraut)
Familie: Kreuzblütler *(Brassicaceae, Cruciferae)*
Herkunft: Naßwiesen, Flachmoore, Uferzonen und Auwälder auf der Nordhalbkugel
Blütenfarbe: weiß bis blaßviolett
Blütezeit: April bis Juni
Wuchshöhe: 10–50 cm
Merkmale: Die heimische Wildstaude trifft man im Frühjahr recht häufig auf feuchten Standorten an. Sie bezaubert mit zierlichen Blüten, die endständig in Büscheln zusammenstehen. Ihre weißen bis blaßvioletten Blütenblätter bekommen durch die dunkelviolett hervorgehobene Äderung Struktur. Nach dem Abblühen bleiben noch lange Zeit die für Kreuzblütler typischen Schotenfrüchte an den Stengeln stehen. Die gefiederten Laubblätter, die spärlich über den unteren Stengelabschnitt verteilt sind, setzen sich aus schmalen, linealischen Blättchen zusammen, die grundständigen, ebenfalls gefiederten hingegen aus rundlich eiförmigen.
Sorte: 'Plena' (Blüten gefüllt, levkojenartige Blütenstände, Höhe 30–50 cm)
Standortansprüche: Das Wiesenschaumkraut gedeiht gut an sonnigen bis halbschattigen Plätzen auf feuchtem, nährstoffreichem Boden. Als typische Uferrandpflanze sollte die Staude nicht direkt im Wasser stehen.

Cardamine pratensis

Verwendung: Seinem natürlichen Vorkommen entsprechend setzt man das Wiesenschaumkraut an feuchte Ufer stehender und fließender Gewässer oder in feuchte bis nasse Wiesenbereiche. Passende Nachbarn sind z. B. goldgelbe Trollblumen, purpurfarbene Rosenprimeln oder üppige Seggenhorste.
Pflege: Die anpassungsfähige, völlig winterharte Pflanze bedarf keiner Pflege.
Vermehrung: Am geeigneten Standort sät sich das Wiesenschaumkraut selbst aus. Auch eine Teilung des Wurzelstocks vor oder nach der Blüte ist möglich.
Besonderes: Das Wiesenschaumkraut ist eine bevorzugte Futterpflanze der Raupen des selten gewordenen Aurorafalters.

Carex
Segge

Arten: *C. elata* (auch *C. stricta, C. hudsonii*, Steife Segge, Hängesegge, Wasserbültensegge), *C. gracilis* (Scharfe Segge, Schlanksegge), *C. muskingumensis* (Palmwedelsegge), *C. pseudocyperus* (Scheinzypergrassegge, Zypergrasähnliche Segge, Scheinzypersegge, Zypersegge)
Familie: Sauer-, Ried- oder Halbgräser *(Cyperaceae)*
Herkunft: Teich- und Bachufer, Gräben, Sümpfe, Flachmoore, *C. elata* in Europa, im Kaukasus und in Tunesien, *C. gracilis* in Europa, *C. muskingumensis* in Nordamerika, *C. pseudocyperus* auf der Nordhalbkugel, in Neuseeland
Blütenfarbe: *C. elata* schwarzbraun mit Grün, *C. gracilis* rot- bis schwarzbraun, *C. muskingumensis* bräunlich, *C. pseudocyperus* hellgrün bis bräunlich
Blütezeit: *C. elata* April bis Mai, *C. gracilis* Mai bis Juni, *C. muskingumensis* Juli bis August, *C. pseudocyperus* Juni bis Juli
Wuchshöhe: *C. elata* 40 bis 120 cm, *C. gracilis* 40–80 cm, *C. muskingumensis* 40 bis 90 cm, *C. pseudocyperus* 30–100 cm

Carex elata

Carex gracilis

Merkmale: Sauergräser trifft man in der Natur häufig an feuchten Standorten an. Von den Süßgräsern *(Poaceae)*, die immer einen rundlichen Halm besitzen, unterscheidet sie der dreikantige, mit Mark gefüllte Stengel. Kennzeichnend für die Seggen wiederum ist, daß sie unterschiedlich ausgeprägte männliche und weibliche Ähren tragen.
Die weitverbreitete Steife Segge gilt als Pflanze, welche die Verlandung vorantreibt, da sie mit den Jahren mächtige Horste ausbildet, zwischen denen sich Schlamm und abgestorbene Pflanzenreste ansammeln und die Bodenbildung beschleunigen. Ihre graugrünen, steifen Blätter treiben schon im zeitigen Frühjahr aus, unter ihnen sitzen noch die vorjährigen, abgestorbenen Blätter, so daß ein stockwerkartiger Aufbau entsteht. An den kerzengeraden Stengeln bilden sich bereits im April aufrechte Blütenähren aus, die nach kurzer Zeit wieder abfallen. Die Scharfe Segge trägt ihren Namen nicht von ungefähr, sind ihre schmalen, elegant überhängenden Blätter doch äußerst scharfkantig. Die Blütenstände dieser Art werden von langen, laubartigen Hüllblättern begleitet und hängen ebenfalls leicht über. Das stark ausläufertreibende Gras erobert schnell große Uferabschnitte. Die aufrechten Stiele der Palmwedelsegge sind bis oben hin beblättert, was ihr das charakteristische Aussehen verleiht, auf das ihr Name hinweist. Endständig erscheinen ab Juli die Blütenähren, hübsch untermalt von den schmalen, hellgrünen Laubblättern. Besonders attraktive Blüten besitzt die Scheinzypergrassegge. Ihre gestielten, kätzchenartigen Blütenstände hängen anmutig über, der jeweils oberste, männliche hat eine bräunliche Tönung, während die darunter ansetzenden weiblichen dicker und hellgrün gefärbt sind. Das schmalblättrige Laub bleibt deutlich niedriger als die aufrechten Blütenstiele. Alle genannten Seggenarten zählen zu den ausdauernden und völlig winterharten Gräsern.
Sorte: von *C. elata* 'Aurea' (gelb gerandete Blätter, Höhe 50–100 cm)
Standortansprüche: Seggen bevorzugen sonnige bis halbschattige Lagen. Mit Ausnahme der Palmwedelsegge, die nassen Boden braucht, vertragen die hier genannten Arten auch bis zu 30 cm Wassertiefe.
Verwendung: Der Lebensbereich der Palmwedelsegge ist der Uferrand stehender sowie langsam fließender Gewässer, während die anderen Arten in der Sumpfzone Verwendung finden. Die üppigen, reich beblätterten Horste lassen sich gut mit allen blühenden Sumpf- und Uferrandpflanzen kombinieren. Sehr

Carex muskingumensis

natürlich wirken Seggen in Verbindung mit Rohrkolben und Binsengewächsen. Man setzt die Gräser auch zur Befestigung von Uferbereichen ein, und nicht zuletzt stellen sie wesentliche Bestandteile von Pflanzenkläranlagen dar.
Pflege: Starkwüchsige und ausläuferbildende Arten wie Scheinzypergrassegge und Scharfe Segge werden besser nur in Pflanzcontainern ins Wasser gesetzt, damit sie benachbarte Gewächse nicht überwuchern. Wenn sie zu weit über den Gefäßrand hinauswachsen, kann ein Kappen der Rhizome erforderlich sein. Gelegentlich sollten verdorrte oder umgeknickte Halme entfernt werden. Dabei dürfen die

Carex pseudocyperus

Stengel aber grundsätzlich erst 5 cm über der Wasseroberfläche abgeschnitten werden, da sie sonst faulen.
Vermehrung: Alle Arten lassen sich problemlos durch Teilung ihres Wurzelstocks vermehren.

Ceratophyllum
Hornblatt

Art: *C. demersum* (Rauhes Hornblatt)
Familie: Hornblattgewächse *(Ceratophyllaceae)*
Herkunft: stehende und langsam fließende Gewässer auf allen Kontinenten
Blütenfarbe: grünlich, Blüten unscheinbar
Blütezeit: Juni bis September
Wuchshöhe: 50–100 cm, der Großteil unter Wasser
Merkmale: Das Rauhe Hornblatt ist eine wurzellose Unterwasserpflanze, die sich mit Teilen ihres Sprosses im schlammigen Untergrund verankern kann. Die rauhen, starren und in spitze Stacheln auslaufenden Blätter sitzen in dichten Quirlen an langen, oftmals stark verzweigten Sprossen. Nur sehr selten bilden sich in den Blattachseln Blüten und Früchte aus. Für ihren Fortbestand sorgt die Staude auf ungeschlechtliche Weise, indem ihre brüchigen Sprosse einfach zerfallen. Im Spätherbst krümmen sich dazu die endständigen Blattquirle bogig zusammen, lösen sich vom übrigen Sproß ab und überwintern als sog. Winterknospen auf dem Gewässergrund, um dann im Frühling zu neuen üppigen Pflanzen heranzuwachsen. Die verbleibenden älteren Sproßteile sterben meist ab, teilweise überwintern sie aber auch.
Standortansprüche: Das Rauhe Hornblatt gedeiht in nährstoffreichen Gewässern mit bis zu 150 cm Tiefe. Die Wasserfläche sollte zumindest zeitweise besonnt sein, damit die untergetauchte Pflanze genügend Licht bekommt.
Verwendung: In der Tiefwasserzone stehender oder sehr langsam fließender Gewässer dient das Rauhe Hornblatt weniger der Ästhetik als vielmehr dem ökologischen Gleichgewicht des Gewässers. Zum einen liefert es Sauerstoff und filtert überschüssige Nährstoffe aus dem Wasser, zum andern bietet es vielen Wassertieren Unterschlupf und Nahrung. Andere Unterwasserpflanzen wie Wasserstern und Armleuchteralge, Wasserpest oder Tausendblatt erfüllen ähnliche Funktionen und lassen sich hervorragend mit dem Rauhen Hornblatt kombinieren.
Pflege: Die Sprosse des Rauhen Hornblatts können einfach ins Wasser geworfen werden. In größeren Teichen oder Fließgewässern empfiehlt es sich jedoch, Sproßteile in den Gewässergrund einzupflanzen oder mit Hilfe eines Steins, an den man sie festbindet, zu versenken, damit sie nicht fortgeschwemmt werden können. Bei zu starkem Wachstum sollte man gelegentlich auslichten.
Vermehrung: Die Vermehrung des Rauhen Hornblatts ist denkbar einfach: Man bricht Teile des Sprosses ab und pflanzt sie an anderer Stelle wieder ein.

Ceratophyllum demersum

Chara
Armleuchteralge

Arten: *C.*-Arten
Familie: Armleuchteralgen *(Characeae)*
Herkunft: kalkreiche, nährstoffarme Gewässer in Europa
Wuchshöhe: 5–20 cm
Merkmale: Der Name Armleuchteralge ist überaus treffend für die Gattung, verzweigen sich die meist sehr zarten Triebe doch tatsächlich nach Art eines Kandelabers. Die filigranen Pflänzchen gehören zu den Algen, ähneln in ihrem Wuchsbild jedoch eher einer höherentwickelten Gefäßpflanze. Sämtliche der zahlreichen Arten, die oft nur schwer voneinander zu unterscheiden sind, leben völlig untergetaucht. Ihre verzweigten Triebe sind mit Haftfasern im Gewässergrund verankert und in mehr oder weniger großen Abständen mit blattähnlichen Quirlen besetzt. Hier bilden sich im Frühjahr und Sommer auch die kugeligen Fortpflanzungsorgane der Algen aus. Da sie überwiegend in kalkreichen Gewässern vorkommen, ist ihre eigentlich grüne Farbe häufig durch Kalkablagerungen weißlichgrau überdeckt. Die Triebe werden wegen des Kalks leicht brüchig. Unter günstigen Lebensbedingungen bedecken die mehrjährigen Pflanzen den Gewässerboden als dichter Unterwasserrasen.
Standortansprüche: Armleuchteralgen schätzen nährstoffarmes, kalkhaltiges Wasser. Sie kommen in Tiefen von 20–200 cm und tiefer vor und bevorzugen einen sonnigen bis halbschattigen Platz.
Verwendung: In der Flach- und Tiefwasserzone stehender Gewässer leisten die bizarren Algen wie alle immergrünen Unterwasserpflanzen einen wichtigen Beitrag zum Nährstoff- und Sauerstoffhaushalt ihres Lebensraums. Zudem bieten sie den Tieren im Teich Unterschlupf und Laichplätze. Problemlos lassen sie sich mit anderen Unterwasserpflanzen wie Wasserstern, Tausendblatt, Hornblatt oder verschiedenen Laichkrautarten kombinieren.

Chara vulgaris

Pflege: Die Algen werden am besten an einen Stein gebunden und in den Teich gesenkt. Noch einfacher ist es, sie an der gewünschten Stelle ins Wasser zu werfen. Sie sinken dann zu Boden und heften sich selbst an der oberen Substratschicht fest. Nur in seltenen Fällen wuchern sie so stark, daß sie ausgelichtet werden müssen.
Vermehrung: Armleuchteralgen lassen sich sehr leicht durch Abtrennen von Teilstücken, die an anderer Stelle wieder versenkt werden, vermehren.
Tip: Armleuchteralgen ergeben einen hervorragenden, kalkhaltigen Dünger. Man läßt sie einige Tage trocknen und zerreibt sie, bevor man sie auf den Boden ausstreut. Diese Algen können auch Kompost mit Kalk anreichern.

Chrysosplenium
Milzkraut

Arten: *C. alternifolium* (Goldmilzkraut, Wechselblättriges Milzkraut), *C. oppositifolium* (Gegenblättriges Milzkraut)
Familie: Steinbrechgewächse *(Saxifragaceae)*
Herkunft: feuchte, schattige Wälder, Quellfluren, Bachufer, *C. alternifolium* in Europa, im nördlichen Asien und in Nordamerika, *C. oppositifolium* in West- und Mitteleuropa
Blütenfarbe: gelb
Blütezeit: April bis Juni
Wuchshöhe: *C. alternifolium* 15–20 cm, *C. oppositifolium* 5–15 cm
Merkmale: Durch starke Ausläuferbildung wachsen die ausdauernden Milzkräuter zu hübschen, dichten Polstern heran. Bei beiden Arten sind die Blütenkronblätter völlig zurückgebildet. Die Funktion, Insekten anzulocken, wird vom gelben Kelch und einem gelbgrün gefärbten Hochblatt übernommen. Es sind immer mehrere Hochblätter und Blüten an den Enden der gabelig verzweigten Stengel zusammengefaßt. Beim Goldmilzkraut entspringen die nierenförmigen Laubblätter jeweils einzeln an den Stengelknoten, beim Gegenblättrigen Milzkraut stehen sich dagegen immer 2 Blätter pro Knoten gegenüber.
Standortansprüche: Entsprechend ihrer natürlichen Verbreitung sollte man die Milzkrautarten an kühle, halbschattige bis schattige Plätze auf feuchtem bis nassem Untergrund pflanzen. Es empfiehlt sich eine Wassertiefe von maximal 5 cm.
Verwendung: Dank ihrer natürlichen Ausstrahlung lassen sich mit diesen Uferrandpflanzen schattige Teich- und Bachufer hübsch gestalten. Besonders naturnah wirken die Milzkräuter zwischen von Wasser überrieselten Felsen, mit Farnen wie dem Pfauenradfarn oder dem Sumpffarn und Waldgräsern wie Waldsimse oder Flatterbinse an ihrer Seite. Ansprechende blühende Begleitpflanzen sind auch Rosenprimel und Sumpfdotterblume.
Pflege: Frühjahr und Herbst sind die besten Pflanztermine. Da sich die kleinen Milzkräuter durch Ausläufer stark vermehren, sollte man entsprechend weite Pflanzabstände einhalten. Bewährt haben sich 30–40 cm. Bei zu großem Ausbreitungsdrang kann ein Teilen oder Abstechen der Bestände erforderlich werden; allerdings macht gerade der wuchernde Charakter den Charme des Milzkrauts aus.
Vermehrung: Durch Abtrennen von Ausläufern vor oder nach der Blüte lassen sich problemlos neue Pflanzen gewinnen.

Chrysosplenium alternifolium

Cirsium
Kratzdistel

Art: *C. palustre* (Sumpfkratzdistel)
Familie: Korbblütler *(Compositae)*
Herkunft: nasse bis wechselfeuchte Wiesen, Bachtäler und Quellfluren in Europa, Westasien bis zum Baikalsee sowie in Algerien und Neufundland
Blütenfarbe: purpurrot, selten auch weiß
Blütezeit: Juli bis September
Wuchshöhe: 50–250 cm
Merkmale: Unverkennbar heben sich in feuchten Wiesen und an Ufern die hohen, aufrechten Stiele der zweijährig wachsenden Sumpfkratzdistel mit ihren purpurroten Blüten in die Höhe. Oft sind die stark bedornten Stengel im oberen Teil aufrecht abstehend verzweigt und rötlich überlaufen. An den Enden des Haupttriebs und der Seitenzweige sitzen Körbchenblüten in kurzgestielten Knäueln beieinander. Dank ihrer kräftigen Farbe fallen sie schon von weitem auf. Da sie überdies

reichlich Nektar liefern, werden sie gern von Bienen und anderen Insekten besucht. Höchst dekorativ sind auch die dornigen, tief gelappten, filzig behaarten Laubblätter, die dem Stengel direkt aufsitzen.
Standortansprüche: Die Sumpfkratzdistel gedeiht an feuchten oder von seichtem Wasser überspülten Standorten mit maximal etwa 5 cm Wassertiefe. Sie bevorzugt sonnige Lagen, verträgt aber auch Halbschatten gut.
Verwendung: Am äußersten Rand der Sumpfzone von Bächen oder Teichen oder auch in Wiesenbereichen, die direkt an das Gewässer angrenzen, fühlt sich die Sumpfkratzdistel am wohlsten. Hochstauden wie violetter Blutweiderich oder Gewöhnlicher Wasserdost, weißes Echtes Mädesüß oder gelber Straußblütiger Weiderich eröffnen farbenfrohe Gestaltungsmöglichkeiten.

Cirsium palustre

Pflege: Jungpflanzen setzt man im Herbst an den vorgesehenen Platz, damit sie im darauffolgenden Jahr zur Blüte gelangen. Am richtigen Standort sorgt die Sumpfkratzdistel durch Selbstaussaat von allein dafür, daß sie im Garten erhalten bleibt.
Vermehrung: Um im Herbst kräftige Jungpflanzen zur Verfügung zu haben, wird im Frühjahr in Anzuchtschalen oder an Ort und Stelle ausgesät.

Cladium
Schneide

Art: *C. mariscus* (Schneidried, Binsenschneide)
Familie: Sauer-, Ried- oder Halbgräser *(Cyperaceae)*
Herkunft: Sümpfe, Moore und Verlandungszonen von Teichen und Seen auf allen Kontinenten
Blütenfarbe: hellbraun
Blütezeit: Juni bis August
Wuchshöhe: 80–200 cm
Merkmale: Das übermannshohe Schneidried ist bis zur Spitze hin beblättert. Seine derben, graugrünen, linealischen Blätter sind an ihren Rändern mit kleinen, nach vorn gerichteten Sägezähnchen besetzt und dadurch äußerst scharfkantig. Einen deutlichen Hinweis auf die davon ausgehende Verletzungsgefahr gibt schon der Name Schneidried. Sehr schmückend wirken die hellbraunen Blütenstände, die aus mehreren langgestielten Köpfchen mit jeweils 3–10 Ährchen bestehen. Das sich mit Hilfe von Ausläufern ausbreitende, mehrjährige Gras behält im Winter seine grüne Farbe.
Standortansprüche: Die kalkliebende Sumpfpflanze gedeiht am besten in sonniger bis halbschattiger Lage. Bis zu 30 cm Wassertiefe werden ebensogut vertragen wie zeitweises Trockenfallen des Standorts.

Cladium mariscus

Verwendung: Begleitet von anderen Röhrichtpflanzen wie Rohrglanzgras, Rohrkolben, Binsen oder Seggen trägt das Schneidried zu einer naturnahen Gestaltung der Sumpfzone stehender Gewässer bei. Für farbige Akzente sorgen daneben Blütenpflanzen wie Froschlöffel, Hechtkraut, Schwanenblume und Pfeilkraut. Das Gras wird auch in Pflanzenkläranlagen eingesetzt.
Pflege: Wie die meisten heimischen Pflanzen ist auch das Schneidried äußerst pflegeleicht. Eingepflanzt wird es im Frühjahr oder so zeitig im Herbst, daß es vor den ersten Frösten noch gut einwurzeln kann. Sollte der Bestand mit der Zeit zu groß werden, können die Horste einfach geteilt oder Ausläufer abgenommen werden. Bei allen Arbeiten ist jedoch Vorsicht angebracht, denn nur allzuleicht kann man sich an den messerscharfen Blatträndern verletzen.
Vermehrung: Im Frühjahr oder Herbst trennt man Ausläufer ab und pflanzt sie umgehend an einer geeigneten Stelle wieder ein.

Crassula
Dickblatt

Art: *C. recurva* (auch *C. helmsii*, Nadelkraut)
Familie: Dickblattgewächse *(Crassulaceae)*
Herkunft: Gewässer in Südafrika
Blütenfarbe: weiß, Blüten unscheinbar
Blütezeit: Juli bis August
Wuchshöhe: 10–20 cm
Merkmale: Die kleine, langsam wachsende Staude mit fleischig verdickten Blättern kann sowohl untergetaucht wie auch über Wasser existieren. Die sehr schmalen, beinahe nadelförmigen Blätter sind dort, wo sie am Stiel zusammentreffen, miteinander verwachsen. In den Achseln der einzelnen, immer kreuzweise angeordneten Blattpaare sitzen winzige weiße Blütensterne, die jedoch selbst oberhalb des Wasserspiegels kaum auffallen, geschweige unter Wasser.
Standortansprüche: Das Nadelkraut, das sowohl in sonnigen wie in schattigen Gewässern gedeiht, verträgt Wassertiefen von 0–50 cm;

Crassula recurva

der Untergrund muß jedoch immer naß sein.
Verwendung: Meist wird die Staude als sauerstoffbildende, bodenbedeckende Unterwasserpflanze in der Flach- und Tiefwasserzone stehender Gewässer verwendet. Dabei eignet sie sich ebensogut für die Sumpfzone, von wo aus sie sogar über den Teichfolienrand hinauswachsen und als Bodenbefestiger dienen kann. Kombinieren läßt sich das Nadelkraut z. B. mit Nadelsimse, Wasserfeder oder mit Sumpfwasserstern.
Pflege: Jungpflanzen werden am besten im Frühjahr an die gewünschte Stelle gesetzt. Einmal eingewurzelt, gedeiht das Nadelkraut problemlos und erfordert keinerlei Pflegemaßnahmen.
Vermehrung: Neue Pflanzen gewinnt man durch Teilung im Frühjahr.

Cyperus
Zypergras

Arten: *C. involucratus* (auch *C. alternifolius*, *C. flabelliformis*, *C. alternifolius* ssp. *flabelliformis*, Regenschirmpalme), *C. longus* (Langes Zypergras)
Familie: Sauer-, Ried- oder Halbgräser *(Cyperaceae)*
Herkunft: *C. involucratus* Gewässer in Mittel- und Südafrika, *C. longus* Flußufer und Sumpfwiesen in Europa, Afrika und Asien
Blütenfarbe: *C. involucratus* grünlich, *C. longus* bräunlich
Blütezeit: *C. involucratus* Juli bis August, *C. longus* Juli bis Oktober
Wuchshöhe: 60–120 cm
Merkmale: Zypergräser sind alles andere als langweiliges Grün. Ihre ausgesprochen graphische Wirkung verdanken die dekorativen Pflanzen den obersten Blättern, die strahlenförmig vom Ende der aufrechten Stengel ausgehen. Im Mittelpunkt dieses Blättersterns entspringen mehr oder weniger lang gestielte Blütenstände, die jeweils aus mehreren Ährchen bestehen. Die aus den Tropen stammende Regenschirmpalme erfreut sich auch als Zimmerpflanze außerordentlicher Beliebtheit. Ihre schirmförmig nach unten gebogenen Blattstrahlen erreichen bis 40 cm Durchmesser und tragen oberseits aufrechte, grünliche Blütenähren. Das innerhalb Deutschlands ausschließlich am Bodensee natürlich vorkommende, unter Naturschutz stehende Lange Zypergras vermag sich durch Ausläufer auszubreiten. Seine obersten Blätter ragen teils hoch, teils hängen sie leicht über. In ihrer Mitte tragen sie die bräunlichen Ähren, die immer zu mehreren an verschieden langen Stielen zusammensitzen. Beide Arten sind ausdauernd, die frostempfindliche Regenschirmpalme muß jedoch im Haus überwintert werden.
Sorte: von *C. involucratus* 'Albovariegatus' (grün-weiß gestreifte Blätter, Höhe 60– 120 cm)
Standortansprüche: Beide Arten benötigen dauerhaft feuchte bis nasse Standorte bis zu 30 cm Wassertiefe in voller Sonne oder im Halbschatten. Auf schlammig-sumpfigem, nährstoffreichem Substrat wachsen sie am prächtigsten.
Verwendung: Die Sumpfzone stehender oder langsam fließender Gewässer bietet den Zypergrasarten idealen Lebensraum. Den aparten Gräsern gebührt ein Platz in Einzelstellung, damit ihre filigrane Schönheit voll zur Geltung kommen kann, z. B. in einem formal gestalteten Becken an der Terrasse. Hübsch macht sich aber auch die Kombination mit anderen, nicht zu mächtig wachsenden Röhrichtpflanzen, etwa dem Kleinen Rohrkolben, mit Seggen oder der Schwanenblume.
Pflege: Erst Ende Mai dürfen Jungpflanzen oder überwinterte Exemplare der Regenschirmpalme wieder ins Freie gebracht werden. Am besten setzt man diese Art in Wassertröge oder andere Pflanzcontainer. So läßt sie sich ohne größeren Aufwand vor den ersten Frösten ins Haus transportieren, um dort bei Temperaturen zwischen 5–25 °C zu überwintern. Während die Pflanzen im warmen Zimmer ständig im Wasser stehen sollten, genügt bei kühler Aufstellung ein leicht feuchtes Substrat. Das Lange Zypergras dagegen ist winterhart und bedarf keinerlei Pflege.
Vermehrung: Die Regenschirmpalme läßt sich durch Teilung ihres Wurzelballens vermehren. Man kann aber ebenfalls einzelne Halme abschneiden und sie zur Bewurzelung kopfüber in Wasser stellen. Durch das Abtrennen von Ausläufern gewinnt man ganz einfach neue Pflanzen des Langen Zypergrases.

Cyperus longus

Cyperus involucratus

D

Dactylorhiza
Knabenkraut

Art: *D. maculata* (auch *Orchis maculata, Dactylorchis maculata*, Geflecktes Knabenkraut)
Familie: Orchideen *(Orchidaceae)*
Herkunft: Heiden, Moore und feuchte Waldwiesen in Europa und Nordwestafrika
Blütenfarbe: rosa bis hellviolett

Dactylorhiza maculata

Blütezeit: Mai bis August
Wuchshöhe: 10–60 cm
Merkmale: Das Gefleckte Knabenkraut gehört zu den streng unter Naturschutz stehenden heimischen Orchideen. Aus seinen fingerförmig geteilten Sproßknollen entwickeln sich aufrechte Blütenstiele, die mit lanzettlichen, stengelumfassenden Laubblättern besetzt sind. Charakteristisch ist deren unregelmäßige, dunkle Fleckenzeichnung an der Innenseite. Hübsche, dunkelpurpurne Muster weisen auch die Blütenblätter auf, allen voran die sog. Lippe. Zwei andere der insgesamt 6 Blütenblätter formen einen kleinen Helm, der den Bestäubungsapparat der ausdauernden Orchidee vor Regentropfen schützt. Zahlreiche dieser exotisch wirkenden Blüten bilden am Ende des Stengels eine pyramidale, dichte Blütenähre, die lange Zeit erhalten bleibt.
Standortansprüche: Ein feuchter, leicht saurer und humoser Standort in sonniger bis halbschattiger Lage ist für das Gefleckte Knabenkraut ideal. Es wird am besten in ein torfhaltiges Substrat gepflanzt.
Verwendung: Entsprechend seiner natürlichen Verbreitung setzt man das Gefleckte Knabenkraut in gewässernahen Uferbereichen ein. Damit die edlen Blüten gut zur Wirkung kommen, sollte die Pflanzstelle großzügig und offen gestaltet sein und nicht von hohen Röhrichtbeständen verdeckt werden. Attraktive Begleitpflanzen sind z. B. Wollgras, Mädesüß, Sumpfgarbe und Sumpfgladiole.
Pflege: Beste Pflanzzeit ist das Frühjahr. Die Knollen werden dabei stets so in die Erde gesetzt, daß ihre Finger nach unten weisen. Sollte der Standort in heißen Sommern zu stark austrocknen, ist zusätzliches Wässern erforderlich.
Vermehrung: An einem geeigneten Standort sät sich das Gefleckte Knabenkraut von selbst aus. Die reifen Samen können aber auch abgenommen und an anderer Stelle ausgebracht werden.

Darmera
Schildblatt

Art: *D. peltata* (auch *Saxifraga peltata, Peltiphyllum peltatum*)
Familie: Steinbrechgewächse *(Saxifragaceae)*
Herkunft: Wälder in den westlichen USA
Blütenfarbe: rosa
Blütezeit: April bis Mai
Wuchshöhe: 100–120 cm
Merkmale: Das ausdauernde Schildblatt ist eine imposante Blattschmuckpflanze für den Gewässerrand. Zunächst aber erscheinen im zeitigen Frühjahr nur fingerdicke, blattlose, bis 70 cm hohe Stengel mit kräftig rosafarbenen Blütendolden. Erst danach treiben die dunkelgrünen, schildförmigen Laubblätter aus, die während des ganzen Sommers weiterwachsen und dabei riesige Ausmaße von bis zu 60 cm Durchmesser erreichen. Deutlich hervortretende Blattadern erhöhen noch den Zierwert des dekorativen Laubs. Seine prächtig rote Herbstfärbung sorgt dann zum Ausklang des Gartenjahres für einen auffälligen Farbakzent.
Standortansprüche: Das Schildblatt bevorzugt feuchte, nährstoffreiche Standorte in sonniger bis halbschattiger Lage. Es verträgt eine Wassertiefe bis zu 5 cm.
Verwendung: Als auffällige Blattschmuckstaude findet das Schildblatt am Ufer stehender und fließender Gewässer Verwendung. Interessante und hübsche Kontraste lassen sich erzielen, indem man

Darmera peltata

seinen mächtigen Blättern zierlicher belaubte Blütenpflanzen wie Mädesüß, Blutweiderich oder Wasserdost beigesellt. Doch auch andere Blattschmuckpflanzen, etwa Funkien *(Hosta)*, Ligularien oder Schaublatt *(Rodgersia)*, harmonieren ausgezeichnet mit dem Schildblatt.
Pflege: Im Frühjahr oder Herbst wird das Schildblatt an die gewünschte Stelle gesetzt; dabei sollte man den ausladenden Stauden 50–60 cm Pflanzabstand einräumen. Abgestorbene Laubblätter werden zum Ende des Winters, rechtzeitig vor dem Neuaustrieb, entfernt. Obwohl die mächtigen, starkwüchsigen Pflanzen nicht gerade wenig Nahrung brauchen, reichen die Nährstoffe im Uferbereich gewöhnlich aus, so daß zusätzliche Düngergaben unterbleiben sollten.

Darmera peltata, Blüten

Vermehrung: Am einfachsten läßt sich das Schildblatt aus Samen ziehen. Diese sind Lichtkeimer und werden deshalb bei der Aussaat nicht oder nur ganz dünn mit Erde übersiebt. Auch eine Teilung des Wurzelstocks im Frühjahr ist möglich.

E

Eichhornia
Eichhornie

Art: *E. crassipes* (auch *E. speciosa*, Wasserhyazinthe)
Familie: Hechtkrautgewächse *(Pontederiaceae)*
Herkunft: Teiche, Tümpel und sehr langsam fließende Gewässer im tropischen und subtropischen Amerika, in anderen warmen Ländern vielerorts eingebürgert
Blütenfarbe: hellviolett
Blütezeit: von Juni bis September
Wuchshöhe: 15–20 cm
Merkmale: Die mehrjährige Wasserhyazinthe überrascht durch kugelig angeschwollene, luftgefüllte Blattstiele, mit deren Hilfe sie auf der Wasseroberfläche schwimmt. Die rundlichen Blätter sind, wie die Stiele, hellgrün gefärbt und glänzen wie poliert. Aus der Mitte der Blattrosetten erheben sich aufrechte Blütenstiele, die an ihrem Ende mehrere Blüten mit interessantem Farbspiel tragen. Das Hellviolett der weit geöffneten Blumen vertieft sich auf einem der Kronblätter zu einem dunkleren Ton und verstärkt damit die optische Wirkung des kräftig gelben Farbtupfers, der sich auf diesem Blütenblatt befindet. Zwar sind die einzelnen Blüten nicht sehr langlebig, doch entwickelt die Schwimmpflanze während der Sommermonate unermüdlich neuen Flor. Mit ihren dunkelvioletten, eigentümlich moorig riechenden Wurzeln, die gewöhnlich frei im Wasser hängen und sich nur gelegentlich im Untergrund verankern, nimmt die Wasserhyazinthe die benötigten Nährstoffe in der Regel direkt aus dem Wasser auf.

Eichhornia crassipes

Standortansprüche: Ihrer tropischen Herkunft gemäß braucht die Wasserhyazinthe stehende, mindestens 20 °C warme und besonnte Gewässer, um ihre gesamte Blütenpracht entfalten zu können. Je mehr Nährstoffe im Wasser gelöst sind, desto üppiger fällt der Flor aus. Wassertiefen ab 10 cm sind für die Schwimmpflanze geeignet.
Verwendung: Die ungewöhnlichen Blätter und Blüten der Wasserhyazinthe ziehen alle Blicke auf sich. Am besten kultiviert man sie in einem Kleingewässer oder Teichabschnitt, in dem man sie aus nächster Nähe bewundern kann. Blühende Sumpfpflanzen wie Froschlöffel, Schwanenblume oder Igelschlauch sowie Seerosen, Wasserähren und Teichrosen unterstreichen noch ihren exotischen Charakter. Auch Wasserpflanzen mit besonders schönem Blattwerk, z. B. Wasserstern und Laichkrautarten, ergeben zusammen mit der Wasserhyazinthe abwechslungsreiche Bilder im Gartenteich.
Pflege: Die tropischen Wasserhyazinthen sind in unseren Breiten nicht winterhart und dürfen deshalb erst in das Gartengewässer gesetzt werden, wenn es sich bereits etwas erwärmt hat. Im Herbst müssen die Pflanzen rechtzeitig in ein warmes (15–20 °C), helles Winterquartier umziehen. Es hat sich bewährt, sie in ein 20–25 cm tiefes, mit Wasser gefülltes Gefäß zu setzen, in das vorher einige Zentimeter hoch lehmig-humose Gartenerde eingebracht wurde. Damit ist auch im Winter eine ausreichende Nährstoffversorgung gewährleistet.
Vermehrung: Durch Abtrennen von Ausläufern, die sich reichlich an der Basis der Blattrosette bilden, lassen sich auf einfache Weise neue Pflanzen gewinnen, am besten vor oder nach der Überwinterung.

Eleocharis
Sumpfried

Arten: *E. acicularis* (auch *Scirpus acicularis, Isolepis acicularis, Limnochloa acicularis,* Nadelsimse), *E. palustris* (auch *Scirpus palustris,* Gewöhnliches Sumpfried, Sumpfsimse)
Familie: Sauer-, Ried- oder Halbgräser *(Cyperaceae)*
Herkunft: *E. acicularis* Ufer, Gräben, feuchte Wiesen, wechseltrockene Teiche im arktischen Europa und in Nordamerika, *E. palustris* Verlandungszonen, Flachmoore, Seggenbestände, Naßwiesen nahezu weltweit
Blütenfarbe: bräunlich
Blütezeit: *E. acicularis* Juni bis Oktober, *E. palustris* Mai bis August
Wuchshöhe: *E. acicularis* 10–20 cm, kann vollständig untergetaucht sein, *E. palustris* 5–100 cm
Merkmale: Sumpfriedarten sind überaus anpassungsfähige, mehrjährige Gräser, die sich mit Hilfe von Ausläufern rasch ausbreiten. Die zierliche Nadelsimse schmückt ihre unbeblätterten Halme mit eiförmigen, braunen Blütenährchen. Ihre schmalen, zugespitzten Laubblätter bilden einen dichten, rasenähnlichen Bewuchs. Auch vollständig unter dem Wasserspiegel ist diese Art lebensfähig und soll dann sogar Algenbildung verhindern. Das Gewöhnliche Sumpfried wächst vor allem am Uferrand. Seine Halme werden teilweise bis zu 100 cm lang und tragen endständig langgezogene, eiförmige Ährchen. Die aufrechten Blätter überragen selten den Blütenstand.
Standortansprüche: Beide Arten vertragen völlige Überflutung, auch wenn meist nur die Nadelsimse als Wasserpflanze in Gewässer bis zu

Eleocharis palustris

50 cm Tiefe eingesetzt wird. Ebensogut gedeiht sie jedoch im feuchten Uferbereich. Das Gewöhnliche Sumpfried wächst am besten zwischen 0–30 cm Wassertiefe. Die Gewässerpartien sollten sonnig bis halbschattig sein, wobei sumpfiger bis humoser Boden bevorzugt wird.
Verwendung: Der Lebensraum der Nadelsimse reicht von der Sumpfzone bis hinein in die Tiefwasserzone stehender und langsam fließender Gewässer. Im Uferbereich dient sie als Bodendecker zwischen höheren Sumpfpflanzen, unter Wasser sorgt sie für Sauerstoffproduktion und Nährstoffabbau. Das durch seine Wuchshöhe auffälligere Gewöhnliche Sumpfried fügt sich gut zwischen andere Röhrichtpflanzen wie Rohrkolben, Seggen, Binsen oder Wasserschwaden ein.
Pflege: Jungpflanzen werden im Frühjahr oder Herbst eingesetzt. Sind sie erst gut eingewurzelt, gedeihen sie auch ohne besonderen Pflegeaufwand prächtig. Um ihrem Ausbreitungsdrang Einhalt zu gebieten, kann es von Zeit zu Zeit nötig werden, die äußeren Ausläufer abzustechen.
Vermehrung: Von den Ausläufern der Pflanzen lassen sich im Frühjahr oder Herbst problemlos Teile abtrennen, die man dann an anderer Stelle ansiedeln kann.

Elodea
Wasserpest

Art: *E. canadensis* (auch *Anacharis canadensis,* Kanadische Wasserpest)

Elodea canadensis

Familie: Froschbißgewächse *(Hydrocharitaceae)*
Herkunft: stehende und fließende Gewässer in Nordamerika, weltweit verschleppt und vielfach eingebürgert
Blütenfarbe: weiß, Blüten unscheinbar
Blütezeit: Mai bis August
Wuchshöhe: 30–60 cm, vollständig unter Wasser
Merkmale: Aus ihrer Heimat Nordamerika wurde die Kanadische Wasserpest Mitte des vorigen Jahrhunderts nach Irland eingeführt und hat sich seitdem explosionsartig in europäischen Gewässern verbreitet. Dies erstaunt um so mehr, als sich in Europa ausschließlich weibliche Exemplare befinden, die Vermehrung also nur auf vegetativem Weg erfolgen kann. Die länglich-linealischen Blättchen der ausdauernden Unterwasserpflanze sitzen meist in Dreierquirlen an den reich verzweigten Stengeln. Manche Sprosse sind mit feinen, dünnen Wurzeln im Boden verankert und breiten sich dort kriechend aus, andere schwimmen frei im Wasser. Sehr selten erscheinen winzige weiße Blüten, die einzeln an langen, fadenförmigen Stielen auf der Wasseroberfläche schwimmen.

Standortansprüche: Die Kanadische Wasserpest bevorzugt nährstoffreiche, kalkhaltige Gewässer. Sie gedeiht in Wassertiefen von 30–100 cm und tiefer und fühlt sich in besonnten bis leicht schattigen Lagen am wohlsten.
Verwendung: Wegen ihres starken Ausbreitungsdrangs eignet sich die Kanadische Wasserpest hauptsächlich für größere Teiche oder Bachläufe. In kleinflächigen und seichten Gewässern muß man ihre Entwicklung genau im Auge behalten, um rechtzeitig Einhalt gebieten zu können, falls sie zu sehr wuchert. Die dichte, wintergrüne Belaubung produziert reichlich Sauerstoff und ist deshalb besonders in Fischteichen von großem Nutzen. Zudem finden unter den Blättern wichtige Fischnährtierchen Schutz. Doch ist die Wasserpest auch hübsch anzusehen. Zusammen mit Wasserstern, Rauhem Hornblatt, Tausendblatt und Laichkrautarten lassen sich abwechslungsreiche Unterwasserarrangements zaubern.
Pflege: Die Kanadische Wasserpest wird an der gewünschten Stelle mit Hilfe eines Pflanzsteins versenkt oder direkt eingepflanzt. Notwendige Pflegemaßnahmen beschränken sich auf ein regelmäßiges Auslichten der Bestände, wobei die wuchernden Triebe samt den Wurzeln entfernt werden müssen. Ein solches Ausdünnen empfiehlt sich besonders dann, wenn Nachbarpflanzen zu stark in ihrem Wachstum behindert werden.
Vermehrung: Selbst kleinste Stengelabschnitte der Kanadischen Wasserpest bewurzeln sich und entwickeln sich dann zu eigenständigen Pflanzen. Diese Art der Vermehrung ist jederzeit möglich.

Epilobium
Weidenröschen

Arten: *E. hirsutum* (Zottiges Weidenröschen), *E. palustre* (Sumpfweidenröschen, Brunnensalat)
Familie: Nachtkerzengewächse *(Onagraceae)*
Herkunft: *E. hirsutum* Ufer und Feuchtwiesen in Europa und Asien, eingeschleppt in Nordafrika und auf den Kanarischen Inseln, *E. palustre* Moore, Sümpfe, Gräben in Europa und Asien sowie im nördlichen Nordamerika
Blütenfarbe: *E. hirsutum* dunkelrosa, *E. palustre* zartrosa bis weiß
Blütezeit: von Juli bis September
Wuchshöhe: *E. hirsutum* 50–150 cm, *E. palustre* 10–60 cm
Merkmale: Beide Weidenröschenarten sind an Ufern und in Feuchtgebieten weit verbreitet, da sie sich sowohl

Epilobium hirsutum

durch Ausläufer als auch mit Hilfe ihrer flugfähigen Samen vermehren. Das Zottige Weidenröschen schmückt seine stattlichen Triebe mit zahlreichen schlichten, vierblättrigen Blüten, deren tiefrosa Farbe weithin leuchtet. Charakteristisch ist die flaumige Behaarung seines runden, dicht belaubten Stengels. Die breitlanzettlichen Blätter, die ebenfalls zottig behaart, aber auch fast kahl sein können, sitzen sich immer paarweise gegenüber. Das Sumpfweidenröschen ist ähnlich, aber in allen Teilen zierlicher als die zuvor genannte Art und nicht so stark behaart. Es bildet am Ende seiner rötlichen unterirdischen Ausläufer sog. Winterknospen aus, die abfallen und vorwiegend durch das Wasser verbreitet werden. Generell zeigen sich die beiden ausdauernden Arten recht variabel in ihrer Wuchsform, was sich mit den unterschiedlichen Vermehrungsweisen erklären läßt. Vegetativ gebildete Ableger besitzen mehr Reservestoffe als Sämlinge, wachsen daher kräftiger und kommen früher zur Blüte.
Standortansprüche: Beide Arten bevorzugen sonnige bis schattige Plätze auf feuchtem bis nassem Substrat, wobei Wassertiefen bis 10 cm gut vertragen werden. Das Sumpfweidenröschen gedeiht nicht auf kalkreichen Böden.
Verwendung: Der äußere Sumpfzonenrand oder der Uferbereich stehender und langsam fließender Gewässer entspricht der natürlichen Verbreitung der Weidenröschen und ist daher auch im Garten der beste Platz. Das hohe Zottige Weidenröschen behauptet sich gut zwischen Röhrichtpflanzen wie Rohrglanzgras, Igelkolben oder Irisarten. Weißblühendes Mädesüß und purpurroter Blutweiderich geben hübsche Begleiter ab. Das zierliche Sumpfweidenröschen darf nicht zu stark beschattet werden, daher sind niedrige Seggen, Wollgras oder Gauklerblume als Nachbarpflanzen zu bevorzugen.
Pflege: Ideale Pflanzzeit für beide Weidenröschenarten ist das Frühjahr. Einmal eingewurzelt, gedeihen die Stauden auch ohne besonderen Pflegeaufwand prächtig. In seltenen Fällen kann ein Eindämmen des Bestandes nötig werden. Dann empfiehlt es sich, Abgeblühtes rechtzeitig vor der Samenreife zu entfernen und wuchernde Ausläufer regelmäßig abzustechen.

Epilobium palustre

Vermehrung: Weidenröschen lassen sich problemlos aus Samen ziehen. Diese kann man auf einfache Weise direkt von den Mutterpflanzen gewinnen, wenn man im Herbst, kurz vor der Samenreife, Papiertüten über die Fruchtstände stülpt und unten sorgfältig zubindet. Die Samen sammeln sich dann darin.

Epipactis
Sumpfwurz

Art: *E. palustris* (Echte Sumpfwurz, Sumpfstendelwurz)
Familie: Orchideen *(Orchidaceae)*
Herkunft: Seeufer, Sumpfwiesen und nasse Waldplätze in Europa, Westasien und Nordafrika

Blütenfarbe: rotbraun-weiß
Blütezeit: Juni bis August
Wuchshöhe: 30–50 cm
Merkmale: Die streng unter Naturschutz stehende Echte Sumpfwurz ist eine attraktive Blütenpflanze für feuchte Standorte. Ihr aufrechter Stengel mit den frischgrünen, schmalen bis breitlanzettlichen Laubblättern trägt in seinem oberen Abschnitt die hübschen Blüten. Sie sind in einer nickenden, etwas einseitswendigen Traube angeordnet und werden jeweils von einem kleinen Tragblatt begleitet. Erst bei genauerem Hinsehen erkennt man die ganze Schönheit der Blüte. Umstanden von rötlichbraunen äußeren Blütenblättern, zeigen sich 2 weiße, hübsch rötlich geäderte Blättchen sowie die eindrucksvoll gezeichnete, vergrößerte Lippe. Auf der an den Rändern leicht gerüschten, weißen, teilweise rot geäderten Lippe, die einen bequemen Anflugplatz für Insekten darstellt, leuchten hell 2 gelbe Flecken. Mit Hilfe kriechender Ausläufer breitet sich die mehrjährige Pflanze langsam immer weiter aus.
Standortansprüche: Humoser, feuchter bis wechselnasser Boden ist für die Echte Sumpfwurz ideal, doch sollte sie keinesfalls dauerhaft im Wasser stehen. Sie bevorzugt zwar eher saure Böden, kommt aber auch mit normaler Gartenerde gut zurecht. Die lichthungrige Pflanze benötigt sonnige bis höchstens halbschattige Lagen, um ihre volle Blütenpracht entfalten zu können.
Verwendung: Die Sumpf- und Moorpflanze wird am besten an den feuchten Uferrand gepflanzt oder in ein spezielles Moorbeet gesetzt. Ganz besonders harmonieren Wollgras, Seggen, Binsen, Gauklerblume oder Sumpfvergißmeinnicht mit der robusten Orchidee.
Pflege: Jungpflanzen sollten mit ihrem Erdballen eingesetzt werden, weil sich darin bestimmte Pilze befinden, die mit den Pflanzen eine Lebensgemeinschaft bilden und ihnen das Anwachsen erleichtern. Obgleich sie Ausläufer bildet, wird die Echte Sumpfwurz niemals durch Wuchern lästig. Düngergaben sind im nährstoffreichen Uferbereich in der Regel nicht erforderlich.
Vermehrung: Durch ein Abtrennen von Ausläufern vor oder nach der Blütezeit lassen sich problemlos neue Pflanzen gewinnen. Wenn man diese an anderer Stelle wieder einpflanzt, sollte man ihnen unbedingt etwas Erde von ihrem bisherigen Wuchsort beigeben, um sie nicht ihrer Pilzpartner zu berauben.

Epipactis palustris

Equisetum
Schachtelhalm

Arten: *E. fluviatile* (auch *E. limosum*, *E. heleocharis*, Teichschachtelhalm), *E. hyemale* (auch *Hippochaete hyemalis*, Winterschachtelhalm, Wintergrün), *E. palustre* (Sumpfschachtelhalm, Duwock)
Familie: Schachtelhalmgewächse *(Equisetaceae)*
Herkunft: *E. fluviatile* Flachmoore, Verlandungszonen von Sümpfen und Teichen auf der Nordhalbkugel, *E. hyemale* feuchte Wälder auf der Nordhalbkugel, *E. palustre* Sumpfwiesen, verlandende Ufer in Europa, Asien, Nord- und Südamerika
Wuchshöhe: *E. fluviatile* 50–150 cm, *E. hyemale* 40–150 cm, *E. palustre* 10–50 cm
Merkmale: Schachtelhalmgewächse sind Relikte aus den seit Jahrmillionen vergangenen Erdzeitaltern Karbon und Trias. Blütenpflanzen existierten damals noch nicht, und so bildeten Schachtelhalme, die teilweise Baumgröße erreichten, zusammen mit anderen Sporenpflanzen die gesamte Landflora. Von einem weit kriechenden Rhizom erheben sich zahlreiche grüne Stengel, die aus lauter ineinandergeschachtelten Gliedern aufgebaut sind. Ein Teil dieser Stengel endet in kleinen Sporenträgern, sog. Sporangien, die zu einer endständigen Ähre gebündelt sind und im Sommer riesige Mengen staubfeiner Sporen freisetzen. Beim Teichschachtelhalm haben die Stengelglieder eine hellgrüne Färbung. An ihren Knoten werden sie von glänzenden Scheiden mit schwarzen Zähnen, den zurückgebildeten Blättern, eingefaßt. Neben stark verästelten gibt es auch völlig unverzweigte Formen dieser sehr variablen Art. Hohen Zierwert besitzen die dunkelgrünen, fast immer unverzweigten Halme des Winterschachtelhalms, die im Unterschied zu den anderen genannten Arten ganzjährig ihre Farbe behalten. Die Blattscheiden sind hellgrün bis bräunlich gefärbt und tragen eine schwarze Querbinde an ihrem Saum. Die endständige

Equisetum fluviatile

Equisetum palustre

Sporangienähre ist zugespitzt. Nicht nur durch die geringere Wuchshöhe, auch durch deutliche Längsrippen seiner Sprosse läßt sich der Sumpfschachtelhalm leicht bestimmen. Die genannten Arten sind mehrjährig, und alle enthalten Giftstoffe.
Standortansprüche: Sämtliche Schachtelhalme brauchen eine sonnige bis halbschattige Lage und feuchten Untergrund. Der Teichschachtelhalm darf auch einige Zentimeter im Wasser stehen.
Verwendung: Als typische Uferrandpflanzen werden Schachtelhalme direkt an stehende oder langsam fließende Gewässer gesetzt. Da sie sich mit Hilfe ihrer Ausläufer stark ausbreiten, stellt man ihnen am besten nur wuchskräftige Nachbarn zur Seite. Gut eignen sich z. B. Igelkolben, Rohrglanzgras oder Schilf sowie Schwanenblume, Froschlöffel, Sumpfdotterblume und Bachminze.
Pflege: Junge Schachtelhalme pflanzt man im Frühjahr. Die Stelle sollte mit Bedacht gewählt werden, da die Sumpfpflanzen rasch weitere Flächen erobern werden. Wichtigste Pflegemaßnahme ist das rechtzeitige Eindämmen wuchernder Bestände.
Vermehrung: Zur Gewinnung neuer Pflanzen trennt man im Frühjahr oder Herbst Teile der kriechenden Grundachse ab.

Eriophorum
Wollgras

Arten: *E. angustifolium* (auch *E. polystachion*, Schmalblättriges Wollgras), *E. latifolium* (auch *E. polystachion*, Breitblättriges Wollgras), *E. vaginatum* (Scheidiges Wollgras, Moorwollgras, Schleppenwollgras)
Familie: Sauer-, Ried- oder Halbgräser *(Cyperaceae)*
Herkunft: *E. angustifolium* Sümpfe und Flachmoore in fast ganz Europa sowie im arktischen Asien und Nordamerika, in Indien und Südafrika, *E. latifolium* Sumpfgebiete und Niedermoore in Europa, Vorder- und Nordostasien, *E. vaginatum* Hochmoore, Waldsümpfe auf der Nordhalbkugel, südlich bis Spanien, zum Kaukasus und Balkan
Blütenfarbe: grau bis braun
Blütezeit: April bis Mai, *E. vaginatum* März bis Mai
Wuchshöhe: 15–60 cm
Merkmale: Die Hauptattraktion der ausdauernden Wollgräser sind zweifelsohne ihre weißen, wolligen Samenstände, die zwischen Juni und Juli wie lauter kleine Wattebäusche zwischen den zierlichen Halmen erscheinen. Ihnen gehen silbriggraue bis bräunliche Blütenährchen voran. Die einzelnen Wollgrasarten lassen sich sehr gut anhand ihrer Wuchs- und Blattformen unterscheiden. Beim Schmalblättrigen Wollgras sitzen am Ende der aufrechten Stiele, die sich aus einem kriechenden Wurzelstock erheben, stets 3–5 Ährchen beieinander. Das Breitblättrige Wollgras ähnelt im Blütenstand der zuvor genannten Art, bleibt jedoch ohne Ausläufer. Seine Laubblätter sind in ihrem Ansatz deutlich breiter als bei den anderen Wollgräsern, worauf der Name hinweist. Das Scheidige Wollgras mit seiner einzelnen, endständigen Ähre ist durch seine wie aufgeblasen wirkenden Blattscheiden unverkennbar. Hat es genügend Platz zur Verfügung, so entwickelt es sich mit der Zeit zu einem dichten Rasen.
Standortansprüche: Als ausgesprochene Moorpflanzen finden die Wollgräser nur auf sauren, nährstoffarmen Torfböden optimale Bedingungen. Zudem schätzen sie volle Sonne und Wassertiefen bis höchstens 5 cm.
Verwendung: In der Sumpf- und Uferzone von Teichen und Tümpeln gedeihen die Wollgrasarten am besten; allerdings müssen bei der Auswahl der Nachbarpflanzen die speziellen Bodenansprüche sowie die mangelnde Konkurrenzkraft der Gräser berücksichtigt werden. Passende Partner am Uferrand sind z. B. Echte Sumpfwurz, Rosenprimel oder Geflecktes Knabenkraut, in der Sumpfzone die

Eriophorum angustifolium

Eriophorum vaginatum

Sumpfdotterblume sowie das Sumpfvergißmeinnicht oder die Gauklerblume.
Pflege: Bei der Pflanzung im Frühjahr ist es wichtig, zu den benachbarten Gewächsen etwa 40–50 cm Abstand zu halten, da die konkurrenzschwachen Wollgräser sonst schnell bedrängt werden und kümmern. Gegebenenfalls muß man wuchernde Nachbarn auslichten. Fühlen sich die Moorpflanzen erst einmal heimisch und werden ihnen gleichbleibende Standortbedingungen geboten, so gedeihen sie prächtig und erfreuen über viele Jahre mit ihren hübschen Samenständen.
Vermehrung: Es bieten sich vegetative Vermehrungsmethoden an, etwa die Abnahme von Ausläufern beim Schmalblättrigen Wollgras oder eine Teilung des Wurzelstocks bei den beiden anderen Arten.

Eupatorium
Wasserdost

Art: *E. cannabinum* (Gewöhnlicher Wasserdost, Wasserhanf, Kunigundenkraut)
Familie: Korbblütler *(Compositae)*
Herkunft: Auwälder, Lichtungen, feuchte Wege und Ufer von Europa bis Vorderasien und Nordafrika
Blütenfarbe: rosa bis kupferrot, auch weiß
Blütezeit: Juli bis September
Wuchshöhe: 50–180 cm
Merkmale: Der Gewöhnliche Wasserdost schmückt sich mit dichten, schirmartig ausgebreiteten Blütenständen und handförmig gefingerten Laubblättern. Die Farbpalette seiner Blüten reicht von einem stumpfen Rosa bis zu kräftigem Kupferrot. Im oberen Abschnitt zeigt sich der hohe, aufrechte Stengel reich verzweigt und trägt an seinen Enden die imposanten Blütenstände. Sie sind aus einzelnen Köpfchen zusammengesetzt, die wiederum aus winzigen Einzelblüten bestehen. Der reichliche, in den engen Blütenkronröhren versteckte Nektar ist nur Insekten mit einem langen Saugrüssel zugänglich. Daher wird die ausdauernde Pflanze vor allem von dünnrüsseligen Tagfaltern besucht.

Eupatorium cannabinum

Sorten: 'Plenum' (auch als *E. purpureum* 'Plenum' bezeichnet; purpurrosa, gefüllt, Höhe 120–130 cm), 'Album' (weiß, Höhe 150–180 cm)
Standortansprüche: In freier Natur gedeiht der Gewöhnliche Wasserdost bevorzugt auf kalkhaltigen, humosen und tiefgründigen Böden, die frisch bis feucht sind. So sollte er auch im Garten stehen, zudem möglichst sonnig bis halbschattig.
Verwendung: In Gruppen gepflanzt, tragen üppige Bestände des Gewöhnlichen Wasserdosts dazu bei, Uferbereiche stehender oder fließender Gewässer naturnah zu gestalten. Besonders schön wirken Kombinationen mit purpurfarbenem Blutweiderich, violetter Dreimasterblume, gelbblühendem Goldfelberich *(Lysimachia punctata)* oder Ligularien. Gräser wie Seggen, Binsen oder Schneidried sorgen dafür, daß ein harmonischer Übergang zur Sumpfzone entsteht.
Pflege: Nach der Pflanzung im Frühjahr entwickelt sich der Gewöhnliche Wasserdost auch ohne weiteres Zutun hervorragend. In sehr heißen, trockenen Sommern kann es jedoch nicht schaden, zusätzlich etwas zu wässern. Die winterharten Stauden werden in der Regel erst im Frühjahr zurückgeschnitten, da ihre attraktiven Blütenstände sogar in getrocknetem Zustand noch sehr zierend wirken.
Vermehrung: Sowohl durch Aussaat im Frühherbst als auch durch Teilung des Wurzelstocks im Frühjahr oder Herbst lassen sich problemlos Nachkommen gewinnen. Bei der Samenvermehrung ist zu beachten, daß es sich beim Wasserdost um einen Kaltkeimer handelt.
Krankheiten: Echter Mehltau

Euphorbia
Wolfsmilch

Arten: *E. lucida* (Glänzende Wolfsmilch), *E. palustris* (Sumpfwolfsmilch)
Familie: Wolfsmilchgewächse *(Euphorbiaceae)*
Herkunft: Ufer, Sumpf- und Moorwiesen von Europa bis Sibirien
Blütenfarbe: gelb
Blütezeit: *E. lucida* Mai bis Juli, *E. palustris* Mai bis Juni
Wuchshöhe: *E. lucida* 40–130 cm, *E. palustris* 80–150 cm
Merkmale: Gemeinsames Erkennungszeichen aller Wolfsmilchgewächse sind die

Euphorbia palustris

auffällig gefärbten Hochblätter und rundlichen Nektardrüsen, die mehrere winzige, unscheinbare Blüten umgeben und dadurch insgesamt den Eindruck einer Blume vermitteln. Mehrere solcher Scheinblüten sind jeweils zu endständigen, trugdoldenartigen Blütenständen zusammengefaßt. Die Glänzende Wolfsmilch besitzt einen kriechenden Wurzelstock, aus dem sich ihre hohen, aufrechten Stiele nach oben schieben. Diese sind dicht beblättert und tragen an ihren Enden gelblichgrüne Trugdolden. Das markanteste Merkmal aber ist der stark fettige Glanz der länglich zugespitzten Laubblätter. Die Blätter der Sumpfwolfsmilch dagegen sind breiter und stumpfer. Ohne Blüten ähnelt diese Art, die unter Naturschutz steht, auf den ersten Blick einer kleinen Weide. Ihre chromgelben Scheinblüten besitzen eine unvergleichliche Leuchtkraft. Beide Arten sind ausdauernd und verfügen über ein weit verzweigtes, tiefreichendes Wurzelsystem. Der in sämtlichen Pflanzenteilen enthaltene giftige Milchsaft kann bei

Hautkontakt Schwellungen und Allergien auslösen.
Standortansprüche: Die wuchskräftigen Sumpfpflanzen brauchen feuchte bis nasse Plätze in sonniger bis halbschattiger Lage, wobei Wassertiefen bis 10 cm gut vertragen werden. Das Substrat muß ausreichend nährstoffreich und kalkhaltig sein.
Verwendung: Am äußeren Rand der Sumpfzone stehender und fließender Gewässer fühlen sich beide Wolfsmilcharten sehr wohl und entwickeln sich rasch zu dichten Beständen. Als Begleiter empfehlen sich der Blutweiderich, Gewöhnlicher Wasserdost und Rohrkolben, die auch in freier Natur in ihrer Nachbarschaft wachsen. Zu gleicher Zeit wie diese Wolfsmilcharten steht die Sumpfdotterblume im Flor, wobei deren weißblühende Variante einen noch reizvolleren Kontrast bildet als die gelbe Form. Aber auch die Bachnelkenwurz mit ihren rosa und gelben Blumen paßt gut dazu.
Pflege: Bei der Pflanzung im Frühjahr sollte man den beiden Wolfsmilcharten ausreichend große Pflanzabstände einräumen, damit sie sich völlig frei entfalten können, aber ihre Nachbarpflanzen nicht bedrängen; als Faustregel läßt man einen Zwischenraum von etwa der halben Wuchshöhe. Der typische kompakte Wuchs bleibt erhalten, wenn die Stauden bereits im Herbst zurückgeschnitten werden. Es empfiehlt sich, bei allen Arbeiten Handschuhe zu tragen, um keinesfalls mit dem giftigen Milchsaft in Berührung zu kommen.
Vermehrung: Am einfachsten lassen sich Sumpf- und Glänzende Wolfsmilch im Frühjahr aus Samen ziehen. Auch eine Teilung des kräftigen Wurzelstocks ist möglich.

F

Filipendula

Mädesüß, Spierstaude, Scheinspiere, Rüsterstaude

Art: *F. ulmaria* (auch *Spiraea ulmaria*, Echtes Mädesüß, Wiesenkönigin, Moorspierstaude)
Familie: Rosengewächse *(Rosaceae)*

Filipendula ulmaria

Herkunft: Ufer, Gräben und Feuchtwiesen in Europa und Westasien bis Nordsibirien
Blütenfarbe: weiß
Blütezeit: Juni bis August
Wuchshöhe: 50–200 cm
Merkmale: Mit seinen hohen Blütenstielen stellt das Echte Mädesüß einen auffälligen Blickfang am Gewässer dar. Seine Stengel sind dicht mit gefiederten, dunkelgrünen Laubblättern besetzt, die an ihrer Unterseite eine weißfilzige Behaarung tragen. Charakteristisch ist, daß sich stets ein kleines Fiederblattpaar mit einem größeren abwechselt und das große Endblatt tiefe Einschnitte aufweist. Im Hochsommer schmückt sich die stattliche Staude mit unzähligen, in Trugdolden angeordneten kleinen Schalenblüten, die einen starken Duft verströmen. Das Echte Mädesüß fand schon früh vielseitige Verwendung. Lange bevor das synthetisch hergestellte Schmerzmittel Aspirin auf den Markt kam, wurde die Pflanze, die chemisch verwandte Substanzen mit ähnlicher Wirkung enthält wie das Medikament, vor allem bei rheumatischen Erkrankungen eingesetzt. Aber auch als schweiß- und harntreibender Kräutertee sowie als aromatische Beigabe zu Wein und Bier war das Echte Mädesüß beliebt.
Sorten: 'Aurea' (weiß, goldgelbe Blätter, Höhe 60 cm), 'Plena' (weiß, gefüllt, Höhe 100 cm)
Standortansprüche: Das Echte Mädesüß gedeiht in sonnigen bis halbschattigen

Filipendula ulmaria

Bereichen mit feuchtem bis nassem, nährstoffreichem Boden. Es verträgt Wassertiefen bis 3 cm.
Verwendung: Die eindrucksvolle Sumpfpflanze wird am besten in den Übergangsbereich zwischen Ufer- und Sumpfzone stehender oder fließender Gewässer gesetzt. Ihre duftigen, weißen Blütenstände harmonieren mit vielen anderen Stauden und Gräsern, wobei die Blüten von Gewöhnlichem Wasserdost, Blutweiderich, Ligularien oder spätblühenden Irisarten die optische Wirkung des Echten Mädesüß noch unterstreichen. Besonders reizvolle Kontraste ergeben sich, wenn zu seinem filigranen Laubwerk große Blattschmuckpflanzen wie Schildblatt oder Tafelblatt kombiniert werden.
Pflege: Nach der Pflanzung im Frühjahr läßt man das Echte Mädesüß ungestört wachsen. Erst im Herbst oder darauffolgenden Frühjahr werden abgeblühte Stengel zurückgeschnitten. Düngergaben sind in der nährstoffreichen Uferzone normalerweise nicht nötig.
Vermehrung: Das Echte Mädesüß kann durch Teilung des kräftigen Wurzelstocks oder durch Abnahme von Stecklingen vermehrt werden.
Krankheiten: Blattfleckenkrankheit, Echter Mehltau

G

Gentiana
Enzian

Art: *G. pneumonanthe* (auch *Pneumonanthe vulgaris*, Lungenenzian)
Familie: Enziangewächse *(Gentianaceae)*
Herkunft: Moorwiesen, Flachmoore und feuchte Heiden in Europa und Westasien bis zum Kaukasus
Blütenfarbe: tiefblau
Blütezeit: Juli bis Oktober
Wuchshöhe: 15–50 cm
Merkmale: Im Sommer erscheinen die großen Trichterblüten des mehrjährigen Lungenenzians. Ihr sattes Tiefblau ist ein wunderschöner, dabei recht seltener Farbton am Gewässer. Einzeln oder zu mehreren recken sich die glockigen Blüten aus den Blattachseln und vom Stengelende nach oben. Untermalt werden sie von gegenständigen, schmallanzettlichen Laubblättern. Nicht nur Insekten, darunter vor allem Hummeln, sorgen für die Bestäubung der Pflanzen, häufig kommt es auch zur Selbstbestäubung. Sie wird durch eine Schließbewegung der Blüten ausgelöst, die bei Temperaturen unter 20 °C regelmäßig ihre Kronblätter zusammenklappen.

Gentiana pneumonanthe

Standortansprüche: In der Natur kann sich der Lungenenzian nur an nährstoffarmen, vollsonnigen und vorwiegend kalkarmen Standorten durchsetzen. Entsprechend sollte sein Platz im Garten beschaffen sein. Außerdem ist darauf zu achten, daß nur seine Wurzeln im Nassen stehen dürfen, denn eine Überflutung des Standorts verträgt er nicht.
Verwendung: Den Lungenenzian setzt man am Uferrand stehender und langsam fließender Gewässer ein. Da er durch hohe und wuchernde Nachbarpflanzen schnell verdrängt wird, müssen seine Begleiter sorgfältig ausgewählt werden. Gut geeignet sind z. B. niedrige Binsen- und Seggenarten sowie Wollgräser. Gleichzeitig mit dem Lungenenzian blühen Schneefelberich und Gauklerblume, die beide ebenfalls zur Kombination zu empfehlen sind.
Pflege: Im Frühjahr und Herbst ist Pflanzzeit. Vor allem zu Gewächsen mit kriechendem Wurzelstock sollte man ausreichend Abstand lassen. Einmal eingewurzelt, gedeiht der Lungenenzian auch ohne besondere Pflegemaßnahmen. Droht jedoch Beschattung oder Konkurrenz durch andere Pflanzen, müssen diese entsprechend im Zaum gehalten werden.
Vermehrung: Um neue Pflanzen zu gewinnen, teilt man den Wurzelstock der Stauden am besten im Frühjahr, damit die Abkömmlinge während der nachfolgenden Wachstumszeit gut einwurzeln können.

Geum
Nelkenwurz, Petersbart

Art: *G. rivale* (Bachnelkenwurz)
Familie: Rosengewächse *(Rosaceae)*
Herkunft: Ufer, Naß- und Moorwiesen und feuchte Wälder in Europa sowie den gemäßigten Zonen Asiens und Nordamerikas
Blütenfarbe: hellrot-gelb
Blütezeit: April bis Juli
Wuchshöhe: 30–70 cm

Geum rivale

Merkmale: Aus dem dicken, walzenförmigen Wurzelstock der Bachnelkenwurz erheben sich aufrechte, im oberen Abschnitt schwach verzweigte Sprosse. Ihre grundständigen Blätter sind gefiedert mit einer großen, rundlichen Endfieder, die spärlichen oberen Stengelblätter dagegen dreiteilig. Die becherförmigen Blüten, die nickend vom Ende der Stiele hängen, bestehen aus einem auffällig rotbraun gefärbten Kelch, der die hellrote, innen gelbliche Blütenkrone umgibt. Nach dem Flor schmückt sich die ausdauernde Staude mit fedrigen Fruchtständen.
Sorten: (Höhe jeweils 30 bis 50 cm) 'Leonard' (kupferrosa), 'Lionel Cox' (gelb)
Standortansprüche: Die Bachnelkenwurz braucht sonnige bis halbschattige Standorte auf feuchten, humosen Lehm- und Moorböden. Zeitweilige Überflutung des Bodens wird gut vertragen.
Verwendung: Kleinere oder größere Gruppen der Bachnelkenwurz sind eine hübsche Ergänzung der Uferrandbepflanzung von Bächen oder Teichen. Gelbblühende Sumpfdotterblumen oder Trollblumen sowie hellviolettes Wiesenschaumkraut wirken mit ihr zusammen sehr dekorativ. Eine besonders attraktive Begleitpflanze ist die intensiv purpurfarben blühende Rosenprimel.
Pflege: Damit sie gut einwurzeln kann, wird die Bachnel-

kenwurz am besten im Frühjahr oder zeitig im Herbst gepflanzt. Am richtigen Standort gedeiht die winterharte Wildstaude ohne jegliches Zutun.
Vermehrung: Sowohl durch Aussaat im Frühjahr als auch durch Teilung vor oder nach der Blüte lassen sich problemlos neue Pflanzen gewinnen.

Gladiolus
Gladiole, Siegwurz

Art: *G. palustris* (Sumpfsiegwurz, Sumpfgladiole)
Familie: Schwertliliengewächse *(Iridaceae)*
Herkunft: Sumpfwiesen und Moorwälder in Mittel-, Südost- und Osteuropa
Blütenfarbe: purpurrot
Blütezeit: Mai bis Juli
Wuchshöhe: 30–60 cm
Merkmale: Im Unterschied zu den imposanten Gartengladiolen hat die heimische Sumpfsiegwurz noch Wildblumencharme. Bis zu 6 Blüten von purpurroter Farbe sitzen in einer einseitswendigen Ähre beieinander. Ihre Kronröhre ist stark gekrümmt und wird ganz besonders gern von Hummeln besucht. Die schwertförmigen, zugespitzten Laubblätter liegen eng dem schlanken Stengel an, der sich aus einer ausdauernden Sproßknolle entwickelt. Die in der Natur nur noch selten anzutreffende Art ist streng geschützt.
Standortansprüche: Die Sumpfsiegwurz braucht feuchte bis wechselfeuchte Humusböden in vollsonniger bis halbschattiger Lage.
Verwendung: Am Uferrand stehender oder fließender Gewässer, begleitet von anderen Wildstauden wie Echter Sumpfwurz, Gauklerblume, Echtem Mädesüß oder Geflecktem Knabenkraut,

Gladiolus palustris

kommt die Sumpfsiegwurz am besten zur Geltung. Für eine hübsche grüne Untermalung sorgen Gräser wie Seggen, Binsen oder Wollgräser.
Pflege: Die Knollen der Sumpfsiegwurz werden, mit ihrer dicken Seite nach unten, im Frühjahr oder Herbst an die gewünschten Stellen gepflanzt. Nach der Blüte zieht das Laub relativ schnell wieder ein. Die Knollen überdauern den Winter problemlos im Boden.
Vermehrung: Die Sumpfsiegwurz läßt sich sehr leicht aus Samen ziehen. Wird im Frühjahr ausgesät, erscheinen bereits im darauffolgenden Jahr die ersten Blüten. Auch durch Brutknollen gewinnt man neue Pflanzen.

Glyceria
Schwaden, Süßgras

Arten: *G. fluitans* (Flutender Schwaden, Flutendes Süßgras, Mannaschwaden), *G. maxima* (auch *G. spectabilis*, *G. aquatica*, *Poa aquatica*, Wasserschwaden, Wassersüßgras, Großes Süßgras, Militz)
Familie: Süßgräser *(Poaceae)*
Herkunft: stehende und langsam fließende Gewässer, Röhrichte, Verlandungszonen, *G. fluitans* in Europa, in den gemäßigten Zonen Asiens, in Marokko, Nordamerika und Tasmanien, *G. maxima* in Europa, Sibirien und Kleinasien, in Neuseeland eingebürgert
Blütenfarbe: grün bis blaßviolett
Blütezeit: *G. fluitans* Mai bis August, *G. maxima* Juli bis August
Wuchshöhe: *G. fluitans* 30–100 cm, *G. maxima* 40–150 cm, selten auch höher
Merkmale: Schwaden sind ausdauernde, teils im Wasser lebende Gräser. Mit Hilfe ihres kriechenden Wurzelstocks können sie rasch größere Flächen besiedeln. Der Flutende Schwaden wird mancherorts auch noch Mannaschwaden genannt, da man seine Samen früher mit Milch und Butter zu wohlschmeckender Grütze verarbeitete. Bei hohem Wasserstand schwimmen seine Triebe und die langen, zugespitzten Blätter im Wasser, bei der Landform stehen sie straff aufrecht. Die Ährchen sind in

Glyceria maxima

einer einseitswendigen Rispe angeordnet, deren Seitenästchen zunächst eng dem Blütenstiel anliegen, zur Blütezeit jedoch fast waagrecht abstehen. Der wuchskräftige Wasserschwaden schiebt seine Blütenstände auf dicken, gelegentlich bis zu 2 m langen

Glyceria maxima 'Variegata'

Halmen in luftige Höhen empor. Die zahlreichen Ährchen sind zu einer dichten Rispe zusammengefaßt, welche sich mit zunehmender Reife locker ausladend öffnet. Auch von dieser Art gibt es untergetaucht wachsende Formen.
Sorte: von *G. maxima* 'Variegata' (auch *G. maxima* var. *variegata*, Bunter Wasserschwaden, Buntes Süßgras; weißgrün bis gelb-grün, manchmal auch rötlich gestreifte Blätter, Höhe 40–90 cm, zuweilen bis 150 cm)
Standortansprüche: Beide Arten stehen gern bis zu 20 cm tief im Wasser, dabei erleichtert ihnen ein schlammiger Untergrund das Einwurzeln und die Verbreitung. Sonnige bis halbschattige Lagen fördern üppiges Wachstum.

Verwendung: In der Sumpfzone von Teichen und langsam fließenden Bächen bilden die Schwaden einen wichtigen Bestandteil des Röhrichtbereiches, wobei man in kleineren Gewässern dem niedriger bleibenden Flutenden Schwaden den Vorzug geben sollte. Beide Arten machen sich am besten mit anderen Röhrichtpflanzen, z. B. Rohrkolben, Igelkolben oder Binsen. Für Blütenpracht während der ganzen Saison sorgt die Kombination mit Sumpfdotterblume, Fieberklee, Iris, Schwanenblume und Hechtkraut.
Pflege: Vor allem in kleineren Gewässern sind die Schwadenarten in Pflanzkörben gut aufgehoben, da sie bei ihnen zusagenden Bedingungen schnell wuchern und dann Nachbarpflanzen verdrängen können. Falls dennoch Wurzelausläufer über den Rand des Gefäßes hinauswachsen, kann man sie kurzerhand abschneiden. Bei freier Auspflanzung wird der Randbereich des Wurzelstocks bei Bedarf mit einem scharfen Spaten abgestochen.
Vermehrung: Als beste Zeiten, um neue Pflanzen zu gewinnen, haben sich das Frühjahr und der zeitige Herbst bewährt. Es werden einfach Ausläufer abgetrennt und an der gewünschten Stelle sofort wieder eingepflanzt.

Gratiola
Gnadenkraut

Art: *G. officinalis* (Gewöhnliches Gnadenkraut)
Familie: Braunwurzgewächse oder Rachenblütler *(Scrophulariaceae)*
Herkunft: Sumpf- und Moorwiesen, Ufer, Gräben von Europa bis Westasien
Blütenfarbe: weiß bis rosa
Blütezeit: Juni bis August
Wuchshöhe: 20–40 cm
Merkmale: Das mehrjährige, unter strengem Naturschutz stehende Gnadenkraut entwickelt sich dank seines kriechenden Wurzelstocks zu horstartigen Beständen. Seine vierkantigen Stengel sind reich mit gegenständigen, linealisch-lanzettlichen Laubblättern besetzt. Aus den Blattachseln hängen einzeln an langen Stielen trompetenförmige Blüten, deren reines Weiß bis Rosa von rötlichen Adern durchzogen wird. Im Mittelalter verwendete man die Pflanze zur Behandlung schwerer Krankheiten. Heute ist bekannt, daß ihre Inhaltsstoffe sehr giftig sind.
Standortansprüche: Das Gnadenkraut gedeiht an feuchten bis nassen Plätzen, und Wassertiefen bis 15 cm werden gut vertragen. In sonniger bis höchstens halbschattiger Lage bildet die wärmeliebende Sumpfpflanze besonders viele Blüten aus.
Verwendung: Blaublühende Sibirische Schwertlilie, purpurfarbener Blutweiderich, weißblühendes Echtes Mädesüß und rotvioletter Wasserdost wachsen in der freien Natur häufig zusammen mit dem Gewöhnlichen Gnadenkraut. Deshalb ist es nur natürlich, daß diese Pflanzen in der Sumpf- und Uferzone stehender und fließender Gewässer auch im Garten, harmonisch gruppiert, beieinanderstehen.
Pflege: Wenn die Wildstaude nach der Pflanzung im Frühjahr erst einmal eingewurzelt ist, sind in der Regel keinerlei Pflegemaßnahmen mehr erforderlich. Breitet sich das Gnadenkraut allerdings zu stark aus, kann es durch Teilung des fleischigen Wurzelstocks wieder gut zurückgedrängt werden.
Vermehrung: Vor und nach der Blüte lassen sich durch Teilung des Rhizoms auf einfache Weise neue Pflanzen gewinnen.

Gratiola officinalis

Helianthus
Sonnenblume

Art: *H. salicifolius* (auch *H. orgyalis*, Weidenblättrige Sonnenblume, Papyrussonnenblume)
Familie: Korbblütler *(Compositae)*
Herkunft: Ufer und Feuchtwiesen in den USA
Blütenfarbe: gelb
Blütezeit: September bis Oktober
Wuchshöhe: 150–200 cm
Merkmale: Erst zum Ausklang des Gartenjahres erscheinen die relativ kleinen, kräftig gelben Körbchenblüten der Weidenblättrigen Sonnenblume. Tatsächlich haben die schmalen, langgestreckten Laubblätter dieser Art große Ähnlichkeit mit Weidenlaub. Sie sitzen sehr dicht an den aufrechten Trieben und hängen schweifartig nach unten. Mit zunehmender Wuchshöhe kommt es vor, daß sich im Herbst die Stiele unter der Last des üppigen Laubwerks mehr und mehr neigen. Die hübsche Staude ist völlig winterhart.
Standortansprüche: Wie alle Sonnenblumen braucht auch diese Art einen sonnigen Platz, um ihre volle Größe erreichen zu können. Feuchter bis frischer, nährstoffreicher Boden bietet ihr optimale Wachstumsbedingungen.
Verwendung: Die hochwüchsige Pflanze belebt mit ihrem dichten Laubwerk und

Helianthus salicifolius

den leuchtenden Blüten die Uferzone von Teichen und langsam fließenden Bächen. Besonders reizvoll zu ihrem schmalen Laub wirkt es, wenn sie mit mächtigen Blattschmuckpflanzen wie z. B. Tafelblatt, Schildblatt oder Ligularien kombiniert wird. Blutweiderich und Wasserdost bringen durch die kontrastierenden Rottöne ihrer Blüten das Gelb der Weidenblättrigen Sonnenblume noch mehr zum Strahlen.
Pflege: Als Pflanztermin hat sich das Frühjahr bewährt, da die Stauden dann im Lauf des Sommers gut einwurzeln können. Bei länger anhaltender Trockenheit kann zusätzliches Gießen erforderlich werden. Nur auf sehr kargen Böden sollte man die wuchskräftigen Pflanzen im Frühjahr mit gut verrottetem Kompost düngen.
Vermehrung: Die Art läßt sich problemlos aus Samen ziehen.

Hibiscus
Hibiskus, Eibisch

Art: *H. moscheutos* (Sumpfeibisch)
Familie: Malvengewächse *(Malvaceae)*
Herkunft: Sümpfe und Ufer im östlichen Teil der USA
Blütenfarbe: weiß bis rosa, auch rot
Blütezeit: August bis Oktober
Wuchshöhe: 50–100 cm
Merkmale: Einen prächtigen Akzent im Wassergarten setzen die großen, malvenähnlichen Blüten des ausdauernden, aufrecht wachsenden Sumpfeibischs. Die reine Art besitzt am Grund ihrer weißen bis rosafarbenen Schalenblüten ein purpurnes Auge. Bei den Sorten findet diese Farbzusammenstellung vielerlei Variation. Die an der Triebspitze vermehrt auftretenden Blüten werden von eirunden, weich behaarten Laubblättern wirkungsvoll untermalt.
Sorten: 'Disco Belle Mix' (Mischung weißer und kirschroter Blüten mit dunklem Auge, Höhe 50 cm), 'Disco Belle Red' (rot mit dunklem Auge, Höhe 50 cm), 'Disco Belle White' (weiß mit dunklem Auge, Höhe 50 cm), 'Dixie Belle' (tiefrot, Höhe 60 cm), 'Chatelaine' (purpurrot, Höhe 100 cm), 'Southern Belle' (verschiedene Rottöne und Weiß, riesige Blüten mit bis zu 30 cm Durchmesser, Höhe 100 cm)
Standortansprüche: Der Sumpfeibisch braucht viel Sonne und einen feuchten bis nassen, nährstoffreichen Boden. Die Wassertiefe sollte höchstens 10 cm betragen.
Verwendung: Als nicht zu übersehende Leitstaude am Ufer stehender und langsam fließender Gewässer zieht der Sumpfeibisch im Spätsommer alle Blicke auf sich. Da er keine Beschattung verträgt, wird er am besten mit niedrigen Sumpfpflanzen wie Gauklerblume und Sumpfvergißmeinnicht oder mit Binsen und Seggen kombiniert.
Pflege: Nur in klimatisch günstigen Gegenden übersteht der Sumpfeibisch die kalte Jahreszeit im Freien ohne Schäden. Im Spätherbst muß auf jeden Fall eine dicke Laub- und Reisigdecke ausgebracht werden, um die Staude vor Frostschäden zu bewahren. Die Sorten sollten sicherheitshalber ausgegraben, eingetopft und an einem hellen, frostfreien Ort überwintert werden. Während dieser Zeit darf ihr Substrat auf keinen Fall austrocknen.
Vermehrung: Durch Aussaat im zeitigen Frühjahr läßt sich Nachwuchs heranziehen.

Hibiscus moscheutos

Hippuris
Tannenwedel

Art: *H. vulgaris* (Gewöhnlicher Tannenwedel)
Familie: Tannenwedelgewächse *(Hippuridaceae)*
Herkunft: stehende oder langsam fließende Gewässer in Europa, Nordasien, Nordamerika bis Alaska, im antarktischen Südamerika und in der Antarktis
Blütenfarbe: grünlich, Blüten unscheinbar
Blütezeit: Mai bis August
Wuchshöhe: 10–50 cm
Merkmale: Der Tannenwedel ist ein mehrjähriges, äußerst anpassungsfähiges Gewächs, das – je nach Standortbedingungen – als reine Unterwasserform ebenso wie als Landpflanze und in sämtlichen Übergangsformen auftreten kann. Im Wassergarten schätzt man es vor allem in seiner typischen, der amphibischen Form, denn seine über den Wasserspiegel ragenden, quirlig beblätterten Triebe verwandeln Teile der Wasserfläche in einen Miniaturtannenwald. Im Gegensatz zu den Luftblättern sind die unter Wasser wachsenden Blätter weich und hängen schlaff herab. Blüten bildet der Tannenwedel ausschließlich an den Luftsprossen bzw. als reine Landform aus. Allerdings besitzen sie keinerlei Zierwert, da sie winzig und unscheinbar gefärbt sind. Mit Hilfe eines kriechenden Wurzelstocks kann sich die Pflanze großflächig ausdehnen.
Standortansprüche: Was das Licht anbelangt, so zeigt sich der Tannenwedel sehr anspruchslos. Größere Anforderungen stellt er an das Wasser, das möglichst kalkhaltig sein sollte. Bei Wassertiefen zwischen 5 und 20 cm kommt er besonders gut zur Geltung.

Verwendung: In den tiefen Gewässerpartien oder schnell fließenden Bächen bildet der Tannenwedel lange Unterwassertriebe aus, die man jedoch aus einiger Entfernung schon nicht mehr sieht. Seine volle Schönheit zeigt er hingegen in der Sumpfzone stehender sowie langsam fließender Gewässer. Nachbarpflanzen

Hippuris vulgaris

sollten stets in gebührendem Abstand eingesetzt werden, damit sie die kleinen „Tannenbäumchen" optisch nicht erdrücken. Eine gute Wahl sind z. B. Froschlöffel, Hechtkraut, Pfeilkraut und Igelkolben.
Pflege: Bei der Pflanzung ist zu beachten, daß sich der Tannenwedel rasch ausbreitet. Daher läßt man zwischen den einzelnen Exemplaren einen Abstand von etwa der halben Wuchshöhe. Pflanzcontainer helfen, sein allzu üppiges Wuchern im Teich zu verhindern. Über den Gefäßrand hinauswachsende Triebe können problemlos abgeschnitten werden.
Vermehrung: Im Frühjahr oder Herbst trennt man Ausläufer von einer Mutterpflanze ab und setzt sie möglichst bald an der vorgesehenen Stelle am Teichrand wieder ein.

Hottonia
Wasserfeder, Sumpfwasserfeder, Wasserprimel

Art: *H. palustris*
Familie: Primelgewächse *(Primulaceae)*
Herkunft: Altwasser, Weiher, Tümpel und Moorseen von Europa bis Kleinasien
Blütenfarbe: weiß bis rosa
Blütezeit: Mai bis Juli
Wuchshöhe: 20–60 cm
Merkmale: Die Wasserfeder ist in der Natur selten anzutreffen, doch wo sie vorkommt, erscheint sie gewöhnlich in großen Beständen. Sie steht unter Naturschutz. Hinreißend ist der Anblick, wenn sich im späten Frühjahr die langen, kerzengeraden Blütenschäfte der ausdauernden Pflanze aus dem Wasser emporheben. Sie entstammen einem mit feinen Wurzeln im Bodengrund verankerten Haupttrieb, der sich nahe der Wasseroberfläche in einen Quirl rosettenartig angeordneter Äste teilt. Diese sind wie der Stengel dicht mit kammförmig gefiederten Blättern besetzt, während der über das Wasser hinausragende Blütenschaft unbeblättert ist. Seine weißen bis zartrosa Blütensterne besitzen eine leuchtend gelbe Mitte und stehen in Quirlen in mehreren Etagen übereinander. Nachdem sie bestäubt worden sind, zieht sich der Blütenstiel unter die Wasseroberfläche zurück, wo dann die Früchte heranreifen.

Hottonia palustris

Standortansprüche: Die Wasserfeder gedeiht am besten bei leichter Beschattung, wobei Schatten noch besser vertragen wird als direkte Sonne. Der Gewässergrund sollte schlammig sein, damit sich die Pflanzen mit ihren feinen Wurzeln in 10–50 cm Wassertiefe gut verankern können.
Verwendung: Der ideale Wuchsort für die Wasserfeder ist die Flachwasserzone stehender und sehr langsam fließender Gewässer, die nicht zu nährstoffreich und auch nicht allzu kalkhaltig sein dürfen. Die hübsche Wasserpflanze braucht 40–50 cm Platz, um sich frei entfalten zu können. Zu ihren schönen Blüten passen zum Ufer hin z. B. Kleiner Rohrkolben, gelbblühende Sumpfdotterblume, weißblühende Sumpfkalla und Pfeilkraut. In der Natur wächst die Wasserfeder häufig in Gesellschaft des untergetaucht lebenden Wasserschlauchs, eine Kombination, die sich im Gartenteich ausgezeichnet nachstellen läßt.
Pflege: Die kapriziöse Wasserfeder ist etwas problematisch zu kultivieren. Häufig lassen sich die Gründe, warum sie nicht gedeihen will, nur schwer erkennen. Sagt ihr ein Standort jedoch zu, entwickelt sie sich ohne besonderen Pflegeaufwand zu dichten Beständen. Die Jungpflanzen werden im Frühjahr an die vorgesehene Stelle eingepflanzt. Wird dann später ein Auslichten der Horste nötig, ist dabei äußerst behutsam vorzugehen, weil Stengel und Blätter der Wasserfeder außerordentlich leicht abbrechen.

Hottonia palustris, Blüten

Vermehrung: Durch sog. Winterknospen breitet sich die Wasserfeder am geeigneten Standort ganz von selbst aus. Außerdem erhält man durch vorsichtiges Abtrennen von bewurzelten Stengelverzweigungen neue Pflanzen.

Houttuynia
Houttuynie

Art: *H. cordata* (Herzblättriger Eidechsenschwanz, Ostasiatischer Eidechsenschwanz)
Familie: *Saururaceae*
Herkunft: Feuchtgebiete in Ostasien und auf Java
Blütenfarbe: gelb, blütenblattartige Hochblätter weiß
Blütezeit: Juni bis Juli
Wuchshöhe: 15–40 cm
Merkmale: Aus dem reich verzweigten, kriechenden Wurzelsystem des Herzblättrigen Eidechsenschwanzes erheben sich rot überlaufene Stengel, die meist dicht mit herzförmigen Laubblättern besetzt sind. Was als einzelne Blüten erscheint, sind in Wirklichkeit kurze, ährige Blütenstände aus unscheinbaren gelben Blütchen, die jeweils auf einem Kranz vergrößerter, weißer Tragblätter ruhen. Beliebt sind vor allem gefülltblühende Sorten und solche mit mehrfarbigem Laub. Allerdings ist die mehrjährige Sumpfpflanze nicht ganz winterhart.
Sorten: 'Plena' (weiß, halbgefüllt, Laub dunkelgrün, Höhe 15–30 cm), 'Chamaeleon' (auch 'Variegata'; weiß, einfach, Laub grün, cremeweiß und leuchtend rot gerandet, Höhe 15–40 cm)
Standortansprüche: Der Herzblättrige Eidechsenschwanz gedeiht auf feuchtem bis nassem Untergrund und verträgt Wassertiefen bis höchstens 10 cm. Er braucht einen sonnigen bis halbschattigen Standort.
Verwendung: In der Sumpfzone von Zierteichen bietet die Houttuynie einen exotischen Anblick. Ihre aparten Blüten und die schön geformten Blätter harmonieren mit vielen anderen Sumpfpflanzen, z. B. Schwanenblume, Sumpfkalla, Hechtkraut oder Froschlöffel. Zur Kombination mit der buntlaubigen Sorte 'Chamaeleon' empfehlen sich dezent blühende Arten wie Kalmus oder Igelkolben, aber auch Seggen.
Pflege: Es hat sich bewährt, die Houttuynie im Frühjahr in Pflanzcontainer zu setzen. Zum einen wird dadurch ein übermäßiges Wuchern verhindert, zum andern kann das Gewächs im Herbst problemlos an den Überwinterungsort transportiert werden. Ist der Teich mindestens 50 cm tief, reicht es meist aus, das Pflanzgefäß in diese Tiefe zu schieben, damit die Wurzeln nicht durchfrieren. Die Pflanze kann aber auch rechtzeitig vor den ersten Frösten in ein kühles (5–10 °C) Winterquartier geräumt werden. Bis zum Ausräumen im Frühjahr darf das Substrat auf keinen Fall austrocknen.
Vermehrung: Nach der Überwinterung läßt sich der Wurzelstock problemlos teilen.

Houttuynia cordata 'Chamaeleon'

Hydrilla verticillata

Hydrilla
Wasserquirl

Art: *H. verticillata* (auch *H. lithuanica*, Grundnessel)
Familie: Froschbißgewächse *(Hydrocharitaceae)*
Herkunft: stehende Gewässer in Europa, Süd- und Ostasien, Australien, auf Mauritius, Madagaskar und in Nordostafrika
Blütenfarbe: weiß, Blüten unscheinbar
Blütezeit: Juli bis August
Wuchshöhe: 15–200 cm, vollständig unter Wasser
Merkmale: Die Grundnessel ist eine wintergrüne, ausdauernde Unterwasserpflanze, die mit Hilfe ihres kriechenden Wurzelstocks große Flächen besiedeln kann. Im Aussehen ähnelt sie stark der Wasserpest, allerdings sind ihre linealischen Laubblätter an den Spitzen fein gezähnt. In dichter Folge stehen Quirle aus jeweils 3–8 dieser Blätter an den Trieben. Aus den Blattachseln erscheinen an langen Stielen die ganz winzigen, unscheinbaren Blüten.
Standortansprüche: Nährstoffreiches Wasser und Wassertiefen zwischen 30 und 100 cm und mehr fördern das Wachstum der Grundnessel. Ihre Lichtansprüche sind gering, sie gedeiht sowohl in besonnten als auch in beschatteten Gewässerpartien.
Verwendung: Wie die Wasserpest ist auch die Grundnessel ein wichtiger Sauerstoffproduzent in Fischteichen. Da sie sehr schnell zu wuchern beginnt, eignet sie sich vor allem für die Tiefwasserzonen größerer Teiche. Andere starkwüchsige Unterwasserpflanzen wie Wasserstern, Rauhes Hornblatt, Laichkrautarten oder Wasserpest, neben die Grundnessel gesetzt, tragen dazu bei, deren übermäßiges Ausbreiten zu verhindern.
Pflege: Mit Hilfe eines Pflanzsteins wird die Grundnessel im Gewässer versenkt. In seichteren Bereichen kann sie auch direkt eingepflanzt werden. Von Zeit zu Zeit wird möglicherweise ein Auslichten der Bestände notwendig. Am zweckmäßigsten ist es dann, die wuchernden Triebe zusammen mit ihren Wurzeln einfach aus der Erde zu reißen.

Vermehrung: Bewurzelte Stengelabschnitte der Grundnessel können jederzeit abgetrennt und an anderer Stelle wieder versenkt oder eingepflanzt werden, wo sie dann schnell zu eigenständigen Pflanzen heranwachsen.

Hydrocharis
Froschbiß

Art: *H. morsus-ranae* (Gewöhnlicher Froschbiß)
Familie: Froschbißgewächse *(Hydrocharitaceae)*
Herkunft: Gräben, Teiche und Tümpel in Europa, Sibirien und Nordafrika
Blütenfarbe: weiß
Blütezeit: Juni bis August
Wuchshöhe: 15–30 cm

Hydrocharis morsus-ranae

Merkmale: Der ausdauernde Froschbiß erfreut durch seine hübsch geformten Schwimmblätter und weiße, pergamentartige Blüten mit leuchtend gelber Mitte. Als Schwimmblattpflanze treibt er meist frei im Wasser, nur in Ufernähe verankern sich seine feinen Wurzeln im Boden. Ansonsten nehmen sie die nötigen Nährstoffe direkt aus dem Wasser auf. Die olivgrünen bis bronzefarbenen, stark glänzenden Blätter sind tief herzförmig eingeschnitten und rosettenartig angeordnet. Zwischen den Blattschöpfen erscheinen auf langen Stielen eingeschlechtige Blüten über der Wasseroberfläche, die männlichen, größeren, immer zu dritt, die kleineren weiblichen einzeln. Der Froschbiß bildet starke Ausläufer, an deren Ende jeweils eine neue Blattrosette entsteht, so daß im Sommer bald dichte Pflanzenteppiche auf der Wasserfläche treiben. Im Herbst entstehen an den Trieben sog. Winterknospen, die sich ablösen und zu Boden sinken, um dort zu überdauern und im darauffolgenden Frühjahr neues Grün hervorzubringen.
Standortansprüche: Entsprechend seiner natürlichen Verbreitung benötigt der Froschbiß möglichst kalkarmes Wasser und schlammigen Boden, in dem seine Winterknospen überleben können. Jede Wassertiefe ist geeignet, da die Pflanze an der Oberfläche treibt. In vollsonnigen Lagen erscheinen die Blüten besonders reich, aber auch Schatten wird gut vertragen.
Verwendung: Der Froschbiß eignet sich für windgeschützte Teiche oder die ruhigen Uferbereiche langsam fließender Bäche. In der Sumpfzone breitet er sich zwischen locker stehenden Röhrichtpflanzen wie Rohrkolben, Rohrglanzgras oder Schilf aus, in der Freiwasserzone sind z. B. Krebsschere, Schwimmfarn und Wasserlinse hübsche Begleiter.
Pflege: Um den Froschbiß im Gartenteich oder Bach anzusiedeln, werden Jungpflanzen ab Ende Mai einfach auf die Wasseroberfläche geworfen. Sie sorgen selbständig für ihre Ausbreitung, die in manchen Fällen so stark sein kann, daß ein gelegentliches Auslichten der Bestände erforderlich wird.
Vermehrung: Durch die Ausbildung von Winterknospen sorgt der Froschbiß von allein für seinen Fortbestand. Neue Pflanzen lassen sich sehr leicht gewinnen, indem man äußere Blattrosetten abtrennt und an anderer Stelle im Teich wieder aussetzt.

Hydrocotyle
Wassernabel

Art: *H. vulgaris* (Gewöhnlicher Wassernabel)
Familie: Doldenblütler *(Apiaceae, Umbelliferae)*
Herkunft: Sümpfe, Ufer, nasse Wiesen von Europa bis zum Kaspischen Meer und in Nordwestafrika
Blütenfarbe: weiß bis rosa
Blütezeit: Juli bis August
Wuchshöhe: 5–15 cm
Merkmale: Die schildförmigen, rundlichen, am Rand bogig eingekerbten Blätter des mehrjährigen Wassernabels stellen eine besondere Zierde für den Gartenteich dar. Sie stehen auf langen Stielen, und auf ihrem hellen Grün sind die Blattadern deutlich sichtbar. Ebenso wie die Blütenstiele entwickeln sie sich aus einer meterlang dahinkriechenden Hauptachse, die sich jeweils an den Knoten bewurzelt. Die winzigen, weiß bis rosa gefärbten Blüten stehen immer zu mehreren in Dolden beieinander. Oftmals sind sie unter dem dichten Laubwerk kaum zu erkennen.
Standortansprüche: Der Wassernabel braucht feuchte bis nasse, saure Böden, wobei seine Wurzeln direkt im Wasser stehen dürfen. Er bevorzugt sonnige Standorte, doch wächst er auch noch gut in schattigeren Lagen.

Hydrocotyle vulgaris

Verwendung: Entsprechend seinem Vorkommen in freier Natur wird der Wassernabel am äußeren Rand der Sumpfzone, also im Übergangsbereich zum feuchten Uferrand stehender oder fließender Gewässer eingesetzt. Seine rundliche Blattform bildet einen reizvollen Kontrast zu nadelförmig beblätterten Tannenwedelbeständen und den ungewöhnlich geformten Blättern von Pfeilkraut und Froschlöffel. Ganz besonders hübsch harmonieren die zeitig blühenden Sumpfdotterblumen und die Sumpfkalla mit der krautigen Staude. Zwischen hohen Röhrichtbeständen empfiehlt sich die Sumpfpflanze als eifrig wachsender Bodendecker.
Pflege: Ist der Wassernabel nach der Pflanzung im Frühjahr erst einmal gut eingewurzelt, erübrigen sich in der Regel besondere Pflegemaß-

nahmen. Nur hin und wieder wird ein Auslichten der Bestände erforderlich.
Vermehrung: Zur Gewinnung neuer Pflanzen trennt man bewurzelte Ausläufer vorsichtig ab und setzt sie an der gewünschten Stelle sofort wieder ein.

Hypericum
Johanniskraut, Hartheu

Art: *H. tetrapterum* (auch *H. acutum*, Flügeljohanniskraut)
Familie: Johanniskraut- oder Hartheugewächse *(Hypericaceae, Guttiferae)*
Herkunft: Ufer, Gräben, Röhrichte und nasse Wiesen in Europa
Blütenfarbe: hellgelb
Blütezeit: Juli bis August
Wuchshöhe: 30–60 cm
Merkmale: Das ausdauernde Flügeljohanniskraut erhielt seinen Namen aufgrund seines vierkantigen, an den Rändern geflügelten Stengels. Dieser ist mit gegenständigen Blättern besetzt und trägt in seinem oberen Abschnitt dichte, doldenartige Blütenstände. Aus der Mitte der einfachen, hellgelben Blüten erhebt sich ein Büschel auffallend lang gestielter Staubgefäße. An den ovalen Laubblättern bemerkt man bei genauem Hinsehen eine feine, durchscheinende Punktierung, die durch Öldrüsen hervorgerufen wird und ein Kennzeichen sämtlicher Johanniskraut- oder Hartheugewächse ist.
Standortansprüche: Am besten gedeiht das Flügeljohanniskraut in sonniger Lage auf feuchtem bis nassem Boden. Wassertiefen bis 5 cm werden gut vertragen.
Verwendung: Das Flügeljohanniskraut harmoniert mit Röhrichtbeständen feuchter Uferränder an stehenden und fließenden Gewässern. Ausgesprochen hübsch sieht eine Kombination mit der rötlich blühenden Knotigen Braunwurz aus, ebenso mit weißblühender Brunnenkresse, blaublühender Bachbunge oder Ästigem Igelkolben.
Pflege: Ist die anspruchslose, völlig winterharte Staude nach der Pflanzung im Frühjahr gut eingewurzelt, sind keine besonderen Pflegemaßnahmen erforderlich.
Vermehrung: Sowohl durch Aussaat als auch durch Teilung des Wurzelstocks lassen sich neue Pflanzen gewinnen.

Hypericum tetrapterum

I

Iris
Iris, Schwertlilie

Iris ensata

Arten: *I. ensata* (auch *I. kaempferi*, Japanische Prachtiris, Japanische Sumpfiris), *I. laevigata* (Japanische Sumpfiris), *I. pseudacorus* (Sumpfschwertlilie, Wasserschwertlilie, Gelbe Schwertlilie), *I. sibirica* (Sibirische Schwertlilie, Sibirische Wiesenschwertlilie), *I. versicolor* (Amerikanische Sumpfiris)
Familie: Schwertliliengewächse *(Iridaceae)*
Herkunft: *I. ensata* und *I. laevigata* Sümpfe, Gräben und nasse Wiesen in Nordostasien, *I. pseudacorus* Sümpfe, Sumpfwälder, Gräben und Ufer von Europa bis Sibirien und Nordafrika, *I. sibirica* Feuchtwiesen und Gräben von Mitteleuropa bis Sibirien, *I. versicolor* Moorwiesen, Gräben und Röhrichte in Nordamerika, in Deutschland und Nordeuropa eingebürgert
Blütenfarbe: *I. ensata* und *I. laevigata* violett, auch weiß, rosa, rot oder blau, *I. pseudacorus* gelb, auch weiß, *I. sibirica* violett, auch weiß, gelb, rot, blau oder zweifarbig, *I. versicolor* blau-, rotviolett
Blütezeit: *I. ensata* und *I. versicolor* Juni bis Juli, *I. laevigata* Juli bis August, *I. pseudacorus* und *I. sibirica* Mai bis Juni
Wuchshöhe: *I. ensata* 60–100 cm, *I. laevigata* 60–80 cm, *I. pseudacorus* und *I. versicolor* 50–100 cm, *I. sibirica* 60–100 cm
Merkmale: Die großen, farbenprächtigen Irisarten gehören zu den dekorativsten Pflanzen am Gewässer. Da sie in freier Natur immer seltener werden, stehen die heimischen Arten unter strengem Naturschutz. Gemeinsames Merkmal sämtlicher Irisarten sind die aus sechs Blütenblättern aufgebauten, exotisch wirkenden Blüten. Bei einigen Arten ragen die inneren drei Kronblätter nach oben und bilden einen sog. Dom, während die äußeren nach unten hängen. Charakteristisch sind auch die schwertförmigen,

Iris laevigata

steif aufgerichteten Laubblätter, die selbst im Winter ihre grüne Farbe behalten. Alle vorgestellten Arten sind ausdauernd. Aus ihrem verdickten Rhizom entwickeln sie sich bald zu dichten Horsten. Die großen Blüten der Japanischen Prachtiris besitzen besonders lange und breite Hängeblätter, hingegen sehr kurze Domblätter. Unter ihren unzähligen Sorten herrscht die Farbe Violett vor, häufig treten aber auch Varianten mit kontrastierenden gelben Flekken auf. Sehr ähnlich in der Blütenform ist die Japanische Sumpfiris, doch fehlt bei ihren glatten Laubblättern die Mittelrippe. Das ursprüngliche satte Blau der Blüten mit dem typischen gelben Mittelstreifen auf den Hängeblättern erfuhr durch eifrige Züchtungsarbeit ebenfalls mannigfache Abwandlungen. Die heimische Sumpfschwertlilie schmückt sich mit großen gelben Blüten, deren Hängeblätter in der Mitte dunkelpurpurn geädert sind, sowie mit schwertförmigen Laubblättern. Die schon früh erscheinenden Blüten sind, jede für sich, nicht lange haltbar, doch stehen immer mehrere an einem Stengel, wodurch der Flor erheblich verlängert wird. Viel seltener trifft man an heimischen Gewässern die Sibirische Schwertlilie an. Sie unterscheidet sich von den anderen Arten durch schmales, fast grasartiges Laub. Ihre hoch aufgerichteten Domblätter wie auch die schwach gelb gezeichneten Hängeblätter bestechen durch eine intensiv blauviolette Färbung und einen angenehmen Duft. Züchtungsformen weisen oft kürzere Domblätter und andere Farben auf. Die aus Nordamerika stammende Amerikanische Sumpfiris ist in Deutschland stellenweise eingebürgert. Ihre schöne blau- oder rotviolette Blütenfarbe wird durch die weiß-purpurfarbene Äderung an den fast waagrecht abstehenden Hängeblättern noch betont. Verhältnismäßig kurz geraten sind bei dieser Art die aufgerichteten Domblätter.

Sorten: Von *I. ensata* existiert ein reichhaltiges Angebot, das laufend durch Neuzüchtungen ergänzt wird. Bekannte Sorten dieser Art sind u. a (jeweils 80–100 cm hoch) 'Blaudom' (lichtes Blau mit Lila, hell geädert), 'Dainagon' (hellblau, dunkel geädert), 'Hakobutan' (rein weiß), 'Royal Pageant' (weißgrauer Grund mit rotvioletter Äderung), 'Toro-Shinga' (weiß mit gelber Zeichnung), 'Toryumon' (rosa mit weißem Grund), 'Windjammer' (dunkellila). Von *I. laevigata* sind u. a. im Handel 'Rose Queen' (rein rosa, Höhe 60 cm), 'Velvet Queen' (rotviolett, Höhe 60 cm), 'Alba' (rein weiß, Höhe 60–80 cm), 'Niagara' (eisblau, Höhe 60–80 cm), 'Monstrosa' (tiefblau mit weißem Fleck, Höhe 80 cm); von *I. pseudacorus* 'Bastardii' (zitronengelb, Höhe 80–100 cm), 'Beuron' (mittelgelb, Höhe 80–100 cm), 'Alba' (cremeweiß, Höhe 90–100 cm); von *I. sibirica* 'Cambridge' (hellblau, großblütig, Höhe 70 cm), 'White Swirl' (weiß, Blüte am Rand gekraust, Höhe 70–90 cm), 'Weihenstephan' (tiefviolett, Höhe 80 cm), 'Caesar' (tief dunkelblau mit violettem Schimmer, Höhe 90 cm), 'My Love' (mittelblau, Höhe 90 cm); von *I. versicolor* 'Karmesina' (karminrot, Höhe 80 cm).

Iris pseudacorus

Standortansprüche: Alle genannten Irisarten benötigen feuchte bis nasse Standorte in sonniger bis halbschattiger Lage. Mit Wassertiefen bis zu 20 cm kommen die Pflanzen in der Regel gut zurecht, nur die Japanische Prachtiris darf in der kalten Jahreszeit nicht direkt im Wasser stehen. Schwach saure Substrate werden besser vertragen als kalkhaltige, wobei besonders die ostasiatischen Arten und Sorten sehr empfindlich auf Kalk reagieren.

Iris sibirica

Verwendung: In der Sumpfzone und am feuchten Uferrand fühlen sich alle genannten Arten am wohlsten und ziehen dort zur Blütezeit bewundernde Blicke auf sich. Röhrichtpflanzen, z. B. Rohrkolben, Schwaden oder Rohrglanzgras, sind vorteilhafte Begleiter. Zur selben Zeit wie Sumpfschwertlilie und Sibirische Schwertlilie blühen Sumpfdotterblume, Sumpfkalla und Fieberklee. Zu den später blühenden Irisarten passen Schwanenblume, Froschlöffel, Gauklerblume oder Hechtkraut ganz ausgezeichnet.

Pflege: Bei der Pflanzung, die man im Frühjahr wie im Herbst vornehmen kann, wird das Rhizom dicht unter der Erdoberfläche eingegraben. Die Japanische Prachtiris setzt man, um ihre Standortansprü-

che zu erfüllen, am besten in Pflanzcontainer. Diese stehen während der Vegetationszeit im Wasser, und im Herbst kommen sie an einen trockenen Standort. In Trockenperioden muß man die Pflanzen wässern, wobei auf jeden Fall Regenwasser oder entkalktes Wasser zu verwenden ist. Als Vorbeugung gegen Frostschäden empfiehlt es sich für alle Arten, sie den Winter über mit einer Laub- und Strohschicht locker abzudecken. Im Frühjahr, wenn man den Winterschutz wieder entfernen kann, werden die Horste dann von sämtlichen verwelkten Blättern und abgestorbenen Trieben gesäubert.
Vermehrung: Außerhalb der Blütezeit gräbt man die Rhizome aus und teilt sie, um neue Pflanzen zu gewinnen. Die reinen Arten können auch aus Samen gezogen werden. Hier ist zu beachten, daß die ostasiatischen Arten eine Keimtemperatur von mindestens 22 °C brauchen, während es sich bei den heimischen Arten um Kaltkeimer handelt. Bei letzteren wird der Erfolg bei der Aussaat durch ein Anrauhen der Samenoberfläche mit Schmirgelpapier und durch gutes Wässern erheblich erhöht.
Krankheiten: Rost

Iris versicolor

J

Juncus
Binse

Juncus effusus

Arten: *J. compressus* (Knollenbinse, Zusammengedrückte Binse, Platthalmbinse), *J. effusus* (auch *J. decipiens*, *J. communis*, Flatterbinse), *J. ensifolius* (Zwergbinse, Kleine Binse), *J. inflexus* (auch *J. glaucus*, Blaugrüne Binse, Blaubinse)
Familie: Binsengewächse *(Juncaceae)*
Herkunft: *J. compressus* Feuchtwiesen, feuchte Wege und Ufer in Europa, Westasien, Nordafrika sowie im östlichen Kanada, *J. effusus* Quellmoore, Sümpfe, Naßwiesen und Waldwege weltweit mit Ausnahme von Australien und Neuseeland, *J. ensifolius* Feuchtwiesen und Ufer in Nordamerika, *J. inflexus* Feuchtwiesen von Europa bis Mittelasien und Nordafrika, auf den Kanarischen Inseln
Blütenfarbe: bräunlich
Blütezeit: Juni bis August, *J. compressus* Juli bis September
Wuchshöhe: *J. compressus* 15–40 cm, *J. effusus* 30–150 cm, *J. ensifolius* 20–40 cm, *J. inflexus* 30–60 cm
Merkmale: Die feuchtigkeitsliebenden Binsen wachsen zu dichten, rasenähnlichen Horsten heran. Ihre winzigen, zu Spirren oder Rispen zusammengefaßten Blüten werden von einem Tragblatt meist weit überragt und zu einer Seite hin gedrängt. Alle hier vorgestellten Arten sind ausdauernde Gräser. Die Knollenbinse wird auch Zusammengedrückte Binse genannt, weil ihr graugrüner Stengel im Unterschied zu denen der meisten anderen Binsenarten nicht völlig rund ist. Weiterhin erkennt man diese niedrige Art an ihren schräg abstehenden, teilweise langgestielten Spirrenästchen. Über 1 m Wuchshöhe kann hingegen die Flatterbinse erreichen, deren vielblütige Spirren wie seitlich angeheftet an den Halmen sitzen. Der Stengel und die zugespitzten Blätter sind im Querschnitt rundlich. Sie behalten den Winter über ihre frischgrüne Farbe. Die Zwergbinse wirkt mit ihren beinahe kugeligen Blütenständen und den schwertartigen, hoch aufgerichteten Laubblättern sehr anmutig. Mit Hilfe von Seitensprossen breitet sie sich horstartig aus. Die Blaugrüne Binse ist schon von weitem an ihrer Färbung zu erkennen. Ihre gerippten Halme tragen einen lockeren, büschelförmigen Blütenstand und werden von einem Tragblatt um einige Zentimeter verlängert.
Sorte: Von *J. effusus* ist die Sorte 'Spiralis' (Spiralbinse oder Korkenzieherbinse) bekannt, deren spiralartig gedrehten Halme 30–50 cm hoch werden.
Standortansprüche: Die natürliche Verbreitung der Binsen läßt auf ihre Vorliebe für feuchtes bis nasses Substrat schließen. Tatsächlich vertragen diese Arten je nach ihrer Wuchshöhe 10–20 cm Wasserstand. Besonders gut gedeihen sie an vollsonnigen oder halbschattigen Plätzen. Alle Arten bevorzugen saure Böden und gedeihen auf kalkhaltigem Untergrund schlecht.

Juncus ensifolius

Verwendung: In der Sumpfzone stehender oder fließender Gewässer sind die dichten Binsenhorste hübsche Begleiter von Blütenpflanzen wie Schwanenblume, Gauklerblume, Sumpfvergißmeinnicht und Bachbunge. Auch die Kombination mit anderen Gräsern, etwa Rohrkolben oder verschiedenen Simsenarten, ergibt ein harmonisches Bild. Für sich allein gesetzt,

Juncus inflexus

strahlen Binsen einen natürlichen Charme aus. Die höher werdende und auch stärker wuchernde Flatterbinse sowie die Blaugrüne Binse sollte man nur bei entsprechendem Platzangebot einsetzen, andernfalls ist den beiden niedrigeren Arten der Vorzug zu geben.
Pflege: Um die Ausbreitung der wuchernden Pflanzen unter Kontrolle zu halten, können sie in spezielle Container gepflanzt werden. Beim Ausbringen in den Gewässerboden sollte ebenso wie beim Einsetzen der Behälter auf einen ausreichend weiten Abstand geachtet werden. 20–30 cm sind angebracht. Abgestorbene Halme entfernt man am besten im Frühjahr. Zur Eindämmung zu großer Bestände werden die Randbereiche kurzerhand mit einem scharfen Spaten abgestochen.
Vermehrung: Alle aufgeführten Arten können durch die Teilung ihres Wurzelballens problemlos vermehrt werden. Will man Nachkommen aus Samen gewinnen, empfiehlt es sich, im Herbst die Samen zu ernten und direkt an der gewünschten Stelle auszusäen.

L

Leersia
Reisquecke

Art: *L. oryzoides* (auch *Oryza oryzoides*, *O. clandestina*, Reisquecke, Wilder Reis, Queckenreis)
Familie: Süßgräser *(Poaceae)*
Herkunft: Uferschlamm stehender Gewässer, Dorfbäche, Sumpfgräben in Europa, Asien, Nord- und Südamerika
Blütenfarbe: graubraun
Blütezeit: August bis Oktober
Wuchshöhe: 50–150 cm
Merkmale: Die ausdauernde Reisquecke ist in der Natur vor allem an nährstoffreichen Abwasser- und Dorfgräben anzutreffen. Mit Hilfe ihres kriechenden Rhizoms breitet sie sich rasch aus. Ihre hoch aufsteigenden Halme sind an den Knoten behaart und besitzen wie die Blätter eine hübsche gelbgrüne Färbung. Charakteristisch ist die scharfe Zähnung der Blattränder, vermutlich der Grund, weshalb dieses Gras vom Vieh verschmäht wird. Erst im Hochsommer bilden sich endständig die vielblütigen Rispen, deren Ästchen leicht geschlängelt sind.
Standortansprüche: Die Reisquecke braucht nährstoffreichen Untergrund und einen vollsonnigen Platz, um sich ganz entfalten zu können. Schwankende Wasserstände zwischen 0 und 20 cm verträgt das robuste Gras gut.
Verwendung: Entsprechend ihrem natürlichen Vorkommen setzt man die Reisquecke in die Sumpfzone stehender sowie langsam fließender Gewässer. Als Starkzehrer hilft sie, den Nährstoffgehalt des Gewässers zu regulieren und leistet damit einen wichtigen Beitrag zur Reinhaltung des Wassers. Die hellgrüne Färbung des Grases macht sich gut zu den bunten Blüten von Hechtkraut, Blutweiderich oder Pfeilkraut. Imposante Blattschmuckstauden wie Tafelblatt oder Schildblatt bilden einen reizvollen Kontrast zu dem eher filigran wirkenden Gras.
Pflege: Ist die Reisquecke nach der Pflanzung im Frühjahr erst einmal eingewurzelt, sind in der Regel nur noch gelegentliche Auslichtungsmaßnahmen nötig. Dabei schneidet man übermäßig entwickelte Ausläufer mit einem scharfen Messer ab.
Vermehrung: Um neue Pflanzen zu gewinnen, werden im Frühjahr oder Herbst Ausläufer abgetrennt und an anderer Stelle sofort wieder eingepflanzt.

Leersia oryzoides

Lemna
Wasserlinse, Entengrütze

Arten: *L. gibba* (auch *Telmatophace gibba*, Buckelige Wasserlinse, Büschelwasserlinse), *L. minor* (Kleine Wasserlinse), *L. trisulca* (Dreifurchige Wasserlinse, Untergetauchte Wasserlinse)
Familie: Wasserlinsengewächse *(Lemnaceae)*
Herkunft: stehende oder langsam fließende Gewässer, *L. gibba* in Europa, Vorderasien bis zum Himalaja, in Afrika und Amerika, *L. minor* in den gemäßigten Gebieten der Nordhalbkugel, *L. trisulca* in Europa, Asien, Nordamerika, Mexiko, Mauritius und Südaustralien

Lemna trisulca

Blütenfarbe: grünlich, Blüten unscheinbar
Blütezeit: Juni bis Juli
Wuchshöhe: *L. gibba* und *L. minor* wenige Millimeter, auf der Wasseroberfläche schwimmend, *L. trisulca* etwa 1 cm, vollständig untergetaucht

Merkmale: Beim Anblick der winzigen ausdauernden Wasserlinsen möchte man kaum glauben, daß sie zur großen Gruppe der Blütenpflanzen gehören. Ihre Pflanzenteile sind nur auf das Wesentlichste reduziert: An einem blattähnlichen Gebilde sitzt eine einzelne Wurzel, und im Sommer entwickeln sich, mit dem bloßen Auge kaum wahrnehmbar, eingeschlechtige Blüten ohne Kelch und Krone. Die Buckelige und die Kleine Wasserlinse schwimmen auf der Wasseroberfläche und lassen ihre Wurzel ins Wasser hängen. Durch Teilung und Sprossung vermehren sie sich unermüdlich und bedecken häufig große Wasserflächen. Während die Kleine Wasserlinse dem Wasser völlig flach aufliegt, weist die Buckelige Wasserlinse ein bauchig aufgeblähtes Blattgebilde auf. Ein sehr anmutiges Pflänzchen ist die Dreifurchige Wasserlinse, die knapp unter der Wasseroberfläche schwebt und durch Sprossung große Kolonien entstehen läßt. Ihre 3 hellgrünen, durchscheinenden Blätter sind durch kurze Stiele miteinander verbunden. Im Spätherbst lagern die Wasserlinsen vermehrt Stärke ein. Dadurch werden sie schwerer und sinken zu Boden, wo sie im Substrat überwintern.

Lemna gibba

Standortansprüche: Wasserlinsen gedeihen in jedem ruhigen Gewässer, unabhängig von der Wassertiefe und dem Nährstoffangebot. Nur die Dreifurchige Wasserlinse verträgt starke Beschattung, die beiden anderen Arten bevorzugen sonnige bis halbschattige Lagen.
Verwendung: Wasserlinsen entziehen dem Wasser Nährstoffe und dienen Fischen und Wasservögeln als Nahrung. Sie können in jedem Stillgewässer oder ruhig fließenden Bach angesiedelt werden, nur in kleinen Zierteichen sollte man wegen ihres Vermehrungsdrangs auf sie verzichten.
Pflege: Die Ausbreitung der ohne besondere Pflegemaßnahmen gedeihenden Wasserlinsen muß genau beobachtet werden. Bei Massenvermehrung können sie eine so dichte Pflanzendecke bilden, daß sie den Unterwasserpflanzen das Licht nehmen und den Sauerstoffaustausch im Gewässer erschweren. Gegebenenfalls müssen die Bestände rechtzeitig abgefischt werden.
Vermehrung: Ein Teil der winzigen Pflänzchen kann einfach aus dem Wasser genommen und dann in einem neu zu besiedelnden Gewässer wieder ausgesetzt werden.

Lemna minor

Leucojum
Knotenblume

Art: *L. aestivum* (Sommerknotenblume, Sommertürchen)
Familie: Narzissen- oder Amaryllisgewächse *(Amaryllidaceae)*
Herkunft: feuchte Wiesen, Ufer und Auwälder in Mittel- und Südeuropa, Südwestasien und im Kaukasus
Blütenfarbe: weiß
Blütezeit: Mai bis Juni
Wuchshöhe: 30–50 cm
Merkmale: Aus einer ausdauernden Zwiebel schieben sich zwischen grundständigen, riemenförmigen Laubblättern aufrechte Blütenstiele in die Höhe. Die von ihren Enden anmutig herabhängenden Blütenglöckchen stehen immer zu mehreren beieinander. Ihre weißen, an den Spitzen gelbgrün gefleckten Blütenblätter werden von einem verdickten, frischgrünen Fruchtknoten gekrönt. Wie alle Knotenblumen enthält auch die Sommerknotenblume Giftstoffe. Sie ist in der freien Landschaft nur noch selten anzutreffen und steht daher unter Naturschutz.
Sorte: 'Gravetye Giant' (weiß, lockerer Aufbau, Höhe 40–50 cm)
Standortansprüche: Die Sommerknotenblume bevorzugt feuchte bis nasse Standorte in leicht beschatteter Lage. Eine zeitweilige Überflutung des Substrats verträgt sie ohne weiteres.
Verwendung: Der Uferrand stehender und fließender Gewässer entspricht dem natürlichen Standort der Sommerknotenblume und ist daher auch im Garten der richtige Platz für die grazile Pflanze. Sie kann hier in Röhrichtbestände eingegliedert werden, wirkt jedoch in größeren Gruppen ebenso für sich, wenn sie von Ufergehölzen, z. B. Pfaffenhütchen *(Euonymus europaea)*, Hainbuche *(Carpinus betulus)* oder zeitgleich blühendem Gewöhnlichem Schneeball *(Viburnum opulus)*, beschattet wird. Neben der gelbblühenden Sumpfdotterblume sind auch das blaue Sumpfvergißmeinnicht oder die rosa- bzw. rot-

Leucojum aestivum

blühende Mehl- und Rosenprimel attraktive Begleitpflanzen.
Pflege: Die Zwiebeln der Sommerknotenblume steckt man im Herbst etwa 10 bis 20 cm tief in den Erdboden. An einem Standort, der ihr zusagt, gedeiht die Pflanze auch ohne Zutun prächtig und breitet sich durch Selbstaussaat aus.
Vermehrung: Wenn die Pflanzen im Herbst ihr Laub eingezogen haben, können die Zwiebeln ausgegraben und Brutzwiebeln abgenommen werden. Wichtig ist, daß diese so schnell wie möglich wieder in die Erde kommen, da sie sehr leicht austrocknen.

Ligularia
Ligularie, Goldkolben

Arten: *L. dentata* (auch *L. clivorum*, *Erythrochaete dentata*, *Senecio clivorum*, Straußligularie, Sternligularie), *L.* x *hessei* (auch *L. dentata* x *L. wilsoniana*, Riesenligularie), *L. przewalskii* (auch *Senecio przewalskii*, Kerzenligularie), *L.*-Hybriden (auch *L.* x *hybrida*), *L. wilsoniana* (auch *Senecio wilsonianus*)
Familie: Korbblütler *(Compositae)*
Herkunft: Gewässerränder, Ufergesellschaften, Auwälder, Hochstaudenfluren, *L. dentata* in China und Japan, *L. przewalskii* in Nordchina, *L. wilsoniana* in Mittelchina; *L.* x *hessei* und *L.*-Hybriden sind Zuchtformen.

Ligularia dentata

Blütenfarbe: gelb, *L. dentata* auch orangegelb
Blütezeit: *L. dentata* Juli bis September, *L. przewalskii* und *L.*-Hybriden Juli bis August, *L.* x *hessei* und *L. wilsoniana* August bis September
Wuchshöhe: *L. dentata* 80–150 cm, *L.* x *hessei* 160–190 cm, *L. przewalskii* 100–190 cm, *L.*-Hybriden 160–180 cm, *L. wilsoniana* 150–200 cm
Merkmale: Die stattlichen Ligularien sind eng verwandt mit dem Kreuzkraut *(Senecio)*, weshalb einige Arten früher zu dieser Gattung gestellt wurden. Den genannten Arten und Hybriden gemeinsam sind ihre leuchtend gelben oder orangegelben Blüten, die über das Laub ragen und schon von weitem alle Blicke auf sich ziehen. Mit bis zu 2 m Höhe zählen Ligularien zu den imposantesten Stauden im Garten. Während die familientypischen Körbchenblüten bei der Straußligularie in breiten, flachen Trugdolden beieinandersitzen, bilden sie bei den anderen längliche Kerzen, kolbenähnliche oder ährige Bütenstände, die auf langen Stielen stehen. Genauso beeindruckend wie die Blüten sind die meist großen, rundlichen bis herz- oder nierenförmigen Blätter, die wegen ihres hohen Zierwerts sehr geschätzt werden. Das Laub der Kerzenligularie fällt dabei etwas aus dem Rahmen. Die tief handförmig eingebuchteten und zerteilten Blätter wirken zusammen mit den recht schlanken Blütenkerzen elegant und trotz ihrer Höhe ausgesprochen grazil. Alle Ligularien tun sich überdies dadurch hervor, daß sie zur Blütezeit eine Vielzahl von Insekten anziehen.
Sorten: Erhältlich sind u. a. von *L. dentata* 'Moorblut' (hellorange, tief rotbraunes Laub, Höhe 80 cm), 'Sommergold' (goldgelb, grünes Laub, Höhe 80 cm), 'Desdemona' (rotorange, purpurrotes bis bräunliches Laub, Höhe 100 cm), 'Othello' (gelb bis orangegelb, bräun-

Ligularia przewalskii

liches Laub, Höhe 100 cm); von *L.* x *hessei* 'Gregynog Gold' (orangegelb, lange Blütenstände, sehr großes, grünes Laub, Höhe 180 cm); von *L. przewalskii* 'Gigant' (gelb, schmale Blütenkerzen, Höhe 150 cm), 'The Rocket' (gelb, sehr starkwüchsig, Höhe 190 cm); von den *L.*-Hybriden 'Weihenstephan' (goldgelb, große Blüten, Höhe 180 cm).
Standortansprüche: Ligularien brauchen, ihrem natürlichen Verbreitungsgebiet entsprechend, feuchte, sonnige bis halbschattige Standorte. Vor allem die dunkellaubigen

Ligularia wilsoniana

Sorten der Straußligularie bevorzugen den Halbschatten. Der Boden sollte lehmig-humos und außerdem nährstoffreich sein.
Verwendung: Die großen, eindrucksvollen Stauden werden gern an den Gewässerrand gepflanzt. Insbesondere vor dunklen Wasserflächen oder Gehölzrändern entfalten die leuchtenden Blüten ihre ganze Schönheit und setzen hübsche Farbakzente. An naturnahen Teichen stehen sie am besten nach der Röhrichtzone als Abschluß zum übrigen Garten hin. Man kann Ligularien jedoch genausogut als Begrenzung eines vorgeformten Wasserbeckens verwenden. Da die einzelnen Arten und Sorten recht unterschiedlich hoch werden und gerade von der Straußligularie auch niedrige Sorten zu finden sind, gibt es für jede Situation, auch für kleinere Wassergärten, die passende Pflanze. Attraktive Begleiter von Ligularien sind etwa Blutweiderich, Mädesüß, Wasserdost oder Iris. Auch hohe Gräser unterstreichen die Ausstrahlungskraft der großen Blätter und heben die Blüten ganz besonders wirkungsvoll hervor.
Pflege: Die relativ anspruchslosen Stauden benötigen keine aufwendige Pflege. Ist der Boden feucht genug, wachsen sie ohne weiteres Zutun zu mächtigen Pflanzen heran. Trockenheit vertragen Ligularien nur sehr schlecht, besonders dunkellaubige Sorten der Straußligularie reagieren darauf äußerst empfindlich. An sonnigen Standorten muß deshalb vor allem in heißen Sommerwochen ausgiebig gewässert werden.
Vermehrung: Alle Arten und vor allem die Sorten werden am besten durch Teilung vermehrt. Neue Pflanzen lassen sich bei den reinen Arten zwar auch durch selbstgeerntete Samen gewinnen, jedoch unterscheiden sich die Nachkommen häufig von der Mutterpflanze, da sich Ligularien leicht untereinander kreuzen.
Schädlinge: Blattläuse, Schnecken

Ligularia x *hessei*

Littorella
Strandling

Art: *L. uniflora* (auch *L. juncea, L. lacustris, Plantago uniflora*, Seestrandling)
Familie: Wegerichgewächse *(Plantaginaceae)*
Herkunft: Ufer und stehende Gewässer in Europa
Blütenfarbe: weiß
Blütezeit: Mai bis August
Wuchshöhe: 5–15 cm, über oder unter Wasser
Merkmale: Der kleine, ausdauernde Seestrandling ist eine unauffällige Uferpflanze, die mit Hilfe zarter Ausläufer oftmals tief in das Gewässer hineinwächst. Die linealischen, etwas fleischig verdickten Laubblätter sind als grundständige Blattrosette angeordnet und liegen meist flach ausgebreitet dem Boden auf.

Littorella uniflora

Darüber erheben sich dünne, aufrechte Stiele, die an ihrem Ende jeweils eine einzelne männliche Blüte tragen. Diese besteht aus einer recht kleinen weißen Krone, aus der 4 langgestielte Staubblätter herausragen. Die weiblichen Blüten sitzen zu mehreren versteckt am Fuß der Blütenstiele.
Standortansprüche: Der Seestrandling wächst am besten auf sauren Böden. Um gut gedeihen zu können, braucht er feuchten bis nassen Untergrund und eine geringe Beschattung. Ohne weiteres verträgt er auch vollständige Überflutung, dringt er doch häufig von allein bis zu 2 m Tiefe in ein Gewässer vor.
Verwendung: Der unscheinbare Seestrandling hat wenig Zierwert, aber wegen seiner

uferbefestigenden und bodendeckenden Eigenschaften holt man ihn gern in den Wassergarten. Allerdings entfaltet er sich nur an Ufern stehender Gewässer voll. Der Wassernabel mit seiner runden Blattform ist ein reizvoller Begleiter des schmalblättrigen Bodendeckers. Beide Gewächse stehen gut am Grund anderer Röhrichtpflanzen.
Pflege: Im Frühjahr wird der Seestrandling in die unmittelbare Nähe des Gewässerrands gepflanzt, damit er ins Wasser hineinwachsen kann. Im folgenden entwickelt sich die robuste und anspruchslose Kleinstaude meist ohne weiteres Zutun zu flächigen Beständen.
Vermehrung: Sowohl durch Aussaat gleich nach der Samenreife als auch durch Abtrennen von Ausläufern im Frühjahr oder Herbst lassen sich neue Pflanzen gewinnen.

Lobelia
Lobelie

Arten: *L. cardinalis* (Kardinalslobelie), *L. siphilitica*, *L.* x *speciosa* (auch *L. cardinalis* x *L. siphilitica* x *L. splendens*, Gartenlobelie)
Familie: Glockenblumengewächse *(Campanulaceae)*
Herkunft: Ufer und Feuchtwiesen in Nordamerika
Blütenfarbe: *L. cardinalis* rot, *L. siphilitica* hellblau, auch weiß, *L.* x *speciosa* rosa, rot
Blütezeit: Juni bis September
Wuchshöhe: *L. cardinalis* und *L.* x *speciosa* 60–80 cm, *L. siphilitica* 30–90 cm
Merkmale: Lobelien gehören zu den attraktivsten Blütenstauden für den Wassergarten. Zahlreich sitzen ihre asymmetrischen Blumen in endständigen, ährenähnlichen Blütenständen zusammen.

Lobelia cardinalis

Jede einzelne Blüte besteht aus einer großen, abstehenden Unterlippe und einer kleineren Oberlippe. Längliche, am Ende zugespitzte Laubblätter unterstreichen die Schönheit der Pflanze. Die Kardinalslobelie erhielt ihren Namen nach dem leuchtenden Rot ihrer Blüten, die eine hervorragende Fernwirkung besitzen. In bezauberndem Hellblau erscheinen hingegen die Blumen von *L. siphilitica.* Diese Art zeichnet sich zudem

Lobelia siphilitica

durch einen besonders lange anhaltenden Flor aus. Gartenlobelien sind aus Kreuzungen verschiedener Arten hervorgegangene Hybriden, die eine breite Farbpalette unterschiedlichster Rottöne aufweisen.
Sorte: von *L. siphilitica* 'Alba' (weiße Blüten, im übrigen wie die Art, Höhe 40–80 cm)
Standortansprüche: Alle genannten Arten bevorzugen die Feuchte und Kühle, wie sie in Gewässernähe herrscht. Dabei dürfen sie aber ruhig viel Sonnenschein abbekommen. Der Boden kann naß

Lobelia x *speciosa*

sein, sogar bis zu 10 cm hoher Wasserstand wird vertragen.
Verwendung: Der Uferrand oder Übergangsbereich zur Sumpfzone stehender oder fließender Gewässer ist der ideale Lebensraum für die genannten Lobelienarten. Zur selben Zeit blühende Stauden, etwa Japanische Sumpfiris, Froschlöffel, Hechtkraut oder Pfeilkraut, geben schmucke Begleiter ab. Auch unscheinbare Gräser wie Binsen oder Seggen können den Lobelien gut zur Seite gestellt werden.

Die Gartenlobelie ist überdies als Schnittblume sehr beliebt.
Pflege: Die etwas kälteempfindliche Kardinalslobelie wird besser erst nach den Eisheiligen ausgepflanzt. Als recht konkurrenzschwache Staude muß sie vor wuchernden Nachbarn geschützt werden, indem man diese rechtzeitig zurücknimmt. Mit ihrer Frosthärte gibt es widersprüchliche Erfahrungen. In kalten Lagen sollte man auf jeden Fall vor den ersten Frösten vorsichtshalber eine schützende Laub- oder Strohdecke über die Pflanzen breiten. Im Wasser stehende Exemplare müssen ausgegraben, eingetopft und hell und kühl überwintert werden. *L. siphilitica* und die Gartenlobelien sind hingegen völlig winterhart.
Vermehrung: Ältere Stöcke können problemlos durch Teilung ihres Wurzelballens vor oder nach der Blüte vermehrt werden.

Lotus
Hornklee

Art: *L. uliginosus* (auch *L. pedunculatus*, Sumpfhornklee)
Familie: Schmetterlingsblütler *(Leguminosae)*
Herkunft: Naßwiesen, Gräben, Ufer und Quellen in Europa, Nordafrika und Vorderasien bis Tibet
Blütenfarbe: gelb
Blütezeit: Juni bis Juli
Wuchshöhe: 20–50 cm
Merkmale: Die sattgelben Schmetterlingsblüten des Sumpfhornklees sitzen am Ende aufrechter Stiele in dichten Dolden beieinander. Unterhalb der Blütenzierde weisen die verzweigten Stengel nur spärliche Beblätterung auf. Die behaarten, blaugrünen Laubblätter setzen sich aus länglich eiförmigen Teil-

blättchen zusammen. Durch Bildung unterirdischer Ausläufer erobert die ausdauernde Staude im Lauf eines Jahres größere Flächen. Einstmals wurde sie auf feuchten Wiesen sogar angebaut, da sie, wie viele Schmetterlingsblütler, eine wertvolle Futterpflanze für das Weidevieh ist.
Standortansprüche: Der Sumpfhornklee braucht nasse bis feuchte, möglichst kalkarme Böden und kann bis zu 3 cm im Wasser stehen. Am üppigsten blüht er in voller Sonne, doch auch halbschattige Plätze kommen in Frage.
Verwendung: Am Ufer von Gartenteichen und Bachläufen reiht sich der Sumpfhornklee sehr harmonisch in ein Ensemble aus Schwanenblume, Fieberklee und Gnadenkraut ein. Einen reizvollen Kontrast ergibt sein Gelb zu den rosaroten Blüten der Kuckuckslichtnelke oder dem purpurroten Flor des Blutweiderichs.
Pflege: Der Sumpfhornklee ist eine robuste, völlig winterharte Staude und braucht nach dem Einpflanzen keine besondere Pflege.
Vermehrung: Neue Pflanzen gewinnt man am besten im Frühjahr oder nach der Blüte im Herbst, indem man unterirdische Ausläufer freilegt und einfach von der Mutterpflanze abtrennt.

Lotus uliginosus

Ludwigia
Ludwigie

Arten: *L. clavellina* var. *grandiflora* (auch *Jussiaea grandiflora, J. michauxiana*, Großblütige Ludwigie), *L. palustris* (auch *L. repens, Isnardia palustris*, Sumpflöffelchen, Heusenkraut)
Familie: Nachtkerzengewächse *(Onagraceae)*
Herkunft: Teichufer, Tümpel und Gräben, *L. clavellina* var. *grandiflora* in Nordamerika, *L. palustris* von Europa bis Mittelasien, in Afrika, Nord- und Südamerika sowie auf den Westindischen Inseln
Blütenfarbe: *L. clavellina* var. *grandiflora* gelb, *L. palustris* grünlich, Blüten unscheinbar
Blütezeit: Juli bis August
Wuchshöhe: *L. clavellina* var. *grandiflora* 20–30 cm, größtenteils untergetaucht, *L. palustris* 15–30 cm, über oder unter Wasser
Merkmale: Die Großblütige Ludwigie treibt meterlange Sprosse, die auf der Wasseroberfläche schwimmen und sich im Hochsommer mit großen gelben Schalenblüten schmücken. Auch die langen, lanzettlichen Blätter der ausdauernden Pflanze wirken auf dem Wasser treibend sehr dekorativ. Unscheinbarer bleibt hingegen das ebenfalls mehrjährige Sumpflöffelchen, das seine Wuchsform den jeweils vorherrschenden Standortbedingungen anpaßt. Als Landform läßt es seine Stengel flach über den Boden kriechen, um sich an den Knoten jeweils neu zu bewurzeln. Im Wasser dagegen fluten die Sprosse frei umher. Charakteristisch ist deren Rotfärbung, die vermutlich als Sonnenschutz dient. Auch die ovalen, gegenständigen Laubblätter sind leicht rötlich überzogen. In den Blattachseln entwickeln sich einzeln die Blüten. Sie fallen jedoch kaum auf, da sie keine Kronblätter und nur einen unscheinbar gefärbten Kelch besitzen.
Standortansprüche: Die Großblütige Ludwigie gedeiht am besten in etwa 30 cm Wassertiefe bei voller Besonnung. Das Sumpflöffelchen ist dagegen an periodisch trockenfallende Standorte angepaßt und kann im Garten daher sowohl im als auch am Wasser gepflanzt werden. Sonnige bis halbschattige Lagen sagen ihm am meisten zu.
Verwendung: Entsprechend ihrer Standortansprüche wird die Großblütige Ludwigie in die Flachwasserzone stehender Gewässer gepflanzt. In Kombination mit auffälligen Pflanzen wie Zypergras, Tannenwedel oder Pfeilkraut lassen sich abwechslungsreiche Arrangements schaffen. Das Sumpflöffelchen hat keinen besonderen Zierwert. Es wird vielmehr bevorzugt im Übergangsbereich der Uferzone stehender und langsam fließender Gewässer als Uferbefestigung eingesetzt. Im Unterschied zu vielen anderen Unterwasserpflanzen gedeiht es auch in flachen Teichen, die sich im Sommer stark erwärmen, prächtig. Gut passende Begleitpflanzen sind etwa Seestrandling oder Schmal-

Ludwigia palustris

Ludwigia clavellina var. *grandiflora*

blättriger Rohrkolben, doch sollten dann am Ufer blühende Stauden wachsen, z. B. Schwanenblume, Blutweiderich oder Mädesüß.
Pflege: Die Großblütige Ludwigie setzt man am besten in spezielle Container. Diese können in der warmen Jahreszeit im flacheren Wasser stehen, müssen aber zur Überwinterung in einen mindestens 50 cm tiefen Bereich geschoben werden. Ist der Gartenteich nicht tief genug, nimmt man die Pflanzbehälter rechtzeitig vor den ersten Nachtfrösten aus dem Wasser und bringt sie in ein helles, frostfreies Winterquartier. Das anspruchslose Sumpflöffelchen entwickelt sich auch ohne weiteres Zutun zu üppigen Beständen.
Vermehrung: Das kriechende Rhizom der Großblütigen Ludwigie läßt sich außerhalb der Blütezeit gut teilen. Vom Sumpflöffelchen trennt man im Frühjahr oder Herbst vorsichtig Ausläufer ab, um neue Pflanzen zu gewinnen.

Luronium
Schwimmlöffel

Art: *L. natans* (auch *Alisma natans*, *Elisma natans*, Schwimmlöffel, Flutender Froschlöffel, Froschkraut)
Familie: Froschlöffelgewächse *(Alismataceae)*
Herkunft: stehende Gewässer von Westeuropa bis Südskandinavien und Mittelrußland
Blütenfarbe: weiß
Blütezeit: Mai bis August
Wuchshöhe: 10–45 cm, größtenteils unter Wasser
Merkmale: Sehr selten trifft man im Uferbereich stehender Gewässer den heimischen Schwimmlöffel an. Die Blätter dieser zierlichen Staude sind unterschiedlich ausgebildet:

Luronium natans

Neben schmalen, lanzettlichen Unterwasserblättern verfügt sie außerdem über breitere Schwimmblätter, die auf dem Wasser treiben. Die weißen, dreizählig aufgebauten Blüten erheben sich an langen Stielen bis zur Wasseroberfläche und locken mit ihrer gelben Blütenmitte Insekten zur Bestäubung an. Doch auch auf vegetative Weise breitet sich die Pflanze aus, indem sie an den Knoten bewurzelnde Ausläufer entwickelt.
Standortansprüche: Der Schwimmlöffel bevorzugt nasse Sand- und Schlammböden sowie Wassertiefen zwischen 20 und 40 cm. Zeitweiliges Trockenfallen seines Standorts kann ihm jedoch nichts anhaben. Da bei starker Beschattung seine Wuchsfreudigkeit leidet, sind sonnige bis halbschattige Lagen besser geeignet.
Verwendung: Dem natürlichen Lebensbereich des Schwimmlöffels entsprechen im Garten die flach abfallenden Sumpfzonen stehender Gewässer. Zusammen mit seinen Verwandten, dem Igelschlauch und dem Froschlöffel, gedeiht er hier prächtig. Farbe ins Spiel bringen der gelbblühende Kriechende Hahnenfuß, das rosafarbene Sumpfweidenröschen oder die hellvioletten Blüten der Bachminze.
Pflege: Bei der Pflanzung im Frühjahr sollte das Wasser den Schwimmlöffel nicht vollständig bedecken, er wächst dann leichter an. In der Regel benötigt die robuste Staude keine Pflege. Falls sie sich jedoch zu stark ausbreitet, trennt man zum Eindämmen der Bestände im Frühjahr die wuchernden Ausläufer einfach ab.
Vermehrung: Sowohl durch Aussaat gleich nach der Samenreife als auch durch das Abschneiden von Ausläufern außerhalb der Blütezeit können neue Pflanzen gewonnen werden.

Lychnis flos-cuculi

Lychnis
Lichtnelke

Art: *L. flos-cuculi* (auch *Coronaria flos-cuculi*, Kuckuckslichtnelke, Kuckucksnelke, Kuckucksblume)
Familie: Nelkengewächse *(Caryophyllaceae)*
Herkunft: Feuchtwiesen, Moore und Ufergebüsche von Europa bis Sibirien, in Nordamerika eingebürgert
Blütenfarbe: rosa, selten auch weiß
Blütezeit: Mai bis August
Wuchshöhe: 30–80 cm
Merkmale: Die Kuckuckslichtnelke gehört zweifellos zu den reizvollsten ausdauernden Pflanzen an feuchten Standorten. Ihre gabelig verzweigten Stengel schmücken sich den ganzen Sommer über mit fransigen, rosafarbenen Blüten, die in lockeren Trugdolden beieinanderstehen. Sie werden gern von Schmetterlingen besucht, die mit ihrem langen Saugrüssel von dem tief in der engen Blütenröhre verborgenen Nektar naschen. Charakteristisch für Nelkengewächse sind die gegenständigen, schmallanzettlichen Laubblätter. Wie auch der Stengel tragen sie meist eine etwas rauhe Behaarung.
Standortansprüche: Auf feuchten bis nassen Böden in sonniger oder halbschattiger Lage gedeiht die Kuckuckslichtnelke besonders gut.
Verwendung: Die aparte Wildstaude wird bevorzugt am Ufer stehender oder fließender Gewässer eingesetzt,

wo sie für langanhaltenden Blütenschmuck sorgt. Sie wirkt am besten, wenn man sie frei von bedrängenden Nachbarpflanzen hält und sie in anderen Wildstauden, z. B. Wollgras, Geflecktem Knabenkraut oder Sumpfgladiole, Ergänzung findet. Zum Sommerausklang sind die Blüten der Sumpfgarbe und der Dreimasterblume hübsche Begleiter der Pflanze.
Pflege: Nach der Pflanzung entwickelt sich die Kuckuckslichtnelke meist ohne weiteres Zutun zu dichten, ausdauernden Beständen.
Vermehrung: Am passenden Standort sät sich die Staude von allein aus und breitet sich mit Hilfe ihres unterirdisch kriechenden Wurzelstocks mit den Jahren rasenartig aus. Durch Teilung des Rhizoms im Herbst oder im zeitigen Frühjahr erhält man neue Pflanzen, die an anderer Stelle angesiedelt werden können.

Lycopus europaeus

Lycopus
Wolfstrapp

Art: *L. europaeus* (Gewöhnlicher Wolfstrapp)
Familie: Lippenblütler *(Lamiaceae, Labiatae)*
Herkunft: Ufer, Gräben und Erlenbrüche in Europa, Asien sowie Nordafrika, in Nordamerika und Australien eingebürgert
Blütenfarbe: weiß
Blütezeit: Juli bis September
Wuchshöhe: 20–100 cm
Merkmale: Kerzengerade reckt der Gewöhnliche Wolfstrapp seine vierkantigen, hohlen Stengel in die Höhe. Vor allem nach oben hin weisen sie eine dichte Belaubung auf, wobei sich die eher grob gezähnten bis kammförmig zerteilten Laubblätter jeweils paarweise gegenüberstehen. In ihren Achseln sitzen fast kugelige Blütenquirle. Die kleinen Einzelblüten bestehen aus einer weißen, vierzipfeligen Blütenkrone, deren Unterlippe rot gepunktet ist, und einem Kelch mit langen, stechenden Grannen. Gelegentlich findet man die ausdauernde, lange Ausläufer treibende Pflanze auch an trockenen Standorten. Hier zeigt sie jedoch ein gedrungeneres und stärker verzweigtes Wuchsbild.
Standortansprüche: Der Gewöhnliche Wolfstrapp ist eine wuchskräftige Staude, die feuchte bis nasse Böden bevorzugt und auch zeitweilige Überschwemmung verträgt. Am besten wächst sie an sonnigen bis halbschattigen Stellen.
Verwendung: Als Uferpflanze stehender und langsam fließender Gewässer kann man den Gewöhnlichen Wolfstrapp gut mit Röhricht aus Schilf, Rohrglanzgras oder Rohrkolben kombinieren. Im Spätsommer erweisen sich Wasserdost, Mädesüß oder Blutweiderich als hübsche blühende Begleiter.
Pflege: Die robuste, anpassungsfähige Staude gedeiht an nahezu jedem Ort. Es empfiehlt sich, ihre Ausbreitung genau zu verfolgen, damit man rechtzeitig eingreifen kann, wenn sie Nachbarpflanzen allzusehr bedrängt.
Vermehrung: Außer durch Aussaat, die man gleich nach der Samenreife vornimmt, läßt sich der Gewöhnliche Wolfstrapp auch vegetativ durch Abtrennen von Ausläufern vermehren.

Lysichiton
Scheinkalla

Arten: *L. americanus* (auch *L. japonicus*, Gelbe Scheinkalla), *L. camtschatcensis* (Weiße Scheinkalla)

Lysichiton americanus

Familie: Aronstabgewächse *(Araceae)*
Herkunft: Ufer und Sumpfwiesen, *L. americanus* in Nordamerika, *L. camtschatcensis* in Kamtschatka, Ostsibirien und Japan
Blütenfarbe: gelbgrün, *L. americanus* mit gelbem Hochblatt, *L. camtschatcensis* mit weißem Hochblatt
Blütezeit: *L. americanus* April bis Mai, *L. camtschatcensis* Mai bis Juni
Wuchshöhe: *L. americanus* 30–50 cm, *L. camtschatcensis* 20–40 cm
Merkmale: Diese aus Nordamerika bzw. aus Ostasien stammenden, mehrjährigen Aronstabgewächse ähneln stark der heimischen Sumpfkalla. Auch sie haben einen langen Blütenkolben, der von einem schön geschwungenen muschelähnlichen, oben zugespitzten Hochblatt, der Spatha, umhüllt wird. Erst nach der Blüte erscheinen die mächtigen, bis zu 30 cm breiten, blaugrünen Laubblätter. Die beiden genannten Arten lassen sich leicht voneinander unterscheiden: Die Gelbe Scheinkalla trägt ein leuchtend gelbes Hochblatt, bei der etwas schwachwüchsigeren Weißen Scheinkalla ist es strahlend weiß.

Standortansprüche: Beide Arten benötigen tiefgründige, feuchte bis nasse Böden und können sogar einige Zentimeter tief im Wasser stehen. Optimal wachsen sie an einem halbschattigen Platz, doch werden auch andere Lichtverhältnisse vertragen. Die Weiße Scheinkalla bevorzugt kalkarme Standorte.
Verwendung: Im Übergangsbereich zwischen Ufer- und Sumpfzone von Teichen und langsam fließenden Bächen gedeihen die Weiße und Gelbe Scheinkalla am besten. Zur selben Zeit wie sie blühen in der Sumpfzone Fieberklee, Sumpfdotterblume und Sumpfvergißmeinnicht, am Ufer Iris und Rosenprimel:

Lysichiton camtschatcensis

allesamt ausnehmend attraktive Begleitpflanzen.
Pflege: Beide Arten sind völlig winterhart, und an einem Standort, der ihnen zusagt, zeichnen sie sich durch besondere Langlebigkeit aus.
Vermehrung: Bewährt hat sich eine Nachzucht aus Samen, die man im Frühjahr ausbringt. Das Anzuchtsubstrat muß man jedoch unbedingt ständig feucht halten.

Lysimachia
Felberich, Gilbweiderich

Arten: *L. clethroides* (Schneefelberich, Entenschnabelfelberich), *L. nummularia* (Pfennigkraut, Münzkraut), *L. thyrsiflora* (auch *Naumburgia thyrsiflora*, Straußblütiger Weiderich, Straußweiderich)
Familie: Primelgewächse *(Primulaceae)*
Herkunft: *L. clethroides* grasige Hänge in Ostasien, *L. nummularia* feuchte Wälder, Ufer und Wiesen von Europa bis zum Kaukasus, *L. thyrsiflora* Ufer stehender Gewässer in der gemäßigten Zone der nördlichen Halbkugel
Blütenfarbe: *L. clethroides* weiß, *L. nummularia* und *L. thyrsiflora* gelb
Blütezeit: *L. clethroides* Juli bis September, *L. nummularia* und *L. thyrsiflora* Mai bis Juli
Wuchshöhe: *L. clethroides* 60–70 cm, *L. nummularia* 5 cm, *L. thyrsiflora* 30–70 cm
Merkmale: Die Stauden der Gattung *Lysimachia* zeigen sich in ihren Wuchsformen äußerst unterschiedlich. Die

Lysimachia nummularia

langen, dichten Blütentrauben des stattlichen Schneefelberichs sind vor dem Aufblühen anmutig geneigt, richten sich jedoch mit dem Erblühen von unten nach oben vollständig auf. Sie bestehen aus unzähligen weißen Sternchenblüten und verströmen einen zarten Duft. Untermalt werden sie von großen, eiförmigen Laubblättern, die sich später mit einer orangebraunen Herbstfärbung schmücken. Das zierliche Pfennigkraut kriecht dagegen flach auf dem Boden. Mit Hilfe langer, immer wieder wurzelnder Ausläufer erobert es bald größere Flächen. Seine Stengel sind mit fast kreisrunden, pfenniggroßen, gegenständigen Laubblättern dicht besetzt. Aus ihren Blattachseln entwickeln sich langgestielte Blütensterne, deren leuchtendes Gelb das Licht der Sonne widerzuspiegeln scheint. Neben dieser Landform kann das Pfennigkraut aber auch in einer sterilen Unterwasserform auftreten. Der Straußblütige Weiderich schließlich wächst mit einem kriechenden Wurzelstock, aus dem sich hohe, aufrechte Stiele erheben. Sie tragen in den Achseln ihrer schmallanzettlichen Laubblätter kleine, dichte Blütentrauben, die durch ihre weit herausragenden Staubgefäße fedrig aufgeplustert aussehen.
Sorte: von *L. nummularia* 'Aurea' (gelb mit gelben Blättern, Höhe 5 cm)
Standortansprüche: Der Schneefelberich gedeiht am besten in halbschattiger Lage auf frischem bis feuchtem Untergrund. Pfennigkraut und Straußblütiger Weiderich hingegen vertragen eine starke Beschattung durch Ufergehölze ebenso wie volle Sonne,

Lysimachia thyrsiflora

Lysimachia clethroides

ausreichende Bodenfeuchtigkeit vorausgesetzt. Vom Ufer aus wachsen beide Arten oftmals von allein in das Gewässer hinein. Man kann sie dort aber auch bis zu einer Wassertiefe von 20 cm direkt in den Boden pflanzen.
Verwendung: Schneefelberich und Pfennigkraut werden bevorzugt im Uferbereich stehender und fließender Gewässer eingesetzt. Während ersterer als reizvolle Blütenstaude zusammen mit Mädesüß, Blutweiderich und Dreimasterblume abwechslungsreiche Pflanzungen ergibt, dient das Pfennigkraut als emsig wachsender Bodendecker im Übergangsbereich zur Sumpfzone. Der Straußblütige Weiderich erfüllt mit seinen dichten Blütenständen schattige Ufer- und Sumpfzonen stehender Gewässer mit sonnengelber Farbe. Zur selben Zeit stehen auch Sumpfkalla, Sumpfdotterblume und Goldmilzkraut im Flor und geben daher hübsche Begleitpflanzen ab.
Pflege: Sind die robusten und anspruchslosen Wildstauden erst einmal eingewurzelt, erfordern sie in der Regel keine besonderen Pflegemaßnahmen mehr.
Vermehrung: Alle genannten Arten lassen sich auf einfache Weise durch Teilung vermehren. Noch schneller gewinnt man Tochterpflanzen durch das Abtrennen von Ausläufern beim Pfennigkraut.
Krankheiten: Blattfleckenkrankheit

Lythrum
Weiderich

Arten: *L. salicaria* (Blutweiderich), *L. virgatum* (Rutenweiderich)
Familie: Weiderichgewächse *(Lythraceae)*
Herkunft: Feuchtwiesen, Ufer und Gräben, *L. salicaria* in Europa, Asien und Südaustralien, *L. virgatum* von Mittel- und Osteuropa bis Westasien und Sibirien
Blütenfarbe: rosa, rot
Blütezeit: Juli bis August/September
Wuchshöhe: *L. salicaria* 60–150 cm, *L. virgatum* 50–80 cm
Merkmale: Nicht zu übersehen sind die prächtigen purpurroten Blütenkerzen des Blutweiderichs. Seine aufrechten, einem holzigen Wurzelstock entspringenden Stengel tragen lanzettliche Blätter, die an Weidenlaub erinnern. Die quirlig angeordneten und zu langen Ähren zusammengefaßten Blüten der auffallenden Wildstaude werden häufig von Schmetterlingen und Bienen besucht. In allen Teilen zierlicher ist der ebenfalls ausdauernde Rutenweiderich, aber auch seine Blüten zeigen eine intensive Rotfärbung. Im Gegensatz zum teilweise behaarten Blutweiderich bleibt diese Art jedoch völlig kahl.
Sorten: von *L. salicaria* 'Robert' (leuchtend karminrot, kompakter Wuchs, Höhe 60–80 cm), 'Rakete' (intensiv rot, Höhe 80 cm), 'Feuerkerze' (leuchtend rosarot, Höhe 100–150 cm), 'Zigeunerblut' (leuchtend dunkelrot, Höhe 120 cm), 'Stichflamme' (purpurrosa, Höhe 140 cm); von *L. virgatum* 'Rose Queen' (rosarot, Höhe 60–70 cm), 'The Rocket' (leuchtend rosa, Höhe 80 cm)
Standortansprüche: Beide Weidericharten brauchen nasse, nährstoffreiche Humusböden in sonniger bis halbschattiger Lage. Bis zu 15 cm Wassertiefe werden problemlos vertragen.
Verwendung: Entsprechend dem natürlichen Vorkommen siedelt man sowohl den Blut- wie den Rutenweiderich in der Ufer- oder Sumpfzone stehender oder fließender Gewässer an. Einmalig ist der Farbkontrast ihrer Blüten zum leuchtenden Gelb von Goldfelberich *(Lysimachia punctata)* und zum kräftigen Violett von Hechtkraut. Doch auch dezenter gefärbte Stauden, beispielsweise Echtes Mädesüß oder Schleierfrauenmantel *(Alchemilla mollis)*, oder Gräser passen gut zu beiden Weidericharten.
Pflege: Beide genannten Arten sind robust, pflegeleicht und völlig winterhart. Wenn man die Blütentriebe nach der Hauptblüte stark zurückschneidet, zeigen die Stauden im Herbst noch einmal einen üppigen Flor.
Vermehrung: Da die Teilung des verholzten Wurzelstocks nicht ganz einfach ist, empfiehlt sich eine Vermehrung durch Kopfstecklinge. Sie werden im Frühjahr von jungen Trieben geschnitten und zum Bewurzeln in Töpfe mit Anzuchterde gesteckt. Läßt man die Ähren nach der Blüte zu Früchten heranreifen, sorgt die Pflanze durch Selbstaussaat ganz allein für Nachwuchs.
Krankheiten: Blattfleckenkrankheit

Lythrum salicaria

M

Marsilea
Kleefarn

Art: *M. quadrifolia* (Vierblättriger Kleefarn)
Familie: Kleefarngewächse *(Marsileaceae)*
Herkunft: Sümpfe, Teiche und Gräben in Europa und Asien
Wuchshöhe: 5–15 cm, auch teilweise oder ganz untergetaucht
Merkmale: Beim Anblick dieser ausdauernden Sumpf- und Wasserpflanze glaubt man zunächst, einen vierblättrigen Klee vor sich zu haben, tatsächlich handelt es sich jedoch um einen Farn. Die vierteiligen, langgestielten Blätter entsprießen einem 50–100 cm langen, kriechenden Stengel. Nachts nehmen sie die auch für den Klee typische Schlafstellung ein, indem jeweils zwei Blattpaare zusammenklappen. Wächst der Vierblättrige Kleefarn in tieferen Gewässern, so verlängern sich seine Blattstiele, bis die Blätter die Wasseroberfläche erreichen. An der Basis der Stiele sitzen bohnenförmige, filzig behaarte Sporenbehälter, die im Herbst unzählige winzige Sporen freigeben.
Standortansprüche: Der Vierblättrige Kleefarn ist eine hochspezialisierte Pflanze, die in der Natur auf nährstoffreichen, zeitweilig trockenfallenden Standorten vorkommt. Im Wassergarten wählt man für ihn nasse, schlammige Stellen aus, die sonnig bis halbschattig sein sollten.
Verwendung: Der Übergang zwischen Ufer- und Sumpfzone stehender Gewässer ist für den Vierblättrigen Kleefarn ideal. Damit er in dichten Röhrichtbeständen nicht völlig untergeht, empfiehlt es sich, seinen Wuchsort offenzuhalten und ihm bevorzugt niedrige Stauden, z. B. Zwergbinse oder Tannenwedel, zur Seite zu stellen.
Pflege: An einem passenden Standort breitet sich der völlig winterharte Vierblättrige Kleefarn von allein aus, sofern er nicht von starkwüchsigen Nachbarpflanzen zu sehr bedrängt wird. Gegebenenfalls müssen diese rechtzeitig ausgelichtet werden.

Marsilea quadrifolia

Vermehrung: Aus abgetrennten Stengelabschnitten entwickeln sich neue, eigenständige Pflanzen. Man muß die Stücke aber unverzüglich an der vorgesehenen Stelle wieder einpflanzen.

Mentha
Minze

Arten: *M. aquatica* (Bachminze, Wasserminze), *M. pulegium* (Poleiminze), *M. spicata* (auch *M. viridis*, Ährenminze, Grüne Minze)
Familie: Lippenblütler *(Lamiaceae, Labiatae)*
Herkunft: *M. aquatica* Sümpfe, Ufer und Gräben in Europa, Asien und Afrika, *M. pulegium* Ufer, Naßwiesen und Weiden in Europa und Asien, *M. spicata* unbekannt, vielerorts eingebürgert
Blütenfarbe: rosa bis zartlila
Blütezeit: *M. aquatica* Juli bis Oktober, *M. pulegium* und *M. spicata* Juli bis September
Wuchshöhe: *M. aquatica* 20–80 cm, *M. pulegium* 10–30 cm, *M. spicata* 30–70 cm
Merkmale: Allen Minzearten gemeinsam ist ein hoher Gehalt an ätherischen Ölen, die für den typischen Pfefferminzgeruch sorgen. Die für den Wassergarten geeigneten Arten sind schmucke Stauden, deren kleine, einfach geformte Blüten in dichten Quirlen erscheinen. An heimischen Gewässern trifft man die Bachminze sehr häufig an. Ihre eiförmigen Laubblätter wachsen gegenständig an aufrechten, wenig verzweigten Stielen. In den Achseln der oberen Blätter finden sich halbkugelige, quirlige Blütenstände, ganz oben sitzt ein endständiges, kugeliges Blütenköpfchen. Die Poleiminze dagegen ist eine niederliegende Art, wobei sich einige ihrer Blütentriebe aber bis zu 30 cm in die Höhe strecken. Sie sind mit ovalen Laubblättern und voneinander entfernt stehenden Blütenquirlen besetzt, ein endständiges Köpfchen fehlt ihnen jedoch. Heute vielerorts verwildert

Mentha aquatica

anzutreffen ist die vermutlich erst durch Züchtung entstandene Ährenminze, ein weitverbreitetes Küchengewürz. Im Unterschied zu den beiden anderen Arten sind lange Triebteile vollkommen kahl. Die scharf gezähnten Blätter haben eine länglich lanzettliche Form. Oftmals verzweigt sich die Staude in ihrem oberen Bereich. An den Stengel-

Mentha pulegium

enden bildet sie ährenähnliche Blütenstände aus.
Standortansprüche: Die genannten Minzearten bevorzugen feuchte bis nasse Standorte und gedeihen sogar auf bis zu 10 cm hoch überfluteten Böden. In sonnigen bis halbschattigen Lagen wachsen sie am besten. Die Poleiminze meidet von Natur aus kalkreiche Stellen und sollte daher auch im Wassergarten einen entsprechenden Platz erhalten.
Verwendung: Die Sumpfzone von Teichen und Tümpeln sowie langsam fließender Bäche – das ist der passende Lebensraum für die genannten Minzearten. Als späte Blüher leisten Blutweiderich, Echtes Mädesüß, Hechtkraut, Kriechender Sellerie und Bachbunge attraktive Gesellschaft.
Pflege: Nach der Pflanzung breiten sich die Minzearten mit Hilfe von Ausläufern ziemlich rasch aus. Gelegentlich kann daher ein Auslichten der Bestände durch Abstechen von Wurzelausläufern erforderlich werden.
Vermehrung: Durch Teilung des Wurzelballens oder vorsichtiges Abtrennen bewurzelter Ausläufer lassen sich neue Pflanzen gewinnen. Der beste Zeitpunkt dafür liegt vor dem Neuaustrieb im Frühjahr oder im Herbst nach Beendigung der Blüte.

Mentha spicata

Menyanthes
Fieberklee, Bitterklee

Art: *M. trifoliata* (Fieberklee, Bitterklee)
Familie: Fieberkleegewächse *(Menyanthaceae)*
Herkunft: Verlandungssümpfe, Flach- und Quellmoore, Torfstiche und Moorschlenken in der gemäßigten und arktischen Zone der Nordhalbkugel
Blütenfarbe: weiß bis zartrosa
Blütezeit: Mai bis Juni
Wuchshöhe: 15–30 cm
Merkmale: Der mehrjährige, unter strengem Naturschutz stehende Fieberklee enthält Bitterstoffe, denen neben magenstärkender und appetitanregender auch eine fiebersenkende Wirkung zugesprochen wird. Im Wassergarten überzeugt er jedoch durch seine hübschen weißen Blüten, deren Außenseite zartrosa überhaucht ist. Für ein etwas exotisches Aussehen sorgen zahlreiche Fransen an der Innenseite der Blütenkrone. Die grundständigen Laubblätter, die an Kleeblätter erinnern, recken sich auf langen Stielen aus dem Wasser. Sie entstammen wie die Blütenstiele einem verzweigten Wurzelstock, der bis zu 2 m weit kriechen kann.
Standortansprüche: Entsprechend seiner natürlichen Verbreitung braucht der Fieberklee kalkarme Bedingungen und nassen bis überschwemmten Schlammboden. Obwohl die Staude auch vollständige Überflutung duldet, ist eine Wassertiefe bis maximal 10 cm angebracht, da sie so am schönsten zur Geltung kommt. Besonders üppig fällt die Blüte bei vollsonniger Lage aus, jedoch wird auch Halbschatten problemlos vertragen.

Menyanthes trifoliata

Verwendung: Der Fieberklee fühlt sich am wohlsten in der Sumpfzone stehender oder auch fließender Gewässer. In gebührendem Abstand gesellt man andere Sumpfpflanzen hinzu, z. B. Sumpfdotterblume, Kalmus, Froschlöffel oder Sumpfschwertlilie.
Pflege: Um der Pflanze das Anwachsen zu erleichtern, sollte man beim Einsetzen darauf achten, daß die Blätter möglichst über den Wasserspiegel hinausragen. Der Fieberklee kann nur dann zu größeren Beständen heranwachsen, wenn er nicht durch Nachbarpflanzen bedrängt wird. Es empfiehlt sich daher, diese bei übermäßigem Wuchern rechtzeitig einzudämmen.
Vermehrung: Außerhalb der Blütezeit läßt sich der Fieberklee durch Teilung seines kriechenden Wurzelstocks leicht vermehren.

Mimulus
Gauklerblume, Affenblume

Arten: *M. cupreus*, *M. guttatus* (auch *M. langsdorffii*, Gefleckte Gauklerblume), *M. luteus* (Gelbe Gauklerblume), *M. ringens* (Blaue Gauklerblume)
Familie: Braunwurzgewächse oder Rachenblütler *(Scrophulariaceae)*
Herkunft: Ufer, Quellen und Feuchtwiesen, *M. cupreus* und *M. luteus* in Chile, *M. guttatus* in Nordamerika, in Europa eingebürgert, *M. ringens* in Nordamerika
Blütenfarbe: *M. cupreus* rot, *M. guttatus* und *M. luteus* gelb mit roten Flecken, *M. ringens* blauviolett
Blütezeit: *M. cupreus* Juli bis September, *M. guttatus* Juni bis Oktober, *M. luteus* Mai bis August, *M. ringens* Juni bis August
Wuchshöhe: *M. cupreus* 10–15 cm, *M. guttatus* und *M. ringens* 30–60 cm, *M. luteus* 20–40 cm
Merkmale: Gauklerblumen gehören mit ihren großen, trichterförmigen Blüten in intensiven Farben mit zu den auffälligsten Stauden im Wassergarten. Die klein bleibende Art *M. cupreus* entwickelt unregelmäßig gezähnte, glän-

Mimulus cupreus

zend dunkelgrüne Blätter, die an langen, niederliegenden Stengeln sitzen. Ihre kupferroten Blüten erscheinen vorwiegend im Spätsommer und bilden einen schönen Kontrast zu dem dunklen Laub. Die robuste Gefleckte Gauklerblume erfreut durch ihre großen gelben, im Innern rot gesprenkelten Blüten, die in lockeren Blütenständen zusammenstehen. Eine verlängerte Unterlippe macht die Blumen deutlich asymmetrisch, wodurch die Gefleckte Gauklerblume gut von den anderen Arten zu unterscheiden ist. Im Wuchs ähnelt ihr ziemlich die Gelbe Gauklerblume, doch sind deren Blüten ebenmäßiger ausgebildet und die 5 Kronzipfel alle etwa gleich groß. Sehr auffallend wirken die größeren roten Flecken, die ihren Blütenschlund betonen. Die Blaue Gauklerblume schließlich bereichert die ohnehin schon lebhaften Farbtöne der Gattung noch um ein wunderschönes Blauviolett. Ihre relativ großen Blüten sitzen an recht kräftigen, aufrechten Stengeln, die gesägte, gegenständige Blätter tragen.

Mimulus guttatus

Sorten: von *M. cupreus* 'Roter Kaiser' (scharlachrot mit gelbem Schlund, Höhe 15 cm); von *M. luteus* 'Tigrinus Grandiflorus' (gelb mit roten Flecken, großblumig, Höhe 20 cm)
Standortansprüche: Die beschriebenen Gauklerblumen bevorzugen feuchten bis nassen Untergrund, sollten allerdings nicht tiefer als 5 cm im Wasser stehen. Am besten gedeihen sie in voller Sonne, aber auch halbschattige Standorte sagen ihnen zu.
Verwendung: *M. cupreus* breitet sich am Uferrand stehender oder fließender Gewässer rasch aus und bildet mit den roten Trichterblüten bald einen hübschen Saum. In Gesellschaft gelbblühender Tibet-Primeln und blauer Sumpfvergißmeinnicht sieht diese Art besonders apart aus. Die anderen Gauklerblumen wachsen gern in noch feuchteren Uferzonen des Gartengewässers. Sie lösen einander im Flor ab, weshalb man sie am besten miteinander kombiniert. Am schönsten wirken die farbenprächtigen Stauden, wenn sie, unbedrängt von anderen Blütenpflanzen, in größeren Tuffs am Gewässerrand stehen. Dort sollten nur Gräser wie Binsen, Simsen oder Seggen sie grün umrahmen.
Pflege: Gauklerblumen samen sich in der Regel selbst aus und müssen in ihrem Ausbreitungsdrang eher gezügelt als durch besondere Pflegemaßnahmen unterstützt werden. *M. cupreus* ist als einzige der genannten Arten nicht völlig winterfest und erhält daher im Herbst eine schützende Abdeckung aus Laub und Fichtenreisig. Die ohnehin sehr lange Blütezeit der Stauden läßt sich durch regelmäßiges Zurückschneiden von Verblühtem noch bis weit in den Herbst hinein ausdehnen.
Vermehrung: Am einfachsten ist der Nachwuchs durch Samen zu gewinnen, den man gleich nach der Samenreife im Herbst von der Pflanze abnimmt und aussät. Man kann aber auch starke Exemplare vor dem Neuaustrieb im Frühjahr oder nach der Blüte im Herbst teilen.

Mimulus luteus

Mimulus ringens

Myosotis
Vergißmeinnicht

Arten: *M. palustris* (auch *M. scorpioides*, Sumpfvergißmeinnicht), *M. rehsteineri* (auch *M. caespitosa* ssp. *rehsteineri*, *M. caespititia*, *M. palustris* ssp. *caespititia*, Bodensee-Vergißmeinnicht)
Familie: Boretsch- oder Rauhblattgewächse *(Boraginaceae)*

Myosotis palustris

Herkunft: *M. palustris* Naßwiesen, Gräben und Ufer von Europa bis Sibirien, in Nordamerika eingebürgert, *M. rehsteineri* Kiesufer am Bodensee, am Rhein und am Starnberger See
Blütenfarbe: himmelblau
Blütezeit: *M. palustris* Mai bis September, *M. rehsteineri* April bis Mai
Wuchshöhe: *M. palustris* 20–40 cm, gelegentlich bis 80 cm, *M. rehsteineri* 2–10 cm
Merkmale: In keinem Wassergarten sollte das leuchtende Himmelblau von Vergißmeinnichtblüten fehlen. Allerdings gibt es unter den vielen Arten der Gattung nur wenige, die feuchten Boden in Gewässernähe bevorzugen. Zu ihnen gehört das Sumpfvergißmeinnicht, eine aufrecht wachsende Staude, deren verzweigte Stengel und längliche Blätter stark behaart sind. Wie blaue Wölkchen wirken die traubenartigen Blütenstände, die sich aus zahllosen einfachen kleinen Einzelblüten zusammensetzen. Bei ganz genauer Betrachtung lassen diese goldgelbe Schlundschuppen im Zentrum ihrer blauen Kronblätter erkennen. Eine Rarität aus dem süddeutschen Raum ist das unter strengem Naturschutz stehende, ebenfalls ausdauernde Bodensee-Vergißmeinnicht. Obwohl es niedriger als 10 cm bleibt, sind seine Blüten größer als die der zuvor genannten Art. Zudem leuchten sie in einem noch strahlenderen Himmelblau. Beide Arten können mit Hilfe ihrer kriechenden Grundachse zu dichten Beständen heranwachsen.
Sorten: von *M. palustris* (Höhe jeweils 20–30 cm)

Myosotis rehsteineri

'Alba' (weiß), 'Thüringen' (dunkelblau)
Standortansprüche: Während das Sumpfvergißmeinnicht feuchte, humose bis lehmige Tonböden benötigt, die auch zeitweilig bis zu 10 cm hoch überflutet sein dürfen, bevorzugt das Bodensee-Vergißmeinnicht feuchten, jedoch nicht völlig unter Wasser stehenden, kiesigen Untergrund. Beide Arten brauchen einen sonnigen bis halbschattigen Platz.
Verwendung: Das Sumpfvergißmeinnicht fühlt sich in der sumpfigen Uferzone eines Bachlaufs oder am Ufer stehender Gewässer besonders wohl. Dank seiner langanhaltenden Blütezeit und der auffallenden blauen Farbe ist es der ideale Begleiter für viele andere Sumpfpflanzen. So ergänzen im Frühjahr etwa die Blüten der Sumpfdotterblume, der Mehl- und der Rosenprimel das hübsche Blau, später diejenigen der Japanischen Sumpf- und Prachtiris. Im Spätsommer dann wird das Sumpfvergißmeinnicht von Brunnenkresse und Gauchheil-Ehrenpreis als Farbträger abgelöst. Die niedrigen blauen Blütenteppiche des Bodensee-Vergißmeinnichts harmonieren besonders gut mit dem ebenfalls klein bleibenden, gelbblühenden Pfennigkraut, der Zwergbinse oder der Sumpfdotterblume.
Pflege: Vor allem beim Bodensee-Vergißmeinnicht sollte man auf ausreichend große Pflanzabstände zu höherwüchsigen Nachbarn achten, damit es genügend Licht erhält. Ansonsten erfordern die robusten und anspruchslosen Wildstauden am geeigneten Standort keine besonderen Pflegemaßnahmen.
Vermehrung: Neue Pflanzen erhält man am einfachsten durch Teilung des kriechenden Wurzelstocks. Der beste Zeitpunkt hierfür liegt im Frühjahr oder späten Herbst, nachdem die Blumen verblüht sind.

Myriophyllum
Tausendblatt

Arten: *M. aquaticum* (auch *M. brasiliense*, *M. proserpinacoides*, Papageienfeder), *M. spicatum* (Ähriges Tausendblatt), *M. verticillatum* (Quirlblättriges Tausendblatt, Quirlblütiges Tausendblatt)
Familie: Meerbeeren- oder Seebeerengewächse *(Haloragaceae)*

Myriophyllum aquaticum

Herkunft: stehende und langsam fließende Gewässer, *M. aquaticum* im tropischen und subtropischen Südamerika, weltweit vielerorts eingebürgert, *M. spicatum* in Europa, Asien und Afrika, auf Sumatra und den Philippinen, *M. verticillatum* in Europa, Kleinasien und Nordwestafrika sowie in Ostasien und Nordamerika
Blütenfarbe: rosa, Blüten unscheinbar
Blütezeit: Juni bis August
Wuchshöhe: 20–200 cm, größtenteils unter Wasser

Myriophyllum spicatum

Merkmale: Die Tausendblattarten machen ihrem Namen alle Ehre, sind doch ihre quirlständigen Laubblätter in unzählige kammförmige Fiedern zerteilt. Zur Blütezeit schieben die ausdauernden Unterwasserpflanzen bis zu 15 cm lange Blütenähren über die Wasseroberfläche. Die tropische Papageienfeder ist in den gemäßigten Klimazonen sommergrün. Ihre breit wuchernden Triebe sind dicht mit blaugrünen Blättern besetzt, die sich im Herbst rötlich färben. Beim Ährigen Tausendblatt stehen die Blätter immer in Viererquirlen zusammen und fluten an rötlich überlaufenen Stielen im Wasser. Auf den ersten Blick sehr ähnlich wirkt das Quirlblättrige Tausendblatt. Durch etwas größere Blätter, in ihren Quirlen meist zu fünft vereint, läßt sich diese Art jedoch von den anderen unterscheiden. Als Besonderheit bildet sie im Herbst kugelartige Kurzsprosse, sog. Winterknospen, aus, die auf den Gewässergrund sinken und hier den Winter überdauern, bevor sie im Frühjahr neu austreiben. Losgelöste Sprosse der Tausendblattarten entwickeln sich zu eigenständigen Pflanzen und tragen somit zur Verbreitung der Art bei.

Standortansprüche: In extrem nährstoffarmem Wasser wird man mit den Tausendblattarten keinen Erfolg haben. In jedem anderen Gewässer gedeihen sie aber problemlos, sofern die Wassertiefe mindestens 40 cm beträgt. Volle Besonnung bis höchstens leichter Schatten fördern das Wachstum.

Verwendung: Die grazilen Gewächse bevorzugen die Tiefwasserzonen stehender oder langsam fließender Gewässer. Hier bieten sie vielen Wassertieren Schutz und Lebensraum. Zudem leisten sie durch hohe Sauerstoffproduktion einen wichtigen Beitrag zur Gewässerreinhaltung. Ihrer Natur entsprechend kombiniert man sie mit anderen untergetauchten Pflanzen, z. B. Rauhem Hornblatt, Wasserstern oder verschiedenen Laichkrautarten. Üppige Schwimmblattpflanzen wie See- oder Teichrose nehmen den darunter wachsenden Unterwasserpflanzen das Licht und schränken auf diese Weise den Ausbreitungsdrang des Tausendblatts etwas ein.

Pflege: In tieferen Gewässerabschnitten werden die Tausendblattarten am einfachsten angesiedelt, indem man sie mit einem Pflanzstein versenkt. Wie bei allen Unterwasserpflanzen muß die Ausbreitung der Stauden sehr genau verfolgt werden, um gegebenenfalls regulierend eingreifen zu können.

Vermehrung: Triebstücke der Pflanzen lassen sich in den Sommermonaten problemlos abtrennen und an anderer Stelle mit Hilfe eines Pflanzsteins wieder versenken.

N

Nasturtium
Brunnenkresse

Art: *N. officinale* (auch *N. nasturtium-aquaticum, Rorippa nasturtium-aquaticum*, Echte Brunnenkresse, Wasserkresse, Bachkresse)
Familie: Kreuzblütler *(Brassicaceae, Cruciferae)*
Herkunft: Bäche, Gräben und Quellen in der ganzen Welt
Blütenfarbe: weiß
Blütezeit: Mai bis September
Wuchshöhe: 20–70 cm
Merkmale: Die Echte Brunnenkresse wurde schon zur Römerzeit als Heilpflanze kultiviert. Ihre saftigen, unpaarig gefiederten Laubblätter haben einen hohen Vitamin-C-Gehalt und ergeben einen schmackhaften Salat. Sie sitzen locker verteilt an langen, aufsteigenden oder kriechenden Stengeln, die ihren Abschluß in end- und blattachselständigen Blütentrauben finden. Während zur Stengelspitze hin noch unzählige weiße Blüten erstrahlen, reifen weiter unten schon die länglichen Schotenfrüchte heran. Das Laub der Staude behält auch im Winter seine grasgrüne Färbung.

Standortansprüche: Die Echte Brunnenkresse gedeiht am besten in kühlem, schnell fließendem Wasser in sonniger bis halbschattiger Lage. Optimal sind Wassertiefen von 5–20 cm.

Verwendung: Entsprechend ihrem natürlichen Vorkommen setzt man die Echte Brunnenkresse bevorzugt in die Sumpfzone von Bächen oder in die Nähe künstlicher Wasserfälle. Dabei kann sie sehr gut mit anderen Sumpfpflanzen kombiniert werden, insbesondere mit solchen, deren Blüten Farbe ins Spiel bringen, z. B. Vergißmeinnicht, Bachbunge, Bachnelkenwurz, Sumpfdotterblume oder Goldmilzkraut.

Nasturtium officinale

Pflege: Am geeigneten Standort entwickelt die Echte Brunnenkresse von allein üppige Bestände, und sie überdauert problemlos den Winter.
Vermehrung: Durch Teilung des kriechenden Wurzelstocks im Frühjahr oder im Herbst gewinnt man am schnellsten neue Exemplare.

Nuphar
Teichrose, Mummel

Arten: *N. lutea* (Gelbe Teichrose, Mummel, Seekandel), *N. pumila* (Kleine Teichrose, Zwergmummel), *N. advena* (Amerikanische Teichrose, Biberlilie), *N. japonica* (Japanische Teichrose)
Familie: Seerosengewächse *(Nymphaeaceae)*
Herkunft: stehende und langsam fließende Gewässer, *N. lutea* von Europa bis Vorderasien und Nordafrika sowie in Sibirien, *N. pumila* in Europa, Sibirien, Kamtschatka und Japan, *N. advena* in den USA, in Mexiko und auf den Westindischen Inseln, *N. japonica* in Japan
Blütenfarbe: goldgelb
Blütezeit: *N. lutea* und *N. pumila* Juni bis August, *N. advena* Mai bis August, *N. japonica* Juli bis August

Nuphar advena, Blüte

Nuphar lutea

Wuchshöhe: 50–250 cm, *N. pumila* 25–150 cm, alle größtenteils unter Wasser
Merkmale: Teichrosen sind recht auffällige ausdauernde Schwimmblattpflanzen, die zugleich einen sehr natürlichen Charme ausstrahlen. Aus einem dicken Rhizom entwickeln sie langgestielte Blätter sowie kräftige Blütenstiele, die ihre goldgelben Blumen 10–20 cm über die Wasseroberfläche emporheben. Die hellgrünen, wellig gekräuselten Unterwasserblätter erinnern an große Salatblätter und unterscheiden sich damit deutlich von den ledrigen Schwimmblättern, deren Form bei den einzelnen Arten verschieden ist. Während die Schwimmblätter im Spätherbst verrotten, bleiben die dünnen Unterwasserblätter den Winter über grün. Die Gelbe Teichrose bringt im Sommer duftende, rein gelbe, kugelige Blüten hervor. Beim Öffnen geben diese einen breiten Blütenboden frei, aus dessen Zentrum sich die trichterförmige Narbenscheibe erhebt. Sehr harmonisch wirkt dazu der grüne Teppich, den die tief herzförmig eingeschnittenen Schwimmblätter bilden. In allen Teilen zierlicher bleibt die Kleine Teichrose mit ihren ovalen Schwimmblättern. Ihre ebenfalls goldgelben Blüten duften außerdem weniger intensiv. Beide heimischen Arten stehen unter Naturschutz. Bei der Gelben Teichrose sind alle Teile, insbesondere das fleischige Rhizom, giftig. Der Gelben Teichrose recht ähnlich ist die Amerikanische Teichrose; ihre hübschen goldgelben Blüten weisen jedoch im Innern rote Zeichnungen auf. Dem Wasserspiegel aufliegende Schwimmblätter entwickelt diese Art nur in tiefen Gewässern, ansonsten ragt das Laub weit über das Wasser auf. Die Japanische Teichrose schließlich unterscheidet sich von den anderen Arten durch ihre länglichen, fast pfeilförmigen Schwimmblätter. Außerdem nimmt bei ihren Blumen der Blütenboden im Verblühen eine attraktive Rotfärbung an.
Standortansprüche: Die starkwüchsigen Teichrosen benötigen mindestens 50 cm Wassertiefe, damit sie sich frei entfalten können, nur für die Kleine Teichrose reicht schon eine Tiefe von 25 cm. Bei zu niedrigem Wasserstand drängen sich die ledrigen Schwimmblätter über den Wasserspiegel hinaus, was nicht besonders attraktiv aussieht. Am besten geeignet sind Gewässer, die sich im Sommer nicht zu stark erwärmen und einen eher reichlichen Nährstoffgehalt aufweisen. Die Teichrosen bevorzugen direkte Sonne, gehören aber zu den wenigen Wasserpflanzen, die auch im tiefen Schatten noch gut gedeihen.
Verwendung: Um über lange Zeit Freude an den schönen Pflanzen zu haben, sollte man die großen Teichrosenarten entsprechend ihrem natürlichen Vorkommen nur in tieferen Gartenteichen oder ruhigen Buchten von Fließgewässern verwenden. Besonders interessant sind sie für schattige Wasserpartien, da hier kaum andere Schwimmblattpflanzen gedeihen. In sonnigen bis halbschattigen Lagen ergänzen die Teichrosen die Blumenparade der Seerosen, der Wasserähre und der Seekanne hervorragend. Die Kleine Teichrose eignet sich dagegen speziell für kleinere Teiche und für die Flachwasserzone größerer Gewässer.
Pflege: Vor dem Einpflanzen des Rhizoms werden dessen Wurzelhaare und eventuelle Faulstellen mit einem scharfen Messer entfernt. Anschließend desinfiziert man die Schnittstellen mit Holzkohlenpulver, läßt sie etwas antrocknen und legt das Rhizom waagrecht direkt in die Erde des Gewässerbodens. Dabei ist darauf zu achten, daß bereits vorhandene Blattansätze nach oben zeigen. Man

kann die Teichrosen aber auch in Gitterkörbe pflanzen, die dann anschließend an der gewünschten Stelle im Teich versenkt werden. In beiden Fällen muß man etwas Geduld aufbringen, denn im ersten Jahr nach der Pflanzung bilden sich nur Unterwasserblätter; Schwimmblätter entwickeln sich in der Regel erst ab dem zweiten Jahr. Haben sich die Pflanzen aber schließlich eingewöhnt, bringen sie am richtigen Standort jährlich eine reiche Blütenzier hervor. Manchmal ist es nötig, zu stark wuchernde Pflanzen auszulichten. Dazu schneidet man die Schwimmblätter im Spätsommer knapp über dem Rhizom ab. Gleichzeitig sollte man auch sich stark vermehrende Unterwasserpflanzen eindämmen, wenn sie die Teichrosen in ihrem Wachstum zu behindern drohen.

Nuphar pumila

Vermehrung: Um neue Pflanzen zu erhalten, gräbt man im Frühjahr oder Herbst das Rhizom vorsichtig aus und teilt die Seitenverzweigungen, sog. Tochterrhizome, mit einem scharfen Messer ab. Auch hier empfiehlt es sich, die Schnittstellen mit Holzkohlenpulver zu desinfizieren.

Nymphaea
Seerose

Familie: Seerosengewächse *(Nymphaeaceae)*

Winterharte Wildarten

Arten: *N. alba* (Weiße Seerose), *N. candida* (Glänzende Seerose, Kleine Seerose), *N. odorata* (Duftende Seerose), *N. tetragona* (Zwergseerose), *N. tuberosa* (Knollenseerose, Magnolienseerose)
Herkunft: Teiche, Seen und Altwasser, *N. alba* von Europa bis zum Ural und Nordwestafrika, *N. candida* von Europa bis zum Kaukasus und Westsibirien, *N. odorata* im östlichen Nordamerika bis Mexiko und El Salvador sowie auf den Westindischen Inseln, *N. tetragona* in Nordosteuropa, Nord- und Ostasien mit Himalaja und in Nordamerika, *N. tuberosa* in Nordamerika
Blütenfarbe: *N. alba* und *N. candida* weiß, *N. odorata* und *N. tetragona* weiß, auch rosa oder gelb, *N. tuberosa* weiß, auch rosa
Blütezeit: Mai bis September
Wuchshöhe: *N. alba* und *N. tuberosa* 50–250 cm, *N. candida* und *N. odorata* 40–120 cm, *N. tetragona* 15–50 cm, alle größtenteils unter Wasser
Merkmale: Mit ihren wunderschönen Blüten und den attraktiven Schwimmblättern ist die Seerose zweifelsohne die Königin der Wasserpflanzen. Sehr leicht zu kultivieren sind die winterharten ausdauernden Wildformen, zu denen auch die beiden heimischen Arten, also die Weiße und die Glänzende Seerose, gehören. Um sie in freier Natur vor der Ausrottung zu bewahren, stehen sie unter strengem Naturschutz. Die Weiße Seerose treibt aus einem armdicken Rhizom langgestielte, feste Schwimmblätter von dunkelgrüner Farbe und rundlicher Gestalt. Ihre großen weißen Blüten öffnen sich bei Sonnenschein vollständig und geben den Blick auf dichte Büschel goldgelber Staubgefäße frei. Bereichert wird ihre Schönheit noch durch einen angenehmen Duft. Die Art enthält in allen Teilen Giftstoffe. Sehr ähnlich ist die Glänzende Seerose, sie bleibt jedoch insgesamt kleiner. Ihre sternförmigen, weißen Blüten öffnen sich nie vollständig. Wie schon ihr Name verrät, fällt die Duftende Seerose durch einen besonders angenehmen Geruch auf. Ihre weißen, selten auch rosa getönten Blütenblätter laufen spitz zu, die Blütenschalen wirken dadurch sehr elegant. Die zierlichste Wildart ist die weißblühende Zwergseerose, deren zart duftende Blüten nur etwa so groß wie ein Fünfmarkstück werden. Sie erscheinen zwischen ovalen, herzförmig eingeschnittenen Schwimmblättern, die häufig schwarz gefleckt sind. Knollenartig verdickten Seitensprossen verdankt die Knollenseerose ihren Namen. Diese Art bringt weiße, manchmal auch rosafarbene Blüten hervor, die einer Magnolienblüte ähneln und leicht duften.
Sorten: Im Handel sind u. a. erhältlich von *N. alba* 'Minor' (auch als *N. alba* var. *minor* geführt; weiß, für 30–50 cm Wassertiefe); von *N. odorata* 'Fire Crest' (zartrosa mit orangeroten Staubblättern, stark duftend, sehr blühfreudig, für 40–70 cm Wassertiefe), 'Turicensis' (altrosa, zugespitzte Blütenblätter, süß duftend, für 40–70 cm Wassertiefe), 'Rosennymphe' (kräftig rosa, im Verblühen heller, duftend, für 70–100 cm Wassertiefe)

Nymphaea alba

Nymphaea candida

Nymphaea odorata

sowie 'Sulphurea' (schwefelgelb mit goldgelben Staubblättern, für 70–100 cm Wassertiefe); von *N. tetragona* (jeweils für 15–30 cm Wassertiefe) 'Alba' (rein weiß, duftend), 'Helvola' (cremegelb, sternförmige Blüte, frostempfindlich), 'Rubra' (rosa, später granatrot); von *N. tuberosa* 'Richardsonii' (rein weiß, duftend, grasgrüne Schwimmblätter, für 70–100 cm Wassertiefe), 'Rosea' (fleischfarben mit gelben Staubblättern, für 70–100 cm Wassertiefe), 'Pöstlingberg' (rein weiß, grasgrüne Schwimmblätter, für über 100 cm Wassertiefe).

Nymphaea tetragona

Standortansprüche: Um ihre ganze Blütenpracht entfalten zu können, benötigen Seerosen vollsonnige Lagen und einen ruhigen Wasserstand. In der Nähe von Springbrunnen und Wasserfontänen gedeihen sie nur schlecht, auch windige Stellen sollten vermieden werden. Die ideale Wassertiefe richtet sich nach dem natürlichen Vorkommen der einzelnen Arten bzw. den Ansprüchen der verschiedenen Sorten. Weiße Seerose und Knollenseerose können 2 m und tiefer im Wasser stehen, während für Glänzende und Duftende Seerose Wassertiefen von 40–120 cm ideal sind. Mit Wasserständen schon ab 15 cm kommt die zierliche Zwergseerose gut zurecht, tiefer als 50 cm sollte das Wasser für sie allerdings nicht sein.

Verwendung: Die Wildarten verwendet man am besten in der Tiefwasserzone des Teichs; Zwergseerosen eignen sich auch für die ruhige Flachwasserzone. Mit Kombinationen verschiedenfarbiger Seerosen läßt sich jede ruhige Wasseroberfläche sehr interessant gestalten. Eine reizvolle Abwechslung zwischen den rundlichen Seerosenblättern bilden die langgezogenen Schwimmblätter der Wasserähre und des Schwimmenden Laichkrauts. Aber nicht nur in großen Gewässern finden Seerosen ihren Platz. Besonders hübsch wirken Zwergseerosen in Miniteichen, Kübeln und Trögen, die, in Hausnähe, auf Terrassen oder auf Balkonen aufgestellt, einen außergewöhnlichen Blickfang abgeben. Generell darf das dichte Seerosenlaub aber höchstens ein Drittel der Wasserfläche abdecken, denn bei aller Begeisterung für die attraktiven Schwimmblattarten gilt es zu beachten, daß die für das ökologische Gleichgewicht bedeutsamen Unterwasserpflanzen noch ausreichend Licht erhalten müssen.

Pflege: Bei einer Pflanzung zwischen April und Juli sind die Seerosen in der Regel bis zum Herbst gut eingewurzelt. Containerpflanzen setzt man mitsamt ihrem Ballen in den Teichgrund. Vor dem Ausbringen von Seerosen mit „nackten" Rhizomen müssen dagegen zunächst faulige Stellen und lange Wurzelhaare mit einem scharfen Messer entfernt und die Schnittstellen anschließend mit Holzkohlenpulver desinfiziert werden. Die Rhizome der meisten Seerosenarten kommen dann waagrecht in das Substrat, nur das aufrecht wachsende,

Nymphaea tuberosa

knollenartig verdickte Rhizom der Zwergseerose wird senkrecht in die Erde gesetzt. Diese Direktpflanzungen in den Bodengrund erübrigen spätere Düngemaßnahmen. Praktisch sind die sog. Seerosenkörbe, die sich vor allem in künstlichen Gewässern mit fehlendem Bodengrund bewähren. Jungpflanzen kann man das Anwachsen erheblich erleichtern, wenn man sie in einen solchen Pflanzkorb setzt, in flacheres Wasser stellt und dann, ihrem Wachstum entsprechend, immer tiefer rückt. Um die blühfreudigen Pflanzen im Korb mit genügend Nährstoffen zu versorgen, empfiehlt es sich, ihnen schon bei der Pflanzung ein kleines Düngerdepot mitzugeben. Man vermischt Knochenmehl oder Hornspäne mit Ton- oder Lehmerde, formt daraus kleine Kügelchen und drückt sie direkt neben dem Rhizom ins Substrat. So können sich die Nährstoffe nicht sofort im Wasser lösen und dort womöglich eine Algen-

plage verursachen. Jeweils zu Beginn der Blühsaison im Frühjahr kann diese Art der Düngung sparsam wiederholt werden, auf keinen Fall aber darf Dünger direkt in das Gewässer gestreut werden. Alle 4–5 Jahre müssen Seerosen verjüngt werden. Sie geben dafür selber das Signal durch stark übereinanderwachsendes Blattwerk, das die Blüten kaum noch an die Oberfläche treten läßt. Am besten eignet sich das Frühjahr für eine Verjüngungskur, denn vor dem Blattaustrieb kann man am leichtesten abgestorbene Pflanzenteile entfernen sowie Rhizomteile entnehmen. Am richtigen Wuchsort überdauern die hier vorgestellten Arten und Sorten problemlos die kalte Jahreszeit an Ort und Stelle. Eine Ausnahme bildet nur die Zwergseerose 'Helvola', die wie die Zuchtformen überwintert wird (siehe Seite 208).
Vermehrung: Am einfachsten lassen sich Seerosen durch Abnahme von Rhizomaugen vermehren. Man kann das Rhizom aber auch in mehrere Stücke schneiden, wobei jedes Teilstück eine Triebspitze aufweisen muß. Wichtig ist eine gründliche Desinfektion der Schnittflächen mit Holzkohlenpulver. Als günstigster Zeitpunkt für beide Vermehrungsmethoden bietet sich das Frühjahr an, wenn noch kein Blätterwald die Arbeiten behindert.
Schädlinge und Krankheiten: Seerosenblattlaus, Seerosenzünsler, Seerosenblattkäfer; Blattrost

Zuchtformen

Art: *N.*-Hybriden
Herkunft: Kulturformen, deren Elternarten aus stehenden und langsam fließenden Gewässern der ganzen Welt, vorwiegend aber der Tropen stammen
Blütenfarbe: weiß, gelb, orange, rosa, rot
Blütezeit: Juni bis September
Wuchshöhe: 20–200 cm, größtenteils unter Wasser
Merkmale: Durch eifrige Züchtungsarbeit entstand im Lauf der Jahrzehnte eine nahezu unüberschaubare Vielfalt an Seerosen-Hybriden, die jährlich noch erweitert wird. Die Farbpalette reicht von reinem Weiß über Gelb und Orange bis hin zu den unterschiedlichsten Rot- und Rosatönen. Verantwortlich für die intensiven Farbtöne sind größtenteils tropische Arten, die mit den heimischen Seerosen gekreuzt wurden. Dieses Erbe bewirkt jedoch auch, daß viele der ausdauernden Hybriden nicht winterhart sind und besonderer Pflege bedürfen.
Sorten: Bei den im Fachhandel angebotenen Sorten wird meist eine Empfehlung für die geeignete Pflanztiefe gegeben. Nach diesem Kriterium sollte auch primär die Auswahl erfolgen. Angeboten werden u. a. für niedrigen Wasserstand (20–40 cm Tiefe): 'Berthold' (hellrosa, geringer Platzbedarf), 'Froebelii' (karminrot, wetterfest), 'Graziella' (orangerot bis kupferfarben, im Verblühen kanariengelb, leicht duftend), 'Indiana' (Farbspiel von Pfirsichrosa über Orangegelb bis Kupferrot, braucht warmen Standort), 'Laydekeri Lilacea' (auch *N. laydekeri* 'Lilacea'; lilarosa, nach außen heller werdend, Teerosenduft), 'Laydekeri Purpurata' (auch *N. laydekeri* 'Purpurata'; karminrot, orangerote Staubblätter), 'Maurice Laydeker' (orange- bis kirschrot, dunkelgelbe Staubblätter, kleinblütige Zwergform), 'Punctata' (rosarot), 'Sanguinea' (blutrot);
für mittleren Wasserstand (40–60 cm Tiefe): 'Gonnère' (auch 'Snowball' oder 'Chrystal White'; rein weiß, doppelt gefüllt, kugelförmig), 'Hermine' (weiß, auch für halbschattige Standorte), 'Karl Epple' (pfirsichrosa), 'Madame Maurice Laydeker' (kirschrot, außen heller, kugelförmig), 'Moorei' (intensiv gelb, schalenförmig), 'Newton' (zinnoberrot, sternförmig), 'Pink Sensation' (silbrigrosa, sternförmig, duftend), 'William Falconer' (rubinrot, orangerote Staubblätter);
für tiefes Wasser (70–100 cm Tiefe): 'Escarboucle' (karmin- bis rubinrot, würzig duftend), 'James Brydon' (scharlachrot, Blütenblätter nach innen gekrümmt), 'Marliacea Albida' (auch *N. marliacea* 'Albida'; weiß, leicht duftend), 'Marliacea Rosea' (auch *N. marliacea* 'Rosea'; zartrosa, stark duftend), 'Masaniello' (tiefrosa, außen heller, süßlich duftend), 'Princess Elizabeth' (hell pfirsichrosa, stark duftend), 'Sioux' (Farbspiel von Gelb und Orange über Kupferrosa zu Kupferrot, sternförmig);
für sehr tiefes Wasser (100 cm und tiefer): 'Anna Epple' (rosa), 'Attraction' (verwaschen rötlich, mit den Jahren intensiver), 'Charles de Meurville' (weinrot, außen heller, starkwüchsig), 'Colonel A. J. Welch' (kanariengelb, sternförmig), 'Hollandia' (karminrosa, sternförmig, duftend), 'Rembrandt' (karminrot, sternförmig).

Nymphaea-Hybride *'Froebelii'*

Nymphaea-Hybride *'Hermine'*

Nymphaea-Hybride *'Escarboucle'*

Standortansprüche: Wie die Wildarten benötigen die Hybriden ruhiges Wasser, humoses Substrat und viel Sonne. Die optimale Wassertiefe hängt von der jeweiligen Sorte ab. Um an den Wasserschönheiten lange Freude zu haben, sollte man die angegebenen Wassertiefen möglichst genau einhalten.
Verwendung: Die Seerosen-Hybriden werden bei der Teichgestaltung ebenso wie die Wildarten eingesetzt und verwandeln ruhige Wasseroberflächen in ein Blütenmeer. Ihr Lebensraum ist die Tiefwasserzone, manche Sorten gedeihen aber auch im Flachwasser.
Pflege: Was Düngung und die regelmäßige Verjüngung betrifft, werden die Seerosen-Hybriden wie die Wildarten behandelt (siehe Seite 206 f.). Allerdings pflanzt man Rhizomstücke nicht waagrecht, sondern schräg ein. Etwas aufwendiger ist die Überwinterung von Sorten, die in geringeren Tiefen als 50 cm wurzeln. Da Gewässer bis zu dieser Tiefe zufrieren können, müssen die hier wachsenden, frostempfindlichen Hybriden rechtzeitig vor dem Winter entfernt werden. Es empfiehlt sich deshalb, diese Seerosen stets in Pflanzkörbe zu setzen. Ist das Gewässer tief genug, reicht es dann gewöhnlich aus, sie im Herbst in größere Wassertiefen zu verschieben. Noch sicherer ist es aber, die Pflanzkörbe von Oktober bis März in einen hellen, frostfreien Raum zu bringen, wo die empfindlichen Hybriden die kalte Jahreszeit gut überstehen. Man stellt die Körbe dazu am besten in eine größere Wanne und hält sie gleichmäßig naß.
Vermehrung, Schädlinge und Krankheiten: wie bei den Wildarten (siehe Seite 207)

Nymphaea-Hybride *'Colonel A. J. Welch'*

Nymphoides
Seekanne

Art: *N. peltata* (auch *Limnanthemum peltatum, L. nymphoides*, Seekanne)
Familie: Fieberkleegewächse *(Menyanthaceae)*
Herkunft: stehende oder langsam fließende, nährstoffreiche Gewässer von Europa bis Ostasien
Blütenfarbe: goldgelb
Blütezeit: Juli bis September
Wuchshöhe: 80–150 cm, größtenteils unter Wasser
Merkmale: Die Seekanne ist eine unter Naturschutz stehende Schwimmblattpflanze. An ihren flutenden Stengeln sitzen runde bis herzförmige Schwimmblätter, die leicht mit kleinen Seerosenblättern zu verwechseln sind. Um zusätzlich Wasser und darin gelöste Nährstoffe aufnehmen zu können, hat die ausdauernde Pflanze an der rötlich schimmernden Unterseite ihrer Schwimmblätter spezialisierte Zellschichten entwickelt, die auch mit bloßem Auge gut als kleine Pünktchen zu erkennen sind. Die zierlichen, trichterförmigen Blüten besitzen 5 tief eingeschnittene, goldgelbe Kronblätter, die an den Rändern auffällig ausgefranst sind. Sie ragen etwa 10 cm über die Wasseroberfläche hinaus und werden bevorzugt von Hummeln und Bienen bestäubt.
Standortansprüche: Als wärmeliebende Pflanze bevorzugt die Seekanne stark besonnte Partien in ruhigen Gewässern mit nährstoffreichem Schlammboden.
Verwendung: Die hübsche Schwimmblattpflanze gedeiht in der Tiefwasserzone von Teichen, Seen oder träge dahinfließenden Bächen, kommt also vor allem für größere Wassergärten in Frage. Sie wird mit anderen Schwimmblattpflanzen, z. B. Seerosen und Teichrosen, oder der ebenfalls wärmeliebenden Wasserhyazinthe kombiniert. Nicht fehlen dürfen Unterwasserpflanzen. Hier eignen sich besonders der Wasserhahnenfuß und der Spreizende Hahnenfuß, die beide im Sommer hübsche weiße Schalenblüten über die Wasseroberfläche erheben.

Nymphoides peltata

Pflege: Um den hohen Nährstoffbedarf der Seekanne zu befriedigen, sollten bei der Pflanzung und jährlich zum Austrieb im Frühjahr kleine Nährstoffdepots ins Pflanzsubstrat eingebracht werden. Bewährt haben sich hierfür Lehmkügelchen, in die man Langzeitdünger wie etwa Knochenmehl oder Hornspäne eingeknetet hat. Am geeigneten Standort breitet sich die Pflanze mit Hilfe von Ausläufern weiter aus. Wird ihr Wachstum durch stark wuchernde Nachbarpflanzen behindert, müssen diese rechtzeitig ausgelichtet werden.
Vermehrung: Durch Teilung der verzweigten Grundachse oder Abnahme bewurzelter Ausläufer vor Beginn des Neuaustriebs im Frühjahr lassen sich auf einfache Art neue Pflanzen gewinnen.

O

Oenanthe
Rebendolde, Wasserfenchel, Pferdesaat

Art: *O. aquatica* (auch *O. phellandrium, Phellandrium aquaticum*, Wasserfenchel, Roßkümmel)
Familie: Doldenblütler *(Apiaceae, Umbelliferae)*
Herkunft: Tümpel, Altwasser und Gräben von Europa über Westasien bis Sibirien
Blütenfarbe: weiß
Blütezeit: Juni bis August
Wuchshöhe: 30–150 cm, bis zu 50 cm unter Wasser
Merkmale: Der ein- bis zweijährige Wasserfenchel besitzt einen hohlen, aufrecht wachsenden Stengel, der sich nach oben zu verzweigt. An seiner Basis ist er möhrenähnlich angeschwollen, von hier treibt er seine Ausläufer voran. Während die Unterwasserblätter in feinste, haarförmige Fiedern zerteilt sind, weisen die ebenfalls gefiederten Luftblätter eiförmig gelappte Abschnitte auf. Unzählige weiße Einzelblüten sind zu den für die Pflanzenfamilie typischen Doldenblüten zusammengefaßt. Sie riechen, wie die ganze Pflanze, unangenehm scharf. In ihren Samen befindet sich ein giftiges ätherisches Öl. Alle Teile des Wasserfenchels, in besonderem Maß jedoch das Laub, enthalten Giftstoffe.
Standortansprüche: Der Wasserfenchel braucht schlammigen Untergrund, einen bis zu 50 cm hohen Wasserstand sowie einen sonnigen bis halbschattigen Standort.
Verwendung: Entsprechend seiner natürlichen Verbreitung bieten auch im Garten die Sumpfzonen stehender oder langsam fließender Gewässer dem Wasserfenchel idealen Lebensraum. Hier lockert er mit seinen weißen Blütendolden die Röhrichtbestände aus Schilf, Rohrkolben und Rohrglanzgras auf. Sehr hübsch wirken seine filigranen Blütchen außerdem in Verbindung mit kräftig farbigen Sumpfpflanzen, etwa dem gelbblühenden Brennenden Hahnenfuß, dem purpurfarbenen Blutauge oder der Knotigen Braunwurz.
Pflege: Im Frühjahr eingesetzte Jungpflanzen blühen meist erst im darauffolgenden Jahr. Am passenden Standort bildet der Wasserfenchel zahlreiche Samen, die für seinen Fortbestand am Gewässer sorgen. Breitet er sich zu stark aus, sollte ein Teil der Blütenstände vor der Samenreife abgeschnitten werden.
Vermehrung: Nachkommen des Wasserfenchels lassen sich sehr leicht durch Aussaat im Herbst gewinnen.

Oenanthe aquatica

Orontium aquaticum

Orontium
Goldkeule, Goldkolben

Art: *O. aquaticum*
Familie: Aronstabgewächse *(Araceae)*
Herkunft: Sümpfe und Gewässer in den östlichen USA
Blütenfarbe: goldgelb
Blütezeit: Mai bis Juni
Wuchshöhe: 20–40 cm, teilweise unter Wasser
Merkmale: Die ausdauernde Goldkeule ist eine ausgesprochen elegante Erscheinung. Silbriger Schimmer verleiht ihrem blaugrünen Laub ein samtiges Aussehen. Je nach Wasserstand recken sich die Blätter aufrecht in die Höhe oder schwimmen auf der Wasseroberfläche. Im Frühsommer entwickeln sich an niederliegenden bis aufstrebenden, dicken, weißen Stielen zarte goldgelbe Blütenkolben. Die dann später heranreifenden Fruchtstände treiben auf der Wasseroberfläche. Mit den Jahren bildet die langsam wachsende Pflanze ein weit verzweigtes und tiefreichendes Wurzelsystem aus.
Standortansprüche: Damit dieses pflanzliche Kleinod gut gedeihen kann, benötigt es Wassertiefen von 10–25 cm sowie einen sonnigen Standort. Als Tiefwurzler braucht die Goldkeule lehmig-humosen Boden, der relativ nährstoffreich sein sollte.
Verwendung: In der Sumpfzone stehender oder langsam fließender Gewässer, zwischen Sumpfdotterblume, Fieberklee und Sumpfvergißmeinnicht, bieten die schönen Blätter und Blüten der Goldkeule einen exotischen Anblick. Sehr reizvoll wirkt die edle Kleinstaude auch im Vordergrund gelbblühender Sumpfschwertlilien.
Pflege: Die etwas frostempfindliche Goldkeule wird am besten in Pflanzkübel gesetzt. So kann man sie vor den ersten Nachtfrösten aus dem Wasser nehmen, um sie im Haus hell und frostfrei zu überwintern. Während dieser Zeit darf das Substrat auf keinen Fall austrocknen. Die Pflanzkübel müssen so groß sein, daß dem üppigen und tiefreichenden Wurzelwerk genügend Raum zur Entwicklung bleibt.
Vermehrung: Bewährt hat sich die Teilung des Wurzelballens im Frühjahr oder Herbst.

P

Peltandra
Peltandra

Art: *P. virginica* (auch *P. undulata*, Virginisches Pfeilblatt, Wasseraronstab)
Familie: Aronstabgewächse *(Araceae)*
Herkunft: Sümpfe und Ufer in Nordamerika
Blütenfarbe: grüngelb
Blütezeit: Mai bis Juni
Wuchshöhe: 40–50 cm, teilweise unter Wasser
Merkmale: Das Virginische Pfeilblatt ist eine ausdauernde, nur bedingt winterharte Sumpfpflanze. Aus einem knollenartigen Rhizom entwickeln sich an langen Stielen pfeilförmig zugespitzte Blätter, die saftig glänzen und einen hübschen Kontrast zu dem grüngelben Blütenkolben bilden. Dieser ist aus zahlreichen Einzelblüten aufgebaut, aus denen grünlich durchscheinende Beerenfrüchte entstehen.
Standortansprüche: Das Virginische Pfeilblatt benötigt einen sonnigen bis halbschattigen Platz, der ständig naß ist. Es verträgt Wassertiefen bis zu 20 cm.
Verwendung: Am wohlsten fühlt sich das Virginische Pfeilblatt in der Sumpfzone von Gartenteichen und am feuchten Rand langsam fließender Gewässer. Damit es gut zur Geltung kommt, gesellt man in gebührendem Abstand Goldkeulen, gelbe Sumpfdotterblumen und blaue Sumpfvergißmeinnicht dazu, die allesamt zur selben Zeit blühen. Am Uferrand sorgen Mehlprimeln für rosarote Farbtupfer.
Pflege: Um zu verhindern, daß die etwas empfindliche Sumpfstaude in kalten Wintern erfriert, gräbt man das knollige Rhizom vorsichtshalber vor den ersten Nachtfrösten aus. Eingetopft kommt es in einen kühlen, hellen Raum, wo es die kalte Jahreszeit überdauern kann, bis man es im darauffolgenden Frühjahr wieder auspflanzt. Vereinfacht wird die Umquartierung, wenn man die Staude in Pflanzcontainer oder -körbe setzt, die im Herbst problemlos aus dem Wasser genommen werden können.
Vermehrung: Nach der Überwinterung lassen sich durch Rhizomteilung oder Abtrennen von Nebentrieben bequem neue Pflanzen gewinnen.

Peltandra virginica

Petasites hybridus

Petasites
Pestwurz

Arten: *P. hybridus* (auch *P. officinalis*, Gewöhnliche Pestwurz), *P. fragrans* (Duftende Pestwurz)
Familie: Korbblütler *(Compositae)*
Herkunft: *P. hybridus* Ufer kühler, rasch fließender Bäche, Naßwiesen, Weiden- und Erlengebüsche in Europa, Nord- und Westasien, *P. fragrans* Feuchtwiesen und Ufer im Mittelmeerraum, in Westeuropa eingebürgert
Blütenfarbe: *P. hybridus* rosa, *P. fragrans* violettrosa
Blütezeit: *P. hybridus* März bis Mai, *P. fragrans* Dezember bis März
Wuchshöhe: *P. hybridus* zur Blütezeit 10–40 cm, im Herbst bis zu 100 cm, *P. fragrans* 20–40 cm
Merkmale: Die mehrjährige Gewöhnliche Pestwurz ist häufig an luftfeuchten Standorten anzutreffen. Sie zeichnet sich durch ein außergewöhnliches Wuchsverhalten aus. Sehr zeitig im Jahr erscheinen an kräftigen, rötlich überlaufenen Stielen rosafarbene, zylindrisch geformte Blütenstände. Sie bestehen lediglich aus Blüten ein und desselben Geschlechts, wobei es rein männliche und rein weibliche Pflanzen gibt. Erst nach einiger Zeit folgen den Blüten rundliche, herzförmig eingeschnittene Blätter mit unterseits flaumiger Behaarung. Sie wachsen das ganze Jahr über weiter und erreichen im Herbst bis zu 100 cm Höhe und bis zu 60 cm Breite. Ebenso verlängern sich nach der Blütezeit die weiblichen Blütenstände, während die männlichen bald welken. Der dicke, kriechende Wurzelstock wurde im Mittelalter als Arznei gegen die Pest verwendet. In größeren Mengen wirken die in Rhizom und Blättern enthaltenen Stoffe giftig. Die Duftende Pestwurz ähnelt der eben genannten Art, bleibt aber in allen Teilen zierlicher und blüht schon mitten im

Winter. Ihre regelmäßig gezähnten Blätter erscheinen gleichzeitig mit den Blüten. Diese weisen eine violettrosa Färbung auf und verströmen einen vanilleähnlichen Duft.
Standortansprüche: Beide Arten benötigen frische bis sickernasse Böden, die zeitweilig auch überschwemmt sein dürfen. Bei hoher Luftfeuchtigkeit gedeihen sie auch noch in sonnigen Lagen, sonst bevorzugen sie Halbschatten.
Verwendung: Entsprechend ihrem natürlichen Standort sollte die Gewöhnliche Pestwurz ihren Platz am Ufer eines fließenden Gewässers oder an einem Wasserfall fin-

Petasites fragrans

den, denn das strömende Wasser sorgt für die nötige Luftfeuchtigkeit. Denselben Zweck erfüllen auch Wasserspiele in Ufernähe des Gartenteichs, wo den raschwüchsigen Stauden z. B. Goldmilzkraut oder Bachnelkenwurz sowie Gräser und Farne zur Seite gestellt werden können. Bei der Pflanzung sollte man jedoch einen gebührenden Abstand, etwa die halbe Höhe, zu den Nachbargewächsen einplanen, weil sonst das meterhoch werdende, ausladende Blattwerk die darunterliegenden Pflanzen stark beschattet. Weniger Umsicht beim Einsetzen verlangt die Duftende Pestwurz, die sich bereits mit Blüten schmückt, während fast alle anderen Blütenstauden noch in der Winterruhe verharren.
Pflege: Am geeigneten Standort breiten sich die Pestwurzarten mit Hilfe von Ausläufern weit aus. Bedrängen sie die Nachbarpflanzen zu stark, kann ein Zurücknehmen der Bestände erforderlich werden. Zu diesem Zweck trennt man die wuchernden Ausläufer mit einem scharfen Spatenstich ab.
Vermehrung: Am besten läßt sich der dicke Wurzelstock der Pestwurz vor dem Neuaustrieb teilen, wenn das Blattwerk noch nicht stört. Die so gewonnenen Stücke können problemlos an anderer Stelle wieder eingepflanzt werden.
Schädlinge: Schnecken

Phalaris
Glanzgras

Art: *P. arundinacea* (auch *Typhoides arundinacea, Baldingera arundinacea, Phalaroides arundinacea,* Rohrglanzgras, Militz)
Familie: Süßgräser *(Poaceae)*
Herkunft: Ufer, Gräben, Naßwiesen, Erlenbrüche und Auwälder in Europa, in den gemäßigten Zonen Asiens und in Nordamerika
Blütenfarbe: rötlichgrün, dann gelb
Blütezeit: Juni bis Juli
Wuchshöhe: 50–200 cm, teilweise im Wasser
Merkmale: Zu den größten heimischen Gräsern gehört das mehrjährige Rohrglanzgras. Vom außerhalb der Blütezeit sehr ähnlichen Schilfrohr läßt es sich zuverlässig unterscheiden, wenn man eines der langen, rauhen Blät-

Phalaris arundinacea

ter an seiner Ansatzstelle zurückbiegt. Dort wird dann ein silbriges Blatthäutchen sichtbar, das dem Schilfrohr fehlt. Die reich beblätterten Stiele des Rohrglanzgrases tragen an ihrem Ende eine große Blütenrispe. Anfangs sind deren Ährchen rötlichgrün überlaufen, im Aufblühen verfärben sie sich gelb, gleichzeitig spreizen sich die Rispenäste leicht ab. Im Lauf des Sommers vertrocknet das aus einer kriechenden Grundachse treibende Gras, doch bleiben die Rispen bis zum nächsten Frühjahr stehen.
Sorten: 'Picta' (weiß-grün gestreifte Blätter, Höhe 50–200 cm), 'Tricolor' (weiß-rosa-grün gestreifte Blätter, Höhe 50–200 cm), 'Elegans' (weißlich gestreifte Blätter, Höhe 80–200 cm)
Standortansprüche: Das Rohrglanzgras braucht feuchten bis nassen Untergrund und zeitweilige Überflutung, wobei der Wasserstand bis 20 cm ansteigen darf. Im Gegensatz zum Schilfrohr verträgt es das Rohrglanzgras auch, durch schnell fließendes Wasser niedergedrückt zu werden. Seine Halme können sich anschließend ohne weiteres wieder aufrichten. Am üppigsten wächst das Gras in voller Sonne, kommt jedoch auch im Halbschatten noch gut zurecht.
Verwendung: Mit dem Rohrglanzgras lassen sich die Ufer schnell fließender Gewässer befestigen, aber ebensogut ruhige, abschirmend wirkende Röhrichtzonen des Gartenteichs gestalten. Damit dichte Bestände des Grases nicht eintönig wirken, können sie mit anderen Sumpfpflanzen aufgelockert werden. Geeignet sind vor allem Rohrkolben, Igelkolben, Brunnenkresse, Bachbunge, Knotige Braunwurz und Flügeljohanniskraut, lauter Pflanzen, die auch in freier Natur in Gesellschaft des Rohrglanzgrases vorkommen.
Pflege: Einmal eingewurzelt, gedeiht das stattliche Gras in der Regel ohne besondere

Phalaris arundinacea 'Picta'

Pflege. Da es sich mit Hilfe seiner Ausläufer stark ausbreitet, ist bei übermäßigem Wuchern ein Auslichten der Bestände nötig. Man kann das Wachstum des Rohrglanzgrases auch von Anfang an begrenzen, indem man es in spezielle Container pflanzt. Die vertrockneten Halme bieten den Tieren des Teichs ein beliebtes Winterquartier. Abgestorbene Pflanzenteile sollten deshalb erst im Frühjahr entfernt werden.
Vermehrung: Neue Pflanzen lassen sich gewinnen, indem man im Frühjahr oder Herbst den Wurzelstock teilt.

Phragmites
Schilf, Rohr, Schilfrohr

Art: *P. australis* (auch *P. communis*, Schilf, Rohr, Schilfrohr)
Familie: Süßgräser *(Poaceae)*
Herkunft: Ufer, Sumpfwiesen und Auwälder auf der ganzen Welt
Blütenfarbe: bräunlichviolett
Blütezeit: von Juli bis September
Wuchshöhe: 1–4 m, teilweise unter Wasser
Merkmale: Als typische Sumpfpflanze ist das ausdauernde Schilf hervorragend an das Wasserleben angepaßt. Mit Hilfe seiner unter- und oberirdischen Ausläufer breitet es sich im und auf dem schlammigen Untergrund rasch aus und eignet sich dadurch bestens zur Uferbefestigung von Bächen und

Phragmites australis

Seen. Seine Stengel erreichen enorme Höhen. Die langen, graugrünen Blätter, die im Jahresverlauf immer stärker überhängen, weisen an der Ansatzstelle statt eines Blatthäutchens einen mehrreihigen Haarkranz auf, der die Blattscheide vor dem Eindringen von Feuchtigkeit schützt. Darin unterscheidet sich das Schilf sehr deutlich vom ansonsten recht ähnlichen Rohrglanzgras. Erst im Spätsommer erscheinen seine dichten, bräunlichviolett schimmernden Blütenrispen.
Standortansprüche: Schilf benötigt einen zumindest feuchten Boden, wächst jedoch auf dauernassem Untergrund besser und verträgt Wassertiefen bis zu 50 cm problemlos. Im Schatten wuchert es nicht ganz so üppig wie in vollsonniger Lage, was im Garten durchaus von Nutzen sein kann.
Verwendung: In der Sumpf- und Flachwasserzone stehender und fließender Gewässer ist das Schilf ganz in seinem Element. Aufgrund seiner Größe setzt man es vorwiegend in weitläufigen Wassergärten ein. Hält man sein Wachstum im Zaum, wird es zum angenehmen Begleiter für blühende Sumpfpflanzen wie Schwanenblume, Froschlöffel, Pfeilkraut oder Zungenhahnenfuß. Auch zu den aufrechten „Bäumchen" des Tannenwedels paßt es gut. In kurzer Zeit lassen sich mit dem Schilf ausgewählte Uferabschnitte blickdicht abschließen. Kein Zweifel besteht an der wasserreinigenden Wirkung des Grases, das häufig in Pflanzenkläranlagen Verwendung findet. Seine stets luftgefüllten hohlen Halme versorgen nicht nur den Uferschlamm mit Sauerstoff, sondern setzen auch keimtötende Stoffe frei.
Pflege: Der Ausbreitungsdrang des Schilfs ist sehr gewaltig, deshalb pflanzt man es am besten von Anfang an in Pflanzkörbe oder -kübel. Wachsen die Rhizome über deren Rand hinaus, schneidet man sie einfach mit einem scharfen Messer oder einer Schere ab. Vertrocknete Halme des mächtigen Grases bieten vielen Tieren Unterschlupf und sollten deshalb erst im Frühjahr gekappt werden, und zwar stets einige Zentimeter oberhalb der Wasseroberfläche, denn bei einem zu tiefen Schnitt beginnen die Stümpfe zu faulen.
Vermehrung: Im Frühjahr und Herbst läßt sich das Rhizom des Schilfs ganz problemlos teilen.

Pistia
Wassersalat

Art: *P. stratiotes* (Muschelblume)
Familie: Aronstabgewächse *(Araceae)*
Herkunft: Tropen und Subtropen auf der ganzen Welt
Blütenfarbe: grünlich, Blüten unscheinbar
Blütezeit: von Juni bis September
Wuchshöhe: 5–10 cm, auf dem Wasser schwimmend
Merkmale: Die mehrjährige Muschelblume besteht aus einer dichten, auf der Wasseroberfläche schwimmenden Blattrosette, von der dünne Wurzeln meist frei ins Wasser hängen. Sie filtern die benötigten Nährstoffe direkt aus dem Wasser heraus. Erst bei genauem Hinsehen offenbart sich die ganze Schönheit der spatelförmigen, bläulich- bis hellgrünen Blätter: Eine feine, wasserabweisende Behaarung verleiht ihnen ein edles, samtiges Aussehen. Nur sehr sporadisch entwickeln sich im Herzen der Blattrosette kleine Blüten, die allerdings völlig unscheinbar sind und die man gewöhnlich übersieht. In ihrer tropischen Heimat wird die äußerst robuste und vermehrungsfreudige Pflanze mit-

unter zur Plage – in Mitteleuropa ist sie allerdings nicht winterhart.
Standortansprüche: Nur in sich stark erwärmenden Gewässerabschnitten in sonniger bis halbschattiger Lage gedeiht die Muschelblume zufriedenstellend. Dabei bevorzugt sie Wassertiefen von 15–25 cm, weil ihre Wurzeln dann noch den Boden erreichen und somit die Nährstoffaufnahme erleichtert wird. Die Pflanzen wachsen auf diese Weise üppiger, als wenn sie frei im Wasser schwimmen.

Pistia stratiotes

Verwendung: Am schönsten kommt die Wuchsform dieser Schwimmpflanze zur Geltung, wenn sie in der Sumpfzone eines ruhigen Gartenteichs, unbedrängt von anderen Pflanzen, treiben kann. Ähnlich warme Standortbedingungen wie die Muschelblume braucht die hellviolett blühende Wasserhyazinthe, aber auch Wasserähre, Krebsschere und Seerosen sind hübsche Nachbarn.
Pflege: Bereits zum Sommerausklang fischt man die im Wasser treibenden Muschelblumen ab und setzt sie in ein Gefäß um, in das zuvor eine etwa 15–20 cm hohe tropfnasse Lehmschicht eingebracht wurde. Auf diese Weise ist dann für eine ausreichende Nährstoffzufuhr an ihrem Überwinterungsort gesorgt, der hell und etwa 15–20 °C warm sein muß. Erst wenn sich das Gewässer im späten Frühjahr genügend erwärmt hat, setzt man die Muschelblumen wieder ins Freie. Den Sommer überstehen sie ohne besondere Pflege. Falls ein Überwuchern durch benachbarte Pflanzen droht, sollte man diese etwas zurücknehmen. Unter Umständen muß man aber auch einige Muschelblumen abfischen, wenn sie sich allzu kräftig ausgebreitet haben.
Vermehrung: Im Sommer abgetrennte Tochterpflanzen entwickeln sich schnell zu eigenständigen Exemplaren.

Polygonum
Knöterich

Art: *P. amphibium* (auch *Persicaria amphibia*, Wasserknöterich, Schwimmknöterich)
Familie: Knöterichgewächse *(Polygonaceae)*
Herkunft: ruhige Gewässer, Ufer und Naßwiesen in der nördlichen und südlichen gemäßigten Zone, außerdem in Südafrika
Blütenfarbe: rosa
Blütezeit: Juni bis September
Wuchshöhe: Landform 30–50 cm, unter Wasser 30–300 cm
Merkmale: Der mehrjährige Wasserknöterich wächst sowohl an Land wie auch im tiefen Wasser sowie in Sumpfzonen. Einen hohen Zierwert für den Wassergarten hat vor allem die Wasserform, da ihre langgestielten, glänzenden Schwimmblätter sehr dekorativ sind. Sie gehen von einem flutenden Stengel aus, der mit seiner kriechenden Grundachse im Boden verankert ist und von dort kurze Ausläufer treibt. Im Spätsommer erheben sich auf langen Stielen Scheinähren mit zahlreichen rosaroten Blüten über die Wasseroberfläche. In ihrem Laub enthält die robuste Schwimmblattpflanze hautreizende Stoffe.

Polygonum amphibium

Standortansprüche: Um die attraktive Schwimmform entwickeln zu können, benötigt der Wasserknöterich mindestens 30 cm Wassertiefe. Seine Blüte fällt auf sonnigen bis leicht beschatteten Gewässerpartien am üppigsten aus.
Verwendung: Mit Hilfe des Wasserknöterichs läßt sich die Tiefwasserzone eines stehenden oder langsam fließenden Gewässers in ein rosafarbenes Blütenmeer verwandeln. In diesen spätsommerlichen Blumenteppich passen hervorragend weißblühende Seerosen und Wasserähren. Da das schmalblättrige Laub des Wasserknöterichs genügend Licht durchläßt, gedeihen in seiner Gesellschaft auch Unterwasserpflanzen gut.
Pflege: Um den Kontakt mit den hautreizenden Inhaltsstoffen zu vermeiden, sind beim Umgang mit dieser Pflanze schützende Handschuhe unbedingt nötig. Die einfachste Methode, den Wasserknöterich im Garten anzusiedeln, ist das Einpflanzen in den Gewässergrund im Frühjahr. Wegen seines starken Ausbreitungsdrangs empfiehlt sich jedoch die Verwendung von Pflanzkübeln, in denen man sein üppiges Wachstum besser im Zaum halten kann. Gegebenenfalls müssen sonst wuchernde Bestände im Herbst ausgelichtet werden.
Vermehrung: Das kriechende Rhizom läßt sich sowohl im Frühjahr als auch im Herbst problemlos teilen, um neue Pflanzen zu gewinnen. Eine Aussaat gleich nach der Samenreife führt ebenfalls zum Erfolg.

Pontederia
Hechtkraut

Arten: *P. cordata* (Herzförmiges Hechtkraut), *P. lanceolata* (auch *P. cordata* var. *lancifolia*)
Familie: Hechtkrautgewächse *(Pontederiaceae)*
Herkunft: *P. cordata* Sümpfe und Flachwasserzonen im östlichen Nordamerika, *P. lanceolata* in den Tropen und Subtropen Amerikas
Blütenfarbe: blau
Blütezeit: Juni bis September
Wuchshöhe: *P. cordata* 60–100 cm, *P. lanceolata*

Pontederia cordata

60–100 cm, teilweise unter Wasser
Merkmale: Mit seinen strahlend blauen Blütenähren und den großen, herzförmig eingeschnittenen Blättern wird das Herzförmige Hechtkraut im Sommer zu einem malerischen Blickfang. Aus einem wuchernden Rhizom entwikkeln sich viele straff aufrecht stehende und sehr stark glänzende Blätter sowie eine Vielzahl langgestielter Ähren, in denen sich von unten nach oben die Blüten öffnen. Die Blumen zeichnen sich durch lange Haltbarkeit aus. Sehr ähnlich ist die ebenfalls äußerst attraktive Art *P. lanceolata*. Im wesentlichen unterscheidet sie sich vom Herzförmigen Hechtkraut allein durch ihre lanzettliche Blattform, etwas hellere Blüten und einen höheren Wuchs. Beide Arten sind ausdauernd, aber nur bedingt winterhart.
Standortansprüche: Hechtkrautarten brauchen nasse, schlammige Böden und gedeihen am üppigsten bei einem Wasserstand von 20–30 cm. Für das Herzförmige Hechtkraut sollte der Boden möglichst kalkarm sein. Neben vollsonnigen sind auch halbschattige Lagen durchaus geeignet.
Verwendung: In der Sumpfzone von Teichen, Seen oder langsam fließenden Bächen kann das Hechtkraut seine volle Schönheit zeigen. Das hübsche Blau seiner Blüten kontrastiert hervorragend mit dem Purpur des Blutweiderichs, mit der rosablühenden

Pontederia lanceolata

Schwanenblume, dem leuchtenden Gelb des Zungenhahnenfußes und mit weißen Tuffs von Froschlöffelblüten. Für eine neutrale Begleitung in diesem Farbfeuerwerk sorgen Igelkolben, Rohrkolben und Seesimse.
Pflege: Es empfiehlt sich, das starkwüchsige Hechtkraut in Pflanzcontainer oder -körbe zu setzen. Dies hat zwei Vorteile: Zum einen vermögen sich die Pflanzen nicht zu sehr auszubreiten, und zum andern können die Gefäße im Herbst in mindestens 50 cm tiefes Wasser versenkt werden.
In dieser frostfreien Zone erfrieren die empfindlichen Rhizome während des Winters nicht. Eine weitere Möglichkeit der Überwinterung besteht darin, die Pflanzgefäße rechtzeitig vor den ersten Nachtfrösten aus dem Wasser zu holen und an einen hellen, kühlen Ort zu räumen. Man muß aber vor der Umquartierung die oberirdischen Pflanzenteile abschneiden und den Winter über das Substrat gleichmäßig feucht halten.
Vermehrung: Beide Arten lassen sich sowohl durch Aussaat im Frühjahr als auch durch Rhizomteilung vor oder nach der Überwinterung vermehren.
Schädlinge: Blattläuse

Potamogeton
Laichkraut, Fischkraut

Arten: *P. crispus* (Krauses Laichkraut), *P. densus* (auch *Groenlandia densa*, Dichtes Laichkraut), *P. lucens* (Glänzendes Laichkraut, Spiegelndes Laichkraut), *P. natans* (Schwimmendes Laichkraut)
Familie: Laichkrautgewächse (*Potamogetonaceae*)
Herkunft: *P. crispus* nährstoffreiche Seen, Altwasser und Gräben in fast der ganzen Welt, *P. densus* und *P. lucens* stehende oder langsam fließende Gewässer in Europa und Asien, *P. natans* Teiche, Seen und stille Buchten in den gemäßigten Zonen der Nordhalbkugel und in Südamerika
Blütenfarbe: grünlich
Blütezeit: Mai bis September
Wuchshöhe: *P. crispus* 30–200 cm, *P. densus* 30–45 cm, *P. lucens* 60–300 cm, *P. natans* 60–150 cm, alle Arten untergetaucht, *P. natans* teilweise über dem Wasser
Merkmale: Bei den Laichkrautgewächsen handelt es sich um sehr vielgestaltige Unterwasser- oder Schwimmblattpflanzen, deren meist grünliche Blüten sich in endständigen Ähren vereinigen. Die reizvollen Stauden überdauern die kalte Jahreszeit immergrün oder in Form von Winterknospen. Das Krause Laichkraut besitzt langverzweigte Stiele, die dicht mit schmallanzettlichen, wellig gekräuselten Blättern besetzt sind. Oftmals ist das dunkelgrüne Laub rötlich überlaufen. Beim Dichten Laichkraut stehen sich die hübschen, zart durchscheinenden Blätter jeweils paarweise gegenüber. Die Blüten dieser geschützten Art sitzen in unscheinbaren, kurzgestielten Büscheln beieinander und bleiben auch während der Blütezeit untergetaucht. Das Glänzende Laichkraut entwickelt bis zu 20 cm lange Unterwasserblätter, die durch ihren lebhaften

Potamogeton crispus

Potamogeton densus

Glanz beeindrucken. Seine meterlangen Stengel wachsen bis zur Wasseroberfläche empor, heben jedoch nur ihre langgestielten Blütenähren über den Wasserspiegel. Das Schwimmende Laichkraut bildet hingegen derbe, breitovale Schwimmblätter aus. In der obersten Gewebeschicht dieser Blätter sind Öltröpfchen eingelagert, die wasserabweisend wirken und ihnen einen spiegelnden Glanz verleihen. Im Sommer schieben sich zwischen den Blatteppichen einige Zentimeter hohe Blütenähren nach oben. Die untergetauchten Bereiche der langen Stiele tragen schmale, linealische Unterwasserblätter.

Standortansprüche: Die genannten Laichkrautarten erweisen sich, was Lichtverhältnisse und Wasserqualität betrifft, als weitgehend anspruchslos. Eine Ausnahme bildet das Dichte Laichkraut, das auf einen hohen Nährstoffgehalt empfindlich reagiert. Krauses und Dichtes Laichkraut benötigen Wassertiefen von mindestens 30 cm, Glänzendes und Schwimmendes Laichkraut gedeihen ab 60 cm Wassertiefe.

Verwendung: Die Laichkrautarten sind wichtige Bestandteile der Tiefwasserzone stehender und langsam fließender Gewässer. Mit ihrer dichten Belaubung sorgen sie unter Wasser für die wichtige Sauerstoffproduktion und bieten zugleich vielen Wassertieren Schutz und Lebensraum. Für Fische stellen ihre weichen Unterwasserblätter willkommene Laichplätze dar. Ein besonders harmonisches Bild ergibt sich, wenn man die untergetauchten Laichkrautarten mit anderen Unterwasserpflanzen kombiniert, die auch in der Natur gemeinsam mit ihnen vorkommen, z. B. Wasserhahnenfuß, Tausendblatt, Wasserstern oder Wasserpest. Das außerordentlich starkwüchsige Schwimmende Laichkraut ist nur für größere Anlagen geeignet. Hier paßt es gut zwischen See- oder Teichrosenbestände.

Potamogeton lucens

Potamogeton natans

Pflege: Insbesondere das Schwimmende und das Glänzende Laichkraut sollte man besser in Pflanzkörbe setzen, um ihr Wachstum leichter unter Kontrolle halten zu können. Doch in jedem Fall müssen die wüchsigen Laichkräuter gelegentlich ausgelichtet werden, spätestens dann, wenn sie Nachbarpflanzen zu sehr bedrängen.

Vermehrung: Während der Vegetationszeit lassen sich aus Wurzelausläufern ohne viel Aufwand neue Pflanzen gewinnen. Auch abgerissene Sproßteile, an anderer Stelle einfach eingepflanzt, bewurzeln sich rasch.

Tip: Laichkräuter entnehmen dem Wasser Stoffe, die auch Algen für ihr Wachstum benötigen, und hemmen damit den Algenwuchs.

Potentilla
Fingerkraut

Art: *P. palustris* (auch *Comarum palustre*, Blutauge)
Familie: Rosengewächse *(Rosaceae)*
Herkunft: Sümpfe, Moore, Gräben und Teichränder in Europa, Asien und Nordamerika
Blütenfarbe: dunkelpurpurn
Blütezeit: Juni bis Juli
Wuchshöhe: 15–45 cm
Merkmale: Die rötlichen Stengel dieser Sumpfpflanze steigen aus einem langen, mit der Zeit verholzenden Wurzelstock auf. Im oberen Abschnitt verzweigen sie sich und tragen lockere Büschel höchst reizvoller Blüten. Ihrer aparten

Potentilla palustris

Färbung verdankt das Blutauge seinen Namen. Die Kombination aus innen bräunlichrot getönten Kelchblättern und intensiv purpurfarbenen Kronblättern verleiht der sternförmig geöffneten Blüte ein faszinierendes Aussehen. Weiteres Kennzeichen der zierlichen Staude sind ihre unpaarig gefiederten, an den Rändern grob gesägten Laubblätter.

Standortansprüche: Offen gehaltene, vollsonnige bis halbschattige Standorte fördern die Entwicklung der Pflanzen. Das Blutauge bevorzugt nassen, zeitweilig über-

fluteten Boden und verträgt Wasserstände bis zu 10 cm.
Verwendung: Im ständig nassen Übergangsbereich zwischen Uferrand und Sumpfzone fühlt sich das Blutauge am wohlsten. Wegen seiner geringen Konkurrenzstärke sollte man Kombinationen mit besonders wuchskräftigen Pflanzen vermeiden. Geeignete Begleiter sind z. B. Tibet-Primel und Mädesüß, aber auch Gräser wie Steife Segge oder Wollgras.
Pflege: Einmal eingewurzelt, gedeiht das robuste Blutauge in der Regel ohne spezielle Pflegemaßnahmen. Stark wuchernde Nachbarpflanzen müssen gegebenenfalls ausgelichtet werden.
Vermehrung: Neue Stauden erhält man durch Teilung des holzigen Wurzelstocks im Frühjahr oder Herbst. Möglich ist auch eine Anzucht aus Samen, die man gleich nach der Samenreife aussät.

Primula
Primel

Arten: *P. farinosa* (Mehlprimel), *P. florindae* (Tibet-Primel), *P. frondosa* (Thrakische Mehlprimel), *P. rosea* (Rosenprimel, Himalaja-Primel), *P. sieboldii* (Japanische Primel), *P. vialii* (auch *P. littoniana*, Orchideenprimel)
Familie: Primelgewächse *(Primulaceae)*
Herkunft: *P. farinosa* Flachmoore und Naßwiesen in den gemäßigten und subarktischen Gebieten und Gebirgsregionen der Nordhalbkugel, *P. florindae* Ufer und Sumpfwiesen in Südosttibet, *P. frondosa* Sümpfe und Ufer in Bulgarien, *P. rosea* Feucht- und Sumpfwiesen im westlichen Himalaja, *P. sieboldii* in Nordostasien, *P. vialii* Sumpfwiesen und Gehölzbestände in China

Primula farinosa

Blütenfarbe: *P. farinosa* rosarot, *P. florindae* gelb, auch rot oder braun, *P. frondosa* lilarosa, *P. rosea* rot, auch rosa, *P. sieboldii* weiß, rosa, rot, blau und violett, *P. vialii* violett
Blütezeit: *P. farinosa* Mai bis Juli, *P. florindae* Juli bis August, *P. frondosa* Mai, *P. rosea* März bis April, *P. sieboldii* Mai bis Juni, *P. vialii* Juni bis Juli
Wuchshöhe: *P. farinosa* 10–20 cm, *P. florindae* 40–90 cm, *P. frondosa* 5–15 cm, *P. rosea* 15–30 cm, *P. sieboldii* 20–30 cm, *P. vialii* 30–60 cm
Merkmale: Von den zahlreichen Primelarten eignen sich einige sehr gut für die feuchten Zonen des Wassergartens. Gemeinsames Merkmal dieser hübschen Stauden ist ein unbeblätterter Blütenschaft, der sich aus einer bodenständigen Blattrosette erhebt. Die unter Naturschutz stehende heimische Mehlprimel erhielt ihren Namen wegen des weißlichen Überzugs auf der Unterseite der spatelförmigen Blätter. In dichten Dolden erscheinen unzählige rosarote Blüten mit intensiv gelbem Schlund. Sie locken zahlreiche Insekten an, vor allem Bienen und Hummeln. Fast 1 m hoch werden die Blütenschäfte der Tibet-Primel. Sie tragen endständige Dolden aus bis zu 80 hängenden Einzelblüten, die angenehm duften. Bei der reinen Art strahlen sie in hellem Gelb, doch gibt es auch rote oder bräunliche Formen. Ihre langgestielten, rosettenartig angeordneten Blätter unterstützen mit ihrem kräftigen Grün die Leuchtkraft der Blumen. Winzig im Wuchs, doch ungemein reichblütig präsentiert sich die Thrakische Mehlprimel. Sie kommt wild nur in einem kleinen Areal in Bulgarien vor und ist streng geschützt. Ihre bogenförmig gekerbten Laubblätter sind wie die der heimischen Mehlprimel unterseits weißlich bemehlt, die Blüten allerdings zeigen ein ungewöhnliches Lilarosa. Im Frühjahr schmückt sich die Rosenprimel zunächst mit dichten Blütendolden in intensivem Karminrot. Erst danach treiben ihre frischgrünen, löffelförmigen Laubblätter aus. Die Japanische Primel zeichnet sich durch überraschend große Blüten aus. Bei der Wildform schimmern sie in apartem Rosa, doch gibt es Zuchtsorten in einer breitgefächerten Farbpalette, in der sogar das für Primeln ungewöhnliche Blau vertreten ist. Die Blütenblätter sind oftmals gelappt oder gefranst, was den fünfstrahligen, in üppigen Dolden stehenden Blütensternen einen zusätzlichen Reiz verleiht. Untermalt werden die bezaubernden Blumen von herz- bis eiförmigen Laubblättern. Zu den schönsten Primelarten überhaupt gehört die Orchideenprimel. Ihre kleinen, intensiv duftenden Blüten sind

Primula florindae

Primula frondosa

Primula rosea

in einer dichten, kegelförmigen Ähre angeordnet. Die zunächst noch scharlachroten Knospen nehmen erst im Öffnen eine zartviolette Färbung an, und weil jede Ähre langsam von unten nach oben aufblüht, ergibt sich ein sehr reizvolles Farbspiel. Die weichen, schmalelliptischen, aufrechtstehenden Laubblätter runden das Bild harmonisch ab.

Sorten: Im Handel sind u. a. erhältlich von *P. florindae* (jeweils 50–80 cm hoch) 'Hybriden' (vermutlich *P. florindae* x *P. waltonii*; Mischung braunroter Töne), 'Keillour Hybriden' (Mischung in satten Gelbtönen), 'Rote Auslese' (auch 'Rote Hybriden'; Mischung in orangeroten Tönen); von *P. rosea* 'Grandiflora' (rosarot, großblütig, Höhe 20 cm), 'Gigas' (karminrot, großblütig, Höhe 20–25 cm); von *P. sieboldii* (jeweils 20 cm hoch) 'Coshiboro' (rosalila), 'Hinomaru' (karminrot), 'Miyono Homare' (hellrosa), 'Snowflakes' (rein weiß), 'Yubi Sugata' (hellblau).

Standortansprüche: Alle genannten Arten bevorzugen kühle, halbschattige Standorte auf feucht-humosem Boden. Bei ausreichender Bodenfeuchte gedeihen sie auch in sonnigen Lagen, Staunässe vertragen sie allerdings nur schlecht.

Verwendung: Die genannten Primeln sind hübsche Blütenstauden für die Uferzone stehender und fließender Gewässer. Da sie zu sehr unterschiedlichen Zeiten blühen, bringen sie den ganzen Frühling und Sommer über Farbe in halbschattige Bereiche. Als ebenso blühfreudige Begleitpflanzen eignen sich z. B. Sumpfdotterblume, Goldmilzkraut, Trollblume, Wiesenschaumkraut, Sibirische Schwertlilie, Schneefelberich, Mädesüß oder Blutweiderich. Doch nicht nur üppig blühende Gewächse sind passende Nachbarn, sondern auch ruhig wirkende Gräser oder Farne. Vor allem die höheren Primelarten kommen besonders gut zur Geltung, wenn man sie zu Gruppen zusammenpflanzt. Für den nötigen lichten Schatten sorgen Ufergehölze wie Weiden *(Salix)*, Pfaffenhütchen *(Euonymus europaea)* oder Gewöhnlicher Schneeball *(Viburnum opulus)*, die zudem einen harmonischen Hintergrund für die außerordentlich bunte Farbenpracht der verschiedenen Primeln bilden.

Primula sieboldii

Pflege: Am geeigneten Standort stellen die Primeln keine besonderen Ansprüche.

Primula vialii

Mit Ausnahme der Orchideenprimel sind sie völlig winterhart. Für diese empfiehlt sich ein leichter Winterschutz aus Laub oder Fichtenreisig. Auch sollte bei dieser Art rechtzeitig für Nachwuchs gesorgt werden, da sie im Garten ziemlich kurzlebig ist.

Vermehrung: Die Arten wie auch die Sorten, abgesehen von denen der Japanischen Primel, lassen sich gut durch Samen vermehren. Man muß dabei nur beachten, daß es sich um Kaltkeimer handelt. Der beste Aussaattermin ist der Herbst. Im Frühjahr oder Herbst kann man außerdem problemlos den Wurzelstock dieser Stauden teilen.

Schädlinge und Krankheiten: Schnecken; Blattfleckenkrankheit, Falscher Mehltau

R

Ranunculus

Hahnenfuß

Familie: Hahnenfußgewächse *(Ranunculaceae)*

Arten für sumpfige Standorte

Arten: *R. aconitifolius* (Silberhahnenfuß, Eisenhutblättriger Hahnenfuß), *R. flammula* (Brennender Hahnenfuß, Sumpfgold), *R. lingua* (Zungenhahnenfuß, Speerkraut), *R. repens* (Kriechender Hahnenfuß, Uferhahnenfuß)

Herkunft: *R. aconitifolius* Hochstaudenfluren, feuchte Wälder und Bäche in Gebirgen Mittel- und Südeuropas, *R. flammula* Sumpfwiesen, Tümpel und Ufer in Europa, Algerien und den gemäßigten Zonen Asiens und Nordamerikas, *R. lingua* Röhrichte, Ufer

Ranunculus aconitifolius

Ranunculus flammula

und Gräben in Europa und Westasien, im Kaukasus und Himalaja, *R. repens* Ufer, Auwälder, Gräben, häufig überschwemmte Wiesen und Äcker in Europa, Asien, Nordafrika, in Nordamerika eingebürgert
Blütenfarbe: *R. aconitifolius* weiß, alle anderen Arten gelb
Blütezeit: *R. aconitifolius* Mai bis Juni, *R. flammula* Juni bis Oktober, *R. lingua* Juni bis August, *R. repens* Mai bis August
Wuchshöhe: *R. aconitifolius* 40–70 cm, *R. flammula* 20–50 cm, *R. lingua* 50–150 cm, *R. repens* 10–40 cm
Merkmale: Bei den an feuchten, wassernahen Standorten anzutreffenden Hahnenfußarten handelt es sich in der Regel um wuchskräftige Stauden, die oft lange Ausläufer bilden. Der Silberhahnenfuß ist eine sehr elegante Erscheinung. Sein dunkelgrünes Laub stellt eine harmonische Untermalung für die in lockeren Büscheln auftretenden weißen Schalenblüten dar. Die großen, drei- bis siebenteilig gefingerten Laubblätter erinnern an die des Eisenhuts *(Aconitum)*. Der Name des Brennenden Hahnenfußes bezieht sich auf einen scharfen, giftigen Inhaltsstoff, das Protoanemonin, das zwar in allen Hahnenfußgewächsen, in dieser Art aber besonders reichlich enthalten ist. Bei Kontakt verursacht es brennende Haut- und Schleimhautreizungen. An den aufrechten oder niederliegenden Stengeln der sehr zierlichen Pflanze sitzen schmallanzettliche Blätter, endständig wie auch an den Verzweigungen leuchten gelbe Schalenblüten. Diese Art bleibt ohne Ausläufer. Zu einer hochwüchsigen Pflanze entwickelt sich der Zungenhahnenfuß. Dieser schmückt sich mit großen, tellerförmigen Blüten im typischen Hahnenfuß-Gelb sowie mit langen, lanzettlichen Blättern. Auch diese Staude ist giftig. Ihre Wildbestände stehen unter Naturschutz. Der Kriechende Hahnenfuß ist in der Natur weit verbreitet. Er treibt lange, oberirdische Ausläufer, die sich an den Knoten neu bewurzeln. Seine dreilappigen, stark zergliederten Blätter bilden ein dichtes Laubwerk, aus dem die hübschen gelben Blüten hervorleuchten. Wegen seines hohen Protoanemoningehalts in allen Pflanzenteilen ist auch der Kriechende Hahnenfuß als Giftpflanze zu bezeichnen.

Ranunculus lingua

Ranunculus repens

Sorten: von *R. aconitifolius* 'Pleniflorus' (weiß, dichtgefüllt, Höhe 50–70 cm) sowie von *R. repens* 'Pleniflorus' (auch *R. repens* var. *pleniflorus*; gelb, gefüllt, Höhe 20–40 cm)
Standortansprüche: Alle genannten Arten brauchen feuchten bis nassen Untergrund in sonniger bis halbschattiger Lage. Wasserstände bis 10 cm vertragen sie ohne weiteres. Der Zungenhahnenfuß kann sogar bis zu 30 cm tief im Wasser stehen.
Verwendung: Ideale Lebensbedingungen für die feuchtigkeitsliebenden Hahnenfußarten bieten die Sumpfzonen stehender und fließender Gartengewässer. Hier bringen besonders die weißen Blüten des Silberhahnenfußes Glanzpunkte unter angrenzende Ufergehölze, und zwischen Farnen und Waldgräsern leuchten sie hervor. Zu den gelbblühenden Arten kombiniert man am besten andere Sumpfpflanzen, z. B. Froschlöffel, Sumpfvergißmeinnicht, Bachbunge, Schwanenblume oder auch prächtige Iris. Der nicht wuchernde Brennende Hahnenfuß ist vor allem für kleinere Teiche und Wasseranlagen zu empfehlen. Der tiefwurzelnde und stark ausläufertreibende Kriechende Hahnenfuß leistet vorzügliche Dienste bei der Befestigung loser Uferkanten.
Pflege: Die robusten und anspruchslosen Wildstauden entwickeln sich meist von allein zu dichten Beständen. Stark ausläufertreibende Arten wie der Kriechende Hahnenfuß und auch der Zungenhahnenfuß müssen gelegentlich ziemlich kräftig ausgelichtet werden, damit sie nicht überhandnehmen.
Vermehrung: Neue Pflanzen gewinnt man sowohl durch Aussaat (Kaltkeimer) gleich nach der Samenreife als auch durch Teilung des Wurzelstocks. Einfacher noch lassen sich Zungenhahnenfuß und Kriechender Hahnenfuß durch die Abnahme von Ausläufern vermehren.

Unterwasserarten

Arten: *R. aquatilis* (auch *Batrachium aquatile*, Wasserhahnenfuß, Froschkraut), *R. circinatus* (auch *R. divaricatus*, *Batrachium circinatum*, Spreizender Hahnenfuß, Starrer Hahnenfuß)
Herkunft: stehende und langsam fließende Gewässer, *R. aquatilis* in Europa, Mittel- und Ostasien, im westlichen Nord- und Südamerika sowie in Afrika, *R. circinatus* in Europa und den gemäßigten Zonen Asiens
Blütenfarbe: weiß
Blütezeit: *R. aquatilis* Juni bis September, *R. circinatus* Mai bis August
Wuchshöhe: *R. aquatilis* 20–200 cm, *R. circinatus* 10–300 cm, größtenteils unter Wasser
Merkmale: Die Unterwasserarten des Hahnenfußes kommen in heimischen, mehr oder weniger nährstoffreichen Gewässern stellenweise recht häufig vor. Im Sommer schieben sich die einfachen Blüten dieser Stauden über die Wasseroberfläche empor. Aus der Mitte der rein weißen Blütenblätter leuchtet der Blütenboden goldgelb hervor. Der Wasserhahnenfuß bildet neben fein zerteilten Unterwasserblättern auch nierenförmige, drei- bis fünfspaltig gelappte Schwimmblätter aus, die auf dem Wasserspiegel treiben. Dem Spreizenden Hahnenfuß fehlen dagegen Schwimmblätter, seine langverzweigten Stiele sind nur mit fein zerschlitzten, im Umriß nahezu kreisförmigen Unterwasserblättern besetzt. Charakteristisch für den Spreizenden Hahnenfuß ist, daß die Blätter nicht wie beim Wasserhahnenfuß schlaff zusammenfallen, wenn man sie aus dem Wasser herausnimmt, sondern ihre feinen Fiedern in einer Ebene gespreizt halten.
Standortansprüche: Bei Wassertiefen ab 30 cm gedeihen die genannten Arten, und zwar in sonnigen wie in halbschattigen Lagen. Ihre Wurzeln können sich in lehmigen oder humosen Sandböden ganz besonders gut verankern. Der Spreizende Hahnenfuß kommt mit hartem bis sehr hartem Wasser zurecht, während der Wasserhahnenfuß Kalk nur äußerst schlecht verträgt.
Verwendung: Beide Arten sind in den Tiefen von Gartengewässern wichtige Sauerstoffproduzenten. Abwechslungsreicher und ökologisch noch wertvoller werden die Unterwasserbestände, wenn man sie mit Tausendblatt, Wasserstern, Laichkrautarten oder Hornblatt kombiniert.
Pflege: Man kann die filigranen Unterwasserpflanzen direkt in den Gewässerboden einsetzen oder sie mit Hilfe eines Pflanzsteins im Gartenteich versenken. Ist zu wenig Bodengrund vorhanden, etwa bei einem Folienteich, werden die Pflanzen in Containern ins Gewässer eingebracht. Außer gelegentlichem Auslichten im Herbst erfordern die absolut winterfesten Hahnenfußarten keine Pflege.
Vermehrung: Beide Arten können jederzeit durch Teilung vermehrt werden.

Ranunculus aquatilis

Ranunculus circinatus

S

Sagittaria
Pfeilkraut

Arten: *S. sagittifolia* (Echtes Pfeilkraut, Spitzes Pfeilkraut, Pfeilblatt), *S. graminea* (Grasblättriges Pfeilkraut), *S. lancifolia* (auch *S. falcata*), *S. latifolia* (auch *S. gracilis*, *S. hastata*, *S. simplex*, *S. chinensis*, *S. longirostra*, *S. obtusa*, Breitblättriges Pfeilkraut), *S. subulata* (auch *S. natans*, *S. lorata*, *S. filiformis*, *Alisma subulatum*, Schwimmendes Pfeilkraut)
Familie: Froschlöffelgewächse *(Alismataceae)*
Herkunft: Ufer, Gräben, Altwasser, Teiche und Tümpel, *S. sagittifolia* in Europa und Asien, *S. graminea* in Nordamerika und auf Kuba, *S. lancifolia* und *S. latifolia* in Nordamerika und im nördlichen Südamerika, *S. subulata* in den östlichen USA, in Kolumbien, Venezuela und Brasilien
Blütenfarbe: weiß bis rosa
Blütezeit: Juni bis August
Wuchshöhe: 40–100 cm, teilweise untergetaucht
Merkmale: Pfeilkrautarten sind sehr variable Pflanzen, die auf schwankende Wasserstände mit der Ausbildung unterschiedlich gestalteter Blätter reagieren. Am Ende langer Ausläufer entwickeln sich stärkereiche Winterknospen, mit deren Hilfe die Stauden die kalte Jahreszeit überdauern. In Fachkreisen gelten diese Knollen als giftig, wurden früher jedoch häufig gegessen und wegen ihres

Sagittaria sagittifolia

nußartigen Geschmacks geschätzt. Die oberirdischen Pflanzenteile sterben im Herbst ab. Das heimische Echte Pfeilkraut treibt im Frühjahr zunächst bandförmige, flutende Unterwasserblätter, dann spatelförmige Schwimmblätter und erst zuletzt die typischen Pfeilblätter. Sie erheben sich an langen Stielen aus dem Wasser

Sagittaria latifolia

und richten sich stets nach der Sonne aus. An einem aufrechten Blütenschaft stehen die Blüten in Dreierquirlen übereinander. Während die unteren rein weiß sind, weisen die oberen häufig einen roten Gaumenfleck auf. Deutlich heben sich auch die braunvioletten Staubgefäße ab. Das zierliche Grasblättrige Pfeilkraut erkennt man an seinen grasähnlichen Unterwasserblättern. Im flachen Wasser entwickelt es aber auch langgestielte, am Ende verbreiterte Luftblätter. *S. lancifolia* ähnelt der letztgenannten Art sehr, seine Blüten und Blätter werden jedoch deutlich größer. Die pfeilförmigen Luftblätter des Breitblättrigen Pfeilkrauts sind normalerweise auffallend breit und groß, in Anpassung an unterschiedliche Standortbedingungen können sie aber auch sehr schmal ausfallen. Zuverlässig läßt sich diese Art daher nur an ihren gelben Staubgefäßen vom Echten Pfeilkraut unterscheiden, das braunviolette besitzt. Das Schwimmende Pfeilkraut verfügt ausschließlich über lanzettlich schmale Blätter, die entweder völlig untergetaucht sind oder auf der Wasseroberfläche schwimmen.

Sorte: von *S. latifolia* 'Plena' (weiß, ballartig gefüllt, Höhe 50–80 cm)

Standortansprüche: Pfeilkräuter brauchen nährstoffreiche Gewässer mit humosem, sandigem oder schlammigem Untergrund und Wassertiefen von 5–30 cm. Als wahrhafte Sonnenanbeter blühen sie an vollsonnigen Stellen besonders üppig, gedeihen aber auch im Halbschatten zufriedenstellend.

Verwendung: Die Stauden sind typische Gewächse für die Sumpfzone stehender und langsam fließender Gewässer. Ihre interessant geformten Luftblätter stellen einen reizvollen Kontrast zu den Blättern des Froschlöffels oder den „Bäumchen" des Tannenwedels dar. Als blühende Begleitpflanzen machen sich außerdem Schwanenblume, Hechtkraut und Bachminze gut. Ergänzt werden kann das Ensemble noch durch Gräser wie Igelkolben, Seggen oder Binsen.

Pflege: Bei der Pflanzung ist darauf zu achten, daß die Luftblätter der Pfeilkrautarten über die Wasseroberfläche hinausragen. Die im Herbst absterbenden Pflanzenteile entfernt man besser erst im darauffolgenden Frühjahr, da sie vielen Kleinstlebewesen gute Überwinterungsmöglichkeiten bieten.

Vermehrung: An günstigen Standorten samen sich die Pfeilkräuter selbst aus. Auch eine vegetative Vermehrung durch Teilung des Wurzelstocks im Frühjahr oder im Herbst ist möglich.

Salvinia natans

Salvinia
Schwimmfarn

Art: *S. natans* (Gewöhnlicher Schwimmfarn, Büschelfarn)
Familie: Schwimmfarngewächse *(Salviniaceae)*
Herkunft: stehende oder langsam fließende, warme Gewässer in Europa und Asien
Wuchshöhe: 5–10 cm, größtenteils untergetaucht
Merkmale: Der Gewöhnliche Schwimmfarn ist eine einjährige, wurzellose Pflanze, die auf der Wasseroberfläche treibt. Ihre Sprosse werden bis zu 20 cm lang und sind dicht mit gegenständig angeordneten Schwimmblättern besetzt, an deren steifer Behaarung die Wassertröpfchen abperlen. Für die Nährstoffaufnahme sorgen fein zerteilte Wasserblätter, die in Funktion und Aussehen wie Wurzelhaare wirken. Zu Beginn der kalten Jahreszeit sterben die Pflänzchen ab, während kugelige Sporenbehälter, die sich an den Wasserblättern gebildet haben, nun abgelöst nach unten sinken und im Bodenschlamm überwintern. Im Frühjahr steigen sie wieder an die Oberfläche, wo sich daraus neue Farnpflänzchen entwickeln. Diese heimische Art steht unter Naturschutz.

Standortansprüche: Der Gewöhnliche Schwimmfarn gedeiht nur in nährstoffreichen, warmen Gewässern mit ruhiger Wasseroberfläche. Als

frei schwimmendes Gewächs kann er in jeder Wassertiefe vorkommen. Günstig sind sonnige bis halbschattige, windgeschützte Lagen.
Verwendung: In der Flach- und Tiefwasserzone von Teichen oder Wasserbecken läßt man den Schwimmfarn zusammen mit Wasserlinsen zwischen Schwimmblattpflanzen oder in Röhrichtbeständen treiben.
Pflege: Werden dem Schwimmfarn passende Standortbedingungen geboten, gedeiht er ohne weitere Pflegemaßnahmen. In kalten Jahren aber kann es vorkommen, daß die überwinterten Sporen im Frühjahr nicht keimen. Es empfiehlt sich daher, im Herbst vorsichtshalber einige Pflanzen abzufischen und in einem wassergefüllten Gefäß, z. B. einem Aquarium, im warmen Haus zu überwintern. Eine Bodenschicht aus lehmig-humoser Gartenerde stellt dem Farn dabei die nötigen Nährstoffe zur Verfügung.
Vermehrung: Kurze Sproßstückchen, die man während der Vegetationsperiode vom Schwimmfarn abtrennt, entwickeln sich schnell zu eigenständigen Pflanzen.

Saururus cernuus

Saururus
Molchschwanz, Eidechsenschwanz

Art: *S. cernuus* (auch *S. lucidus*, Amerikanischer Eidechsenschwanz)
Familie: *Saururaceae*
Herkunft: Sümpfe und Ufer entlang der Ostküste Nordamerikas
Blütenfarbe: weiß
Blütezeit: Juni bis Juli
Wuchshöhe: 50–100 cm
Merkmale: Der Amerikanische Eidechsenschwanz schmückt sich mit hellgrünen, herzförmig eingeschnittenen Blättern und weißen Blüten. Diese haben weder Kron- noch Kelchblätter, sind aber zu auffälligen, langen, dichten Ähren vereinigt, die sich später nach unten neigen und dadurch der Pflanze ihren bildhaften Namen gaben. Aus der Nähe kann man den leichten, angenehmen Duft der Blüten wahrnehmen. Die ausdauernde Sumpfpflanze entwickelt ein starkes Rhizom, ist jedoch nur bedingt winterhart.
Standortansprüche: Die ungewöhnliche Staude braucht feuchten bis nassen Untergrund. Optimal sind Wassertiefen von 5–15 cm. Sonnige bis halbschattige Lagen fördern den Blütenreichtum.
Verwendung: Am besten pflanzt man den Amerikanischen Eidechsenschwanz in die Sumpfzone stehender oder langsam fließender Gewässer, wo er einen exotischen Anblick bietet. Besonders gut harmoniert er mit Japanischer Sumpfiris oder Sibirischer Schwertlilie. Die lustigen Blütenköpfchen der Gauklerblume und die blauen Blüten des Hechtkrauts steuern intensive Farbtupfer bei; eleganter wirken jedoch Kombinationen mit Igelkolben und Rohrkolben oder Seggen.
Pflege: Um das wuchernde Rhizom unter Kontrolle halten zu können, setzt man den Amerikanischen Eidechsenschwanz vorzugsweise in Pflanzkörbe oder -kübel. Dies ermöglicht außerdem eine problemlose Überwinterung. Damit das Rhizom nicht dem Frost ausgesetzt wird, schiebt man die Kübel im Herbst in mindestens 50 cm Wassertiefe. Ist der Teich nicht tief genug, sollte man die Gefäße rechtzeitig vor den ersten Frösten in ein kühles und helles Winterquartier räumen.
Vermehrung: Neue Pflanzen lassen sich nach der Überwinterung durch Teilung des Rhizoms gewinnen.

Scirpus
Simse, Binse

Arten: *S. lacustris* ssp. *lacustris* (auch *Schoenoplectus lacustris*, Seesimse, Teichsimse, Seebinse, Teichbinse, Flechtsimse, Sumpfbinse), *S. lacustris* ssp. *tabernaemontani* (auch *S. tabernaemontani*, *S. lacustris* ssp. *glaucus*, *Schoenoplectus tabernaemontani*, Graue Seesimse, Salzteichsimse, Salzbinse, Steinsimse), *S. sylvaticus* (Waldsimse, Gewöhnliche Simse, Strandsimse)
Familie: Sauer-, Ried- oder Halbgräser *(Cyperaceae)*
Herkunft: Sümpfe und Ufer, *S. lacustris* ssp. *lacustris* in Eurasien, fast weltweit eingebürgert, *S. lacustris* ssp. *tabernaemontani* in Eurasien und Afrika, *S. sylvaticus* in Europa und Asien
Blütenfarbe: rotbraun, *S. sylvaticus* dunkelbraun und grün gescheckt
Blütezeit: Juni bis August, *S. sylvaticus* Mai bis August
Wuchshöhe: *S. lacustris* ssp. *lacustris* 1–3 m, *S. lacustris* ssp. *tabernaemontani* 60–120 cm, *S. sylvaticus* 30–100 cm
Merkmale: Simsen gehören an Ufern und in Sümpfen zum charakteristischen Bild der Landschaft. Wo immer man ihre immergrünen, hohen Büschel aus peitschenförmigen, meist runden Halmen erblickt, läßt sich die Nähe eines Gewässers vermuten. Weitaus am häufigsten ist die Seesimse anzutreffen, deren Wurzelstock sich stark

Scirpus lacustris ssp. *lacustris*

Scirpus sylvaticus

wuchernd ausbreitet. Ihre hohlen, runden, grasgrünen Halme bilden Horste von stattlicher Größe und tragen zur Blütezeit an den Enden gebüschelte, bräunliche Blütenähren. Getrocknet werden die Halme seit ältester Zeit zur Herstellung von Matten und Körben genutzt. Die Graue Seesimse erinnert mit ihren steifen, graugrünen Halmen in der Form an Stachelschweinborsten. Ansonsten gleicht sie der Seesimse sehr. Anders als die beiden Unterarten entwickelt die Waldsimse an den rundlichen Stengeln mit reich verzweigten Blütenrispen bis oben hin flache, schwertförmige Blätter. Alle genannten Simsen sind mehrjährig und völlig winterhart.
Sorten: von *S. lacustris* ssp. *lacustris* 'Albescens' (gelblich längsgestreifte Stengel, Höhe 100 cm); von *S. lacustris* ssp. *tabernaemontani* 'Zebrinus' (Zebrasimse; weiß-grün geringelt, Höhe 60–120 cm)
Standortansprüche: Ihrem natürlichen Vorkommen entsprechend gedeihen Seesimsen am besten auf lehmigem Sumpfboden bei einer Wassertiefe von 5–30 cm. Sie kommen jedoch auch mit tieferem Wasser noch gut zurecht. An sonnigen bis halbschattigen Plätzen breiten sie sich besonders schnell aus. Die Waldsimse stellt ähnliche Ansprüche an die Lichtverhältnisse, wuchert aber nicht so stark und ist selbst mit normaler, feuchter Gartenerde zufrieden.
Verwendung: Kein Gewässer ohne Simsen. So könnte man die Vielseitigkeit dieser Riedgräser schlagwortartig charakterisieren. In Teichen, Tümpeln und Sumpfbecken finden sie ebenso ihren Platz wie an Bachläufen und in Naturgärten. Die Waldsimse läßt sich im Uferbereich gut mit Irisarten kombinieren, während man den im Flachwasser stehenden Seesimsen am besten Wasserpflanzen wie Seerosen, Tannenwedel oder Seekanne sowie einige Schwimmpflanzen zur Seite stellt.
Pflege: Da die Wurzeln der Simsen stark wuchern, empfiehlt es sich, die Pflanzen in geschlossene Container zu setzen. Körbe sind nicht gut geeignet, weil sie den Ausbreitungsdrang der Wurzeln nicht zu bremsen vermögen. Ansonsten sind die Gräser völlig anspruchslos und müssen nur durch einen Rückschnitt im Winter in Form gehalten werden.
Vermehrung: Durch Teilung der Horste im Frühjahr lassen sich leicht neue Pflanzen gewinnen.

Scrophularia
Braunwurz

Art: *S. nodosa* (Knotige Braunwurz)
Familie: Braunwurzgewächse oder Rachenblütler *(Scrophulariaceae)*
Herkunft: feuchte Wälder und Ufer in Europa und Asien
Blütenfarbe: braunrot bis grünlich, Einzelblüten unscheinbar
Blütezeit: Juni bis August
Wuchshöhe: 50–150 cm
Merkmale: Ihren Namen verdankt die Knotige Braunwurz ihrem knollig verdickten Wurzelstock. Diese heimische Staude feuchter Auwälder wird auch als Heilpflanze geschätzt. An den aufrechten, vierkantigen Stengeln stehen sich eiförmig-spitze, grob gesägte Blätter paarweise gegenüber. Zur Blütezeit werden sie von lockeren, rispigen Blütenständen überragt, deren bauchige, braunrote Blütchen eine grünliche Kronröhre aufweisen.
Standortansprüche: Die Knotige Braunwurz braucht feuchten, nährstoffreichen, lockeren Lehmboden, der ruhig etwas sauer sein darf. In halbschattiger Lage gedeiht sie am besten.
Verwendung: Als feuchtigkeitsliebende Wildstaude findet die Pflanze einen passenden Platz am Ufer naturnaher Teichanlagen. Zusammen mit Grünpflanzen wie Farnen lassen sich mit ihrer Hilfe optisch ruhige Zonen schaffen. Man kann ihr jedoch auch so farbkräftige Partner wie z. B. Rhododendren beigesellen, da sie selbst eher unscheinbare Blüten trägt.

Scrophularia nodosa

Pflege: Am richtigen Standort wächst die Staude ohne besonderes Zutun.
Vermehrung: Am einfachsten kommt man durch Anzucht aus Samen im Herbst oder Frühjahr zu neuen Pflanzen. Durch Selbstaussaat sorgt die Knotige Braunwurz ohnehin meist allein für ihre Verbreitung im Garten.

Scutellaria
Helmkraut

Art: *S. galericulata* (Sumpfhelmkraut, Kappenhelmkraut)
Familie: Lippenblütler *(Lamiaceae, Labiatae)*
Herkunft: Ufer, Moorwiesen und Sümpfe in Europa
Blütenfarbe: blauviolett
Blütezeit: Juli bis September
Wuchshöhe: 15–40 cm
Merkmale: Mit seinen violetten Lippenblüten schmückt das Sumpfhelmkraut als dankbarer, sich schnell ausbreitender Dauerblüher ganze Uferbereiche. Die aufrechte mehrjährige Pflanze trägt längliche, leicht eingekerbte Blätter. Aus den Achseln der oberen ragen, immer paarweise, die apart gezeichneten Blüten.
Standortansprüche: Als Besiedler von Sümpfen und Moorwiesen bevorzugt das Sumpfhelmkraut feuchten bis nassen, leicht sauren Boden. An einem vollsonnigen Platz oder im Halbschatten gedeiht die Pflanze außerordentlich prächtig; im Schatten bildet sie dagegen nur Laub, aber keine Blüten aus.

Verwendung: Am Gewässerrand ausgepflanzt, vergrößern sich Bestände des Sumpfhelmkrauts schnell, und es bedarf wuchskräftiger Nachbarn, die diesem Ausbreitungsdrang widerstehen. Setzt man die Pflanze dagegen in einen wurzeldichten Kübel, so kann sie die Nachbargewächse nicht bedrängen und eignet sich dann auch für Miniwassergärten. Hübsch macht sich die Staude in Riedgrasbeständen, aus denen die blauvioletten Blüten hervorblitzen. Dank ihrer vielen Ausläufer, die mit kräftigen Wurzeln in sämtliche Richtungen wuchern, eignet sie sich außerdem gut zur Befestigung eines lockeren Uferstreifens.

Scutellaria galericulata

Pflege: Bei ausreichender Bodenfeuchtigkeit ist die Art völlig anspruchslos. Man sollte sie aber unbedingt durch regelmäßiges Abtrennen der Ausläufer in Form halten.
Vermehrung: Das Sumpfhelmkraut verbreitet sich durch Ausläufer und Selbstaussaat von allein. Man kann allerdings auch seinen Wurzelballen teilen, um neue Pflanzen zu gewinnen.

Sisyrinchium
Binsenlilie

Art: *S. angustifolium* (auch *S. gramineum*, *S. anceps*, Schmalblättrige Binsenlilie, Schmalblättriges Blauaugengras)
Familie: Schwertliliengewächse *(Iridaceae)*
Herkunft: Sümpfe und Moore in Amerika
Blütenfarbe: violettblau bis blau
Blütezeit: Mai bis Juni
Wuchshöhe: 15–20 cm
Merkmale: Die Schmalblättrige Binsenlilie ist ein anmutiges, hübsches Gewächs der Sümpfe. Trotz ihres zarten Aussehens erweist sie sich als robuste, völlig winterharte Staude. Zwischen ihren grasartigen, schmalen Blättern, die in dichten Büscheln zusammenstehen, schieben sich im späten Frühjahr aufrechte Stengel mit schlanken Blütenrispen empor. Die kleinen violettblauen Blumen mit dem gelben Auge erinnern entfernt an Irisblüten. Allerdings sind sie nicht sehr langlebig.
Standortansprüche: Die Sumpf- und Moorpflanze benötigt einen feuchten Platz mit einem Wasserstand von höchstens 5 cm. In sonnigen bis halbschattigen Lagen gedeiht sie am besten.
Verwendung: Die zierliche Binsenlilie wächst ebensogut in der Sumpfzone von Teichen wie in Feuchtwiesen und Moorbeeten. Auch für feuchte Zonen im Steingarten ist sie geeignet. Die Begleitpflanzen für sie sollte man allerdings mit Bedacht auswählen, denn von wuchskräftigen Nachbarn werden die zierlichen Pflänzchen ziemlich leicht überdeckt. Gut passen beispielsweise niedrige Gräser dazu oder Blütenpflanzen wie kleinwüchsige Primeln, Pfennigkraut oder Scharbockskraut *(Ranunculus ficaria)*. Da die Binsenlilie nicht wuchert, eignet sie sich auch ausgezeichnet zur Bepflanzung von kleinen Wassergärten.

Sisyrinchium angustifolium

Pflege: Am richtigen Standort gedeiht die Pflanze völlig problemlos und stellt keinerlei Ansprüche.
Vermehrung: Binsenlilien samen sich ganz von selbst aus, doch ist auch eine Teilung ihres faserigen Wurzelstocks gut möglich.

Sium
Merk

Art: *S. erectum* (auch *Berula erecta*, Aufrechter Merk, Quellmerk, Wassersellerie, Berle)
Familie: Doldenblütler *(Apiaceae, Umbelliferae)*
Herkunft: Sümpfe, Ufer, Bäche und Teiche in Europa
Blütenfarbe: weiß
Blütezeit: Juli bis August
Wuchshöhe: 30–80 cm, auch untergetaucht wachsend

Sium erectum

Merkmale: Der Aufrechte Merk ist eine sehr vielseitige heimische Wildstaude, die man an Bachläufen und in Sümpfen häufig antrifft. Meist steht er mit seinen Wurzeln im Wasser, doch vermag er auch eine reine Landform oder eine völlig untergetauchte Wasserform zu bilden. Die bei der Landform gefiederten, scharf eingekerbten Laubblätter sind bei der Wasserform auf kleine, doppelgefiederte Blättchen reduziert, die im Aussehen an das Laub von Sellerie erinnern. Im Sommer schmücken sich die verzweigten, hohlen Stengel mit großen weißen Blütendolden. Unter Wasser entwickelt der Aufrechte Merk ausgedehnte, wiesenartige Bestände, deren Triebe sich nur bei niedrigem Wasserstand über den Wasserspiegel emporheben und dann auch blühen können.
Standortansprüche: Die Wahl des Standorts trifft der Aufrechte Merk oft selbst. In nährstoffreichem Boden suchen sich seine Ausläufer ein Plätzchen im oder außerhalb des Wassers. Er besiedelt Wassertiefen bis zu 80 cm und gedeiht gleichermaßen in sonnigen wie in schattigen Lagen.
Verwendung: Die robuste Pflanze wächst gut in der Sumpfzone und am Ufer stehender oder langsam fließender Gewässer und paßt ausgezeichnet zu Schwanenblume, Pfeilkraut oder zu Simsen und Rohrkolben. In Bächen leistet sie wertvolle Dienste, indem sie das Wasser filtert und mit Sauerstoff anreichert.
Pflege: Die vielseitige Staude ist anspruchslos. Um ihren Ausbreitungsdrang ein wenig einzudämmen, sollte man die Ausläufer bei Bedarf mit einem scharfen Spaten abstechen.
Vermehrung: Die unterirdischen Ausläufer des Aufrechten Merks werden, am besten im Frühjahr oder Herbst, abgetrennt und an anderer Stelle wieder eingesetzt.

Solanum
Nachtschatten

Art: *S. dulcamara* (Bittersüßer Nachtschatten, Bittersüß)
Familie: Nachtschattengewächse *(Solanaceae)*
Herkunft: Auwälder und Ufer in Europa, Nordafrika und Asien
Blütenfarbe: violett
Blütezeit: Juni bis August
Wuchshöhe: 30–200 cm
Merkmale: Der Bittersüße Nachtschatten ist ein heimischer Halbstrauch, der gern klettert, wenn sich ihm die Möglichkeit dazu bietet. Die Stengel sind teilweise an ihrer Basis verholzt und tragen breitlanzettliche, kräftig grüne Blätter mit kleinen „Öhrchen" am Blattgrund. Die violette Farbe der zierlichen, in Dolden beieinanderstehenden Blütensterne wird durch die kegelförmig verwachsenen, gelben Staubbeutel in deren Mitte besonders betont. Im Herbst bildet der Bittersüße Nachtschatten dekorative, glänzend rote Beeren aus. Doch ist mit der schmucken Pflanze Vorsicht geboten, vor allem, wenn Kinder im Garten spielen. Sie enthält in allen Teilen, insbesondere aber in den noch unreifen Früchten, stark giftige Alkaloide. In den reifen Beeren sind diese Stoffe zwar nicht mehr so gefährlich, ein Genuß kann aber trotzdem zu Gesundheitsstörungen führen.
Standortansprüche: Seinen natürlichen Standorten entsprechend benötigt der Bittersüße Nachtschatten schattige bis halbschattige Plätze mit frischem Boden, um gut gedeihen zu können.
Verwendung: Besonders an naturnahen Teichanlagen, aber ebenso an schattigen Bachufern paßt diese Wildpflanze gut ins Bild. Am Rand von Ufergehölzen fühlt sie sich dabei ausnehmend wohl. Sehr hübsch wirkt sie in der Gesellschaft von Farnen, doch auch mit Schwanenblume, Rohrkolben oder Kalmus kann man attraktive Kombinationen zaubern.
Pflege: Am richtigen Standort gibt sich der Bittersüße Nachtschatten vollkommen anspruchslos, und er bedarf keiner speziellen Pflege.
Vermehrung: Am einfachsten läßt sich der Halbstrauch durch Stecklinge, die man im Sommer schneidet, oder aber durch im Herbst ausgebrachte Samen vermehren.

Solanum dulcamara, Früchte

Solanum dulcamara

Sparganium
Igelkolben

Arten: *S. emersum* (auch *S. simplex*, Einfacher Igelkolben), *S. erectum* (auch *S. ramosum*, Aufrechter Igelkolben, Ästiger Igelkolben)
Familie: Igelkolbengewächse *(Sparganiaceae)*

Herkunft: stehende Gewässer in Europa und Asien
Blütenfarbe: gelblichweiß
Blütezeit: Juni bis August
Wuchshöhe: *S. emersum* 20–60 cm, *S. erectum* 30–80 cm
Merkmale: Wie lauter kleine, zusammengerollte Igel sehen die stacheligen Fruchtstände dieser attraktiven Sumpfpflanzen aus. Sie entstehen aus den kugeligen weiblichen Blütenständen, die aufgereiht am unteren Teil des Blütenstengels sitzen, während die männlichen Blüten kleinere Kugeln an der Stengelspitze bilden. Die Blütenstiele entspringen den Achseln der schwertförmigen Laubblätter. In den Blättern eingelagerte chemische Abwehrstoffe

Sparganium emersum

schützen die Pflanzen vor Tierfraß. Der Einfache Igelkolben trägt unverzweigte Blütenstiele. Er bleibt etwas kleiner und wuchert nicht ganz so übermäßig wie der Aufrechte oder Ästige Igelkolben, der sich durch Ausläufer seines kriechenden Wurzelstocks

Sparganium erectum

stark ausbreitet und sich von seinem „einfachen" Verwandten vor allem durch verzweigte Blütenstiele unterscheidet. Beide Arten sind mehrjährig und absolut winterhart.
Standortansprüche: Igelkolben gedeihen sowohl in sonniger wie in absonniger Lage auf sumpfigem Boden oder im flachen Wasser. Der Aufrechte Igelkolben bevorzugt Wasserstände bis 30 cm in stehenden Gewässern; der Einfache Igelkolben kann auch etwas tiefer im Wasser wachsen und kommt sogar in langsam fließenden Gewässern gut zurecht.
Verwendung: Die interessanten Stauden finden ihren Platz in den sumpfigen Uferbereichen des Gartenteichs. Wegen ihres großen Ausbreitungsdrangs pflanzt man sie am besten in Töpfe. Der Einfache Igelkolben ist dann auch für kleinere Teiche zu verwenden. Besonders hübsch wirken Igelkolben im Schilfgürtelbereich in Kombination mit anderen Röhrichtpflanzen wie Rohrkolben, Hechtkraut und Binsen.
Pflege: Um die Nachbarpflanzen vor den wuchernden Ausläufern der Stauden zu schützen, empfiehlt es sich, die Igelkolben in Container zu setzen. Im Frühjahr sollte man die verwelkten Blätter abschneiden; darüber hinaus machen die anspruchslosen Gewächse keine Arbeit.
Vermehrung: Nachwuchs läßt sich am einfachsten im späten Frühjahr durch Teilung des Wurzelstocks erzielen. Auch Aussaat ist möglich.

Stratiotes
Wasseraloe

Art: *S. aloides* (Krebsschere)
Familie: Froschbißgewächse *(Hydrocharitaceae)*
Herkunft: stehende Gewässer in Europa und Westasien
Blütenfarbe: weiß
Blütezeit: Mai bis August
Wuchshöhe: 15–40 cm, meist untergetaucht, nur zur Blütezeit bis 30 cm über dem Wasser
Merkmale: Die Krebsschere ist eine ungewöhnlich interessante Wasserpflanze. Ihre starren, schwertförmigen Blätter tragen am Rand stachelige Zähne und bilden eine aufrechte Rosette. Im Winter liegen die ausdauernden Rosetten am Teichgrund, während des Frühjahrs steigen sie bis unter die Wasseroberfläche auf, um sich zur Blütezeit schließlich aus dem Wasser zu erheben. Auf dicken Stengeln recken sich dann einzelne dreiblättrige, weiße Blumen mit gelbem Mittelfleck empor, wobei weibliche und männliche Blüten auf verschiedene Pflanzen verteilt sind. Krebsscheren wachsen entweder frei schwimmend oder verankern sich mit langem Stengel am Gewässergrund. Durch Ausläufer können sie dichte Rasen bilden. Die Art steht unter Naturschutz.
Standortansprüche: Die winterharte Krebsschere gedeiht in kalkarmem, nährstoffreichem Wasser in windgeschützten, stehenden Tümpeln bis zu einer Wassertiefe von 2 m am besten. Sie bevorzugt einen sonnigen Standort, gibt sich aber ebenfalls mit halbschattigen Lagen noch zufrieden.
Verwendung: Diese eigentümliche Wasserpflanze der Freiwasserzone findet außer in ruhigen Teichen auch in

Stratiotes aloides

sehr langsam fließenden Gewässern ihren Platz. Darin sollte man sie aber in einen flachen Bereich oder neben einen Inselcontainer setzen, damit sie sich an diesem verankern kann und nicht mit der Strömung abdriftet. Besonders hübsch wirkt die Krebsschere in naturnahen Anlagen, kombiniert mit Wassernuß, Seerosen, Seekanne oder Teichrosen.
Pflege: Wenn ihr die Wasserqualität zusagt, ist die Art völlig anspruchslos. Wuchert sie allzu stark, werden die Ableger einfach aus dem Wasser gezogen und abgeschnitten.
Vermehrung: Um weitere Bestände zu gründen, trennt man im Frühjahr bewurzelte Ausläufer ab und pflanzt sie umgehend am neuen Standort ein.

Symphytum
Beinwell

Art: *S. officinale* (Gewöhnlicher Beinwell, Echter Beinwell, Schwarzwurz)
Familie: Boretsch- oder Rauhblattgewächse *(Boraginaceae)*
Herkunft: feuchte Wiesen und Waldränder in Europa und Westasien, in Nordamerika eingeführt
Blütenfarbe: rotviolett, gelblichweiß
Blütezeit: Mai bis August
Wuchshöhe: 30–100 cm
Merkmale: Der Gewöhnliche Beinwell ist eine verbreitete heimische Staude feuchter Gebiete. Seine aufrechten, kantigen Stengel sind reich verzweigt und tragen lanzettliche, rauh behaarte Blätter, die deutlich am Stengel bis zum nächsten Blatt herablaufen. Am Ende der Stiele sitzen die glockenartigen, violetten oder gelblichweißen Blüten zu mehreren in nickenden Trauben beieinander. Die gesamte Pflanze enthält Gerbstoffe und giftige Alkaloide. Seit Jahrhunderten schon ist der Gewöhnliche Beinwell eine begehrte Heilpflanze. Aus der frischen, vor der Blüte gegrabenen Wurzel wird eine Arznei hergestellt, die bei Verstauchungen und auch Knochenbrüchen Anwendung findet.

Symphytum officinale

Symphytum officinale

Standortansprüche: Entsprechend seiner natürlichen Verbreitung braucht der Beinwell einen sumpfigen Standort mit tiefgründigem, lehmigem oder humosem Boden. Er gedeiht am besten an halbschattigen Plätzen, kommt jedoch bei ausreichender Feuchtigkeit des Bodens durchaus auch in sonniger Lage noch gut zurecht.
Verwendung: Als heimische Wildstaude eignet sich der Gewöhnliche Beinwell vor allem für naturnahe Gärten. Seine anmutigen glockigen Blüten zieren den Rand von Teichen und Bächen und lassen sich hervorragend mit anderen Stauden, etwa der Trollblume, kombinieren. Sehr hübsch wirkt er auch zusammen mit Gräsern.
Pflege: Der Gewöhnliche Beinwell ist vollkommen anspruchslos.
Vermehrung: Am einfachsten gewinnt man neue Pflanzen durch Teilung des Wurzelballens im Frühjahr oder Herbst.

T

Thelypteris
Sumpffarn, Lappenfarn

Art: *T. palustris* (auch *T. thelypteroides, Nephrodium thelypteroides, Dryopteris thelypteris*, Sumpffarn, Sumpflappenfarn, Wasserfarn)
Familie: Sumpffarngewächse *(Thelypteridaceae)*
Herkunft: sumpfige Wälder und Wiesen auf der nördlichen Halbkugel, in Afrika und Neuseeland
Wuchshöhe: 40–50 cm, manchmal auch höher
Merkmale: Der ausdauernde heimische Sumpffarn bildet im Gegensatz zu den meisten anderen Farnen keinen Trichter, denn seine länglichen aufrechten Wedel entspringen einzeln in kleinen Abständen voneinander dem im Boden kriechenden Rhizom. Die hellgrünen, länglichen Wedel sind einfach gefiedert und wirken trotz ihrer Größe ausgesprochen zart. Im Frühsommer erscheinen dann schließlich etwas schmalere Wedel, die auf der Unterseite ihrer Fiederblättchen dunkle Sporenbehälter tragen.
Standortansprüche: Der Sumpffarn steht gern mit seinen Wurzeln im Wasser. Am sumpfigen Rand oder in flachen, stillen Bereichen der Uferzone gedeiht er bis zu einer Wassertiefe von 20 cm. Der Boden sollte kalkarm und leicht sauer sein. Wie alle Farne bevorzugt der Sumpf-

farn schattige bis halbschattige Plätze.
Verwendung: Gerade für die sonst schwierig zu bepflanzenden schattigen Uferbereiche von Teichen und Bächen ist der Sumpffarn außerordentlich gut geeignet. Soll er im Wasser stehen, setzt man ihn in Pflanzkörbe, um zu verhindern, daß das Rhizom unterspült wird. Am Ufer kann der Farn direkt in den Boden gepflanzt werden. Am besten kommen die filigranen Wedel in Kombination mit anderen Farnarten und mit Gräsern zur Geltung, doch auch als Unterpflanzung ufernaher Gehölze sieht der Sumpffarn schön aus. Farbenprächtige Irisarten lassen ihn noch an Ausdruckskraft gewinnen.
Pflege: Der Sumpffarn ist völlig winterhart und ganz anspruchslos. Wuchernde Wurzeltriebe können bei Bedarf einfach eingekürzt werden.
Vermehrung: Durch Teilung seiner Rhizome im Frühjahr kann man den Sumpffarn leicht vermehren.

Thelypteris palustris

Tradescantia
Dreimasterblume, Tradeskantie, Flinker Heinrich

Art: *T.-Andersoniana*-Hybriden, fälschlich auch *T. virginiana*
Familie: Kommelinengewächse *(Commelinaceae)*
Herkunft: Die Elternarten dieser Gartenformen stammen aus Wiesen und Wäldern in Nordamerika.
Blütenfarbe: weiß, rosa, rot, violett, blau
Blütezeit: Juni bis September
Wuchshöhe: 30–60 cm
Merkmale: Durch vielfältige Kreuzungen sind die Gartenformen der Dreimasterblume mit ihrer großen Auswahl an Blütenfarben entstanden. Die schmucken Stauden bilden buschige Horste und erinnern, zumindest solange sie nicht blühen, an breitblättriges Gras. Die linealischen Blätter, die bis weit in den Herbst hinein frisch grün bleiben, stehen von den reich verzweigten Blütenstengeln seitlich ab. Ab Juni erscheinen in den Blattachseln farbkräftige, dreiblättrige Blumen, die zwar nur einen halben Tag blühen, jedoch laufend durch neuen Flor ersetzt werden.
Sorten: 'Karminglut' (karminrot, Höhe 30–40 cm), 'Blue Stone' (leuchtend enzianblau, Höhe 30–50 cm), 'Leonora' (violett, Höhe 30–50 cm), 'Alba Major' (großblumig, weiß, Höhe 40–50 cm), 'I. C. Weguelin' (himmelblau, Höhe 40–50 cm), 'Osprey' (weiß mit blauen Staubgefäßen, Höhe 40–50 cm), 'Zwaanenburg Blue' (großblumig, dunkelblau, Höhe 50–60 cm)
Standortansprüche: In der Nähe des Wassers wachsen Dreimasterblumen besonders gut. Feuchte, nährstoffreiche Böden sowie sonnige bis halbschattige Bereiche bieten die beste Voraussetzung, daß sie problemlos gedeihen.

Tradescantia-Andersoniana-Hybride

Verwendung: Mit ihren schilfartigen Blättern und den hübschen Blüten stellen die Dreimasterblumen eine wirkliche Bereicherung für die Uferzonen stehender sowie fließender Gewässer dar. In Verbindung mit anderen Sumpfpflanzen wie z. B. Trollblume, Iris, Mädesüß oder Sumpfvergißmeinnicht ergeben sich ansprechende Pflanzenensembles.
Pflege: Bei ausreichender Bodenfeuchtigkeit sind Dreimasterblumen anspruchslose, dankbare Stauden. Durch einen Rückschnitt der verblühten Stengel erhält man im Herbst einen reichen zweiten Blütenflor.
Vermehrung: Dreimasterblumen säen sich leicht selbst aus, fallen dann jedoch oft in die ursprüngliche blaublühende Elternform zurück. Um die Sorten farbecht zu vermehren, teilt man im Frühjahr ihren Wurzelstock.
Krankheiten: Gelbfärbung der Blätter bei zu trockenem Stand

Trapa
Wassernuß

Art: *T. natans* (Gewöhnliche Wassernuß)
Familie: Wassernußgewächse *(Trapaceae)*
Herkunft: stehende Gewässer in Europa und Asien sowie Nordafrika, in den USA und Australien eingebürgert
Blütenfarbe: weiß
Blütezeit: Juni bis September
Wuchshöhe: Blattrosette 5–20 cm, auf der Wasserfläche schwimmend
Merkmale: Die schwimmenden, ornamental ausgebreiteten Blattrosetten der Gewöhnlichen Wassernuß schmücken jeden Gartenteich. Dank unterschiedlich langer Stengel, die in der Mitte blasig aufgetrieben und mit Luft gefüllt sind, liegen die rautenförmigen, derben Blätter weitgehend nebeneinander auf der Wasseroberfläche. Zunächst dunkelgrün, verfärben sie sich im Lauf des Sommers leuchtend rot. Ein langer, dünner Stengel verbindet die Blattrosette mit den Wurzeln, die im Gewässergrund verankert sind. Zur Blütezeit erscheinen in den Blattachseln kleine weiße Blüten. Wenn die einjährige Wassernuß im Herbst abstirbt, hinterläßt sie ihre Früchte im Schlamm des Teichgrunds. Unter günstigen Bedingungen entwickeln sich daraus im Frühjahr wieder neue Pflanzen. Die etwa 2 cm großen Samen der eigenartig zipfelig geformten Früchte schmecken ähnlich wie Edelkastanien und wurden bereits in der Steinzeit verzehrt. Heute ist die Wassernuß in freier Natur nur noch selten anzutreffen und steht unter Naturschutz. Ihre Früchte dürfen daher nicht gesammelt werden.

Trapa natans

Standortansprüche: Die Wassernuß braucht optimale Wuchsbedingungen, und sie vermehrt sich nur, wenn ihr Boden und Wassertemperatur zusagen. Am besten gedeiht sie im warmen, 20–50 cm tiefen Wasser stehender Gewässer in sonniger, aber auch noch in halbschattiger Lage. Der Teichboden sollte schlammig und keinesfalls zu dicht

Trapa natans, Frucht

bewachsen sein, damit die Samen austreiben und wurzeln können.
Verwendung: In der nicht allzu tiefen Freiwasserzone von warmen Tümpeln, Teichen oder Wasserbecken paßt die Wassernuß gut zu anderen Schwimmblattpflanzen wie Seerosen, Krebsschere, Seekanne oder auch Gelber Teichrose.

Pflege: Die dekorative Schwimmpflanze benötigt keinerlei Pflege.
Vermehrung: Bei guten Standortbedingungen vermehrt sich die Wassernuß selbst durch ihre Samen. Ist das Gewässer zu kalt oder besteht gar Gefahr, daß es durchfriert, können die reifen Früchte ab Spätsommer abgenommen und frostgeschützt in feuchter Erde überwintert werden. Im Frühjahr sät man sie dann in die Schlammschicht aus.

Triglochin
Dreizack

Art: *T. palustris* (auch *T. palustre*, Sumpfdreizack)
Familie: Dreizackgewächse *(Juncaginaceae)*
Herkunft: Sumpfwiesen, Quell- und Flachmoore in Europa
Blütenfarbe: grün, Blüten unscheinbar
Blütezeit: Juni bis September
Wuchshöhe: 10–30 cm
Merkmale: Der Sumpfdreizack wirkt recht unauffällig und bescheiden. Seine grundständigen, grasartig schmalen, hellgrünen Blätter werden von einem aufrechten Stengel überragt, der einen ährigen Blütenstand trägt. Weil sie weder Kelch- noch Kronblätter besitzen, sind die einzelnen Blütchen sehr unscheinbar. Zur Reifezeit im September springen die dreigezackten, namengebenden Früchte auf und entlassen ihre keulenförmigen Samen. Die einheimische mehrjährige Pflanze ist nur noch äußerst selten in freier Natur zu finden und steht daher unter Naturschutz.
Standortansprüche: Die Sumpfpflanze braucht einen feuchten Platz in der Uferzone von Teichen oder Bächen in sonniger Lage.
Verwendung: Am besten kommt der Sumpfdreizack in Gruppen gepflanzt zur Geltung. Durch seine binsenar-

Triglochin palustris

tige, nicht allzu hohe Gestalt eignet er sich besonders gut für die Sumpfzone eines Miniwassergartens.
Pflege: Nachbarpflanzen, die das zierliche Gewächs zu sehr bedrängen, sollten frühzeitig ausgelichtet werden. Der Sumpfdreizack selbst bedarf keiner Pflege.
Vermehrung: Für seine Verbreitung sorgt der Sumpfdreizack selbst. Er vermehrt sich durch unterirdische Ausläufer, an deren Spitzen sich im Herbst kleine Zwiebeln bilden. Die diesjährigen Triebe sterben ab, doch treiben im Frühjahr die Ausläuferzwiebeln wieder aus.

Trollius
Trollblume

Art: *T. europaeus* (Trollblume)
Familie: Hahnenfußgewächse *(Ranunculaceae)*
Herkunft: feuchte Wiesen in Europa
Blütenfarbe: gelb
Blütezeit: Mai bis Juni
Wuchshöhe: 30–90 cm
Merkmale: Die heimische Trollblume bereichert auf eine besonders attraktive Weise feuchte Teich- und Bachränder. Aus dem Grün der handförmig geteilten Blätter erheben sich im späten Frühjahr verzweigte, aufrechte Stengel mit kugeligen, leuchtend gelben Blüten. Sie stellen eine begehrte Bienenweide dar. Alle Pflanzenteile enthalten giftige Stoffe. Die auffällige Staude kommt in freier Natur kaum noch vor und steht deshalb unter gesetzlichem Schutz.
Sorte: 'Superbus' (hellgelb, 50–60 cm, etwas später blühend als die Art)
Standortansprüche: Die Trollblume gedeiht in sonniger bis halbschattiger Lage. Auf feuchten und moorigen Wiesen heimisch, benötigt sie humosen oder lehmigen Boden mit gleichmäßiger Feuchtigkeit. Anhaltende Staunässe sagt ihr ebensowenig zu wie ein Austrocknen des Wurzelstocks.
Verwendung: Die schmucke Wildstaude paßt gut in Naturgärten, an den Rand von Teichen und Bächen und in feuchte Wiesen. Zusammen

Trollius europaeus

mit Sumpfdotterblumen, Sumpfvergißmeinnicht, Iris und verschiedenen Gräsern ergibt sie ein harmonisches Bild. Weil sie schon bald nach der Blüte vollständig einzieht, sollte sie etwas in den Hintergrund gesetzt werden. Sonst hinterläßt sie eine unschöne Lücke.

Pflege: Nach dem Flor kann man die Blütenstengel der Trollblumen zurückschneiden, die großen Grundblätter läßt man jedoch stehen. Wichtig ist, die Pflanze bei anhaltender Trockenheit zu wässern, um ein Austrocknen des Wurzelstocks zu verhindern.

Vermehrung: Durch Aussaat im Herbst oder durch Teilung des Wurzelstocks im Frühjahr vor der Blüte gewinnt man problemlos neue Pflanzen.

Typha
Rohrkolben, Schilf

Arten: *T. angustifolia* (Schmalblättriger Rohrkolben), *T. latifolia* (Breitblättriger Rohrkolben), *T. laxmannii* (Lockerer Rohrkolben), *T. minima* (Kleiner Rohrkolben, Zwergrohrkolben), *T. shuttleworthii* (auch *T. latifolia* ssp. *shuttleworthii*, Shuttleworths Rohrkolben)

Familie: Rohrkolbengewächse *(Typhaceae)*

Herkunft: stehende Gewässer, *T. angustifolia* in Europa, Westasien, Nordafrika und Nordamerika, *T. latifolia* auf der nördlichen Erdhalbkugel sowie in Australien und Polynesien, *T. laxmannii* in Europa, im südwestlichen Asien und in Nordchina, *T. minima* in Europa und Westasien, *T. shuttleworthii* im südlichen Europa, auch in langsamen Fließgewässern

Blütenfarbe: erst grünlich, dann braun bis schwarzbraun, *T. shuttleworthii* grau

Typha angustifolia

Blütezeit: Juli bis August, *T. minima* Mai bis September

Wuchshöhe: 100–200 cm, *T. minima* 50–80 cm

Merkmale: Alle Rohrkolbenarten sind ausdauernde Pflanzen der Flachwasserzone, die mit ihren stark wuchernden, kriechenden Wurzeln Halt suchen im sumpfigen Untergrund. Die männlichen und weiblichen Blütenstände der Pflanzen, die übereinander am selben Stiel sitzen, bilden den charakteristischen Kolben. Je nach Art grenzen sie direkt aneinander oder stehen ein wenig voneinander entfernt. Während die Einzelblüten klein und unscheinbar sind, wirkt der zur Reife bräunliche, dekorative Fruchtkolben, der sich aus dem unteren, dem weiblichen Blütenstand entwickelt, um so auffallender. Die vertrockneten männlichen Blütenstände zerfallen mit der Zeit mehr oder weniger vollständig, die gereiften Fruchtkolben jedoch schmücken noch lange den Teich, bis sie im Winter aufplatzen und eine Vielzahl wolliger, weißer Samen entlassen. Der Schmalblättrige Rohrkolben zeichnet sich durch schmale Blätter und lange, schlanke Kolben aus. Der Breitblättrige Rohrkolben dagegen trägt breitere Laubblätter und gedrungene, meist sehr dunkle Kolben. Bei beiden Arten überragen die Kolbenstengel deutlich das Laub. Die eiförmigen Kolben des Lockeren Rohrkolbens hingegen stehen zwischen seinen sehr schmalen Laubblättern. Am zierlichsten bleibt der Kleine Rohrkolben, der kleine, fast kugelige Kolben über seine schmalen Blätter emporschiebt. Die Färbung der Kolben variiert bei all diesen Arten von einem samtigen Rehbraun bis zu tiefem Schwarzbraun. Einzig der

Typha latifolia

Shuttleworths Rohrkolben macht mit seinen grau gefärbten Kolben eine Ausnahme.

Standortansprüche: Entsprechend ihrer natürlichen Verbreitung setzt man Rohrkolben in die Röhrichtzone stehender Gewässer, nur der Shuttleworths Rohrkolben wächst auch am Rand langsamer Fließgewässer. Nährstoff- und kalkarmer, schlammiger oder kiesiger Boden sagt den Pflanzen am meisten zu. Sie benötigen eine Wassertiefe von etwa 30 cm, Schmal- und Breitblättriger Rohrkolben vertragen noch etwas höheren Wasserstand, der Kleine Rohrkolben hingegen nur maximal 10 cm. Am besten gedeihen die Stauden an einem sonnigen, warmen Platz, doch geben sie sich auch mit leichtem Schatten zufrieden.

Verwendung: In der Flachwasserzone von Teichen finden die stattlichen Gewächse in anderen Röhrichtpflanzen wie Igelkolben, Hechtkraut oder Froschlöffel dekorative Nachbarn. Alle Rohrkolbenarten breiten sich stark aus und wuchern nicht selten einen ganzen Teich zu. Um dies zu verhindern, sollte man sie unbedingt in Pflanzkübel setzen. Der Kleine Rohrkolben

Typha minima

eignet sich vor allem für kleinere Becken oder Wassergefäße. Rohrkolben entziehen dem Wasser reichlich Nährstoffe und tragen damit zu dessen Klärung bei. Im Winter versorgen sie mit Hilfe ihrer abgestorbenen Halme das Gewässer mit Sauerstoff. Neben aller ökologischer Nützlichkeit sind sie überdies wertvolle Zierpflanzen: Mit ihren getrockneten Blütenkolben lassen sich zauberhafte Blumengestecke und große Trockensträuße gestalten.
Pflege: Rohrkolben sind anspruchslose Gewächse. Lediglich ihren Ausbreitungsdrang muß man durch Einpflanzen in Container etwas eindämmen. Die alten Stengel werden erst im Frühjahr knapp oberhalb der Wasseroberfläche abgeschnitten, denn gerade in den Wintermonaten geben die oftmals mit Rauhreif überzogenen Kolben ein sehr malerisches Bild ab.
Vermehrung: Neue Pflanzen erhält man am einfachsten im Frühjahr durch Teilung der Rhizome.

U

Utricularia
Wasserschlauch

Art: *U. vulgaris* (Gewöhnlicher Wasserschlauch, Großer Wasserschlauch, Mückenfeind)
Familie: Wasserschlauchgewächse *(Lentibulariaceae)*
Herkunft: Gewässer in Europa, Asien, Afrika und Nordamerika
Blütenfarbe: goldgelb
Blütezeit: Juni bis August
Wuchshöhe: 10–200 cm, weitgehend untergetaucht
Merkmale: Der Gewöhnliche Wasserschlauch, eine frei schwimmende, wurzellose Unterwasserpflanze, bildet lange, untergetauchte Triebe. Die Blätter bestehen aus weichen, fein zerteilten, haarförmigen Abschnitten, an denen eine Vielzahl kleiner, häutiger Bläschen sitzen. Mit diesen Fangschläuchen nehmen die Pflanzen winzige Wasserinsekten und Kleinkrebse als zusätzliche Nahrung auf. Im Hochsommer erheben sich kurze, rötliche Blütenstiele über die Wasserfläche. Sie tragen goldgelbe, weithin leuchtende Blumen. In der freien Natur steht die interessante ausdauernde Pflanze unter strengem Naturschutz.
Standortansprüche: Der Gewöhnliche Wasserschlauch gedeiht nur in stehenden oder sehr langsam fließenden Gewässern bei Tiefen von 30–50 cm. Er braucht weiches, leicht saures, nährstoffarmes Wasser und einen sonnigen bis halbschattigen Platz.
Verwendung: In den Flachwasserzonen von Naturteichen fühlt sich die ungewöhnliche Pflanze am wohlsten. Durch eine allzu dichte Besetzung mit anderen Unterwasserpflanzen wird sie allerdings schnell zurückgedrängt, doch harmoniert sie gut mit Seerosen und Tannenwedeln. Durch die besondere Eigenschaft, Wassertierchen zu fangen, ist der Gewöhnliche Wasserschlauch interessant zu beobachten.
Pflege: Die anspruchslose Art breitet sich nur wenig aus, so daß sie selten ausgelichtet werden muß. Eher schon sind Nachbarpflanzen, die sie zu stark bedrängen, zurückzuschneiden. Den Winter überdauert der Gewöhnliche Wasserschlauch als Blattknospe unter Wasser.
Vermehrung: Von Juni bis August können Seitentriebe abgeschnitten und an anderer Stelle im Wasser ausgesetzt werden. Aus diesen Stücken bilden sich neue Pflanzen.
Besonderes: Die Fangbläschen des Gewöhnlichen Wasserschlauchs stellen raffinierte Tierfallen dar. Werden die unter Unterdruck stehenden Bläschen von einem Beutetier berührt, dann öffnet sich eine Klappe nach innen, die Beute wird mit dem Wassersog in das Bläschen gezogen und dort durch Verdauungsfermente aufgelöst.

Utricularia vulgaris

V

Veronica
Ehrenpreis, Veronika, Bunge

Arten: *V. anagallis-aquatica* (Gauchheil-Ehrenpreis, Wasserehrenpreis), *V. beccabunga* (Bachbunge, Bachehrenpreis)
Familie: Braunwurzgewächse oder Rachenblütler *(Scrophulariaceae)*
Herkunft: Sumpfgebiete und Gewässerränder in Europa, Asien und Nordafrika
Blütenfarbe: *V. anagallis-aquatica* hellblau mit rotvioletter Äderung, *V. beccabunga* blau
Blütezeit: *V. anagallis-aquatica* Juni bis Oktober, *V. beccabunga* Mai bis August
Wuchshöhe: *V. anagallis-aquatica* 10–80 cm, *V. beccabunga* 20–60 cm
Merkmale: Beide Ehrenpreisarten schmücken den Gewässerrand für Monate mit ihren zierlichen, in verschiedenen Blautönen erscheinenden Blüten. Es sind ausdauernde Pflanzen mit kriechendem Rhizom. Ihre fleischigen, sattgrünen Blätter sitzen gegenständig an aufrechten Stielen. Die vorne abgerundeten Blätter der Bachbunge haben einen stärker gesägten Rand als das spitz zulaufende Laub des Gauchheil-Ehrenpreises. In den Achseln der oberen Blätter entspringen die langgestielten, lockeren Blütentrauben mit ihren zahlreichen kleinen Blüten.
Standortansprüche: Beide Arten bevorzugen Gewässer-

Veronica anagallis-aquatica

ränder mit sumpfigem, stickstoffreichem Boden und einer Wassertiefe von etwa 10 cm. Vor allem die Bachbunge fühlt sich am feuchten Saum spritzender Bäche und Quellen am wohlsten, doch gedeiht sie auch an trockenen Ufern. An sonnigen bis halbschattigen Standorten entwickeln sich die Gewächse rasch zu prächtigen Exemplaren.
Verwendung: Als typische Uferstauden eignen sich diese Ehrenpreisarten hervorragend zur Saumbepflanzung von Sumpfbecken, Teichen, Bachläufen und Quelltöpfen. Zu kleinen Gruppen angeordnet, kommen sie besonders schön in naturnahen Teichanlagen zur Geltung, z. B. kombiniert mit Gräsern, Rohrkolben, Felberich, Wollgras oder Gauklerblume.
Pflege: Beide Arten sind bezüglich des Pflegeaufwands völlig anspruchslos. Zu stark wuchernde Triebe sollten jedoch eingekürzt werden.
Vermehrung: Neue Pflanzen gewinnt man, indem man größere Exemplare teilt oder im Frühjahr Stecklinge abnimmt.

Veronica beccabunga

Z

Zizania
Wilder Reis

Arten: *Z. aquatica* (Wasserreis, Indianischer Wasserreis), *Z. caduciflora* (auch *Z. latifolia*, Mandschurischer Wildreis, fälschlich Kanadischer Reis)
Familie: Süßgräser *(Poaceae)*
Herkunft: *Z. aquatica* Gewässer und Sumpfwiesen in Nordamerika, in Osteuropa eingebürgert, *Z. caduciflora* Sumpfgebiete in Osteuropa und Asien
Blütenfarbe: *Z. aquatica* blaßgrün, *Z. caduciflora* kommt nicht zur Blüte
Wuchshöhe: *Z. aquatica* 1–3 m, *Z. caduciflora* 80–100 cm
Merkmale: Der Wasserreis ist ein hohes, einjähriges Sumpfgras mit schmalen Blättern und blaßgrünen Blütenrispen. Unter geeigneten Bedingungen sät sich die Pflanze selbst wieder aus. Die reisähnlichen Samen locken im Herbst häufig Wasservögel an. Beim winterharten und ausdauernden Mandschurischen Wildreis sind die Blätter etwas breiter als beim Wasserreis und von leicht überhängendem Wuchs. Beide Arten bilden büschelige Horste und bestechen im Herbst durch eine hübsche, fahlgelbe Färbung.
Standortansprüche: Wilde Reisarten brauchen einen vollsonnigen, warmen Standort mit sumpfigem Untergrund. Sie vertragen Wasserstände bis zu 40 cm Höhe. An einem zu kühlen oder schattigen Platz bleiben die Pflanzen klein und schwächlich.
Verwendung: In der Sumpfzone stehender Gewässer stellen die dekorativen Gräser einen hübschen Blickfang dar. Pflanzt man sie in Gruppen von 2–3 Exemplaren zusammen, kommen ihre schlanken Halme am schönsten zur Geltung und bilden einen auflockernden Kontrast zu kompakter wirkenden Pflanzen wie Rohrkolben oder Sumpfiris. Läßt man die abgestorbenen Halme im Winter stehen, tragen sie wesentlich zur Sauerstoffversorgung des Teichs bei.

Zizania aquatica

Pflege: Beide Arten machen so gut wie keine Arbeit. Wer will, entfernt die verdorrten Blätter des Mandschurischen Wildreises im Herbst oder im Frühjahr, wobei im Frühjahr die neuen Triebe nicht beschädigt werden dürfen.
Vermehrung: Größere Exemplare des Mandschurischen Wildreises lassen sich durch Teilung, am besten im Frühjahr, vermehren. Der einjährige Wasserreis breitet sich an günstigen Standorten von allein aus.

Frösche 37, 43, 44, 45, *45*, 151
Froschbiß (*Hydrocharis*) 141, **185**, *185*
Froschkraut (*Luronium*) **195**, *195*
Froschkraut (*Ranunculus*) **219**, *219*
Froschlöffel (*Alisma*) 34, 146, **158**, *158*, *159*
Frühe Adonislibelle 46
Frühlingswasserstern (*Callitriche*) **164**, *164*
Füllmaterial im Bachbett 98
Funkie (*Hosta*) *59*, 119
Furchenschwimmer 47

G

Garbe (*Achillea*) **156**, *156*
Gartenlobelie (*Lobelia*) **193**, *193*
Gartenteich **56–85**, *108/109*, *132*, *150*, 152
Gasterosteus aculeatus (Dreistachliger Stichling) 54
Gauchheil-Ehrenpreis (*Veronica*) **230**, *231*
Gauklerblume (*Mimulus*) 47, *77*, *111*, **200**, *201*
Gaultheria procumbens (Scheinbeere) 78
Gebirgsbach 22, *23*, 88, 123
Gefärbtes Laichkraut (*Potamogeton*) 36
Gefleckte Gauklerblume (*Mimulus*) **200**, *201*
Geflecktes Knabenkraut (*Dactylorhiza*) 112, **171**, *171*
Gegenblättriges Milzkraut (*Chrysosplenium*) **168**
Gelbbauchunke 45
Gelbe Gauklerblume (*Mimulus*) **200**, *201*
Gelbe Scheinkalla (*Lysichiton*) **196**, *196*
Gelbe Schwertlilie (*Iris*) **186**, *187*
Gelbe Teichrose (*Nuphar*) 112, **204**, *204*
Gelbrandkäfer *46*, 47
Gelenkblume (*Physostegia*) 121
Gentiana (Enzian) 38, **179**
– *asclepiadea* 120
– *pneumonanthe* 79, 115, **179**, *179*
Geranium palustre (Sumpfstorchschnabel) 120
Gestaltung des Wassergartens **123–127**
Geum (Nelkenwurz) **179**
– Hybriden 120
– *rivale* **179**, *179*
Gewässerpflege **130–153**
Gewöhnliche Esche (*Fraxinus*) 42
Gewöhnliche Pestwurz (*Petasites*) **210**, *210*
Gewöhnlicher Beinwell (*Symphytum*) **226**, *226*
Gewöhnlicher Froschbiß (*Hydrocharis*) 31, 50, 129, 147, **185**, *185*
Gewöhnlicher Froschlöffel (*Alisma*) **158**, *159*
Gewöhnlicher Gilbweiderich (*Lysimachia*) 79, 121
Gewöhnlicher Schneeball (*Viburnum*) 42
Gewöhnlicher Schwimmfarn (*Salvinia*) 145, **220**, *220*
Gewöhnlicher Tannenwedel (*Hippuris*) 24, 117, 129, **182**, *183*
Gewöhnlicher Wasserdost (*Eupatorium*) 152, **177**, *177*
Gewöhnlicher Wassernabel (*Hydrocotyle*) **185**, *185*
Gewöhnlicher Wasserschlauch (*Utricularia*) 21, 32, **230**, *230*
Gewöhnlicher Wolfstrapp (*Lycopus*) **196**, *196*
Gewöhnliche Schafgarbe (*Achillea*) 156
Gewöhnliches Gnadenkraut (*Gratiola*) 112, **181**, *181*
Gewöhnliches Heidekraut (*Calluna*) 25
Gewöhnliche Simse (*Scirpus*) **221**, *222*
Gewöhnliches Sumpfried (*Eleocharis*) **173**, *173*
Gewöhnliche Wassernuß (*Trapa*) **227**, *228*
Giftpflanzen 112, 119, 121, 122
Gilbweiderich (*Lysimachia*) **197**, *197*, *198*
Gladiole (*Gladiolus*) **180**, *180*
Gladiolus palustris (Sumpfsiegwurz) 79, 112, **180**, *180*
Glänzende Seerose (*Nymphaea*) 112, **205**, *205*
Glänzendes Laichkraut (*Potamogeton*) **214**, *215*
Glänzende Wolfsmilch (*Euphorbia*) **177**
Glanzgras (*Phalaris*) **211**, *211*, *212*
Glasfaserkonstruktionen als Teichabdichtung 75–76, *76*
Glyceria (Schwaden) 24, 79, **180**
– *fluitans* 36, **180**
– *maxima* 145, **180**, *180*
– *maxima* 'Variegata' *180*
– *spectabilis* **180**, *180*
Gnadenkraut (*Gratiola*) **181**, *181*
Goldfelberich (*Lysimachia*) 121
Goldfisch (*Carassius*) *48*, 50, *50*, 51, 55
Goldkeule (*Orontium*) 115, 145, **209**, *209*
Goldkolben (*Ligularia*) **191**, *191*, *192*
Goldkolben (*Orontium*) **209**, *209*
Goldmilzkraut (*Chrysosplenium*) **168**, *168*
Goldorfe (*Leuciscus*) 54, *55*, 143
Goldrute (*Solidago*) 121
Grasblättriger Froschlöffel (*Alisma*) 149, **158**
Grasblättriges Pfeilkraut (*Sagittaria*) **219**
Gräser 25, *34*, *40/41*, 77, 79, 106, 122
Grasfrosch 45
Graskalmus (*Acorus*) **156**
Gratiola officinalis (Gewöhnliches Gnadenkraut) 112, **181**, *181*
Grauerle (*Alnus*) 37, 42
Graue Seesimse (*Scirpus*) *110*, **221**
Groenlandia densa siehe *Potamogeton* **214**, *215*
Großblütige Ludwigie (*Ludwigia*) **194**, *194*
Große Königslibelle 46
Große Pechlibelle 46
Großer Wasserschlauch (*Utricularia*) **230**, *230*
Großer Wiesenknopf (*Sanguisorba*) 38, 121
Großes Süßgras (*Glyceria*) **180**, *180*
Große Sterndolde (*Astrantia*) 120
Großes Windröschen (*Anemone*) 120
Grotte 103–104
Grünalgen 47
Grundnessel (*Hydrilla*) 85, **184**, *184*
Grüne Minze (*Mentha*) **199**, *200*
Gunnera tinctoria (Mammutblatt) 119
Günsel (*Ajuga*) **158**, *158*

H

Hahnenfuß (*Ranunculus*) **217**, *217*, *218*, *219*
Hainbuche (*Carpinus*) 42
Hängesegge (*Carex*) **166**, *166*
Härtegrad 133–134, 143
Hartheu (*Hypericum*) **186**, *186*
Haselnuß (*Corylus*) 42
Hechtkraut (*Pontederia*) 39, 115, 145, *146*, 149, **213**, *214*
Heidelbeere (*Vaccinium*) 78
Helianthus (Sonnenblume) **181**
– *orgyalis* **181**, *182*
– *salicifolius* **181**, *182*
Helmkraut (*Scutellaria*) **222**, *223*
Hemerocallis (Taglilie) 120
Herzblättriger Eidechsenschwanz (*Houttuynia*) 117, 129, *129*, 149, **184**, *184*
Herzförmiges Hechtkraut (*Pontederia*) 117, **213**, *214*
Heusenkraut (*Ludwigia*) **194**, *194*
Hibiscus moscheutos (Sumpfeibisch) **182**, *182*
Hibiskus (*Hibiscus*) **182**, *182*
Himalaja-Primel (*Primula*) **216**, *217*
Hippochaete hyemalis siehe *Equisetum* **175**
Hippuris vulgaris (Gewöhnlicher Tannenwedel) 24, 117, 129, **182**, *183*
Hirschzunge (*Phyllitis*) 122
Hohe Prachtspiere (*Astilbe*) 120
Hornblatt (*Ceratophyllum*) 141, **167**, *167*
Hornklee (*Lotus*) **193**, *194*
Hosta (Funkie) 119
Hottonia palustris (Wasserfeder) 32, 85, 112, 129, **183**, *183*
Houttuynia (Houttuynie) **184**
– *cordata* 117, 129, 149, **184**
– *cordata* 'Chamaeleon' *184*
Houttuynie (*Houttuynia*) **184**, *184*
Hufeisenfarn (*Adiantum*) **157**, *157*
Humulus lupulus (Wilder Hopfen) 37
Hydrilla (Wasserquirl) **184**
– *lithuanica* **184**, *184*
– *verticillata* 85, **184**, *184*
Hydrocharis morsus-ranae (Gewöhnlicher Froschbiß) 31, 50, 129, 147, **185**, *185*
Hydrocotyle vulgaris (Gewöhnlicher Wassernabel) **185**, *185*
Hypericum (Johanniskraut) **186**
– *acutum* **186**, *186*
– *tetrapterum* 36, **186**, *186*

I

Igel 43, *43*
Igelkolben (*Sparganium*) 24, *24*, 129, **224**, *225*
Igelschlauch (*Baldellia*) **162**, *162*
Indianischer Wasserreis (*Zizania*) **231**, *231*

Insekten 21, 34, 37, 43, 44, 46–47, 89, 90, 123, 124
Insel 123–124, *124*, 127
Inula (Alant)
– *magnifica* 119
– *salicina* 38
Iris (Iris) 24, *40/41*, *86/87*, 129, **186**, *186*, *187*, *188*
– *ensata* **186**, *186*
– *kaempferi* **186**, *186*
– *laevigata* **186**, *187*
– *pseudacorus* 34, 85, 112, **186**, *187*
– *sibirica* 79, **186**, *187*
– *versicolor* **186**, *188*
Isnardia palustris siehe *Ludwigia* **194**, *194*
Isolepis acicularis siehe *Eleocharis* **173**
Italienischer Aronstab (*Arum*) 112, **160**, *160*

J

Jagdspinne *47*
Japanische Prachtiris (*Iris*) *56/57*, **186**, *186*
Japanische Primel (*Primula*) **216**, *217*
Japanische Sumpfiris (*Iris*) **186**, *186*, *187*
Japanische Teichrose (*Nuphar*) **204**
Johanniskraut (*Hypericum*) **186**, *186*
Juncus (Binse) 37, 79, 85, 117, 140, 145, **188**
– *compressus* **188**
– *decipiens* **188**, *188*
– *effusus* **188**, *188*
– *ensifolius* 129, **188**, *188*
– *glaucus* **188**, *189*
– *inflexus* **188**, *189*
Jussiaea grandiflora siehe *Ludwigia* **194**, *194*
Jussiaea michauxiana siehe *Ludwigia* **194**, *194*

K

Kaldesie (*Caldesia*) **163**, *163*
Kalmus (*Acorus*) 112, **156**, *157*
Kanadischer Reis (*Zizania*) **231**
Kanadische Wasserpest (*Elodea*) 32, 36, 147, 149, **173**, *173*
Kanadische Wiesenlilie (*Lilium*) 120
Kapillarsperre 71, 72, *99*, 139
Kappenhelmkraut (*Scutellaria*) **222**, *223*
Karausche (*Carassius*) *53*, 54
Kardinalslobelie (*Lobelia*) **193**, *193*
Kaskaden *89*, *90*, *96*, *97*, *98*, *105*, *142*
Kaukasus-Vergißmeinnicht (*Brunnera*) 120
Kellerasseln 153
Kerzenligularie (*Ligularia*) **191**, *191*
Klee (*Trifolium*) 46
Kleefarn (*Marsilea*) **199**, *199*
Kleine Binse (*Juncus*) **188**, *188*
Kleiner Rohrkolben (*Typha*) 129, **229**, *230*
Kleine Seerose (*Nymphaea*) **205**, *205*
Kleine Teichrose (*Nuphar*) 112, 129, **204**, *205*
Kleine Wasserlinse (*Lemna*) **189**, *190*
Knabenkraut (*Dactylorhiza*) 79, *79*, *112*, **171**, *171*
Knollenbeinwell (*Symphytum*) 121
Knollenbinse (*Juncus*) **188**
Knollenseerose (*Nymphaea*) **205**, *206*
Knotenblume (*Leucojum*) **190**, *191*
Knöterich (*Polygonum*) **213**, *213*
Knotige Braunwurz (*Scrophularia*) **222**, *222*
Kohldistel (*Cirsium*) 38
Koi (*Cyprinus*) 49, *49*, 50, 55, 139
Kolbenwasserkäfer 47
Kolk *90*, *91*, *92*
Königsfarn (*Osmunda*) 122, *122*
Korbweide (*Salix*) 36
Krähenbeere (*Empetrum*) 78, 79
Krankheiten 152–153
Kratzdistel (*Cirsium*) **168**, *169*
Krauses Laichkraut (*Potamogeton*) **214**, *214*
Krebsschere (*Stratiotes*) 31, *31*, 85, 129, 147, **225**, *225*
Kriechender Günsel (*Ajuga*) **158**, *158*
Kriechender Hahnenfuß (*Ranunculus*) 118, **217**, *218*
Kriechender Sellerie (*Apium*) 118, **159**, *159*
Kröten 37, 44, 45, *45*
Kuckucksblume (*Lychnis*) **195**, *195*
Kuckuckslichtnelke (*Lychnis*) 38, 77, **195**, *195*
Kuckucksnelke (*Lychnis*) **195**, *195*
Kugelprimel (*Primula*) 121
Kunigundenkraut (*Eupatorium*) **177**, *177*
Kupferfelsenbirne (*Amelanchier*) 42

L

Laichkraut (*Potamogeton*) 21, 24, 34, 35, 141, **214**, *214*, *215*
Langblättriger Ehrenpreis (*Veronica*) 121
Langes Zypergras (*Cyperus*) **170**, *170*
Lanzettblättriger Froschlöffel (*Alisma*) **158**, *158*
Lappenfarn (*Thelypteris*) **226**, *227*
Laub *133*, *142*, 148
Laube (*Alburnus*) 54
Lavendelheide (*Andromeda*) 78, 79
Ledum (Porst)
– *groenlandicum* 78
– *palustre* 78
Leersia oryzoides (Reisquecke) **189**, *189*
Lemna (Wasserlinse) 21, 31, **189**
– *gibba* **189**, *190*
– *minor* **189**, *190*
– *trisulca* **189**, *189*
Leucaspius delineatus (Moderlieschen) 54
Leuciscus idus (Orfe) 54
Leucojum aestivum (Sommerknotenblume) 79, **190**, *191*
Leucothoë (Traubenheide) 78
Liatris spicata (Prachtscharte) 120
Libellen 46, *46*, *48*, 90
Lichtkugeln *107*
Lichtnelke (*Lychnis*) **195**, *195*
Ligularia (Ligularie) 119, 153, **191**
– *clivorum* **191**, *191*
– *dentata* **191**, *191*
– *dentata* x *Ligularia wilsoniana* **191**, *192*
– x *hessei* **191**, *192*
– x *hybrida* **191**
– Hybriden **191**
– *przewalskii* **191**, *191*
– *wilsoniana* **191**, *192*
Ligularie (*Ligularia*) 119, 153, **191**, *191*, *192*
Lilium (Lilie) 16
– Bellingham-Hybriden 120
– *canadense* 120
– *harrisianum* 121
Limnanthemum nymphoides siehe *Nymphoides* **208**, *208*
Limnanthemum peltatum siehe *Nymphoides* **208**, *208*
Limnochloa acicularis siehe *Eleocharis* **173**
Littorella (Strandling) **192**
– *juncea* **192**, *192*
– *lacustris* **192**, *192*
– *uniflora* 118, **192**, *192*
Lobelia (Lobelie) **193**
– *cardinalis* **193**, *193*
– *cardinalis* x *Lobelia siphilitica* x *Lobelia splendens* **193**, *193*
– *siphilitica* **193**, *193*
– x *speciosa* **193**, *193*
Lobelie (*Lobelia*) **193**, *193*
Lockerer Rohrkolben (*Typha*) **229**
Lorbeerweide (*Salix*) 36
Lotus (Hornklee) **193**
– *pedunculatus* **193**, *194*
– *uliginosus* **193**, *194*
Ludwigia (Ludwigie) **194**
– *clavellina* var. *grandiflora* **194**, *194*
– *palustris* 118, **194**, *194*
– *repens* **194**, *194*
Ludwigie (*Ludwigia*) 77, **194**, *194*
Lungenenzian (*Gentiana*) 79, 115, *115*, **179**, *179*
Luronium natans (Schwimmlöffel) **195**, *195*
Lychnis flos-cuculi (Kuckuckslichtnelke) 38, 77, **195**, *195*
Lycopus europaeus (Gewöhnlicher Wolfstrapp) **196**, *196*
Lysichiton (Scheinkalla) **196**
– *americanus* **196**, *196*
– *camtschatcensis* **196**, *197*
– *japonicus* **196**, *196*
Lysimachia (Felberich) 153, **197**
– *clethroides* **197**, *198*
– *nummularia* **197**, *197*
– *punctata* 121
– *thyrsiflora* 34, 77, **197**, *197*
– *vulgaris* 79, 121
Lythrum (Weiderich) 153, **198**
– *salicaria* 39, 85, **198**, *198*
– *virgatum* **198**

M

Macleaya (Federmohn) 119
Mädesüß (*Filipendula*) 120, **178**, *178*
Magnolienseerose (*Nymphaea*) **205**, *206*
Malva alcea (Rosenmalve) 119
Mammutblatt (*Gunnera*) 119, *119*
Mandelweide (*Salix*) 36

Mandschurischer Wildreis (*Zizania*) **231**
Mannaschwaden (*Glyceria*) **180**
Marsilea quadrifolia (Vierblättriger Kleefarn) **199**, *199*
Matteuccia (Straußfarn) 122
Mehlprimel (*Primula*) **216**, *216*
Mentha (Minze) **199**
– *aquatica* 24, 36, **199**, *199*
– *pulegium* **199**, *199*
– *spicata* **199**, *200*
– *viridis* **199**, *200*
Menyanthes trifoliata (Fieberklee) 112, 115, 129, **200**, *200*
Merk (*Sium*) **223**, *223*
Militz (*Glyceria*) **180**, *180*
Militz (*Phalaris*) **211**, *211*, *212*
Milzkraut (*Chrysosplenium*) *147*, **168**, *168*
Mimulus (Gauklerblume) **200**
– *cupreus* **200**, *201*
– *guttatus* **200**, *201*
– *langsdorffii* **200**, *201*
– *luteus* **200**, *201*
– *ringens* **200**, *201*
Miniteich 96, **128–129**
Minze (*Mentha*) **199**, *199*, *200*
Miscanthus (China-Schilf) 122
Moderlieschen (*Leucaspius*) *51*, 54
Molche 37, 44, 45, 151
Molchschwanz (*Saururus*) 77, **221**, *221*
Molinia caerulea (Pfeifengras) 38
Moor 24, *25*, 37
Moorbeet *78*, 79, *115*
Moorspierstaude (*Filipendula*) **178**, *178*
Moortümpel 132, *133*
Moorwollgras (*Eriophorum*) **176**, *176*
Moos 25, *35*, 88
Moosbeere (*Vaccinium*) 25, 78
Mückenfeind (*Utricularia*) **230**, *230*
Mummel (*Nuphar*) **204**, *204*, *205*
Münzkraut (*Lysimachia*) **197**, *197*
Muschelblume (*Pistia*) *33*, 39, 116, 145, 147, **212**, *213*
Myosotis (Vergißmeinnicht) **201**
– *caespititia* **201**, *202*
– *caespitosa* ssp. *rehsteineri* **201**, *202*
– *palustris* 22, 36, 39, 77, **201**, *202*
– *palustris* ssp. *caespititia* **201**, *202*
– *rehsteineri* **201**, *202*
– *scorpioides* **201**, *202*
Myrica gale (Echter Gagelstrauch) 78
Myriophyllum (Tausendblatt) 21, 32, 34, 36, 85, 129, **202**
– *aquaticum* **202**, *202*
– *brasiliense* **202**, *202*
– *proserpinacoides* **202**, *202*
– *spicatum* **202**, *203*
– *verticillatum* **202**

N

Nachtschatten (*Solanum*) **224**, *224*
Nacktschnecken 44, 45, 153
Nadelkraut (*Crassula*) **169**, *169*
Nadelsimse (*Eleocharis*) 85, 118, **173**
Nasturtium (Brunnenkresse) **203**
– *nasturtium-aquaticum* **203**, *203*
– *officinale* 22, 36, 39, **203**, *203*
Naumburgia thyrsiflora siehe *Lysimachia* **197**, *197*
Nelkenwurz (*Geum*) 120, **179**, *179*
Nephrodium thelypteroides siehe *Thelypteris* **226**, *227*
Nerfling (*Leuciscus*) 54
Nitrit-Nitrat-Gehalt 134–135
Nordmannstanne (*Abies*) 41
Nuphar (Teichrose) 30, 34, 115, **204**
– *advena* **204**, *204*
– *japonica* **204**
– *lutea* 112, **204**, *204*
– *pumila* 112, 129, **204**, *205*
Nymphaea (Seerose) 21, 30, 35, 50, 115, 116, 145, 146, 150, 153, **205**
– *alba* 112, **205**, *205*
– *candida* 112, **205**, *205*
– Hybriden 129, **207**, *207*, *208*
– *odorata* **205**, *206*
– *tetragona* 129, **205**, *206*
– *tuberosa* **205**, *206*
Nymphoides peltata (Seekanne) 115, 129, **208**, *208*

O

Ochsenauge (*Buphthalmum*) 120, *120*
Oenanthe (Rebendolde) **209**
– *aquatica* **209**, *209*
– *phellandrium* **209**, *209*
ökologisches Gleichgewicht 22, 24, 32, 39, 47, 52, 58, 62
Onoclea sensibilis (Perlfarn) 122
Orchideenprimel (*Primula*) **216**, *217*
Orchis
– *maculata* siehe *Dactylorhiza* **171**, *171*
– *palustris* 37
Orfe (*Leuciscus*) 54
Orontium aquaticum (Goldkeule) 115, 145, **209**, *209*
Oryza clandestina siehe *Leersia* **189**, *189*
Oryza oryzoides siehe *Leersia* **189**, *189*
Osmunda (Königsfarn) 122
Ostasiatischer Eidechsenschwanz (*Houttuynia*) **184**, *184*

P

Palmwedelbambus *122*
Palmwedelsegge (*Carex*) **166**, *166*
Panicum virgatum (Rutenhirse) 122
Papageienfeder (*Myriophyllum*) **202**, *202*
Papyrussonnenblume (*Helianthus*) **181**, *182*
Pedicularis palustris (Sumpfläusekraut) 37
Peltandra (Peltandra) **210**, *210*
– *undulata* **210**, *210*
– *virginica* **210**, *210*
Peltiphyllum peltatum siehe *Darmera* **171**, *171*, *172*
Penstemon barbatus (Bartfaden) 121
Perlfarn (*Onoclea*) 122
Pernettya mucronata (Torfmyrte) 78
Persicaria amphibia siehe *Polygonum* **213**, *213*
Pestwurz (*Petasites*) **210**, *210*, *211*
Petasites (Pestwurz) **210**
– *fragrans* **210**, *211*
– *hybridus* **210**, *210*
– *officinalis* **210**, *210*
Petersbart (*Geum*) **179**, *179*
Pfaffenhütchen (*Euonymus*) 42
Pfahlrohr (*Arundo*) 122
Pfauenradfarn (*Adiantum*) **157**, *157*
Pfeifengras (*Molinia*) 38, *38*, 122, *122*
Pfeilblatt (*Sagittaria*) **219**, *220*
Pfeilkraut (*Sagittaria*) 29, *29*, 34, 146, **219**, *220*
Pfennigkraut (*Lysimachia*) **197**, *197*
Pferdesaat (*Oenanthe*) **209**, *209*
Pflanzabstand 114
Pflanzenauswahl **39–42**
Pflanzenbedarf 113–114
Pflanzenbrühe 152
Pflanzengesellschaften 34–39
Pflanzenpflege **130–153**
Pflanzgefäße 117–118
Pflanzinsel 117
Pflanzkorb 117, 118, *118*, 124
Pflanzmatte 118, *118*
Pflanzung in Teichsubstrat 117
Pflanzzeiten 116
Phalaris (Glanzgras) **211**
– *arundinacea* 24, 36, 39, 117, **211**, *211*
– *arundinacea* 'Picta' *212*
Phalaroides arundinacea siehe *Phalaris* **211**, *211*
Phellandrium aquaticum siehe *Oenanthe* **209**, *209*
Phoxinus phoxinus (Elritze) 54
Phragmites (Schilf) 34, 36, 140, **212**
– *australis* 21, 85, 117, 145, **212**, *212*
– *communis* **212**, *212*
pH-Wert 25, 117, 132, *132*, 133, 134, 135, 143
Phyllitis scolopendrium (Hirschzunge) 122
Phyllostachys (Unrund) 122
Physostegia virginiana (Gelenkblume) 121
Picea abies (Rotfichte) 41
Pieris floribunda (Schattenglöckchen) 78
Pilzkrankheiten 152, 153
Pinus strobus (Weymouthskiefer) 41
Pistia stratiotes (Muschelblume) 116, 145, 147, **212**, *213*
Plantago
– *lanceolata* 46
– *uniflora* siehe *Littorella* **192**, *192*
Plattährengras (*Chasmanthium*) 122
Platthalmbinse (*Juncus*) **188**
Platycodon grandiflorus (Ballonblume) 121
Plötze (*Rutilus*) *51*, 54
Pneumonanthe vulgaris siehe *Gentiana* **179**, *179*
Poa aquatica siehe *Glyceria* **180**, *180*
Poleiminze (*Mentha*) **199**, *199*
Polemonium caeruleum (Blaue Himmelsleiter) 121
Polygonum (Knöterich) **213**
– *amphibium* 113, 117, **213**, *213*
– *bistorta* 38, 77, 121
Polystichum (Schildfarn) 122

Pontederia (Hechtkraut) 39, 145, 149, **213**
– *cordata* 115, 117, **213**, *214*
– *cordata* var. *lancifolia* **213**, *214*
– *lanceolata* **213**, *214*
Populus (Pappel)
– *alba* 37, 42
– *nigra* 37
– *tremula* 42
Porst (*Ledum*) 78
Posthornschnecke 47, *47*, 142
Potamogeton (Laichkraut) 21, 24, 34, 35, **214**
– *coloratus* 36
– *crispus* **214**, *214*
– *densus* 36, **214**, *215*
– *lucens* **214**, *215*
– *natans* 31, 149, **214**, *215*
Potentilla palustris (Blutauge) 79, **215**, *215*
Prachtscharte (*Liatris*) 120
Preiselbeere (*Vaccinium*) 78
Primel (*Primula*) *86/87*, 153, **216**, *216*, *217*
Primula (Primel) **216**
– *denticulata* 121
– *elatior* 77, 121
– *farinosa* **216**, *216*
– *florindae* **216**, *216*
– *frondosa* **216**, *216*
– *littoniana* **216**, *217*
– *rosea* **216**, *217*
– *sieboldii* **216**, *217*
– *vialii* **216**, *217*
Prunus (Kirsche)
– *avium* 42
– *padus* 42
Pulmonaria officinalis (Echtes Lungenkraut) 121
Pumpe 67, 74, 91, 98, **100–101**, *101*, *102*, 107, 136, 138, *140*, 145, 150
Purpursonnenhut (*Echinacea*) 120

Q

Queckenreis (*Leersia*) **189**, *189*
Quelle *22*, *84*, *91*, 92, *95*, 102, *135*
Quellengesellschaften 22
Quellmerk (*Sium*) **223**, *223*
Quellstein 98, 102–103, *102*, 151
Quelltopf 103–104
Quercus robur (Stieleiche) 37, 42
Quirlblättriges Tausendblatt (*Myriophyllum*) **202**
Quirlblütiges Tausendblatt (*Myriophyllum*) **202**

R

Randgestaltung 71–72, *71*, *72*
Ranunculus (Hahnenfuß) **217**
– *aconitifolius* **217**, *217*
– *acris* 38, 77, 121
– *aquatilis* 32, 85, 149, **219**, *219*
– *circinatus* 32, **219**, *219*
– *divaricatus* **219**, *219*
– *ficaria* 79
– *flammula* **217**, *218*
– *fluitans* 24, 35
– *lingua* **217**, *218*
– *repens* 118, **217**, *218*
Rasenschmiele (*Deschampsia*) 122
Rauhes Hornblatt (*Ceratophyllum*) 21, 32, 149, **167**, *167*
Rauschbeere (*Empetrum*) 78
Rebendolde (*Oenanthe*) **209**, *209*
Regenschirmpalme (*Cyperus*) **170**, *170*
Reinigungspflanzen 85
Reisquecke (*Leersia*) **189**, *189*
Rhamnus frangula (Faulbaum) 42
Rhizom 146, *146*
Rhodeus sericeus amarus (Bitterling) 54
Rhododendron (Rhododendron) 78, *78*, 115
Riesenalant (*Inula*) 119
Riesenbärenklau (*Heracleum*) 112, *112*
Riesenligularie (*Ligularia*) **191**, *192*
Ringelnatter 44, *44*
Rodgersia tabularis siehe *Astilboides* **161**, *161*
Rohr (*Phragmites*) **212**, *212*
Rohrglanzgras (*Phalaris*) 24, 30, 36, 39, 117, **211**, *211*, *212*
Röhrichtpflanzen 30, 43, 140, 151
Röhrichtzone *33*, *34*, 37
Rohrkolben (*Typha*) 21, 24, 43, 85, 117, 140, 145, **229**, *229*, *230*
Rorippa nasturtium-aquaticum siehe *Nasturtium* **203**, *203*
Rosenmalve (*Malva*) 119
Rosenprimel (*Primula*) 77, **216**, *217*
Roßkümmel (*Oenanthe*) **209**, *209*
Rosmarinheide (*Andromeda*) 78
Rostpilz 153
Rotauge (*Rutilus*) *51*, 54
Rotfeder (*Scardinius*) 54, 143
Rotfichte (*Picea*) 41
Rudbeckia (Sonnenhut) 121
Ruderwanze *46*
Rüsterstaude (*Filipendula*) **178**, *178*
Rutenhirse (*Panicum*) 122
Rutenweiderich (*Lythrum*) **198**
Rutilus rutilus (Rotauge) 54

S

Sagittaria (Pfeilkraut) 29, 34, 146, **219**
– *chinensis* **219**, *220*
– *falcata* **219**
– *filiformis* **219**
– *gracilis* **219**, *220*
– *graminea* **219**
– *hastata* **219**, *220*
– *lancifolia* **219**
– *latifolia* **219**, *220*
– *longirostra* **219**, *220*
– *lorata* **219**
– *natans* **219**
– *obtusa* **219**, *220*
– *sagittifolia* **219**, *220*
– *simplex* **219**, *220*
– *subulata* **219**
Salamander 44
Salix (Weide) 35
– *alba* 36, 42
– *caprea* 42
– *cinerea* 36, 42
– *pentandra* 36
– *purpurea* 36
– *triandra* 36
Salvinia natans (Gewöhnlicher Schwimmfarn) 145, **220**, *220*
Salweide (*Salix*) 42
Salzbinse (*Scirpus*) **221**
Salzteichsimse (*Scirpus*) **221**
Sambucus nigra (Schwarzer Holunder) 42
Sammelgrube für Wasserspiele 105–106
Sanguisorba officinalis (Großer Wiesenknopf) 38, 121
Sasa (Zwergbambus) 122
Säuregrad 132–133
Saururus (Molchschwanz) **221**
– *cernuus* 117, 149, **221**, *221*
– *lucidus* **221**, *221*
Saxifraga peltata siehe *Darmera* **171**, *171*, *172*
Scardinius erythrophthalmus (Rotfeder) 54
Schachbrettblume (*Fritillaria*) 120
Schachtelhalm (*Equisetum*) **175**, *175*, *176*
Schäden am Teich 61, 138–139
Schädlinge 153
Schadstoffe 12, 67, 85
Schafgarbe (*Achillea*) **156**, *156*
Scharbockskraut (*Ranunculus*) 79
Scharfer Hahnenfuß (*Ranunculus*) 38, 77, 121
Scharfe Segge (*Carex*) **166**, *166*
Schattenglöckchen (*Pieris*) 78
Schaublatt (*Rodgersia*) 119
Schaumkraut (*Cardamine*) **165**, *165*
Scheidiges Wollgras (*Eriophorum*) *115*, **176**, *176*
Scheinbeere (*Gaultheria*) 78
Scheinkalla (*Lysichiton*) 77, **196**, *196*, *197*
Scheinspiere (*Filipendula*) **178**, *178*
Scheinzypergrassegge (*Carex*) *34*, **166**, *167*
Schildblatt (*Darmera*) **171**, *171*, *172*
Schildblume (*Chelone*) 120, *120*
Schildfarn (*Polystichum*) 122
Schilf (*Phragmites*) 21, 30, 34, 36, 43, 85, 117, 140, 145, **212**, *212*
Schilf (*Typha*) 21, 30, 34, 36, 43, 85, 117, 140, 145, **229**, *229*, *230*
Schilfrohr (*Phragmites*) **212**, *212*
Schlangenkraut (*Calla*) **163**, *163*
Schlanksegge (*Carex*) **166**, *166*
Schlauchwaage 65, *65*
Schleierfrauenmantel (*Alchemilla*) 119
Schleppenwollgras (*Eriophorum*) **176**, *176*
Schmalblättrige Binsenlilie (*Sisyrinchium*) **223**, *223*
Schmalblättriger Rohrkolben (*Typha*) **229**, *229*
Schmalblättriges Blauaugengras (*Sisyrinchium*) **223**, *223*
Schmalblättriges Wollgras (*Eriophorum*) **176**, *176*
Schmucklilie (*Agapanthus*) *59*, 120, *120*
Schnecken 43, 89
Schneefelberich (*Lysimachia*) **197**, *198*
Schneide (*Cladium*) **169**, *169*
Schneidried (*Cladium*) 37, 113, 118, **169**, *169*
Schoenoplectus lacustris siehe *Scirpus* **221**, *221*
Schoenoplectus tabernaemontani siehe *Scirpus* **221**
Schuppenheide (*Cassiope*) 78, *78*, 79
Schwaden (*Glyceria*) 24, 79, **180**, *180*
Schwalbenwurzenzian (*Gentiana*) 120
Schwanenblume (*Butomus*) 24, 34, 39, 85, **162**, *162*

Schwarzer Holunder (*Sambucus*) 42
Schwarzpappel (*Populus*) 37
Schwarzwurz (*Symphytum*) **226**, *226*
Schwebalgen (*Volvox*) 141, *141*
Schweinsohr (*Calla*) **163**, *163*
Schwertlilie (*Iris*) 79, **186**, *186*, *187*, *188*
Schwimmblattpflanzen 21, *28*, 30–31, *33*, 34, 35, 39, 105, 110, 114, *114*, 116, 129, 141, 142, 143, 145
Schwimmblattpflanzenzone 35
Schwimmendes Laichkraut (*Potamogeton*) 31, 149, **214**, *215*
Schwimmendes Pfeilkraut (*Sagittaria*) **219**
Schwimmfarn (*Salvinia*) *33*, **220**, *220*
Schwimmknöterich (*Polygonum*) **213**, *213*
Schwimmlöffel (*Luronium*) **195**, *195*
Schwimmpflanzen 21, 31, *33*, 34, 39, 110, 114, 129, 141, 147
Schwimmteich 20, 75, **80–85**, *80*, *81*, *82*, *83*
Scirpus (Simse) 37, 85, **221**
– *acicularis* siehe *Eleocharis* **173**
– *lacustris* ssp. *glaucus* **221**
– *lacustris* ssp. *lacustris* 34, **221**, *221*
– *lacustris* ssp. *tabernaemontani* *110*, **221**
– *palustris* siehe *Eleocharis* **173**, *173*
– *sylvaticus* 38, **221**, *222*
– *tabernaemontani* **221**
Scrophularia (Braunwurz) **222**
– *nodosa* **222**, *222*
– *umbrosa* 36
Scutellaria galericulata (Sumpfhelmkraut) 34, **222**, *223*
Seebinse (*Scirpus*) **221**, *221*
Seekandel (*Nuphar*) **204**, *204*
Seekanne (*Nymphoides*) 115, *115*, 129, *129*, **208**, *208*
Seerose (*Nymphaea*) 21, 30, *30*, 31, 35, 39, *40/41*, 50, 105, *110*, 115, 116, *116*, 128, *128*, 129, *129*, 145, *145*, 146, 150, *154/155*, **205**, *205*, *206*, *207*, *208*
Seerosenblattkäfer 153, *153*
Seerosenblattlaus *153*
Seerosenzone 35, *35*, *58*
Seerosenzünsler 153, *153*
Seesimse (*Scirpus*) 34, **221**, *221*
Seestrandling (*Littorella*) 118, **192**, *192*
Segge (*Carex*) 22, 25, 34, 37, 77, 79, 117, **166**, *166*, *167*
Seggensumpf *33*, 34, 35
Sellerie (*Apium*) **159**, *159*
Senecio
– *aquaticus* 119
– *clivorum* siehe *Ligularia* **191**, *191*
– *przewalskii* siehe *Ligularia* **191**, *191*
– *wilsonianus* siehe *Ligularia* **191**, *192*
Serratula tinctoria (Färberscharte) 38
Shuttleworths Rohrkolben (*Typha*) **229**
Sibirische Schwertlilie (*Iris*) *113*, 148, *148*, **186**, *187*
Sibirische Wieseniris (*Iris*) **186**, *187*
Sicherheitsmaßnahmen 112
Sicherungsmaßnahmen 59–60, *60*
Siegwurz (*Gladiolus*) **180**, *180*
Silberahorn (*Acer*) 42
Silberhahnenfuß (*Ranunculus*) **217**, *217*
Silberkerze (*Cimicifuga*) 119
Silberpappel (*Populus*) 37, 42
Silberweide (*Salix*) 36, 42
Simse (*Scirpus*) 37, 85, 145, **221**, *221*, *222*
Sisyrinchium (Binsenlilie) **223**
– *anceps* **223**, *223*
– *angustifolium* **223**, *223*
– *gramineum* **223**, *223*
Sium erectum (Aufrechter Merk) **223**, *223*
Solanum dulcamara (Bittersüßer Nachtschatten) **224**, *224*
Solidago-Hybriden (Goldrute) 121
Sommerknotenblume (*Leucojum*) 79, **190**, *191*
Sommertürchen (*Leucojum*) **190**, *191*
Sonnenblume (*Helianthus*) **181**, *182*
Sonnenhut (*Rudbeckia*) 121
Sonnentau (*Drosera*) 25
Sparganium (Igelkolben) 24, 129, **224**
– *emersum* 36, **224**, *225*
– *erectum* 36, **224**, *225*
– *ramosum* **224**, *225*
– *simplex* **224**, *225*
Spartina pectinata (Süßwasserseilgras) 122
Speerkraut (*Ranunculus*) **217**, *218*
Spiegelndes Laichkraut (*Potamogeton*) **214**, *215*
Spierstaude (*Filipendula*) 120, **178**, *178*
Spinnen 44, 47
Spiraea ulmaria siehe *Filipendula* **178**, *178*
Spitzes Pfeilkraut (*Sagittaria*) **219**, *220*
Spitzhornschnecke 47
Spitzwegerich (*Plantago*) 46
Spodiopogon sibiricus (Zottenrauhgras) 122
Spreizender Hahnenfuß (*Ranunculus*) 32, **219**, *219*
Springbrunnen *105*, 106
Sprudelstein 102–103, *102*, 106, 107
Stachys palustris (Sumpfziest) 37, 121
Starrer Hahnenfuß (*Ranunculus*) **219**, *219*
Stauden für Gewässerränder 39, 119–121
Staustufen 92, 95–97, *96*, *98*
Stechmücken 46, 47
Steg *80*, 125–126, *125*, *126*
stehende Gewässer 21–22, 33–35, 37
Steife Segge (*Carex*) **166**, *166*
Steinsimse (*Scirpus*) **221**
Sternligularie (*Ligularia*) **191**, *191*
Stieleiche (*Quercus*) 37, 42
Stillwasserbereich **77–79**, 152
Strandling (*Littorella*) **192**, *192*
Strandsimse (*Scirpus*) **221**, *222*
Stratiotes aloides (Krebsschere) 31, 85, 129, 147, **225**, *225*
Straußblütiger Weiderich (*Lysimachia*) 34, 77, **197**, *197*
Straußfarn (*Matteuccia*) 122
Straußligularie (*Ligularia*) **191**, *191*
Straußweiderich (*Lysimachia*) **197**, *197*
Substrat 72, 114–115, 118
Sumpf 22, 37
Sumpfbeet 77, *77*, *83*
Sumpfbeetklärung 140
Sumpfbinse (*Scirpus*) **221**, *221*
Sumpfdeckelschnecke 142, *143*
Sumpfdotterblume (*Caltha*) *26/27*, *36*, *38*, 77, *79*, 129, **164**, *164*
Sumpfdotterwiese 38
Sumpfdreizack (*Triglochin*) **228**, *228*
Sumpfeibisch (*Hibiscus*) **182**, *182*
Sumpfengelwurz (*Angelica*) 38
Sumpffarn (*Thelypteris*) 79, **226**, *227*
Sumpfgarbe (*Achillea*) 38, 77, **156**, *156*
Sumpfgladiole (*Gladiolus*) **180**, *180*
Sumpfgold (*Ranunculus*) **217**, *218*
Sumpfhelmkraut (*Scutellaria*) 34, **222**, *223*
Sumpfhornklee (*Lotus*) **193**, *194*
Sumpfkalla (*Calla*) 112, *113*, 129, 146, **163**, *163*
Sumpfknabenkraut (*Orchis*) 37
Sumpfkratzdistel (*Cirsium*) 38, 79, **168**, *169*
Sumpflappenfarn (*Thelypteris*) **226**, *227*
Sumpfläusekraut (*Pedicularis*) 37
Sumpflöffelchen (*Ludwigia*) 118, **194**, *194*
Sumpfpflanzen 29–30, *29*, 33, 35, 37, 89, *90*, 110, 113, 114, 115, 116, 117, *128*, 129, *136*, 137, 140, 145
Sumpfried (*Eleocharis*) **173**, *173*
Sumpfschachtelhalm (*Equisetum*) **175**, *176*
Sumpfschafgarbe (*Achillea*) **156**, *156*
Sumpfschwertlilie (*Iris*) 34, 43, 85, 112, 145, 148, **186**, *187*
Sumpfsiegwurz (*Gladiolus*) 79, 112, **180**, *180*
Sumpfsimse (*Eleocharis*) **173**, *173*
Sumpfstendelwurz (*Epipactis*) **174**, *175*
Sumpfstorchschnabel (*Geranium*) *40–41*, 120
Sumpfveilchen (*Viola*) 37
Sumpfvergißmeinnicht (*Myosotis*) 22, 36, 39, 77, *77*, **201**, *202*
Sumpfwasserfeder (*Hottonia*) **183**, *183*
Sumpfwasserstern (*Callitriche*) 36, 129, 149, **164**, *164*
Sumpfweidenröschen (*Epilobium*) 37, **174**, *174*
Sumpfwolfsmilch (*Euphorbia*) 37, 113, **177**, *177*
Sumpfwurz (*Epipactis*) **174**, *175*
Sumpfziest (*Stachys*) 37, 121, *121*
Sumpfzone 21, *34*, 35, *35*, 37, *58*, 63, 73, 74, *77*, 89, 92, 95, 117, 137, 140
Süßgras (*Glyceria*) **180**, *180*
Süßkirsche (*Prunus*) 42
Süßwasserseilgras (*Spartina*) 122
Swimmingpool 20, 80, 81, *82*
Symphytum (Beinwell) **226**
– *bulbosum* 121
– *officinale* **226**, *226*

T

Tafelblatt (*Astilboides*) **161**, *161*
Taglilie (*Hemerocallis*) *59*, 120
Tannenwedel (*Hippuris*) *110*, **182**, *183*
Tausendblatt (*Myriophyllum*) 21, 32, 34, 36, 85, 129, 141, **202**, *202*, *203*
Teich siehe Gartenteich
Teichbelüftung *152*
Teichbinse (*Scirpus*) **221**, *221*
Teicheinfassung 124–125
Teichrose (*Nuphar*) 30, *31*, 34, 115, **204**, *204*, *205*
Teichschachtelhalm (*Equisetum*) **175**, *175*
Teichsimse (*Scirpus*) **221**, *221*
Telekia speciosa (Telekie) 119
Telekie (*Telekia*) 119, *119*
Telmatophace gibba siehe *Lemna* **189**, *190*
Thalictrum aquilegifolium (Amstelraute) 121
Thelypteris (Sumpffarn) **226**
– *palustris* 79, **226**, *227*
– *thelypteroides* **226**, *227*
Thrakische Mehlprimel (*Primula*) **216**, *216*
Thuja occidentalis (Abendländischer Lebensbaum) 41
Tibet-Primel (*Primula*) **216**, *216*
Tiefwasserzone 63
Tiere im Wassergarten **43–55**
Tonabdichtung 75, *75*, 93
Torf 25, 37, 115
Torfgränke (*Chamaedaphne*) 78
Torfmoos 25
Torfmyrte (*Pernettya*) 78
Tradescantia (Dreimasterblume) **227**
– *Andersoniana*-Hybride **227**, *227*
– *virginiana* **227**, *227*
Tradeskantie (*Tradescantia*) **227**, *227*
Trapa natans (Gewöhnliche Wassernuß) **227**, *228*
Traubenheide (*Leucothoë*) 78
Traubenkirsche (*Prunus*) 42
Trifolium (Klee) 46
Triglochin (Dreizack) **228**
– *palustre* **228**, *228*
– *palustris* **228**, *228*
Trittsteine 125–126, *126*
Trollblume (*Trollius*) *40/41*, 77, **228**, *229*
Trollius europaeus (Trollblume) 77, **228**, *229*
Typha (Rohrkolben) 21, 24, 85, 117, 140, 145, **229**
– *angustifolia* **229**, *229*
– *latifolia* **229**, *229*
– *latifolia* ssp. *shuttleworthii* **229**
– *laxmannii* **229**
– *minima* 129, **229**, *230*
– *shuttleworthii* **229**
Typhoides arundinacea siehe *Phalaris* **211**, *211*

U

Überlauf 67, *67*, *85*, 145
Uferbefestigung *118*
Ufergestaltung 123, *123*
Uferhahnenfuß (*Ranunculus*) **217**, *218*
Ufernivellierung 65–66, *65*, *82*
Uferpflanzen *88*, 141
Uferzone *11*, 21, 23, *83*
Ukelei (*Alburnus*) *49*, 54
Ulmus minor (Feldulme) 37, 42
Unken 44
Unrund (*Phyllostachys*) 122
Untergetauchte Wasserlinse (*Lemna*) **189**, *189*
Unterwasserpflanzen 21, 32, *33*, 34, 39, 85, 110, 114, 115, 117, 124, 129, 141, 143, 147, 149
Unterwasserpflanzenzone 35
Urtica (Brennessel) 46
Utricularia vulgaris (Gewöhnlicher Wasserschlauch) 21, 32, **230**, *230*

V

Vaccinium oxycoccos (Moosbeere) 25
Valeriana officinalis (Echter Baldrian) 119
Venushaar (*Adiantum*) **157**, *157*
Vergißmeinnicht (*Myosotis*) **201**, *202*
Vermehrung 146–148, *146*, *147*
Veronica (Ehrenpreis) **230**
– *anagallis-aquatica* **230**, *231*
– *beccabunga* 36, 39, **230**, *231*
– *longifolia* 121
Veronika (*Veronica*) **230**, *231*
Viburnum opulus (Gewöhnlicher Schneeball) 42
Vierblättriger Kleefarn (*Marsilea*) **199**, *199*
Viola palustris (Sumpfveilchen) 37
Virginisches Pfeilblatt (*Peltandra*) **210**, *210*
Vögel 34, 37, 43–44, 90
Vogelkirsche (*Prunus*) 42, *42*
Vogeltränke *44*
Volvox (Schwebalgen) 141, *141*

W

Waldgeißbart (*Aruncus*) 119
Waldschlüsselblume (*Primula*) 77, 121
Waldsimse (*Scirpus*) 38, **221**, *222*
Wasserähre (*Aponogeton*) **159**, *160*
Wasseraloe (*Stratiotes*) **225**, *225*
Wasseraronstab (*Peltandra*) **210**, *210*
Wasserassel 47
Wasserbültensegge (*Carex*) **166**, *166*
Wasserdost (*Eupatorium*) **177**, *177*
Wasserehrenpreis (*Veronica*) **230**, *231*
Wasserfall *10*, 12, 88, *88*, *91*, 95–97, *95*, *142*
Wasserfarn (*Thelypteris*) **226**, *227*
Wasserfeder (*Hottonia*) 32, *32*, 85, 112, 129, 141, *141*, **183**, *183*
Wasserfenchel (*Oenanthe*) **209**, *209*
Wasserflöhe 47
Wasserglocke *59*, 105, 106
Wassergreiskraut (*Senecio*) 119
Wassergüte 132, 134
Wasserhahnenfuß (*Ranunculus*) 32, *32*, 85, 149, *149*, **219**, *219*
Wasserhanf (*Eupatorium*) **177**, *177*
Wasserhärte 133
Wasserhyazinthe (*Eichhornia*) 31, *31*, 39, 116, *116*, 129, *130/131*, 141, 145, 150, **172**, *172*
Wasserkäfer 89
Wasserknöterich (*Polygonum*) 113, 117, *117*, **213**, *213*
Wasserkresse (*Nasturtium*) **203**, *203*
Wasserläufer 89
Wasserliesch (*Butomus*) **162**, *162*
Wasserlinse (*Lemna*) 21, 31, 144, *144*, **189**, *189*, *190*
Wasserminze (*Mentha*) **199**, *199*
Wassernabel (*Hydrocotyle*) **185**, *185*
Wassernuß (*Trapa*) 141, **227**, *228*
Wasserpest (*Elodea*) **173**, *173*
Wasserpflanzen 32, 89, 113, *113*, 115, *128*, *136*, 137
Wasserprimel (*Hottonia*) **183**, *183*
Wasserqualität 132; 134
Wasserquirl (*Hydrilla*) 141, **184**, *184*
Wasserreis (*Zizania*) **231**, *231*
Wassersalat (*Pistia*) **212**, *213*
Wasserschlauch (*Utricularia*) 46, **230**, *230*
Wasserschnecken 21, 47
Wasserschwaden (*Glyceria*) 30, 145, **180**, *180*
Wasserschwertlilie (*Iris*) **186**, *187*
Wassersellerie (*Apium*) **159**, *159*
Wassersellerie (*Sium*) **223**, *223*
Wasserspiele **102–107**
Wasserstern (*Callitriche*) **164**, *164*
Wassersüßgras (*Glyceria*) **180**, *180*
Wasserwanzen 21, 46
Wechselblättriges Milzkraut (*Chrysosplenium*) **168**, *168*
Weide (*Salix*) 35
Weidenblättriger Alant (*Inula*) 38
Weidenblättrige Sonnenblume (*Helianthus*) **181**, *182*
Weidenröschen (*Epilobium*) **174**, *174*
Weiderich (*Lythrum*) 153, **198**, *198*
Weißer Dorant (*Achillea*) **156**, *156*
Weiße Scheinkalla (*Lysichiton*) **196**, *197*
Weiße Seerose (*Nymphaea*) 112, **205**, *205*
Weymouthskiefer (*Pinus*) 41
Wiesenbach 22, *23*, 88–89, *88*, *91*
Wiesenknöterich (*Polygonum*) 38, 77, 121, *121*
Wiesenkönigin (*Filipendula*) **178**, *178*
Wiesenschaumkraut (*Cardamine*) 38, 77, *79*, **165**, *165*
Wilder Hopfen (*Humulus*) 37
Wilder Reis (*Leersia*) **189**, *189*
Wilder Reis (*Zizania*) **231**, *231*
Wintergrün (*Equisetum*) **175**
Winterschachtelhalm (*Equisetum*) **175**
Wolfsmilch (*Euphorbia*) **177**, *177*
Wolfstrapp (*Lycopus*) **196**, *196*
Wollgras (*Eriophorum*) *8/9*, 25, 79, 115, 129, **176**, *176*
Wurmfarn (*Dryopteris*) 122

Z

Zitterpappel (*Populus*) 42
Zizania (Wilder Reis) **231**
– *aquatica* **231**, *231*
– *caduciflora* **231**
– *latifolia* **231**
Zonierung eines Gartenteichs 22, 35, *35*, *63*
Zonierung stehender Gewässer 33, *33*
Zottenrauhgras (*Spodiopogon*) 122
Zottiges Weidenröschen (*Epilobium*) **174**, *174*
Zufrieren 53, 151–152
Zulauf 67
Zungenhahnenfuß (*Ranunculus*) **217**, *218*
Zusammengedrückte Binse (*Juncus*) **188**
Zwergbambus (*Sasa*) 122
Zwergbinse (*Juncus*) 129, **188**, *188*
Zwergbirke (*Betula*) 42
Zwergfroschlöffel (*Baldellia*) **162**, *162*
Zwergkalmus (*Acorus*) 112, 129, **156**
Zwerglorbeer (*Chamaedaphne*) 78
Zwergmummel (*Nuphar*) **204**, *205*
Zwergrohrkolben (*Typha*) **229**, *230*
Zwergseerose (*Nymphaea*) 129, **205**, *206*
Zwischenlagerung von Wasserpflanzen 114
Zypergras (*Cyperus*) 129, **170**, *170*
Zypergrasähnliche Segge (*Carex*) **166**, *167*
Zypersegge (*Carex*) **166**, *167*

Bildnachweis

Titelfoto: Silvestris Fotoservice, Kastl:
–/Thielscher
Archiv f. Kunst u. Geschichte, Berlin: 13 o., 13 u., 14 u., 15 o., 17 o., 19, 80 o.
O. Angerer, München: 189 l.u.
ARDEA, London:
–/Gibbons 211 l., 228 r.u.
A-Z Botanical Collection, Herts: 204 u.
–/Erwin 165 l.o.
–/Svensson 190 o.
F. Becherer, Seeshaupt: 39
J. Becker, Hilden: 12 o., 48 r.u., 58 r., 62, 77 u., 81 o., 86/87, 89 o., 103 u., 105 r.u., 111 r.u., 125 r., 142 u.
B. Bleinagel, München: 26/27, 45 r., 85 r.u.
U. Borstell, Essen: 18 l.u., 28, 42 M., 56/57, 63 o., 88 o., 89 u., 91, 92 u., 98, 99 u., 103 o., 105 o., 107 u., 110 l., 116 r.o., 116 r.u., 119 u., 127 o., 132 u., 144 o., 145 l., 150 r.u., 154, 160 u., 184 u., 186 u., 190 u., 191 l.u., 207 l.o., 208 o., 214 o., 230 u.
Bildarchiv de Cuveland, Norderstedt: 120 u.
Die Grüne Fotoagentur, Bonn:
–/Henseler 152
H. Eisenbeiss, Egling: 1, 23 o., 116 l., 164 o., 179 l., 200 o., 208 r.o., 212 r.u., 225 r.u., 229 l.o.
P. Frieben, Eichenau: 66 r.u., 66 l.u., 70 r.u.
W. Gerkes, Mönchengladbach: 169 r.u., 184 o.
T. Hagen, Dachau: 33, 113 u., 114, 119 o., 161 u., 187 l.o.
Bildarchiv Hansmann, München: 12 u., 14 o., 16, 18 o.
F. Hecker, Kiel: 23 r., 47 l.
P. Himmelhuber, Regensburg: 31 r.o., 70 l.u., 92 o., 93, 96 l., 99 o., 101 u., 128 l.u., 128 r.u., 130, 130/131, 132 o., 135 o., 136 o., 138, 139 l., 141 M., 147 l., 171 r., 175 r., 183 r.o., 188 l., 223 r.o., 227 o.
Institut für botanisch-ökologische Beratung, München: 141 r., 156, 160 r.o., 166 r., 168 o., 169 o., 170 u., 176 r.o., 180 l.o., 194 o., 196 u., 198 u., 218 l.o., 227 u., 229 r.o.
S. & O. Mathews Photography, Isle of Wight: 11, 68, 125 l., 149 l.o.
E. Pforr, Langenpreising: 48 o., 133 o.
M. Pforr, Langenpreising: 23 u., 25 o., 29 u., 30, 37 u., 42 u., 46 u., 47 r., 49 r.u., 58 l., 63 u., 78 u., 86, 111 l.o., 111 M., 113 l.o., 115 l.o., 119 M., 120 M., 121 M., 122 o., 126 l., 143 r., 144 u., 150 o., 153 o., 157 o., 162 o., 164 u., 166 l.u., 168 u., 173 u., 176 l.o., 176 u., 178 u., 180 u., 185 l., 185 r., 187 u., 191 r.u., 194 l.u., 197 r.u., 199 r.o., 203 o., 205 l., 206 r.o., 210 o., 213 r., 215 u., 219 r., 220 r., 223 r.u., 224 o., 225 l.u., 226 u., 228 o., 228 l.u., 229 u., 231 l.o.
Plant Pictures World Wide, Haarlem: 110 r., 221 o.
W. Redeleit, Bienenbüttel: 56, 65, 70 o., 73 l., 73 o., 73 r., 76 l.o., 76 M.o., 76 r.o., 94 r., 105 l.u., 106, 107 o., 127 u., 139 r.
Reinhard-Tierfoto, Heiligkreuzsteinach-Eiterbach: 22 r., 24 l., 34 u., 44 l., 49 l., 50 o., 51 r., 53 o., 55, 79 o., 88 u., 100, 117, 120 o., 126 r., 129 M., 129 u., 146, 148, 150 l.u., 157 r.u., 158 o., 162 u., 163 l.o., 166 o., 169 l.u., 174 r., 175 l., 177 l., 188 r., 198 o., 199 l., 199 r.u., 200 u., 201 l.u., 213 l., 216 l.u., 217 r.o., 217 l.u., 218 u., 220 l.u., 226 o., 230 o., 231 u.
re natur GmbH, Ruhwinkel: 195 u., 209 u.
Bildarchiv M. Ruckszio, Taunusstein: 29 o., 95 u., 101 o., 112 o., 160 l.o., 181, 182 u., 193 r.
Bildarchiv Sammer, Neuenkirchen: 64, 75, 96 r., 108, 133 u., 135 u., 142 o., 149 l.u., 194 r.u., 195 o.
F. Sauer, Karlsfeld: 49 r.o., 141 l., 143 l., 153 u.
B. Schaefer, Berlin: 153 l.
J. Schimmitat, München: 159 r., 163 u., 192 r.
D. Schlaback-Becker, Hilden: 134 o.
M. Schneiders, Lindau: 15 u., 18 r.u.
T. Schneiders, Lindau: 61, 76 u., 108/109
U. Schneiders, Breitbrunn: 10 o., 20, 24 r., 38 u., 71, 104, 123, 136 u.
S. Seidl, Altdorf-Eugenbach: 78 o., 161 o., 165 u., 171 l., 172 u., 174 l., 179 r., 180 r.o., 182 o., 187 r.o., 191 l. o., 192 l.o., 192 l.u., 193 l.o., 196 l.o., 202 r., 203 u., 205 r.u., 206 u., 210 u., 211 r., 215 M.o., 215 r.o., 216 l.o., 220 l.o., 221 u., 222 o., 223 l., 225 o., 231 r.
Silvestris Fotoservice, Kastl:
–/Bühler 69, 214 r.u.
–/de Cuveland 115 r.o.
–/Gross 43, 178 o., 218 r.o.
–/Heine 53 u., 134 u., 151 u.
–/Hilpert 172 o.
–/Jacobi 31 l.o., 204 o., 224 u.
–/Kottal 121 o.
–/Krahmer 48 l.u., 217 r.u.
–/Lacz 50 u., 51 l.
–/Lange 137
–/Lenz 52 u., 151 o.
–/Lochstampfer 222 u.
–/NHPA 35
–/Partsch 37 o., 79 u.
–/Pforr 44 r.
–/Riedmiller 36 u., 38 o., 157 l.u.
–/Sasse 183 u.
–/Schweinsberg 31 u.
–/Skibbe 8, 8/9, 25 u., 158 u., 167 o.
–/Sohns 77 o.
–/Sprank 46 l.o.
–/Struck 121 u.
–/Teegeber 17 u., 26/27, 45 r., 85 r.u.
–/Thielscher 45 l.
–/Wallis 10 u.
–/Wegner 22 l.
–/Wendler 46 r.o.
–/Willner 115 u.
–/Wilmshurst 149 r.
–/Wothe 32 r.
SOA, London:
–/Glover 42 o., 122 M.
G. u. S. Stein, Vastorf: 60, 66 r.o., 80 u., 81 u., 82 o., 82 l.u., 83 l.o., 83 r.o., 83 l.u., 83 r.u., 84 l., 84 r., 85 l.o., 85 r.o., 94 l.,118
–/Lehnert 82 r.u., 85 l.u.
G. Steinbach, Oberreute: 21, 26, 147 r., 165 r.o., 209 o.
F. Strauß, Au/Hallertau: 32 l., 34 o., 36 o., 95 o., 102 l., 102 r., 128 o., 129 o., 145 r., 154/155, 159 l., 167 u., 170 o., 173 o., 186 o., 188 M., 189 o., 189 r.u., 193 l.u., 197 r.o., 197 l., 201 l.o., 201 r.o., 201 r.u., 202 l.o., 202 l.u., 205 r.o., 206 l.o., 207 u., 208 u., 215 l.o., 217 l.o., 219 l.,
M. F. Wetterwald, Offenburg: 52 o., 112 u., 113 r.o., 122 u., 124, 177 r., 183 l., 212 o., 214 l.u., 216 r.

Abbildungen im Inhaltsverzeichnis und auf der Rückseite des Einbandes: aus dem Inhalt